ullstein

Das Buch

In vielen Demokratien sind die Bürger frustriert. Es gelingt der Politik nicht mehr, allgemein bedeutsame Fragen aufzugreifen – insbesondere jene, die Ethik und Werte betreffen. Doch die Menschen wollen, dass die Politik sich großen Themen widmet – etwa der Gerechtigkeit, dem Gemeinwohl, dem guten Leben oder der Frage, was es bedeutet, ein Staatsbürger zu sein. Michael J. Sandel erkundet die Gründe für den verarmten öffentlichen Diskurs unserer Zeit und skizziert, wie eine moralisch gewichtigere Form der politischen Auseinandersetzung gelingen könnte. Er zeigt auch, dass Märkte aus sich heraus nicht imstande sind, Gerechtigkeit oder Gemeinwohl zu definieren, und die Ökonomie daher keine wertneutrale Wissenschaft sein darf. Anhand verschiedener Kontroversen unserer Zeit beschreibt er die unvermeidliche Verknüpfung der politischen Argumentation mit moralischen und religiösen Idealen und stellt fest, dass eine diesbezügliche Neutralität von Staat und Gesetz weder möglich noch wünschenswert ist. Denn ein substantieller moralischer Diskurs muss nicht in Widerspruch zu gesellschaftlichem Fortschritt stehen – und auch eine liberale, pluralistische Gesellschaft sollte sich auf Wertvorstellungen einlassen, die ihre Bürger ins öffentliche Leben einbringen.

Der Autor

Michael J. Sandel, geboren 1953, ist politischer Philosoph. Er studierte in Oxford und lehrt seit 1980 in Harvard. Seine Vorlesungsreihe *Justice* machte ihn zum weltweit bekanntesten Moralphilosophen. Seine Bücher *Gerechtigkeit* und *Was man für Geld nicht kaufen kann* wurden zu internationalen Bestsellern.

MICHAEL J. SANDEL

Moral und Politik

Gedanken zu einer
gerechten Gesellschaft

Aus dem Amerikanischen
von Helmut Reuter

Ullstein

Besuchen Sie uns im Internet:
www.ullstein-taschenbuch.de

Für die deutsche Ausgabe wurde der Buchtext stellenweise gekürzt bzw. aktualisiert. Das Kapitel *Die moralische Ökonomie der Spekulation* entstand aus einer gleichnamigen Vorlesung des Autors 2013; das Kapitel *Marktdenken als moralisches Denken* erschien im Original im *Journal of Economic Perspectives* (Bd. 27/4) im Herbst 2013.

Ungekürzte Ausgabe im Ullstein Taschenbuch
1. Auflage Januar 2017
© für die deutsche Ausgabe Ullstein Buchverlage GmbH,
Berlin 2015 / Ullstein Verlag
© 2005 by Michael J. Sandel
Titel der Originalausgabe: *Public Philosophy*,
erschienen 2005 bei Harvard University Press.
Umschlaggestaltung: zero-media.net, München,
nach einer Vorlage von Rudolf Linn, Köln, basierend auf dem
Originalumschlag von Harvard University Press
Satz: LVD GmbH, Berlin
Gesetzt aus der Sabon
Druck und Bindearbeiten: CPI books GmbH, Leck
Printed in Germany
ISBN 978-3-548-37682-0

Inhalt

Einleitung
zur deutschen Ausgabe

Ein auffälliges Merkmal des heutigen demokratischen Lebens ist, dass die Bürger fast überall – und aus guten Gründen – von der Politik frustriert sind. In den meisten demokratischen Gesellschaften gelingt es Politikern und politischen Parteien nicht mehr, große und allgemein bedeutsame Fragen aufzugreifen – insbesondere Fragen, die Ethik und Werte betreffen.

Der öffentliche Diskurs speist sich entweder aus technokratischen, auf Managementaspekte begrenzten Gesprächen oder aus höchst parteilichen, erbitterten Schaukämpfen, deren Teilnehmer einander anschreien, anstatt sich auf eine vernunftgesteuerte Auseinandersetzung einzulassen. All das führt zu einem ausgehöhlten öffentlichen Diskurs ohne moralische Bedeutung. Es ist diese Leere der politischen Auseinandersetzung während der letzten Jahrzehnte, die der weitverbreiteten Unzufriedenheit zugrunde liegt, die wir in den meisten Demokratien beobachten. Sie treibt auch das Aufkommen von Protestparteien und -bewegungen voran; in ihnen kommen der wachsende Zorn und die Frustration gegenüber den etablierten Parteien zum Ausdruck, die es nicht schaffen, Fragen aufzugreifen, die den Leuten Sorgen bereiten.

Die Menschen wollen, dass Politik große Themen abhandelt: jenes der Gerechtigkeit zum Beispiel, Gemeinwohl oder die Frage, was es heißt, Staatsbürger zu sein. Heute aber schafft es der politische Mainstream-Diskurs zumeist nicht, solche Themen aufzugreifen. Eine der dringlichsten Herausforderungen unserer Zeit besteht darin, die verlorengegangene Kunst der demokratischen Auseinandersetzung wieder aufleben zu lassen. Wir brauchen einen öffentlichen Diskurs, der moralisch aufgeladener ist als jener, der in der heutigen Politik vorherrscht.

Die Kapitel dieses Buches erkunden die Gründe für den verarmten öffentlichen Diskurs unserer Zeit. Außerdem soll darin eine Möglichkeit skizziert werden, wie eine moralisch gewichtigere Form der politischen Auseinandersetzung aussehen könnte. Obwohl diese Texte zu unterschiedlichen Zeitpunkten der vergangenen drei Jahrzehnte verfasst wurden, haben sie einige Themen gemeinsam. Da ist erstens die Tatsache, dass die managementgeprägte Politik, die ohne moralische Bezüge auskommt, sich zeitgleich mit dem »Glauben an den Sieg des Marktes« etabliert hat. Damit meine ich die Annahme, Marktmechanismen seien die vorrangigen Werkzeuge zur Verwirklichung des Gemeinwohls. Dieser Glaube manifestierte sich speziell in den späten 70ern und 80ern – im Rahmen der von Margaret Thatcher und Ronald Reagan vertretenen Ideologie des Laissez-faire und des freien Marktes. Doch selbst als diese Gestalten in den 90ern von der politischen Bühne verschwunden waren, stellten die Mitte-Links-Parteien, die an ihre Stelle traten, deren grundlegende Annahme vom Primat des Marktes nicht in Frage. Politische Lenker wie Bill Clinton in den USA, Tony Blair in Großbritannien und Gerhard Schröder in Deutschland mäßigten die Marktgläubigkeit zwar, konsolidierten sie zugleich aber auch. Sogar die 2008 einsetzende Finanzkrise löste keine weitreichende öffentliche Debatte über die angemessenen Rollen von Geld und Markt in einer guten Gesellschaftsform aus.

Viele der folgenden Texte befassen sich mit der in den letzten Jahrzehnten erfolgten Umwandlung des gesellschaftlichen Lebens in ein Handelsgut; sie setzen sich mit der Frage auseinander, was es moralisch und zivilgesellschaftlich bedeutet, wenn fast alles käuflich gemacht wird. In Teil I werden diese Themen explizit erörtert: Dort vertrete ich die Meinung, dass Märkte aus sich heraus nicht imstande sind, Gerechtigkeit oder Gemeinwohl zu definieren, und dass die Ökonomie durchaus keine wertneutrale Wissenschaft des menschlichen Verhaltens und gesellschaftlicher Entscheidungen ist, sondern ein Ableger sowohl der Moralphilosophie als auch der Politischen Philosophie.

Die Aufsätze in Teil II behandeln verschiedene moralische und politische Kontroversen in Hinblick auf ein zweites übergreifendes Thema: die unvermeidliche Verknüpfung der politischen Argumentation mit moralischen und spirituellen Idealen. Hier werden einige heißumstrittene moralische und politische Fragen der letzten Jahrzehnte aufgegriffen, darunter die unter »Affirmative Action« [auch als »positive Diskriminierung« bezeichnet] zusammengefassten Quotenregelungen zugunsten benachteiligter Minderheiten in den Zulassungsverfahren von Universitäten und bei der Vergabe von Arbeitsplätzen; auch geht es um Beihilfe zum Suizid, Abtreibung, Schwulenrechte, Stammzellforschung, Verschmutzungsrechte, Lügen in der Politik, das Strafrecht, moralische Grenzen des Marktes, die Bedeutung der Tolerierung sowie um die Rolle der Religion im öffentlichen Leben.

Im Rahmen dieser Kontroversen tauchen immer wieder bestimmte Fragen auf: In unserem moralischen und politischen Leben gelten die Rechte des Einzelnen und die Entscheidungsfreiheit als bedeutende Ideale – bilden sie aber auch die angemessene Grundlage für eine demokratische Gesellschaft? Können wir einen argumentativen Weg durch die schwierigen moralischen Fragen finden, die sich im öffentlichen Leben stellen, ohne umstrittene Vorstellungen von Tugend und vom guten Leben zu erörtern? Wenn – wie ich behaupte – unsere politischen Auseinandersetzungen den Fragen zum guten Leben nicht ausweichen können, wie können wir dann damit umgehen, dass in modernen Gesellschaften eine spürbare Uneinigkeit zu solchen Fragen herrscht?

Die Kapitel in Teil III sehen von den in Teil II erörterten speziellen moralischen und politischen Kontroversen ab, um die Vielfalt der heute besonders ausgeprägten liberalen politischen Theorie zu untersuchen und deren Stärken und Schwächen zu bewerten. Der Terminus »liberal« hat dabei in Europa eine andere Bedeutung als in den USA. In Europa bezieht sich »liberal« üblicherweise auf die marktfreundlichen Ansichten des Laissez-faire, während der Begriff in den USA eine Politik kennzeichnet, die staatsbürgerliche Freiheiten und verschiedene Versionen des Wohlfahrtsstaates vertritt. Doch ein im weiteren Sinn verstandener Liberalismus verweist auch auf politische Theorien, welche den Respekt gegenüber Pluralismus und den Rechten des Einzelnen hervorheben. Diese Art Liberalismus betrachte ich in Teil III.

Eine der zentralen Debatten zum Liberalismus innerhalb der politischen Philosophie betrifft die Frage, ob die Achtung für Pluralismus und individuelle Rechte erfordert, dass das Gesetz gegenüber konkurrierenden Vorstellungen des guten Lebens neutral zu sein hat. Einige der wichtigsten zeitgenössischen Denker innerhalb der liberalen Tradition, darunter John Rawls und Jürgen Habermas, waren bestrebt, liberalen Institutionen und Praktiken eine Legitimation zu verschaffen, die sich gegenüber umfassenden moralischen, spirituellen und metaphysischen Anschauungen neutral verhält. Ich dagegen bringe vor, dass eine solche Neutralität weder möglich noch wünschenswert ist. Die Texte in Teil III legen diese Argumentation dar und bieten Beispiele für politische Theorien, die sich offen und ausdrücklich auf moralische und spirituelle Ideale beziehen und sich dabei dennoch dem Pluralismus verpflichtet sehen. Liberale sorgen sich oft, dass eine Einladung moralischer und religiöser Auseinandersetzungen in den öffentlichen Raum die Gefahr von Intoleranz und Zwang heraufbeschwöre. Ich versuche auf diese Besorgnis zu reagieren, indem ich zeige, dass ein substantieller moralischer Diskurs keinen Widerspruch zu fortschrittlichen öffentlichen Zielen darstellt und dass eine pluralistische Gesellschaft keineswegs davor zurückschrecken muss, sich auf die moralischen und religiösen Überzeugungen einzulassen, die ihre Bürger ins öffentliche Leben einbringen.

Viele Essays in diesem Band verwischen die Grenzlinie zwischen Politischer Philosophie und politischem Kommentar, und sie stellen in zweifacher Hinsicht die Unternehmung einer Philosophie des Öffentlichen dar: Sie sehen in den politischen und rechtlichen Auseinandersetzungen unserer Tage nicht nur eine Chance für die Philosophie an sich, sondern sie stehen auch für den Versuch, Philosophie in der Öffentlichkeit zu betreiben – sie sollen die Moralphilosophie und die Politische Philosophie im zeitgenössischen öffentlichen Diskurs zum Tragen bringen und die Bürger dazu einladen, sich mit den großen Fragen zu beschäftigen, die in den Dilemmata unseres Alltagslebens stecken.

TEIL I

Auf dem Weg zu einer politischen Ökonomie des Staatsbürgertums

Oft gehen wir davon aus, Debatten über die Wirtschaft beträfen genau zwei Fragen: wie Wirtschaftswachstum zu fördern ist und wie man dessen Früchte gerecht verteilt. Die erste Frage gilt vor allem als technische, die zweite eher als normative Frage. Es führt jedoch in die Irre, auf diese Art über Wirtschaft nachzudenken. Denn damit wird eine zu scharfe Trennlinie zwischen wirtschaftlicher Sachkenntnis und moralischer Auseinandersetzung gezogen. Zudem lässt sich mit diesem Ansatz nicht erklären, auf welche Weise ökonomische Vereinbarungen jene Einstellungen, Normen und Tugenden fördern (oder auch aushöhlen) können, die eine Demokratie erst möglich machen.

In Teil I soll gezeigt werden, was es für die Wirtschaft bedeuten würde (und zeitweilig schon bedeutet hat), wenn sie als moralisches und staatsbürgerliches Projekt konzipiert würde. Das Kapitel *Marktdenken als moralisches Denken* wendet sich gegen die Vorstellung, Ökonomie sei eine wertneutrale Wissenschaft der gesellschaftlichen Entscheidungen, und schlägt vor, die Wirtschaftswissenschaft wieder an die ältere Tradition der Moralökonomie und der Politischen Ökonomie anzuknüpfen. *Die moralische Ökonomie der Spekulation* veranschaulicht die Verknüpfung von Wirtschaftsdenken und moralischem Denken. Hier wird der Frage nachgegangen, ob zwischen Zocken im Casino und Finanzspekulation ein moralischer Unterschied besteht (beides hat in den letzten Jahrzehnten dramatisch zugenommen). Dadurch, dass sich das heutige Wirtschaftsleben auf den Bereich der Finanzen fokussiert, entstehen die größten Gewinne mittlerweile nicht mehr durch die Herstellung von Produkten, sondern durch die Verwaltung von Risiken. Darum stellt sich die Frage, was die wachsende Rolle von Zufall und Glück im Wirtschaftsleben sowie der Niedergang der Arbeit in moralischer und staatsbürgerlicher Hinsicht mit sich bringen.

Das dritte Kapitel dieses Abschnitts wirft einen Blick in die Geschichte anhand einiger konkreter Beispiele für eine politische Ökonomie des Staatsbürgertums. Mit Bezug auf die politische Tradition der Vereinigten Staaten wird dort gezeigt, dass unsere Debatten sich nicht immer auf den Umfang und die Verteilung des Bruttosozialprodukts konzentriert haben; ebenso wenig erscheint die konsumorientierte, individualistische Lesart als einzige Möglichkeit, sich Freiheit vorzustellen. Denn während weiter Strecken der amerikanischen Geschichte wurde die politische Auseinandersetzung durch eine anspruchsvollere staatsbürgerliche Konzeption der Freiheit bestimmt. Die neue Größenordnung des politischen Lebens im Zeitalter der Globalisierung macht das staatsbürgerliche Projekt sicher komplizierter, aber dennoch erinnert uns das staatsbürgerliche Konzept der Freiheit an Fragen, die zu stellen wir inzwischen vergessen haben: Wie können starke ökonomische Kräfte dazu gebracht werden, der Demokratie zu nützen? Ist Selbstverwaltung unter den Bedingungen einer globalisierten Wirtschaft möglich? Welche Formen von Solidarität und Gemeinschaft können demokratische Gesellschaften in einem durch vielfältige Identitäten und komplexe Persönlichkeiten geprägten pluralistischen Zeitalter überhaupt noch wecken?

Marktdenken als moralisches Denken: Warum Ökonomen sich erneut auf politische Philosophie einlassen sollten

Es gibt einiges, was man für Geld nicht kaufen kann – zum Beispiel Freundschaft. Wollte ich mehr Freunde haben, würde der Versuch, welche käuflich zu erwerben, eindeutig scheitern. Ein angeheuerter Freund ist nicht dasselbe wie ein echter Freund. Mit dem Geld, das die Freundschaft erkauft, löst sich das Gut, das ich zu erwerben wünsche, gleichsam auf.

Doch die meisten Güter gehören nicht zu dieser Kategorie. Nehmen wir das Beispiel Nieren. Durch einen Kauf werden sie nicht zerstört. Manche Menschen befürworten einen Markt für menschliche Organe, andere sind dagegen. Doch diejenigen, die sich gegen einen Handel mit Nieren aussprechen, können nicht behaupten, dass ein Nieren-Markt das erstrebte Gut zerstören würde. Eine gekaufte Niere erfüllt ihre Aufgabe, wenn die passenden Voraussetzungen gegeben sind. Einwände gegen einen Handel mit menschlichen Organen müssten daher anderer Natur sein. Nieren lassen sich mit Geld kaufen (der Schwarzmarkt belegt dies); die Frage lautet, ob man das erlauben sollte.

In meinem Buch *Was man für Geld nicht kaufen kann* versuche ich zu zeigen, dass Marktwert und Marktdenken zunehmend in Lebensbereiche vordringen, die zuvor von Normen beherrscht wurden, die nicht der Marktlogik folgen.[1] Fortpflanzung und Kinderbetreuung, Gesundheit und Erziehung, Sport und Freizeit, Strafjustiz, Umweltschutz, Militärdienst, Wahlkämpfe, öffentliche Bereiche und Gemeindeleben: Überall spielen Geld und Märkte eine immer größere Rolle.

Ich halte diese Tendenz für beunruhigend. Wenn man jeder menschlichen Tätigkeit einen Preis zuweist, zersetzt man bestimmte moralische und staatsbürgerliche Werte, um die man sich sorgen sollte. Aus diesem Grund brauchen wir eine öffentliche Debatte über die Frage, wo Märkte dem Gemeinwohl dienen und wo sie nicht hingehören.

Hier möchte ich ein ähnliches Thema behandeln: Wenn es darum geht, zu entscheiden, ob dieses oder jenes Gut nach Marktprinzipien verteilt werden soll oder aber nach Grundsätzen, die nicht vom Markt bestimmt werden, dann erweist sich die Wirtschaftswissenschaft als schlechter Ratgeber. Auf den ersten Blick mag das merkwürdig erscheinen, denn ein zentrales Thema der Volkswirtschaftslehre ist es, die Mechanismen des Marktes zu erklären. Wieso also ist es der Wirtschaftslehre nicht gelungen, eine überzeugende Grundlage für die Entscheidung zu liefern, was verkäuflich sein soll und was nicht?

Der Grund dafür liegt darin, dass sich die Wirtschaftslehre als wertneutrale Wissenschaft am menschlichen Verhalten sowie an gesellschaftlichen Entscheidungen orientiert. Ich werde versuchen zu zeigen, dass die Entscheidung darüber, welche gesellschaftlichen Praktiken tatsächlich von Marktmechanismen gesteuert werden sollten, eine Form des ökonomischen Denkens erfordert, die eng mit moralischen Überlegungen verknüpft ist.

Allerdings behauptet der Mainstream des ökonomischen Denkens, vom umstrittenen Terrain der Politischen Philosophie und der Moralphilosophie unabhängig zu sein. Wirtschaftswissenschaftliche Lehrbücher betonen die Unterscheidung zwischen »positiven« und normativen Fragen, zwischen Erklären und Vorschreiben. Das populäre Buch *Freakonomics* formuliert den Unterschied ganz einfach: »Moral repräsentiert die Art und Weise, wie die Welt (...) funktionieren sollte – während die Ökonomie uns zeigt, wie sie tatsächlich funktioniert.« Die Ökonomie befasse sich einfach nicht mit Moral.[2]

Moralische Verstrickungen

Die Ökonomen haben ihren Gegenstand nicht immer in dieser Weise verstanden. Seit Adam Smith haben die klassischen Ökonomen die Wirtschaftslehre als Zweig der Moralphilosophie und der politischen Philosophie konzipiert. Doch die Art der Wirtschaftswissenschaft, die heute in der Regel gelehrt wird, präsentiert sich als eine autonome Disziplin, die nicht darüber urteilt, wie Einkommen zu verteilen oder dieses oder jenes Gut zu bewerten seien. Die Vorstellung, dass die Wirtschaftswissenschaft eine wertfreie Disziplin sei, war schon immer fragwürdig. Doch je mehr die Märkte ihren Zugriff auf nichtökonomische Lebensbereiche ausdehnen, desto stärker verstricken sie sich in moralische Fragen.

Ich schreibe hier selbstverständlich nicht über die normalen lehrbuchmäßigen Grenzen der Märkte. Ein beträchtlicher Teil der ökonomischen Analyse befasst sich mit dem Aufspüren von Fällen des »Marktversagens« oder von Situationen, in denen die Marktkräfte ohne Unterstützung wahrscheinlich kein effizientes Ergebnis liefern würden, etwa bei Märkten mit unzureichendem Wettbewerb, negativen oder positiven externen Effekten, öffentlichen Gütern, unvollständigen Informationen und dergleichen. Ein weiterer Teil der ökonomischen Literatur behandelt Fragen der Ungleichheit, neigt dabei jedoch dazu, Ursachen und Folgen der Ungleichheit zu analysieren und gleichzeitig zu behaupten, nicht an normative Fragen der Fairness und der Verteilungsgerechtigkeit zu glauben. Die Auslagerung von Urteilen über Gleichheit und Gerechtigkeit ins Feld der Philosophen scheint die Unterscheidung zwischen positiven und normativen Fragen zu festigen.

Diese intellektuelle Arbeitsteilung führt jedoch aus zwei Gründen in die Irre. Erstens »*ist* die Ökonomie eine moralische Wissenschaft«, wie Atkinson angemerkt hat, auch wenn oft das Gegenteil beteuert wird.[3] Effizienz spielt nur insofern eine Rolle, als sie dazu führt, dass es der Gesellschaft besser geht. Doch was gilt hier als besser? Die Antwort hängt von einigen Vorstellungen zum Gemeinwohl oder zu den öffentlichen Gütern ab. Obwohl »die Wohlfahrtsökonomie« in den letzten Jahrzehnten weitgehend aus der Mainstream-Ökonomie »verschwunden ist«, schreibt Atkinson, »haben die Ökonomen nicht aufgehört, Aussagen zur Wohlfahrt zu machen«. Artikel in Wirtschaftszeitschriften »sind voll mit Aussagen zur Wohlfahrt« und kommen, wie er feststellt, zu »eindeutigen normativen Schlüssen«, obwohl die dahinterstehenden Grundsätze weitgehend ungeprüft bleiben. Zumeist beruhen die Schlussfolgerungen auf utilitaristischen Annahmen. Doch wie Rawls und andere Philosophen dargelegt haben, strebt der Utilitarismus danach, den Wohlstand zu maximieren, ohne dessen Verteilung in Betracht zu ziehen. Atkinson fordert eine Wiederbelebung der Wohlfahrtsökonomie, die die Mängel des Utilitarismus anerkennt und eine größere Spanne von Verteilungsgrundsätzen einbezieht.

Es lässt sich noch aus einem weiteren Grund bezweifeln, dass die Wirtschaftswissenschaft eine wertfreie Wissenschaft der gesellschaftlichen Entscheidungen sein kann. Dieser Grund weist über Debatten zur Verteilungsgerechtigkeit hinaus auf Debatten zur Verwandlung aller Dinge in ein Handelsgut. Sollte Sex käuflich sein? Was ist mit Leihmutterschaft oder Schwangerschaft gegen Bezahlung? Sind Söldnerarmeen falsch, und falls ja, wie sollte stattdessen der Wehrdienst zugewiesen werden? Sollten Universitäten eine bestimmte Anzahl an Studienplätzen verkaufen, um Geld für sinnvolle Zwecke aufzutreiben, etwa für eine neue Bibliothek oder Stipendien für begabte Studenten aus benachteiligten Familien? Sollten die USA das Recht auf Einwanderung verkaufen? Was wäre, wenn amerikanische Staatsbürger das Recht bekämen, ihre Staatsbürgerschaft an Ausländer zu verkaufen und mit ihnen den Platz zu tauschen? Sollten wir einen freien Markt für die Adoption von Babys erlauben? Sollte es den Leuten gestattet werden, ihre Wählerstimme zu verkaufen?

Manche dieser umstrittenen Nutzungsmöglichkeiten von Märkten würden die Effizienz erhöhen, weil sie wechselseitig vorteilhafte Tauschoptionen schüfen. In manchen Fällen könnten negative externe Faktoren die Vorteile für Käufer und Verkäufer ausgleichen. Doch selbst bei fehlenden externen Faktoren gibt es Markttransaktionen, die aus moralischen Gründen bedenklich sind.

Einer dieser Gründe ist, dass schwerwiegende Ungleichheit den freiwilligen Charakter eines Tauschvorgangs untergraben kann. Wenn ein hoffnungslos verarmter Bauer eine Niere oder ein Kind verkauft, könnte die Verkaufsentscheidung letztlich von den Notwendigkeiten seiner Lage erzwungen sein. Ein vertrautes Argument zugunsten der Märkte – dass die Parteien den Bedingungen des Handels ohne Zwang zustimmen – wird durch ungleiche Verhandlungspositionen in Frage gestellt. Wenn wir wissen wollen, ob eine Marktentscheidung frei erfolgt, müssen wir fragen, welche Ungleichheiten in den gesellschaftlichen Hintergrundsbedingungen eine sinnvolle Übereinkunft schwächen. Das ist eine normative Frage, die von den verschiedenen Theorien der Verteilungsgerechtigkeit unterschiedlich beantwortet wird.

Ein zweiter Einwand bezieht sich nicht auf Fairness und beeinflusste Zustimmung, sondern auf die Tendenz marktüblicher Praktiken, nicht marktkonforme Werte, die es wert sind, bewahrt zu werden, zu beschädigen oder zu verdrängen. Beispielsweise würden wir zögern, einen Markt für Kinder zu schaffen, weil weniger betuchte Eltern durch einen solchen Handel aus dem Markt gedrängt würden oder für sie nur die billigsten, am wenigsten erwünschten Kinder übrigblieben (das Fairness-Argument). Doch wir könnten auch deswegen gegen einen solchen Markt sein, weil Kinder, denen man ein Preisschild anheftet, zu Objekten gemacht werden – man missachtet ihre Würde und zersetzt die Norm der bedingungslosen Elternliebe (das Korruptionsargument).

Auch dort, wo Märkte die Effizienz erhöhen, können sie unerwünscht sein, wenn sie moralisch bedeutsame, aber nicht marktkonforme Werte beschädigen oder verdrängen. Bevor wir also entscheiden können, ob wir beispielsweise einen Markt für Kinder schaffen, müssen wir herausfinden, welche Werte und Normen die gesellschaftlichen Praktiken der Kindererziehung und Elternschaft leiten sollten. In diesem Sinne sind moralische Überlegungen eine Voraussetzung für Marktdenken.

Für diejenigen, die davon ausgehen, dass alle Werte lediglich subjektive Vorlieben sind, die einer vernünftigen Argumentation nicht bedürfen, mag die Vorstellung, manche Wege der Abwägung von Werten seien angemessener oder moralisch vertretbarer als andere, seltsam erscheinen. Doch derartige Entscheidungen sind unvermeidlich, und sie gehen – mal implizit, mal explizit – stets einher mit unseren Entscheidungen, ob dieses oder jenes Gut handelbar sein sollte.

Den Ökonomen ist der moralische Einwand gegen die Monetarisierung aller Beziehungen durchaus bewusst. Beispielsweise stellt Joel Waldfogel (wie viele andere) die Rationalität von Geschenken in Frage.[4] Wenn er die von ihm so genannte »Wertvernichtung durch Weihnachten« analysiert, berechnet er den Nutzwertverlust, der sich ergibt, wenn die Leute Präsente machen, anstatt den Gegenwert in Geld zu überreichen. Die Praxis des Schenkens innerhalb der Verwandtschaft führt er auf das »Stigma des Geldgeschenks« zurück. Er fragt jedoch nicht, ob dieses Stigma gerechtfertigt sein könnte, sondern nimmt einfach an, es sei ein irrationales Hindernis für den Nutzen, das idealerweise überwunden werden sollte. Die Möglichkeit, dass die Stigmatisierung von Geldgeschenken – zumindest unter Liebespaaren, Ehegatten und nahen Angehörigen – für Normen wie Aufmerksamkeit und Bedachtsamkeit stehen könnte, die es wert sind, dass man sie würdigt und zu ihnen ermutigt, zieht er nicht in Betracht.

Auch Alvin Roth erkennt moralische Einwände gegen die Umwandlung gewisser gesellschaftlicher Praktiken in Handelsgüter an, wenn er von »Abscheu als Einschränkung des Marktes« schreibt.[5] Um diese Art Abscheu zu bekämpfen, schlägt er unentgeltlichen Nierentausch und andere Mechanismen vor, mit denen ein offener Handel vermieden werden kann. Anders als Waldfogel behandelt er Abscheu nicht als irrationales, den Nutzen beeinträchtigendes Tabu; er nimmt sie einfach als gesellschaftliche Tatsache hin und entwirft Möglichkeiten, sie zu umgehen. Roth bewertet die von ihm erörterten Abscheu erregenden Praktiken nicht moralisch; er fragt nicht, welche Fälle von Abscheu unüberlegte Vorurteile widerspiegeln, gegen die man etwas unternehmen sollte, und welche Beispiele für moralisch bedeutsame Erwägungen stehen, die man würdigen sollte. Dieses Widerstreben, über Abscheu zu urteilen, könnte das Zögern des Ökonomen widerspiegeln, sich auf normatives Terrain zu begeben.

Doch das Vorhaben, unentgeltlichen Tausch zu organisieren, setzt einige moralische Urteile darüber voraus, welche Fälle von Abscheu gerechtfertigt sind und welche nicht. Nehmen wir das Beispiel menschlicher Organe. Jeder erkennt an, dass Leben gerettet werden könnten, würden mehr Organe für Transplantationen zur Verfügung gestellt. Manche jedoch verwerfen einen Handel mit Nieren, weil sie meinen, die Entnahme eines Organs und dessen Verpflanzung in den Körper eines anderen Menschen verletzten die Heiligkeit und Integrität des menschlichen Körpers. Andere sind dagegen, weil sie finden, ein Handel mit Nieren mache den Menschen zum Objekt, indem er uns dazu bringe, unseren Körper als Eigentum zu betrachten und als eine Ansammlung von Ersatzteilen, die man für Profite nutzen könne. Andere wiederum sind für einen Handel mit Nieren, weil wir Eigentümer unserer selbst seien und deshalb nach Belieben darüber entscheiden können sollten, wie wir aus unserem Körper Nutzen ziehen.

Ob ein offener Nierenhandel oder ein unentgeltlicher Nierentausch jeweils moralisch vertretbar ist, hängt zumindest teilweise davon ab, welche dieser Einstellungen gegenüber dem menschlichen Körper und dem Menschen selbst korrekt ist.

Falls die erste Ansicht zutrifft, sind alle Formen der Organtransplantation, ob gegen Bezahlung oder durch Spende, verwerflich, ungeachtet der Leben, die dadurch gerettet werden könnten. Trifft die zweite Ansicht zu, sind Transplantationen von Spendernieren moralisch vertretbar, nicht aber Transplantationen von gekauften Nieren. Sofern Nierentausch die Ethik des Spendens wahrt und eine geldgierige, den Menschen zum Objekt reduzierende Einstellung dabei vermieden wird, berücksichtigt er die moralischen Vorbehalte der zweiten Ansicht. Falls die dritte Ansicht zutrifft, sollten wir Nierenübertragungen nicht auf unentgeltlichen Tausch beschränken, sondern es den Menschen auch gestatten, Nieren gegen Geld zu handeln.

Es sind weder Effizienzmängel im Sinne der Ökonomen noch Fragen der Ungleichheit, mit denen die Märkte die moralischen und staatsbürgerlichen Praktiken am stärksten zersetzen. Eher geht es um den Verfall, der eintreten kann, wenn wir alle menschlichen Beziehungen in Markttransaktionen verwandeln und alle guten Dinge im Leben so behandeln, als seien sie Handelsgüter. Die ökonomische Literatur, die Stigma und Abscheu anerkennt, fällt implizite Urteile über diese Fragen; andernfalls wäre sie nicht in der Lage, Marktlösungen oder marktähnliche Alternativen vorzuschlagen. Aber sie bringt die Grundlage dieser Urteile nicht zur Sprache und verteidigt sie nicht. Wenn sie das täte, würde sie die ökonomische Vernunft nämlich über die Lehrbuch-Unterscheidung zwischen positiver und normativer Fragestellung hinausbringen und die Konzeption der Wirtschaftswissenschaft als wertneutrale Wissenschaft gesellschaftlicher Entscheidungen in Frage stellen. Ich werde zu zeigen versuchen, wie sich dies verhält, indem ich die Argumente für und gegen die Anwendung von Marktmechanismen in einigen umstrittenen Zusammenhängen gegeneinander abwäge.[6]

Das Geschäft mit dem Schlangestehen

Wenn Kongress-Ausschüsse Anhörungen abhalten, reservieren sie einige Sitze für die Presse und stellen der Allgemeinheit Plätze zur Verfügung, die nach dem Prinzip »Wer zuerst kommt, mahlt zuerst« vergeben werden. Firmenlobbyisten sind scharf darauf, an diesen Anhörungen teilzunehmen, hassen es aber, stundenlang anzustehen, um sich einen Platz zu sichern. Ihre Lösung: Sie bezahlen Tausende Dollar an Firmen, die wiederum Obdachlose und andere beschäftigen, um sich dort anzustellen.[7]

Die Firma LineStanding.com beschreibt sich selbst als »führend in der Branche des Anstehens im Kongress«. Sie berechnet 50 Dollar pro Stunde fürs Schlangestehen – einen Teil davon zahlt sie den Leuten, die anstehen und warten. Das Geschäft wurde jüngst auf den US Supreme Court ausgeweitet. Wenn das Gericht in bedeutenden Verfassungsfällen mündlich verhandelt, ist die Nachfrage nach Plätzen weitaus größer als das Angebot. Wer jedoch zu bezahlen bereit ist, dem verschafft LineStanding. com einen Sitzplatz beim obersten Gericht des Landes. Das Geschäft blühte bei der Verhandlung zu Obamas Krankenversicherungsgesetz im Juli 2012, als die Schlange sich drei Tage im Voraus bildete. Für die Fälle zur Ehe gleichgeschlechtlicher Partner im Juni 2013 stellten manche Leute sich fünf Tage im Voraus an, was den Preis für einen Platz im Gerichtssaal auf etwa 6000 Dollar trieb.[8]

Was die Effizienz betrifft, lässt sich nur schwer ein Einwand gegen das Geschäft mit dem Schlangestehen finden. Die Obdachlosen, die stundenlang anstehen, erhalten eine Bezahlung, welche das Warten lohnend macht. Diejenigen, die ihre Dienste in Anspruch nehmen, erhalten Zugang zu einer Kongressanhörung oder einer Verhandlung vor dem Supreme Court, an der sie dringend teilnehmen wollen, und sind bereit, dafür zu bezahlen. Die Firma, die den Handel einfädelt, verdient ebenfalls Geld. Alle Parteien stehen besser da, keiner ist schlechter dran.

Trotzdem erheben einige Leute Einwände. Die demokratische Senatorin Claire McCaskill aus Missouri versuchte erfolglos, das bezahlte Schlangestehen vor dem Kongress verbieten zu lassen. »Die Vorstellung, dass bestimmte Interessengruppen Plätze für Anhörungen des Kongresses in gleicher Weise kaufen wie Tickets für ein Konzert oder ein Footballspiel, erscheint mir als anstößig«, erklärte sie.[9]

Aber was genau ist dagegen einzuwenden? Ein Einwand bezieht sich auf die Frage der Gerechtigkeit: Es sei unfair, dass reiche Lobbyisten den Markt für Anhörungen des Kongresses monopolisieren und normale Bürger der Möglichkeit berauben, daran teilzunehmen. Doch ungleiche Zugangschancen sind nicht der einzige störende Aspekt daran. Nehmen wir einmal an, Lobbyisten würden besteuert, wenn sie Firmen fürs Anstehen einschalten, und die Steuereinnahmen würden dafür verwendet, genau diese Dienste auch für den Normalbürger erschwinglich zu machen. Die Subventionen könnten etwa in Form von Gutscheinen erfolgen, die für ermäßigte Sätze bei den Firmen einzulösen wären, die das Geschäft mit dem Schlangestehen betreiben. Damit ließe sich die Ungerechtigkeit dieses Systems mildern. Doch ein weiterer Einwand bliebe weiterhin bestehen: Verwandelt man den Zugang zum Kongress in ein handelbares Gut, dann wird dieser entwürdigt und abgewertet.

Deutlicher wird dies, wenn wir uns vor Augen halten, warum der Kongress den Zugang zu seinen Beratungen überhaupt »unter Preis« anbietet. Nehmen wir an, der Kongress würde in seinem Bestreben, die Staatsverschuldung zu reduzieren, für den Eintritt zu seinen Anhörungen Geld verlangen – sagen wir 1000 Dollar für einen Sitz in der ersten Reihe des Haushaltsausschusses. Viele würden sich dagegen aussprechen – nicht nur, weil eine Eintrittsgebühr unfair gegenüber denen wäre, die sich das nicht leisten können, sondern auch, weil Eintrittsgebühren für das Publikum einer Kongressanhörung eine Art Korruption bedeuten würden.

Bei Korruption denken wir oft an unrechtmäßig erworbene Einnahmen. Doch der Begriff umfasst weit mehr als Schmiergeld und rechtswidrige Zahlungen. Wird ein Gut oder eine gesellschaftliche Praxis korrumpiert, würdigt man sie herab; man legt den falschen Maßstab an, um ihren Wert zu bestimmen.[10] Eintrittsgebühren für Anhörungen des Kongresses sind in diesem Sinne Korruption. Denn damit wird der Kongress behandelt, als sei er ein Gewerbe und nicht eine Institution der repräsentativen Demokratie.

Zyniker dürften erwidern, der Kongress sei bereits ein Gewerbe, weil er routinemäßig Einfluss verkaufe und bestimmten Lobbygruppen Vergünstigungen gewähre. Warum also sollte man dies nicht gleich offen zugeben und Eintritt verlangen? Nun, weil auch Vorteilsgewährung und Insidergeschäfte bereits Beispiele für Korruption sind. Sie bedeuten eine Herabwürdigung der Regierung. Jeder Korruptionsvorwurf geht unausgesprochen mit einer bestimmten Vorstellung der angemessenen Zwecke und Ziele einer Institution (in diesem Fall des Kongresses) einher. Die Branche der bezahlten Vertreter in der Warteschlange am Capitol Hill, eine Erweiterung der Lobby-Branche, ist unter diesem Aspekt korrupt. Das Ganze ist nicht illegal, und die Bezahlung erfolgt vor aller Augen, dennoch wird damit der Kongress herabgewürdigt: Man behandelt ihn als Quelle privater Gewinne und nicht als Ausdruck staatsbürgerlicher Gleichheit.

Damit ist nicht unbedingt gesagt, dass Schlangestehen die beste Möglichkeit darstellt, den Zugang zu Kongressanhörungen oder mündlichen Verhandlungen des Obersten Gerichts zuzuteilen. Eine andere, besser mit dem Ideal der staatsbürgerlichen Gleichheit zu vereinbarende Alternative als Anstehen oder Bezahlen bestünde darin, die Eintrittskarten über eine Online-Lotterie zu vergeben – unter der Bedingung, dass sie nicht übertragbar sind.

Wie Märkte ihren Abdruck hinterlassen

Ehe wir entscheiden können, ob ein Gut über Märkte, Schlangestehen, per Lotterie, nach Bedürfnis, Verdiensten oder anderweitig zugeteilt werden sollte, müssen wir entscheiden, um welche Art von Gut es sich handelt und wie es zu bewerten ist. Dazu ist ein moralisches Urteil erforderlich, das Ökonomen, zumindest in ihrer Rolle als Sozialwissenschaftler, nur widerstrebend fällen wollen.

Es gehört zum Reiz der Marktlogik, dass sie anscheinend eine Möglichkeit zur Zuteilung von Gütern bietet, die ohne Urteile auskommt. Jeder Teilnehmer eines Handels entscheidet, welchen Wert er den zu tauschenden Gütern beimisst. Wenn jemand bereit ist, für Sex oder eine Niere zu bezahlen, und ein Erwachsener diese Güter bereitwillig verkaufen möchte, fragt der Ökonom nicht, ob die Parteien die Güter angemessen beurteilt haben. Mit solchen Fragen würde sich die Wirtschaftswissenschaft in Kontroversen über Tugend und das Gemeinwohl verstricken und damit gegen die Kriterien einer vorgeblich wertneutralen Wissenschaft verstoßen. Und dennoch ist es schwierig zu entscheiden, wo Märkte angemessen sind, ohne diese normativen Fragen anzuschneiden.

Der Lehrbuchansatz vermeidet dieses Dilemma, indem er – in der Regel vorbehaltlos – annimmt, dass die Bedeutung eines Gutes nicht verändert wird, wenn man es mit einem Preis versieht. Ohne Erklärung geht er davon aus, dass Kaufen und Verkaufen den Wert der gehandelten Dinge nicht mindern. Im Falle materieller Güter mag diese Annahme plausibel sein. Ob man mir einen Flachbildschirm verkauft oder schenkt, das Gerät wird in jedem Fall funktionieren. Doch die Annahme kann falsch sein, wenn Marktmethoden ihre Reichweite auf zwischenmenschliche Beziehungen und staatsbürgerliche Praktiken ausdehnen – etwa Sex, Kindererziehung, Lehren und Lernen, Wählen und so weiter. Wenn die Marktlogik ihre angestammten Felder verlässt und sich außerhalb des Reichs von

Fernsehern und Toastern begibt, dürften Marktwerte die sozialen Praktiken verändern – und das nicht immer zum Besseren.

Flüchtlingsquoten und Abholen im Kindergarten

Sehen wir uns beispielsweise den Vorschlag für die Einrichtung eines globalen Marktes für Flüchtlingsquoten an. Jedes Jahr suchen mehr Flüchtlinge Asyl in Ländern, die bereit sind, sie aufzunehmen. Angeregt von der Idee der handelbaren Verschmutzungsrechte, schlug ein Rechtsprofessor eine Lösung vor: Ein internationales Gremium weist jedem Land eine jährliche Flüchtlingsquote zu, die auf seinem nationalen Wohlstand beruht; anschließend können die Länder untereinander mit diesen Verpflichtungen handeln. Wenn also beispielsweise Japan jährlich 10 000 Flüchtlinge zugewiesen bekommt, sie aber nicht aufnehmen will, könnte es Russland oder Uganda dafür bezahlen, sie einreisen zu lassen. Nach der Logik des Marktes profitieren alle. Russland oder Uganda erhalten eine neue Quelle für Staatseinnahmen, Japan wird seinen Verpflichtungen gerecht, indem es Flüchtlinge auslagert, und es finden mehr Flüchtlinge Asyl als ohne eine entsprechende Regel.[11]

Zugunsten dieses Plans wird vorgebracht, dass Länder wahrscheinlich höhere Flüchtlingsquoten akzeptieren würden, wenn sie die Freiheit hätten, sich herauszukaufen. Ein Markt für Flüchtlinge hat jedoch etwas Widerliches an sich, selbst wenn er den unmittelbar Betroffenen einen Vorteil bietet. Aber warum erscheint er eigentlich so verwerflich? Dies hat damit zu tun, dass ein Markt für Flüchtlinge unsere Einstellung zu den Flüchtlingen verändert. Er ermutigt seine Teilnehmer – Käufer, Verkäufer und auch diejenigen, deren Recht auf Asyl da verschachert wird –, Flüchtlinge als Bürde anzusehen, die man loswerden sollte oder aber als Einkommensquelle erschließen kann – nicht aber als Menschen in Gefahr.

Man könnte diesen erniedrigenden Effekt einräumen und dennoch zu dem Schluss kommen, dass das Verfahren mehr Gutes als Schlechtes bewirke. Das Beispiel zeigt aber, dass Märkte keine rein mechanischen Apparate sind. Sie verkörpern bestimmte Normen. Sie unterstellen – und fördern – bestimmte Weisen, die ausgetauschten Güter zu bewerten.

Ökonomen gehen oft davon aus, dass Märkte die von ihnen gelenkten Güter unversehrt lassen. Doch das ist nicht wahr. Märkte beeinflussen die gesellschaftlichen Normen. Häufig zerfressen oder verdrängen Marktanreize andere, marktfremde Normen.

Eine bekannte Untersuchung mehrerer Kindergärten in Israel zeigt, wie das ablaufen kann.[12] Die Einrichtungen standen vor einem bekannten Problem: Eltern holen ihre Kinder manchmal zu spät ab, und die Erzieher müssen die Kinder dann beaufsichtigen, bis die verspäteten Eltern auftauchen. Um das Problem zu lösen, legten die Kindergärten eine Geldbuße für verspätetes Abholen fest. Wenn man davon ausgeht, die Menschen würden auf finanzielle Anreize reagieren, sollte man erwarten, dass die Buße die Häufigkeit der verspäteten Abholungen verringern würde. Stattdessen jedoch häuften sich die verspäteten Abholungen sogar.

Wie ist das zu erklären? Mit der Einführung einer Strafgebühr wurden die Normen geändert. Vorher hatten verspätete Eltern ein schlechtes Gewissen, denn sie bereiteten den Erziehern Unannehmlichkeiten. Jetzt aber sahen die Eltern eine verspätete Abholung als Service an, für den sie bezahlen konnten. Sie betrachteten die Geldbuße als Gebühr. Anstatt dem Erzieher etwas aufzuzwingen, bezahlten sie ihn einfach für seine längere Arbeitszeit. Falls die Bezahlung für verspätetes Abholen dafür sorgen sollte, dass die zusätzlichen Kosten der Verspätung ausgeglichen wurden, war sie wohl ein Erfolg; aber wenn die Eltern durch die Zahlungen eines Bußgelds von Verspätungen abgehalten werden sollten, war die Maßnahme gescheitert.

Geldbußen vs. Gebühren

Worin besteht der Unterschied zwischen einer Geldbuße und einer Gebühr? Es lohnt sich, darüber nachzudenken.

Geldbußen stehen für moralische Missbilligung, während Gebühren schlicht Preise darstellen, die kein moralisches Urteil implizieren. Wenn wir für das Wegwerfen von Abfällen ein Bußgeld festsetzen, so bewerten wir diese Handlung als falsch. Wenn jemand eine Bierdose in den Grand Canyon wirft, zieht das nicht nur Entsorgungskosten nach sich, sondern es zeigt auch eine Einstellung, die wir als Gesellschaft nicht ermutigen wollen. Nehmen wir an, die Geldbuße dafür beträgt 100 Dollar, und ein reicher Wanderer ist der Ansicht, so viel sei es ihm wert, sein Leergut nicht mitschleppen zu müssen. Er tut so, als sei die Strafe eine Gebühr, und wirft die leeren Dosen in den Grand Canyon. Obwohl er dafür später bezahlt, sind wir der Ansicht, er habe etwas falsch gemacht – weil er den Grand Canyon wie eine teure Müllkippe behandelt, hat er ihm nicht den angemessenen Wert beigemessen.

Oder nehmen wir Behindertenparkplätze. Ein emsiger Kleinunternehmer ohne körperliche Behinderungen möchte in der Nähe seiner Baustelle parken. Für die Bequemlichkeit, den Wagen auf einem Behindertenparkplatz abzustellen, zahlt er bereitwillig die hohe Geldbuße; für ihn sind das Betriebskosten. Glauben wir nicht, er verhalte sich falsch, auch wenn er das Bußgeld bezahlt? Er tut so, als sei die Strafe einfach eine teure Parkgebühr. Damit aber ignoriert er die moralische Dimension der Angelegenheit. Er missachtet die Bedürfnisse der Behinderten und den Wunsch der Gemeinschaft, ihnen gerecht zu werden und bestimmte Parkplätze für sie zu reservieren.

In der Praxis kann die Unterscheidung zwischen einer Geldbuße und einer Gebühr schwanken. In China wird die Geldbuße für Verstöße gegen die staatliche Ein-Kind-Politik von wohlhabenden Chinesen zunehmend als Preis für ein zweites Kind gesehen. Diese Maßnahme, vor mehr als drei Jahrzehnten zur Eindämmung des chinesischen Bevölkerungswachstums eingeführt, erlaubt den meisten Paaren in urbanen Gebieten nur ein Kind. (Familien auf dem Land dürfen ein zweites Kind bekommen, wenn das erste ein Mädchen ist.) Die Geldbuße variiert je nach Region, erreicht in großen Städten jedoch 200 000 Yuan (etwa 30 000 Euro) – für einen durchschnittlichen Arbeiter eine schwindelerregende Summe, aber für reiche Unternehmer, Sportstars und Berühmtheiten problemlos zu berappen.[13]

Die Beamten der Familienplanung haben versucht, den strafenden Aspekt der Sanktion wiederherzustellen, indem sie die Bußgelder für begüterte Regelbrecher anhoben, Berühmtheiten anprangerten, die gegen die Vorschrift verstoßen hatten, und Geschäftsleute mit überzähligen Kindern von Regierungsaufträgen ausschlossen. »Für die Reichen sind die Bußgelder Peanuts«, erklärte Zhai Zhenwu, ein Soziologieprofessor der Universität von Renmin. »Die Regierung müsste sie härter anfassen, da, wo es wirklich weh tut: bei ihrem Ruhm, ihrem Ansehen und ihrer Stellung in der Gesellschaft.«[14]

Die chinesischen Behörden sehen in dem Bußgeld eine Strafe und möchten das damit verbundene Stigma aufrechterhalten. Sie wollen es nicht zur Gebühr verkommen lassen. Der Hauptgrund ist nicht so sehr die Sorge, dass begüterte Paare zu viele Kinder bekommen könnten; die Zahl reicher Regelverletzer ist relativ klein. Ihnen geht es um die Norm, auf der diese Politik beruht. Wäre das Bußgeld lediglich eine Gebühr, würde der Staat damit das Recht auf weitere Kinder an diejenigen verkaufen, die fähig und bereit sind, dafür zu bezahlen.

Die Lizenz zum Kinderkriegen

Seltsamerweise haben einige westliche Ökonomen einen marktkonformen Ansatz für Geburtenkontrolle gefordert, der stark dem Gebührensystem ähnelt, das die chinesischen Regierungsvertreter vermeiden wollen. Diese Ökonomen haben Länder, die ihr Bevölkerungswachstum einschränken sollen, dazu gedrängt, handelbare Fortpflanzungsgenehmigungen auszugeben. 1964 schlug Kenneth Boulding zur Kontrolle der Überbevölkerung ein System handelbarer Fortpflanzungslizenzen vor. Dabei sollte jeder Frau eine (oder je nach Regelung auch eine zweite) Bescheinigung ausgestellt werden, die ihr das Recht auf ein Kind einräumte. Von dieser Lizenz könnte sie dann Gebrauch machen oder sie zum aktuellen Preis verkaufen. Boulding stellte sich einen Markt vor, in dem Menschen mit dringendem Kinderwunsch solche Zertifikate kaufen, und zwar von (wie er etwas taktlos formulierte) »Armen, Nonnen, alten Jungfern und so weiter«.[15]

Diese Regelung wäre weniger restriktiv als ein System fixer Quoten wie bei der Ein-Kind-Politik. Außerdem wäre sie ökonomisch effizienter, da die Güter (in diesem Fall: Kinder) den Kunden zufielen, die am ehesten bereit wären, dafür zu bezahlen.

Kürzlich haben zwei belgische Ökonomen Bouldings Vorschlag erneut ins Spiel gebracht. Sie verwiesen darauf, diese Regelung habe – weil wahrscheinlich die Reichen Fortpflanzungslizenzen von den Armen kaufen würden – den zusätzlichen Vorteil, dass die Ungleichheit verringert würde, da die Armen eine neue Einkommensquelle erschlössen.[16]

Es gibt Leute, die gegen jegliche Begrenzung der Fortpflanzung sind, während andere glauben, das Recht darauf könne zur Vermeidung von Überbevölkerung in legitimer Weise eingeschränkt werden. Lassen wir diese prinzipielle Uneinigkeit einmal beiseite und stellen uns eine Gesellschaft vor, die entschlossen ist, eine obligatorische Bevölkerungskontrolle einzuführen. Zwei Möglichkeiten kämen in Frage: ein fixes Quotensystem, das jedem Paar nur ein Kind zubilligt und Verstöße mit einem Bußgeld ahndet, und ein marktkonformes System, das jedem Paar einen handelbaren Gutschein zur Fortpflanzung ausstellt. Gegen welche Regelung gäbe es weniger einzuwenden?

Aus Sicht der Ökonomen ist die zweite Regelung eindeutig

vorzuziehen. Frei entscheiden zu können, ob man den Gutschein nutzen oder verkaufen möchte, stellt einige Menschen besser, ohne andere schlechter zu stellen. Diejenigen, die Gutscheine kaufen oder verkaufen, gewinnen etwas (sie schließen einen beiderseits vorteilhaften Handel ab), und diejenigen, die damit nicht auf den Markt gehen, sind nicht schlechter dran als unter einem fixen Quotensystem – sie können immer noch ein Kind bekommen.

Dennoch hat eine Regelung, bei der Menschen mit dem Recht aufs Kinderkriegen Handel treiben, etwas Beunruhigendes. Zum Teil liegt dies daran, dass solch ein System unter der Bedingung der Ungleichheit ungerecht erscheint. Es widerstrebt uns, Kinder zum Luxusgut zu machen, das für Reiche, nicht aber für Arme erschwinglich ist. Neben dem Fairness-Einwand steht der potentiell zersetzende Effekt auf die Einstellungen und Normen von Eltern im Raum. Im Kern der Transaktion liegt nämlich ein moralisch beunruhigendes Verhalten: Eltern, die sich ein weiteres Kind wünschen, müssen andere mögliche Eltern dazu bringen oder verlocken, ihr Recht auf ein Kind zu verkaufen.

Einige dürften einwenden, dass ein Markt, auf dem Kinder oder ein Anrecht auf sie gehandelt werden, den Vorzug der Effizienz besitze: Er vergebe Kinder an diejenigen, die sie am meisten schätzen, was sich an der Zahlungsfähigkeit messen ließe. Doch der Handel mit dem Recht auf Fortpflanzung kann eine nur am Geld interessierte Mentalität gegenüber Kindern fördern und die Norm der bedingungslosen Liebe zu ihnen beschädigen. Würde Ihre Liebe zu Ihren Kindern etwa nicht beeinträchtigt, wenn Sie einige davon nur hätten, weil Sie andere Paare bestochen haben, kinderlos zu bleiben? Wären Sie nicht wenigstens versucht, diese Tatsache vor Ihren Kindern zu verbergen? Wenn ja, kann man aus gutem Grund zu dem Schluss kommen, dass ein Markt für Lizenzen zum Kinderkriegen ungeachtet möglicher Vorzüge die Elternschaft beschädigen würde – was für eine feste Quote, wie anrüchig diese auch sein mag, nicht gilt.

Wenn wir beschließen, ob wir ein Gut zur Handelsware machen oder nicht, müssen wir mehr in Betracht ziehen als Effizienz und Gerechtigkeit. Wir müssen auch fragen, ob nicht marktkonforme Normen durch Marktnormen verdrängt werden, und wenn ja, ob das nicht einen Verlust bedeutet, der uns Sorgen machen sollte.

Ein Walross gegen Bezahlung schießen

Nehmen wir eine andere Art von handelbarer Quote: das Recht, ein Walross zu schießen. Einst kam das atlantische Walross in den arktischen Regionen Kanadas häufig vor, doch der massige, wehrlose Meeressäuger war eine leichte Beute für Jäger, und gegen Ende des 19. Jahrhunderts war die Population stark zurückgegangen. 1928 verbot Kanada die Walrossjagd; ausgenommen war eine kleine Quote für die Inuit, eingeborene Jäger mit Subsistenzwirtschaft, deren Lebensweise sich seit gut 4500 Jahren um die Walrossjagd dreht.

In den 90ern wandten sich Führer der Inuit mit einem Vorschlag an die kanadische Regierung: Konnte sie den Inuit nicht erlauben, ihr Recht auf den Abschuss einiger Walrosse aus ihrer Quote an Großwildjäger zu verkaufen? Die Zahl der getöteten Walrosse würde gleich bleiben, die Inuit würden die Jagdgebühren kassieren, den Trophäenjägern als Führer dienen, den Abschuss überwachen und Fleisch wie Felle behalten, so wie sie das immer getan hatten. Damit würde das wirtschaftliche Wohl einer armen Gemeinschaft verbessert, ohne die geltenden Quoten zu überschreiten. Die kanadische Regierung war einverstanden.

Für die Gelegenheit, ein Walross zu schießen, reisen mittlerweile reiche Trophäenjäger aus aller Welt in die Arktis. Für dieses Privileg bezahlen sie zwischen 6000 und 6500 Dollar. Sie kommen sicher nicht wegen des Nervenkitzels der Jagd oder der sportlichen Herausforderung. Walrosse sind harmlose Geschöpfe, die sich langsam bewegen und für Jäger mit Gewehren kein Problem darstellen. In seinem eindrucksvollen Bericht im *New York Times Magazine* verglich C. J. Chivers die Walrossjagd unter Aufsicht der Inuit mit »einer langen Bootsfahrt, an deren Ende man auf einen sehr großen Sitzsack schießt«.[17] Die Führer manövrieren das Boot bis auf etwa 15 Meter an das Walross heran und geben dem Jäger ein Zeichen, wann er schießen soll. Chivers schilderte die Szene, als ein Jäger aus Texas seine Beute erlegte: »Die Kugel des Jägers klatschte in den Hals des Bullen, riss seinen Kopf herum und warf das Tier auf die Seite. Aus dem Einschussloch sprudelte Blut. Reglos lag der Bulle da. Der Jäger setzte sein Gewehr ab und griff nach der Videokamera.« Dann machte sich die Inuit-Mannschaft an die harte Arbeit, das tote Walross auf eine Eisscholle zu hieven und den Kadaver zu zerlegen.

Der Reiz einer solchen Jagd ist schwer zu ergründen. Sie stellt keine Herausforderung dar, weshalb sie weniger als Sport denn als eine Art todbringender Tourismus erscheint. Nicht einmal eine Trophäe kann sich der Jäger zu Hause an die Wand hängen. In den USA sind Walrosse geschützt, und es ist illegal, Körperteile dieser Tiere ins Land zu bringen.

Warum also sollte man ein Walross abschießen? Anscheinend geht es darum, je ein Exemplar all der Tierarten zu erlegen, die von Jagdvereinen aufgelistet werden – etwa die »Großen Fünf« Afrikas (Leopard, Löwe, Elefant, Nashorn und Kapbüffel) oder den »Grand Slam« der Arktis (Karibu, Moschusochse, Eisbär und Walross).

Dieses Ziel ist nicht gerade anerkennenswert; manche finden es sogar ausgesprochen widerlich. Aus Sicht der Marktlogik spricht jedoch einiges dafür, den Inuit zu erlauben, ihr Recht auf Abschuss einer bestimmten Zahl von Walrossen zu verkaufen: Sie selbst erschließen damit eine neue Einkommensquelle, die »Listenjäger« erhalten die Möglichkeit, ihre Bilanz der getöteten Tiere zu vervollständigen, und die Quoten werden nicht überschritten. In dieser Hinsicht entspricht der Verkauf des

Walross-Abschussrechts dem Verkauf des Rechts auf Fortpflanzung oder Verschmutzung: Sobald eine Quote vorhanden
ist, schreibt die Marktlogik vor, dass ein Handel mit den Kon-
zessionen das Gemeinwohl mehrt. Er sorgt dafür, dass einige
besser dastehen, ohne dass andere schlechter dran sind.

Und doch ist der Markt für Walross-Abschüsse moralisch
äußerst fragwürdig. Selbst wenn es vernünftig ist, den Inuit
weiterhin zu erlauben, für ihren Lebensunterhalt Walrosse zu
jagen, wie sie das seit Jahrhunderten tun, ist das Recht, die
Walross-Abschüsse zu verkaufen, aus zwei Gründen moralisch
verwerflich. Erstens hilft dieser bizarre Markt, einen perversen
Wunsch zu erfüllen, dem in jeder denkbaren Berechnung eines
gesellschaftlichen Nutzens kein Gewicht zukommen sollte.
Was immer man von anderen Formen der Großwildjagd halten
mag: Der Wunsch, ohne jegliche Herausforderung oder Jagd
ein hilfloses Säugetier aus kurzer Entfernung zu töten, nur um
es auf einer Liste abhaken zu können, ist es nicht wert, erfüllt
zu werden. Im Gegenteil, man sollte dagegen angehen. Zweitens: Wenn die Inuit das Recht, die ihnen zugeteilten Walrosse
zu töten, an Außenstehende verkaufen, beschädigen sie die Bedeutung und den Zweck der Ausnahmeregelung, die man ihrer
Gemeinschaft zugestanden hat. Die Lebensweise der Inuit zu
würdigen und ihre von alters her bestehende Abhängigkeit von
der Walrossjagd zu respektieren ist eine Sache. Etwas anderes
ist es jedoch, dieses Privileg in eine bezahlte Konzession zum
beiläufigen Töten umzuwandeln.

Natürlich kann man über die moralischen Urteile streiten,
die hinter diesen Einwänden stehen. Die einen könnten das System handelbarer Walrossquoten verteidigen, weil der Wunsch,
ein Walross zu schießen, nicht pervers, sondern moralisch legitim sei, weshalb er bei der Bestimmung des Gemeinwohls
einbezogen werden solle. Man könnte auch vorbringen, dass
nicht außenstehende Beobachter, sondern die Inuit selbst festlegen sollten, was als Achtung ihrer kulturellen Traditionen zu
gelten habe. Ich aber will auf Folgendes hinaus: Die Entschei-

dung, ob man den Inuit erlauben soll, ihr Recht auf den Abschuss von Walrossen zu verkaufen, erfordert, dass man sich mit diesen konkurrierenden moralischen Urteilen auseinandersetzt und die Widersprüche auflöst.

Die Verdrängung marktfremder Normen

Märkte für Flüchtlingsquoten, Lizenzen zum Kinderkriegen und das Recht, ein Walross zu schießen, sind (ungeachtet ihrer Effizienz in ökonomischer Hinsicht) insofern fragwürdige Regelungen, als sie die Einstellungen und Normen beschädigen, welche die Behandlung von Flüchtlingen, Kindern und gefährdeten Arten regeln sollten. Das Problem, das ich hier hervorhebe, ist nicht, dass solche Märkte für Menschen, die sich käufliche Güter nicht leisten können, unfair sind (obwohl das sehr wohl zutreffen kann). Vielmehr geht es darum, dass der Verkauf solcher Dinge Schaden anrichten kann.

Die übliche Logik der Wirtschaftswissenschaft geht davon aus, dass die Umwandlung eines Gutes in eine Handelsware – also dadurch, dass man es zum Verkauf stellt – seinen Charakter nicht verändert; der Markt steigert die ökonomische Effizienz, ohne die Güter selbst zu verändern. Doch diese Annahme ist zweifelhaft. Wenn Märkte auf Lebensbereiche übergreifen, die bis dahin traditionell von marktfremden Normen geprägt wurden, verliert die Vorstellung, dass Märkte die auf ihnen getauschten Güter nicht tangieren oder gar beschädigen, an Plausibilität. Immer mehr Forschungsergebnisse bestätigen, was der gesunde Menschenverstand nahelegt: Finanzielle Anreize und andere Marktmechanismen können fehlschlagen, indem sie Normen ohne Marktbezug verdrängen.

Die Kindergartenstudie ist ein gutes Beispiel. Mit der Einführung einer Gebühr für verspätetes Ankommen stieg die Zahl zu spät kommender Eltern, anstatt zu sinken. Es trifft zweifellos zu, dass sich der normale Preiseffekt bei ausreichender Höhe des Bußgelds (sagen wir 1000 Dollar pro Stunde) durchsetzen würde. Für meine Argumentation kommt es jedoch allein darauf an, dass die Einführung eines finanziellen Anreizes (oder einer entsprechenden Abschreckung) marktfremde Einstellungen und Normen manchmal beschädigen oder verdrängen kann. Wann und in welchem Umfang der »Verdrängungseffekt« über den Preiseffekt siegt, ist eine empirische Frage, doch schon die bloße Existenz eines »Verdrängungseffekts« zeigt, dass Märkte nicht neutral sind: Führt man einen Marktmechanismus ein, können sich Charakter und Bedeutung einer gesellschaftlichen Praxis dadurch ändern. Falls das zutrifft, müssen wir für die Entscheidung, einen finanziellen Anreiz oder eine handelbare Quote einzuführen, in jedem Einzelfall die marktfremden Werte und Normen abschätzen, die solche Mechanismen verdrängen oder verändern könnten.

Der Verdrängungseffekt zeigt sich auch in mehreren anderen Studien.

Endlager für nukleare Abfälle

Als die Einwohner einer Gemeinde in der Schweiz befragt wurden, ob sie ein atomares Endlager bei sich genehmigen würden, falls das Schweizer Parlament beschlösse, es dort einzurichten, stimmten 51 Prozent zu. Anschließend wurde den Befragten die Zumutung versüßt: Das Parlament schlägt vor, das atomare Endlager dort zu errichten, *und* bietet an, alle Einwohner mit einer jährlichen Ausgleichszahlung zu entschädigen.[18] Doch das angebotene Geld führte nicht zu einer erhöhten Bereitschaft der Bürger, das Endlager anzunehmen; vielmehr halbierte sich die Zustimmungsquote von 51 auf 25 Prozent. Ähnliche Reaktionen auf finanzielle Angebote ergaben sich auch an anderen Orten, wo die ansässige Bevölkerung sich atomaren Endlagern widersetzte.[19]

Warum akzeptierten die Leute die nuklearen Abfälle ohne

Gegenleistung eher als gegen Bezahlung? Für viele spiegelte die Bereitschaft, das Endlager zu akzeptieren, den Gemeinschaftsgeist wider – sie erkannten an, dass das Land als Ganzes von Kernenergie abhängt und der radioaktive Müll irgendwo gelagert werden muss. Falls sich herausstellte, dass ihre Gemeinde das sicherste Lager bot, waren sie zu einem Opfer fürs Gemeinwohl bereit. Sie waren jedoch nicht gewillt, ihre Sicherheit zu verkaufen und ihre Familien gegen Geld einem Risiko auszusetzen. Tatsächlich erklärten 83 Prozent derer, die die vorgeschlagene Bezahlung ablehnten, ihren Widerstand damit, dass sie nicht bestechlich seien.[20] Das Angebot einer privaten Bestechungssumme hatte eine staatsbürgerliche Frage in eine monetäre Frage verwandelt. Die Einführung von Marktnormen verdrängte ihren Sinn für staatsbürgerliche Pflichten.[21]

Spendentage

Israelische Oberschüler gehen jedes Jahr an einem festgelegten Spendentag von Tür zu Tür und bitten um Gaben für ehrenwerte Anliegen – zum Beispiel Krebsforschung oder Hilfen für behinderte Kinder. Gneezy und Rustichini führten ein Experiment durch, um festzustellen, wie sich finanzielle Anreize auf die Motivation der Schüler auswirken.[22] Sie unterteilten die Schüler in drei Gruppen. Einer Gruppe wurde eine kurze motivierende Ansprache über die gesellschaftliche Bedeutung des Anliegens gehalten, bevor man sie losschickte. Die zweite und dritte Gruppe bekamen die gleiche Rede zu hören, ergänzend dazu wurde ihnen aber auch eine finanzielle Belohnung auf Grundlage der gesammelten Beträge in Aussicht gestellt: ein Prozent für die eine, zehn Prozent für die andere Gruppe. Die Beteiligungen sollten nicht aus den gesammelten Beträgen abgezweigt werden, sondern aus einer separaten Quelle stammen.

Wenig überraschend, sammelten die Schüler, denen man

zehn Prozent geboten hatte, mehr Spenden als die mit einem Prozent Provision. Die unbezahlten Schüler aber sammelten mehr als die beiden bezahlten Gruppen. Gneezy und Rustichini kamen zu folgendem Schluss: Wenn man Menschen motivieren will und dabei auch an finanzielle Anreize denkt, sollte man entweder »genug oder gar nichts bezahlen«.[23]

Selbst wenn das zutreffen mag, erfahren wir durch diese Geschichte noch mehr. Sie enthält auch eine Lektion darüber, wie Geld Normen verdrängt.

Warum lagen die beiden bezahlten Gruppen hinter den Schülern, die provisionslos gesammelt hatten? Am wahrscheinlichsten lag es daran, dass die ganze Angelegenheit einen anderen Charakter annahm, sobald man die Schüler für ihre guten Taten bezahlte. Von Tür zu Tür zu gehen und Geld für gute Zwecke zu sammeln erschien nun weniger als staatsbürgerliche Pflicht denn als eine Gelegenheit, das Taschengeld aufzubessern. Der finanzielle Anreiz verwandelte eine von Gemeinsinn getragene Tätigkeit in einen bezahlten Job. Wie bei den Schweizer Dorfbewohnern war es auch bei den israelischen Schülern: Die Einführung von Marktnormen ersetzte ihr moralisches und staatsbürgerliches Engagement oder dämpfte es zumindest.

Warum sollten wir besorgt sein, wenn Marktnormen tendenziell andere Normen verdrängen? Sowohl aus einem finanziellen als auch einem ethischen Grund. Aus ökonomischer Sicht sind gesellschaftliche Normen – wie etwa staatsbürgerliche Tugenden und Gemeinsinn – ein beachtliches Schnäppchen. Sie motivieren zu sozial nützlichem Verhalten, das andernfalls nur für eine Menge Geld zu kaufen wäre. Würde man Gemeinden durch finanzielle Anreize dazu bringen wollen, Nuklearabfälle zu akzeptieren, müsste man sehr viel mehr bezahlen, als wenn man sich auf die staatsbürgerliche Tugend verlassen kann. Müsste man Schulkinder anheuern, damit sie Spenden für wohltätige Zwecke sammeln, müsste man eine Provision von über zehn Prozent anbieten, um das gleiche Ergebnis zu erzielen, das der Gemeinsinn kostenlos erbringt.

Doch wenn man moralische und staatsbürgerliche Normen lediglich als kosteneffektive Möglichkeiten betrachtet, um Menschen zu motivieren, verkennt man den inneren Wert dieser Normen. Setzt man bloß auf finanzielle Anreize, um Einwohner dazu zu bringen, eine Einrichtung für Nuklearabfälle zu akzeptieren, ist das nicht nur teuer, es wirkt auch korrumpierend. Man drückt sich darum, die Menschen zu überzeugen und jene Art von politischem Konsens zu erreichen, der auf einer umfassenden Erörterung der Risiken dieser Einrichtung und ihrer Notwendigkeit für die Gemeinschaft beruht. Ähnlich verhält es sich, wenn man Schüler dafür bezahlt, an einem offiziellen Spendentag Geld zu sammeln – finanzielle Anreize erhöhen die Kosten der Spendensammlung nicht nur, sondern entwerten auch den Gemeinsinn der Schüler und beeinflussen ihre moralische und staatsbürgerliche Erziehung nachteilig.

Der Kommerzialisierungseffekt

Viele Ökonomen erkennen mittlerweile an, dass Märkte die Natur der von ihnen beherrschten Güter und sozialen Verhaltensweisen verändern. Einer der Ersten, der auf die zersetzende Wirkung von Märkten aufmerksam machte, war der britische Volkswirt und Berater des Internationalen Währungsfonds Fred Hirsch. In einem 1976 erschienenen Buch – im gleichen Jahr kam auch Gary Beckers einflussreiches Werk *Der ökonomische Ansatz zur Erklärung menschlichen Verhaltens* heraus – attackierte Hirsch die Annahme, der Wert eines Gutes sei immer gleich, unabhängig davon, ob er durch den Markt oder auf andere Weise zustande komme.[24] Hirsch war der Ansicht, die vorherrschende Ökonomie habe etwas übersehen, was er als Kommerzialisierungseffekt bezeichnet.[25] Damit meint er »die Wirkung auf die Natur eines Produkts oder seiner Bereitstellung, wenn dazu ausschließlich oder vorwiegend kommerzielle Begriffe herangezogen werden und keine andere Basis vorhanden ist – etwa informeller Austausch, wechselseitige Verpflichtung, Altruismus oder Liebe oder ein Gefühl für Dienen oder Pflichterfüllung«. Die »übliche, fast immer verborgene Annahme lautet, dass der Vorgang der Kommerzialisierung sich nicht auf das Produkt auswirkt«. Hirsch stellt fest, dass diese falsche Annahme im aufkommenden »ökonomischen Imperialismus« seiner Zeit eine große Rolle gespielt hat – einschließlich der Bemühungen Beckers (und anderer), die ökonomische Analyse auf benachbarte Gebiete des sozialen und politischen Lebens auszudehnen. Die oben erörterten empirischen Fälle untermauern Hirschs Einsicht, dass die Einführung von Marktanreizen und Marktmethoden die Einstellungen der Menschen verändern und nicht marktkonforme Werte verdrängen kann.

Eine wachsende Zahl von Arbeiten der Sozialpsychologie bietet eine mögliche Erklärung für diesen Kommerzialisierungseffekt an. Die Studien beleuchten den Unterschied zwischen intrinsischer Motivation (wie moralische Überzeugungen oder ein genuines Interesse) und extrinsischer Motivation (wie Geld oder andere materielle Belohnungen). Wenn Menschen etwas tun, was sie von sich aus als befriedigend empfinden, könnte es ihre Motivation beeinträchtigen, wenn man ihnen Geld dafür bietet. Es könnte ihr Interesse oder Engagement verdrängen.[26]

Die ökonomische Theorie neigt dazu, alle Motivationen ungeachtet ihrer Art oder ihres Ursprungs gleich zu behandeln und zu unterstellen, dass sie sich addieren. Doch damit entgeht ihr der zersetzende Effekt des Geldes. Dabei ist dieses Phänomen der Verdrängung für die Wirtschaftswissenschaft von fundamentaler Bedeutung. Es stellt nämlich die Anwendung von Marktmechanismen und Marktlogik in vielen Aspekten des gesellschaftlichen Lebens in Frage – dazu zählen etwa motivierende finanzielle Anreize bei der Erziehung, im Gesundheitswesen, in der Arbeitswelt, bei Freiwilligenorganisationen, staatsbürgerlichen Aktivitäten und anderen Bereichen, in denen innere Motivation oder moralisches Engagement zählen.[27]

Handel mit Blut

Wie Märkte Normen verdrängen, die nicht von ihnen geprägt waren, zeigt sich vielleicht am deutlichsten in einer klassischen Studie zu Blutspenden, vorgelegt vom britischen Soziologen Richard Titmuss. In seinem Buch *The Gift Relationship* von 1970 verglich er das System der Blutspenden in England, wo alles Blut für Transfusionen von unbezahlten freiwilligen Spendern stammt, mit dem System der USA, wo der größte Teil des Blutes von kommerziellen Blutbanken stammt, die (üblicherweise arme) Leute dafür bezahlen. Anhand einer Fülle von Daten zeigte Titmuss, dass das britische System sowohl in ökonomischer als auch in praktischer Hinsicht besser funktioniert als das amerikanische. Trotz der unterstellten Effizienz der Märkte führte das amerikanische System laut Titmuss zu chronischer Knappheit, Verschwendung, höheren Kosten und einem höheren Risiko für mit Hepatitis kontaminierte Blutkonserven.[28]

Doch Titmuss argumentierte auch ethisch gegen den Handel mit Blut: Werde Blut zur Handelsware, dann schwinde bei den Menschen das Gefühl, Blutspenden seien eine Verpflichtung; altruistisches Denken nehme ab, und das »Verhältnis zum Geben« als aktiver Faktor des gesellschaftlichen Lebens werde untergraben. »Kommerzialisierung und Profite durch Blut haben den freiwilligen Spender marginalisiert«, schreibt Titmuss. Sobald Menschen anfingen, Blut als routinemäßig gehandelte Ware zu betrachten, meint Titmuss, würden sie sich nicht mehr moralisch dazu verpflichtet sehen, Blut zu spenden.[29]

Titmuss' Buch löste eine heftige Diskussion aus. Unter seinen Kritikern befand sich Kenneth Arrow, einer der herausragenden amerikanischen Ökonomen seiner Zeit. Arrow widersprach Titmuss und führte zwei Annahmen über die menschliche Natur und das moralische Leben des Menschen an, die von Ökonomen häufig geltend gemacht, aber selten verteidigt werden.[30] Die erste betrifft die von mir untersuchte Aussage, eine Aktivität werde durch ihre Kommerzialisierung nicht verändert. Wird ein vorher nicht gehandeltes Gut handelbar gemacht, können nach dieser Annahme diejenigen, die damit Handel treiben wollen, dadurch ihren Nutzen mehren, während diejenigen, die ein Gut als unbezahlbar ansehen, frei beschließen können, nicht damit zu handeln. Dieser Argumentationsstrang verlässt sich stark auf die Vorstellung, die Schaffung eines Blutmarktes mindere den Wert oder die Bedeutung freiwilliger, altruistischer Blutspenden in keiner Weise. Titmuss misst der Großzügigkeit, aus der sich die Gabe ableitet, einen eigenen moralischen Wert bei, doch Arrow bezweifelt, dass diese Großzügigkeit durch die Einführung eines Marktes beschädigt werden könnte: »Warum sollte die Schaffung eines Marktes für Blut den in der Blutspende verkörperten Altruismus mindern?«[31]

Die Antwort: Kommerzialisiert man das Blut, verändert man die Bedeutung, die das Spenden hat. Ist denn die Spende eines halben Liters Blut beim Roten Kreuz um die Ecke überhaupt noch ein großzügiger Akt, wenn Blut routinemäßig gehandelt wird? Vielleicht bringt man jetzt einen Bedürftigen um die Möglichkeit, sein Blut zu einem guten Preis zu verkaufen. Wäre es besser, das Blut selbst zu spenden, oder sollte man lieber 50 Dollar geben, damit ein zusätzlicher halber Liter von einem Obdachlosen gekauft werden kann, der das Einkommen braucht?

Die zweite Annahme in Arrows Kritik lautet, dass ethisches Verhalten eine Ware ist, mit der wir sparsam umgehen sollten.[32] Dahinter steht die Vorstellung, dass wir uns auf Altruismus, Großmut, Solidarität oder staatsbürgerliche Pflichten nicht allzu sehr verlassen sollten, weil diese moralischen Empfindungen rare Ressourcen seien, die durch ihren Gebrauch erschöpft werden. Märkte würden sich dagegen auf Eigeninteressen verlassen, was den Vorteil habe, dass wir den begrenzten Vorrat an Tugend nicht antasten müssten. Wenn wir uns so gesehen beispielsweise bei der Versorgung mit Blutkonserven auf die Großzügigkeit aller verlassen, wird am Ende weniger Großzügigkeit für andere soziale oder wohltätige Zwecke übrig bleiben. So schreibt Arrow: »Wie viele Ökonomen möchte ich nicht allzu sehr davon abhängig sein, dass Eigeninteresse durch Ethik ersetzt wird. Ich halte es insgesamt gesehen für das Beste, den Bedarf an ethischem Verhalten auf die Umstände zu beschränken, in denen das Preissystem zusammenbricht (...). Wir möchten die raren Vorräte an altruistischen Motiven nicht rücksichtslos verbrauchen.«[33]

Es ist leicht zu erkennen, wie diese ökonomische Vorstellung von Tugend, wenn sie denn zutrifft, noch weitere Gründe liefert, um die Märkte auf alle Lebensbereiche auszudehnen. Wenn der Vorrat an Altruismus, Großzügigkeit und staatsbürgerlicher Tugend – wie der Vorrat an fossilen Brennstoffen – von Natur aus begrenzt ist, sollten wir sparsam mit ihm umgehen. Je mehr wir verbrauchen, desto weniger steht uns zur Verfügung. Indem wir uns mehr auf Märkte und weniger auf Moral verlassen, schonen wir in dieser Perspektive eine knappe Ressource.

Sparsamkeit in der Liebe

Die klassische Formulierung dieses Gedankens lieferte Sir Dennis H. Robertson, ein Wirtschaftswissenschaftler aus Cambridge und ehemaliger Student von John Maynard Keynes, in einer Rede zum 200. Gründungstag der Columbia University im Jahr 1954. Der Titel von Robertsons Vorlesung war eine Frage: *What Does the Economist Economize?* Er wollte zeigen, dass Wirtschaftswissenschaftler, obwohl sie den »aggressiven und auf Erwerb gerichteten Instinkten« der Menschen huldigten, dennoch einer moralischen Mission dienten.[34]

Robertson behauptete, mit der Förderung von Regelungen, die sich möglichst auf Eigeninteresse stützen anstatt auf Altruismus oder moralische Erwägungen, erspare der Ökonom es der Gesellschaft, ihren knappen Tugendvorrat zu verschleudern. Robertson kommt zu folgendem Schluss: »Wenn wir Ökonomen unsere Aufgabe gut erfüllen, können wir, wie ich glaube, ganz erheblich dazu beitragen, die knappe Ressource Liebe – das kostbarste Gut der Welt – sparsam zu verwenden.«[35]

Nicht-Wirtschaftswissenschaftlern wird diese Art des Denkens über die großmütigen Tugenden seltsam oder gar verquer vorkommen. Es übersieht die Möglichkeit, dass unsere Kapazität für Liebe und Mildtätigkeit durch deren Anwendung vielleicht gar nicht verbraucht, sondern durch Übung sogar vergrößert werden könnte. Nehmen wir ein verliebtes Paar. Wenn die beiden ein Leben lang nichts voneinander verlangen in der Hoffnung, dadurch ihre Liebe aufsparen zu können – wie gut würden sie damit fahren? Würde ihre Liebe nicht intensiver statt schwächer, je mehr sie sich darauf beriefen? Wäre es besser, wenn sie einander eher berechnend behandelten, um ihre Liebe für Zeiten aufzusparen, in denen sie sie wirklich benötigten?

Ähnliches lässt sich im Zusammenhang mit sozialer Solidarität und staatsbürgerlicher Tugend fragen. Sollten wir die Bürgertugend aufsparen und die Leute auffordern, so lange shoppen zu gehen, bis das Land sie dazu aufruft, Opfer fürs Gemeinwohl zu erbringen? Oder schwinden staatsbürgerliche Tugend und Gemeinsinn dahin, wenn sie nicht angewandt werden? Viele Moralphilosophen sind der zweiten Ansicht. Aristoteles lehrte, dass Tugend durch Praxis kultiviert werde: »So werden wir auch gerecht, indem wir gerecht handeln, und tapfer, indem wir tapfer handeln.«[36] Rousseau sah es ähnlich: Je mehr ein Land von seinen Bürgern verlange, desto größer sei deren Verehrung für das Land. »In einem gut geführten Gemeinwesen eilt jedermann zu den Versammlungen.« Unter einer schlechten Regierung nehme keiner am öffentlichen Leben teil, denn »keiner nimmt Anteil an dem, was dort geschieht (…), und schließlich verdrängen die häuslichen Sorgen alles Übrige.« Bürgertugend werde durch die anstrengende Partizipation am öffentlichen Leben auf- anstatt abgebaut. Was rastet, das rostet, sagt Rousseau sinngemäß. »Sobald der öffentliche Dienst aufhört, die wichtigste Angelegenheit der Bürger zu sein, und sie lieber mit ihrer Geldbörse als mit ihrer Person dienen wollen, ist der Staat schon seinem Verfall nahe.«[37]

Die Vorstellung, dass Liebe und Großmut knappe Ressourcen seien und durch Gebrauch abnähmen, übt weiterhin großen Einfluss auf die moralische Phantasie der Wirtschaftswissenschaftler aus, auch wenn sie selten explizit so argumentieren. Es handelt sich nicht um einen offiziellen Lehrsatz wie etwa das Gesetz von Angebot und Nachfrage. Niemand hat diese Annahme empirisch nachgewiesen; sie gleicht eher einem Sprichwort, einer Volksweisheit, die sich viele Ökonomen immer noch zu Herzen nehmen.

Fast ein halbes Jahrhundert nach Robertsons Vorlesung bat man den Ökonomen Lawrence Summers, damals Präsident der Harvard University, die Morgenpredigt in der Memorial Church zu halten. Als Thema wählte er: »Was die Wirtschaftswissenschaft zum Nachdenken über moralische Fragen beitragen kann.« Die Ökonomie, stellte Summers fest, werde »zu selten wegen ihrer sowohl moralischen als auch praktischen Bedeutung geschätzt«.[38] Wie er anmerkte, legten Ökonomen »großen Wert auf den Respekt gegenüber dem Einzelnen – und gegenüber den Bedürfnissen und Vorlieben, den Entscheidungen und Urteilen, die sie für sich treffen«. Er illustrierte die moralischen Implikationen des ökonomischen Denkens, indem er Studenten kritisierte, die sich für einen Boykott von Waren aus ausbeuterischen Betrieben eingesetzt hatten: »Wir alle beklagen die Bedingungen, unter denen so viele Menschen auf diesem Planeten arbeiten, und die armselige Entlohnung, die sie dafür erhalten. Und dennoch ist die Tatsache von Bedeutung, dass sich die Arbeiter freiwillig für die Arbeit entschieden haben, weil sie sie als ihre beste Alternative ansehen. Ist die Einschränkung der Wahlmöglichkeiten für den Einzelnen nun ein Akt des Respekts, des Mitleids oder gar der Fürsorge?«

Zum Schluss antwortete Summers noch denen, die Märkte kritisieren, weil sie auf die Selbstsucht und die Gier der Menschen bauen: »Wir alle verfügen nur über ein gewisses Maß an Altruismus. Ökonomen wie ich halten Altruismus für ein wertvolles und knappes Gut, das geschont werden muss. Es ist bei weitem besser, es durch ein System zu schonen, in dem die Wünsche der Menschen von selbstsüchtigen Individuen befriedigt werden, während wir diesen Altruismus für unsere Familien, unsere Freunde und die vielen sozialen Probleme der Welt aufsparen, die die Märkte nicht lösen können.«[39]

Damit wurde Robertsons Volksweisheit bestätigt. Diese ökonomische Sichtweise der Tugend befeuert den Glauben an Märkte und trägt dazu bei, dass sie Orte erobern, an denen sie nichts zu suchen haben. Doch die Metapher ist falsch. Sind Altruismus, Großmut, Solidarität und Gemeinsinn mit Handelsgütern gleichzusetzen, die verbraucht werden, wenn man sie nutzt? Oder ähneln sie eher Muskeln, die durch Übung wachsen?

Marktdenken als moralisches Denken

Will man diese Frage beantworten, muss man sich für eine Seite in einer schon lange geführten Debatte in Moralphilosophie und Politischer Philosophie entscheiden. Wir haben zwei Ansätze betrachtet, bei denen das marktkonforme Denken auf bestreitbaren normativen Annahmen beruht. Die eine Annahme besagt, ein Gut, welches man dem Markt unterwirft, verändere seine Bedeutung nicht; die andere läuft auf die Behauptung hinaus, Tugend sei ein Handelsgut, das sich durch seine Verwendung verbraucht.

Die Ausdehnung des marktkonformen Denkens auf fast alle Aspekte des gesellschaftlichen Lebens erschwert die Unterscheidung zwischen Marktdenken und moralischem Denken, zwischen einer Erklärung der Welt und deren Verbesserung. Wo Märkte nicht marktkonforme Werte erodieren lassen, müssen wir fragen, ob das für einen Verlust steht, der uns Sorge bereiten sollte. Wiegen die Effizienzgewinne handelbarer Flüchtlingsquoten schwerer als die Herabwürdigung, welche die Flüchtlinge dadurch erfahren? Lassen sich die wirtschaftlichen Vorteile der kommerzialisierten Walrossjagd dadurch rechtfertigen, dass sie möglicherweise eine härtere Einstellung gegenüber bedrohten Arten hervorrufen? Sollten wir uns Sorgen machen, wenn finanzielle Entschädigungen für staatsbürgerliche Opfer patriotische Gefühle in monetäre Erwägungen verwandeln?

Fragen dieser Art reichen weiter als der Versuch, vorherzusagen, ob ein Marktmechanismus im engeren Sinn »funktioniert«. Sie verlangen, dass wir eine moralische Bewertung vornehmen: Welche moralische Bedeutung haben Haltungen und Normen, die durch Geld verdrängt werden können? Würde deren Verlust den Charakter einer Aktivität auf eine Weise verändern, die wir bedauern würden? Und falls das so ist, sollten wir es dann vermeiden, für diese Aktivität finanzielle Anreize einzuführen, selbst wenn das gewisse Vorteile mit sich brächte?

Um zu entscheiden, wo finanzielle Anreize, handelbare Genehmigungen oder andere Marktmechanismen anzuwenden sind, dürfen Ökonomen sich nicht damit begnügen, die Normen ausfindig zu machen, auf denen gesellschaftliche Praktiken beruhen; sie müssen diese Normen auch bewerten. Je weiter das ökonomische Denken auf das gesellschaftliche und staatsbürgerliche Leben übergreift, desto weniger lässt sich Marktdenken von moralischem Denken trennen. Wenn die Wirtschaftswissenschaft uns bei der Entscheidung helfen soll, wo Märkte dem Gemeinwohl dienen und wo sie nichts zu suchen haben, sollte sie den Anspruch aufgeben, eine wertneutrale Wissenschaft zu sein, und wieder eine Verbindung mit ihren Ursprüngen in der Moralphilosophie und der Politischen Philosophie eingehen.[40]

1 Siehe Michael J. Sandel: *Was man für Geld nicht kaufen kann. Die moralischen Grenzen des Marktes.* Berlin, Ullstein 2013.

2 Steven D. Levitt, Stephen J. Dubner: *Freakonomics. Überraschende Antworten auf alltägliche Lebensfragen.* München, Goldmann, 2007, S. 32, 38; siehe auch Lionel Robbins: *An Essay on the Nature and Significance of Economic Science.* London, Allen and Unwin 1932.

3 A. B. Atkinson: »Economics as a Moral Science«, in: *Economica* 76 (2009, Issue Supplement S1), S. 791–804.

4 Siehe Joel Waldfogel: »The Deadweight Loss of Christmas«, in: *American Economic Review* 83 (1993, 5), S. 1328–1336; Joel Waldfogel: *Scroogenomic. Why You Shouldn't Buy Presents for the Holidays.* Princeton University Press 2009.

5 Alvin E. Roth: »Repugnance as a Constraint on Markets«, in: *Journal of Economic Perspectives* 21 (2007, 3), S. 37–58.

6 Einige Abschnitte dieses Artikels beziehen sich auf Sandel 2013, speziell auf die Seiten 23–162. Wer einzelne Erörterungen detaillierter nachlesen möchte, findet sie in *Was man für Geld nicht kaufen kann* auf folgenden Seiten: »Das Geschäft mit dem Schlangestehen«, S. 30–33; »Märkte und Korruption«, S. 44–47; »Perverse Anreize«, S. 77–83; »Geldbußen vs. Gebühren«, S. 83–88; »Die Lizenz zum Kinderkriegen«, S. 90 ff.; »Ein Walross schießen«, S. 104–107; »Ökonomische und moralische Vernunft«, S. 107–116; »Geschenke …«, S. 123–130; »Die Verdrängung marktfremder Normen«, S. 142–149; »Der Kommerzialisierungseffekt«, S. 150–153; »Handel mit Blut«, S. 153 ff.; »Zwei Lehrsätze«, S. 155–158; »Sparsamkeit in der Liebe«, S. 158–162.

7 Siehe Brian Montopoli: »The Queue Crew«, in: *Legal Affairs*, January/February 2004, http://www.legalaffairs.org/issues/January-February-2004/scene_montopoli_janfeb04.msp; Libby Copeland: »The Line Starts Here«, in: *Washington Post*, 2. März 2005, S. C1: http://www.washingtonpost.com/wp-dyn/articles/A64231-2005Mar1.html; Lisa Lerer: »Waiting for Good Dough«, in: *Politico*, 26. Juli 2007, http://www.politico.com/news/stories/0707/5109.html; Tara Palmeri: »Homeless Stand in for Lobbyists on Capitol Hill«, in: CNN Politics.com, 13. Juli 2009: http://edition.cnn.com/2009/POLITICS/07/13/line.standers/.

8 Zu Berichten über diese Praxis in der populären Presse siehe Robyn Hagan Cain: »Need a Seat at Supreme Court Oral Argu-

ments? Hire a Line Stander«, in: *FindLaw*, 2. September 2011, http://blogs.findlaw.com/supreme_court/2011/09/need-a-seat-at-supreme-court-oral-arguments-hire-a-line-stander.html; Jada F. Smith: »A Line at the Supreme Court, and Some are Paid to Be There«, in: *New York Times blog*, 24. März 2013, http://thecaucus.blogs.nytimes.com/2013/03/24/days-early-a-line-forms-at-the-supreme-court/; Associated Press: »Tickets to Watch U. S. Supreme Court Decisions are Costing People Time, Money«, in: *San Francisco Examiner*, 25. März 2013, http://www.sfexaminer.com/sanfrancisco/tickets-to-watch-us-supreme-court-decisions-on-gay-marriage-are-costing-people-time-money/Content?oid=2338811; Adam Liptak: »Supreme Court Spectator Line Acts as a Toll Booth«, in: *New York Times*, 15. April 2013, http://www.nytimes.com/2013/04/16/us/supreme-court-spectator-line-acts-as-a-toll-booth.html?_r=0.

9 Zit. in Sarah O'Connor: »Packed Agenda Proves Boon for Army Standing in Line«, in: *Financial Times*, 13. Oktober 2009, http://www.ft.com/intl/cms/s/0/5fa69a24-b78f-11de-9812-00144feab49a.html; siehe auch Sam Hananel: »Lawmaker Wants to Ban Hill Line Standers«, in: *Washington Post*, 17. Oktober 2007, http://www.washingtonpost.com/wp-dyn/content/article/2007/10/17/AR20071 01701034.html.

10 Über höhere und niedrigere Wertmaßstäbe siehe Elizabeth Anderson: *Value in Ethics and Economics*. Cambridge, Harvard University Press 1993.

11 Siehe Peter H. Schuck: »Share the Refugees«, in: *New York Times*, 13. August 1994, http://www.nytimes.com/1994/08/13/opinion/share-the-refugees.html; Peter H. Schuck: »Refugee Burden-Sharing: A Modest Proposal«, in: *Yale Journal of International Law*, Bd. 22, 1997, S. 243–297.

12 Siehe Uri Gneezy, Aldo Rustichini: »A Fine is a Price«, in: *Journal of Legal Studies* 29 (1), 2000a, S. 1–17.

13 Siehe Malcolm Moore: »China's One-Child Policy Undermined by the Rich«, in: *Telegraph* (London), 15. Juni 2009, http://www.telegraph.co.uk/news/worldnews/asia/china/5540739/Chinas-one-child-policy-undermined-by-the-rich.html; Michael Bristow: »Grey Areas in China's One-Child Policy«, in: *BBC News*, 21. September 2007, http://news.bbc.co.uk/2/hi/asia-pacific/7002201.stm; Clifford Coonan: »China Eases Rules on One Child Policy«, in:

Independent (London), 1. April 2011, http://www.independent. co.uk/news/world/asia/china-eases-rules-on-one-child-policy-2258875.html; Zhang Ming'ai: »Heavy Fines for Violators of One-Child Policy«, in: *China.org.cn*, 18. September 2007: http:// www.china.org.cn/english/government/224913.htm.

14 Moore: »China's One-Child Policy Undermined by the Rich«; zur weiteren Diskussion siehe Xinhua News Agency: »Beijing to Fine Celebrities Who Break ›One Child‹ Rule‹«, 20. Januar 2008, http://english.sina.com/china/1/2008/0120/142656.html; Melinda Liu: »China's One Child Left Behind«, in: *Newsweek*, 19. Januar 2008, http://www.thedailybeast.com/newsweek/2008/01/19/chinas-one-child-left-behind.html.

15 Kenneth E. Boulding: *The Meaning of the Twentieth Century*. New York, Harper & Row, 1964, S. 135 f.

16 Siehe David de la Croix, Axel Gosseries: »Procreation, Migration and Tradable Quotas«, in: *CORE Discussion Paper* No. 2006/98, November 2006, einzusehen bei SSRN, http://ssrn.com/abstract= 970294.

17 C. J. Chivers: »A Big Game«, in: *New York Times Magazine*, 25. August 2002, http://www.nytimes.com/2002/08/25/magazine/a-big-game.html?pagewanted=all&src=pm.

18 Siehe Bruno S. Frey, Felix Oberholzer-Gee, Reiner Eichenberger: »The Old Lady Visits Your Backyard: A Tale of Morals and Markets«, in: *Journal of Political Economy* 104 (6, 1996), S. 1297–1313; Bruno S. Frey, Felix Oberholzer-Gee: »The Cost of Price Incentives: An Empirical Analysis of Motivation Crowding-Out«, in: *American Economic Review* 87 (4, 1997), S. 746–755; siehe auch Bruno S. Frey: *Markt und Motivation. Wie ökonomische Anreize die (Arbeits-) Moral verdrängen*. München, Vahlen 1997, S. 67–78.

19 Siehe Frey/Oberholzer-Gee/Eichenberger, »The Old Lady Visits Your Backyard«, S. 1300, 1307; Frey/Oberholzer-Gee, »The Cost of Price Incentives«, S. 750; Howard Kunreuther, Doug Easterling: »The Role of Compensation in Siting Hazardous Facilities«, in: *Journal of Policy Analysis and Management* 15 (4, 1996), S. 606 ff.

20 Siehe Frey/Oberholzer-Gee/Eichenberger, »The Old Lady Visits Your Backyard«, S. 1306.

21 Siehe Kunreuther/Easterling, »The Role of Compensation in Siting Hazardous Facilities«, S. 615–619; Frey/Oberholzer-Gee/Eichenberger, »The Old Lady Visits Your Backyard«, S. 1302; ein

Plädoyer zugunsten eines finanziellen Ausgleichs findet sich bei Michael O'Hare: »›Not on My Block You Don't‹: Facility Siting and the Strategic Importance of Compensation«, in: *Public Policy* 25 (4, 1977), S. 407–458.

22 Siehe Uri Gneezy, Aldo Rustichini: »Pay Enough or Don't Pay at All«, in: *Quarterly Journal of Economics* 15 (3, 2000b), S. 791–810.

23 Siehe ebd., S. 802–807.

24 Siehe Fred Hirsch: *The Social Limits to Growth*. Cambridge, MA, Harvard University Press 1976.

25 Siehe ebd., S. 129 f., 132.

26 Einen Überblick über 128 Studien zu den Auswirkungen extrinsischer Belohnungen auf intrinsische Motivationen und eine entsprechende Analyse finden sich bei Edward L. Deci, Richard Koestner, Richard M. Ryan: »A Meta-Analytic Review of Experiments Examining the Effects of Extrinsic Rewards on Intrinsic Motivation«, in: *Psychological Bulletin* 125 (6, 1999), S. 627–668.

27 Siehe Maarten C. W. Janssen, Ewa Mendys-Kamphorst: »The Price of a Price: On the Crowding Out and In of Social Norms«, in: *Journal of Economic Behavior and Organization* 55 (3, 2004), S. 377–395.

28 Siehe Richard Morris Titmuss: *The Gift Relationship. From Human Blood to Social Policy*. New York, Pantheon 1970, S. 231 f.

29 Siehe ebd., S. 223 f., 177.

30 Eine kluge zeitgenössische Replik auf Arrow findet sich bei Peter Singer, »Altruism and Commerce: A Defense of Titmuss against Arrow«, in: *Philosophy and Public Affairs* 2 (3, 1973), S. 312–320.

31 Kenneth J. Arrow: »Gifts and Exchanges«, in: *Philosophy and Public Affairs* 1 (4, 1972), S. 351.

32 Siehe ebd.

33 Ebd., S. 354 f.

34 Dennis H. Robertson: »What Does the Economist Economize?« Rede an der Columbia University, Mai 1954, Nachdruck in Dennis H. Robertson: *Economic Commentaries*. Staples Press, London 1954, S. 147–154, hier S. 148.

35 Ebd., S. 154.

36 Aristoteles: *Nikomachische Ethik*, Buch II, Kap. 1, Übers. v. Franz Dirlmeier. Stuttgart, Reclam, 1969, S. 1103a–1103b.

37 Jean-Jacques Rousseau: *Vom Gesellschaftsvertrag* (*Sozialphiloso-phische und Politische Schriften,* Buch III, Kap. 15). Düsseldorf, Patmos 2001 [1762], S. 349.

38 Lawrence H. Summers, »Economics and Moral Questions«. Morning Prayers address, Memorial Church, 15. September 2003, nachgedruckt im *Harvard Magazine,* November–Dezember 2003. (siehe auch http://www.harvard.edu/president/speeches/summers_2003/prayer.php).

39 Ebd.

40 Ich danke David Autor, Timothy Taylor und Ulrike Malmendier für ihre herausfordernden Kommentare und kritischen Anmerkungen. Timothy Besleys Essay über mein Buch *Was man für Geld nicht kaufen kann* trug ebenso wie ein nützliches Gespräch mit Peter Ganong zur Schärfung der Argumente dieses Textes bei (siehe Timothy Besley: »What's the Good of the Market? An Essay on Michael Sandel's *What Money Can't Buy*«, in: *Journal of Economic Literature* 51 [2, 2013], S. 478–595). Darüber hinaus danke ich Robert Frank und den Teilnehmern des Paduano-Seminars an der New York University sowie meinen Kollegen beim Sommerfakultäts-Workshop der Harvard Law School für lehrreiche und scharfsinnige Diskussionen zu einer früheren Version dieses Textes.

Die moralische Ökonomie der Spekulation: Glücksspiel, Finanzwirtschaft und Gemeinwohl

Während einer Podiumsdiskussion im indischen Jaipur ging es darum, ob der Kapitalismus vom richtigen Weg abgekommen sei. Nach dem Gespräch stellte mir ein indischer Student eine Frage, die auf dem Podium nicht erörtert worden war. Sie bezog sich auf Amerika. »Wie wird es«, fragte er, »für eine große Nation wie die Vereinigten Staaten möglich sein, auf der Welt weiterhin Macht und Einfluss auszuüben, wenn das Land nichts mehr selbst herstellt?«

Ich war mir nicht sicher, was ich erwidern sollte. Vorderhand schien es ihm um den Niedergang der produzierenden Industrie zu gehen, und rasch fielen mir die Argumente der Ökonomen zugunsten der Effizienz von Outsourcing und der wechselseitigen Vorteile des globalen Handels ein. Doch ich hatte nicht das Gefühl, damit den Kern seiner Frage zu treffen. Es schien ihm um mehr zu gehen als um Ökonomie. Ich antwortete, ich würde seine Besorgnis teilen, hätte aber keine gute Antwort und müsse darüber nachdenken.

Im Folgenden starte ich den Versuch, die verbreitete, aber unbestimmte Besorgnis zu präzisieren, dass sich der Charakter der wirtschaftlichen Aktivität in den USA auf eine Weise verlagert hat, die der Zivilgesellschaft nicht zuträglich ist. Zunehmend wird nicht mehr mit der Bereitstellung von Gütern und Dienstleistungen Geld verdient, sondern mit der Verwaltung von Risiken. Man könnte sagen, wir sind von einer produzierenden Wirtschaft zu einer spekulierenden Wirtschaft übergegangen.

Diese Entwicklung ist beunruhigend und sollte uns veranlassen, neu über unser Wirtschaftsleben nachzudenken. Der

Grund für die Beunruhigung liegt nicht vorrangig im Ökonomischen. Ich behaupte nicht, dass mehr Spekulation zwangsläufig zu einer weniger wohlhabenden Gesellschaft führt. Aber sie führt zu einer weniger gerechten Gesellschaft. Und sie fördert eine Ethik der Spekulation, die andere moralische und zivile Normen zersetzt.

Investieren und Zocken

Um die moralischen Implikationen der Spekulation in unserem Wirtschaftsleben auszuloten, sollten wir uns folgende Frage stellen: Gibt es einen Unterschied – einen moralisch bedeutsamen Unterschied – zwischen Investition und Glücksspiel? Die meisten Menschen würden mit Ja antworten. Im Allgemeinen ermutigen Gesellschaften das Investieren, während sie Glücksspiel ablehnen, auch wenn nicht einfach zu erklären ist, warum sie das tun.

In der Praxis kann der Unterschied zwischen Investieren und Zocken schwer auszumachen sein. Bei beiden Aktivitäten geht man in der Hoffnung auf einen Gewinn ein Risiko ein. In diesem Sinne sind beide spekulativ. Wenn ein Landwirt eine Feldfrucht anbaut, setzt er auf günstiges Wetter und auf den Weizenpreis zum Zeitpunkt der Ernte. Wenn ein Investor Aktien kauft, hofft er, der Kurs werde steigen. Verleiht die Bank Geld an einen Betrieb oder einen Hausbesitzer, geht sie ein gewisses Risiko ein und hofft, dass die Firma oder der Hausbesitzer den Kredit und die Zinsen zurückzahlen kann. Worin besteht dann der Unterschied zwischen diesen Aktivitäten und einer Wette in einem Kasino? Warum sollten wir, wenn beides gleichermaßen spekulativ ist, das Investieren loben, das Zocken aber herabsetzen?

Die offensichtliche Antwort lautet, dass Investitionen der Herstellung nützlicher Güter und Dienstleistungen dienen, während das Zocken entweder eine Form der Unterhaltung oder eine Möglichkeit zum Geldverdienen ist, ohne dass dabei etwas Nützliches produziert wird. Allerdings stellt sich die schwierige Frage, wie wir entscheiden können, welche Güter und Dienstleistungen nützlich oder wertvoll sind. Da die Menschen wahrscheinlich darüber uneins sind, was nützlich oder wertvoll ist: Sollten wir sie nicht selbst entscheiden lassen, welche Geschäfte sie abschließen und welche Risiken sie eingehen wollen? Sollten wir nicht beide Formen von Risikobereitschaft – Investieren und Zocken – gleich behandeln?

In den letzten Jahrzehnten hat sich diese Auffassung weitgehend durchgesetzt. Wir haben darauf verzichtet, zwischen Investitionen und Wetten zu unterscheiden. Oder anders, wir werten das Zocken nicht mehr ab. Mit »wir« meine ich unsere Gesellschaft insgesamt, wie sie sich in öffentlichen Einstellungen, Gesetzen und ökonomischen Praktiken äußert. Wir haben sozusagen unseren Frieden mit einer moralischen Ökonomie der Spekulation gemacht.

Ich glaube, dass dies ein Fehler war. In meinen Augen sollten wir der Spekulation misstrauischer gegenüberstehen. Der offensichtlichste Grund ist praktischer Natur: Wie die Finanzkrise von 2008 gezeigt hat, ist eine Wirtschaft, in der einige Leute eine Menge Geld machen, indem sie Risiken verwalten (und manipulieren), nicht ungefährlich. Wenn die Wetten schiefgehen, leiden darunter viele Menschen, auch diejenigen, die keine Spekulanten sind, sondern ihren Lebensunterhalt damit verdienen, nützliche Dinge herzustellen und wertvolle Dienstleistungen zu erbringen – im Rahmen dessen, was man gelegentlich als »Realwirtschaft« bezeichnet.

Doch es gibt noch einen Grund, besorgt zu sein. Abgesehen von den Systemrisiken und wirtschaftlichen Schäden, die eine rücksichtslose, wild ausufernde Spekulation mit sich bringen kann, entstehen auch moralische Kosten: Wenn Spekulationen, die keinem erkennbaren nützlichen Zweck dienen, belohnt werden, wirkt sich das zersetzend auf den Charakter aus. Es zersetzt nicht nur den Charakter einzelner Menschen, sondern auch die Tugenden und Einstellungen, die eine gerechte Gesellschaft ausmachen. Dies ist der wahre Kern in der traditionellen – für manche puritanischen – Feindseligkeit gegenüber dem Glücksspiel.

Die Finanzkrise löste viele Debatten über die mit dem Kasinokapitalismus verbundenen Systemrisiken aus, besonders in den Fällen, in denen Banken und Finanzeinrichtungen »zu groß zum Scheitern« sind. Den moralischen Implikationen einer zunehmend von spekulativen statt von produktiven Tätigkeiten beherrschten Ökonomie haben wir dagegen weniger Aufmerksamkeit geschenkt. Genau darum wird es mir im Folgenden gehen.

Was geschieht, wenn die moralisch zersetzenden Aspekte des Glücksspiels beginnen, das gesamte Wirtschaftsleben zu dominieren? Wenn die Ethik der Spekulation sich ausbreitet und dabei den stets fragilen Zusammenhang zwischen Beitrag und Kompensation beschädigt – also die Verhältnismäßigkeit zwischen der nützlichen Arbeit, welche die Menschen verrichten, und der von der Gesellschaft dafür gewährten Belohnung?

Einkommen und Gewinn

Zugegeben, selbst ausgeprägte Leistungsgesellschaften schaffen es nicht, Tugend und Erfolg perfekt aufeinander abzustimmen. Wir brauchen nur an die krassen Einkommensunterschiede zwischen unterschiedlichen Berufsgruppen zu denken. Nur wenige Menschen glauben, dass der gesellschaftliche Beitrag eines Basketballstars wirklich tausendmal wertvoller ist als der einer Krankenschwester oder eines Grundschullehrers. In Marktgesellschaften spiegeln die Einkünfte der Menschen nur sehr bedingt wider, was ihnen moralisch zusteht.

Dennoch ist es schwer, sich eine Gesellschaft vorzustellen, die überhaupt nicht mehr versucht, das Einkommen irgendwie am sozialen Wert der erbrachten Leistung auszurichten. Es lohnt sich zu fragen, wie unser soziales, wirtschaftliches und moralisches Leben aussähe, wenn wir das Einkommen eines jeden als einen in moralischer Hinsicht vollkommen neutralen Gewinn betrachten würden – wenn also Beitrag und Belohnung gänzlich entkoppelt wären.

Eine reine Ökonomie der Spekulation, die allgemein auch als solche angesehen würde, hätte gegenüber der unseren einen gewissen Vorteil. Sie würde uns von der Bürde befreien, im finanziellen Erfolg eines Menschen ein Zeichen seiner Tugend oder eines besonderen moralischen Verdienstes sehen zu müssen. Jeder weiß, dass Leute, die im Kasino Geld gewonnen haben, eben Glück hatten. Mit einem besonderen Verdienst hat das nichts zu tun.

Doch dieser abstrakte Fall ist hypothetisch. Im echten Leben ticken wir anders. Obwohl wir umgangssprachlich von »Kasinokapitalismus« reden, glauben wir nicht wirklich, dass alle Einkünfte bloße Zufallsgewinne sind. Auch wenn spekulative Aktivitäten in unserem Wirtschaftsleben eine größere Rolle spielen, gehen wir weiterhin davon aus, dass Erfolg auf Verdienste folgt, zumindest in gewissem Umfang. Es ist schwer, diese Überzeugung ganz aufzugeben – doch je mehr der spekulative Aspekt des Wirtschaftslebens zunimmt, desto weniger plausibel wird sie.

Diese Spannung zwischen unserer Überzeugung, dass nützliche Arbeit belohnt wird (oder werden sollte), und der Art, wie die Wirtschaft Belohnungen tatsächlich zuweist, ist zunehmend eine Quelle von Dissonanz und Frustration. Wir spüren, dass sich harte Arbeit und Fairness immer weniger auszahlen, und zwar ganz besonders nicht für die Menschen in der Mitte oder am unteren Ende der Einkommensskala. Wenn Politiker und Leitartikler die Ethik der Arbeit beschwören, dann klingt das zunehmend hohl.

Die Ethik der Spekulation

Ein Ausdruck dieser Aushöhlung und eine ihrer möglichen Ursachen ist die zunehmende Legitimität der Spekulation. In den letzten Jahrzehnten ist das Zocken gesellschaftsfähig geworden. Hier ein paar Beispiele, die den Trend veranschaulichen:

Zocken im Spielkasino

Jahrelang war Nevada der einsame Außenposten des Kasino-Glücksspiels in den USA. 1976 wurde New Jersey zum zweiten Staat, der Kasinos legalisierte. Heute gibt es in 23 Bundesstaaten gewerbliche Spielkasinos. Und sie sind beliebt. In den vergangenen zwei Jahrzehnten haben sich die Einnahmen der Kasinos sich auf 37 Milliarden Dollar pro Jahr vervierfacht.[1]
37 Milliarden Dollar sind mehr als das Dreifache dessen, was wir für Kinobesuche ausgeben. Es ist sogar mehr, als wir für Kino, Musik und Outdoor-Ausrüstung zusammen ausgeben.[2] Und dabei bleibt es nicht. 2013 haben Nevada und New Jersey Online-Glücksspiele genehmigt.[3] Bis vor kurzem betrachtete die US-Bundesregierung Online-Gambling als illegal und verfolgte Firmen, die Poker, Lotterien und andere Glücksspiele online anboten. Doch im Jahr 2011 änderte das Justizministerium den Kurs und machte den Weg zur Legalisierung von Online-Glücksspielen frei.[4]

Staatliche Lotterien

Inzwischen haben die Bundesstaaten begonnen, staatliche Lotterien massiv zu pushen. In den Anfangsjahren der amerikanischen Republik waren Lotterien eine beliebte Methode, Geld für öffentliche Projekte zu sammeln – etwa für Schulen und Universitäten. Doch ab dem 19. Jahrhundert und für den größten Teil der 20. Jahrhunderts waren Lotterien illegal.[5]
Die letzten paar Jahrzehnte brachten den einschneidendsten

Wandel in den öffentlichen Finanzen seit Erfindung der Einkommensteuer mit sich. 1970 gab es nur in zwei Staaten Lotterien. Heute betreiben 43 Staaten Lotterien mit einem Gesamtumsatz von 68 Milliarden Dollar. Damit übertreffen sie die Summe noch, die in den Kasinos umgesetzt wird.[6]

Da die Bundesstaaten von den Einkünften abhängig geworden sind, müssen sie die Nachfrage anheizen. Und so sind die Staatslotterien auch zu einem der größten Auftraggeber für Werbung im Land geworden. Es ist keine Überraschung, dass die Lotterien ihre aggressivste Werbung an ihre besten Kunden richten – die Arbeiterklasse und die Armen. Eine Werbetafel pries die Illinois-Lotterie in einem Ghetto Chicagos als »dein Ticket für den Ausstieg« an.[7]

Obwohl die meisten öffentlichen Einrichtungen (wie Polizei und gute öffentliche Schulen) vernachlässigt werden, gibt es für Lotterielose ein dichtes Netz von Verkaufsstellen vor allem in den Armenvierteln, während sie in Gegenden mit Bessergestellten weniger vertreten sind.[8]

Obwohl Staatslotterien manchmal als freiwillige Alternative zur Besteuerung verteidigt werden, sind sie eine regressive Form der öffentlichen Finanzierung. In elf Staaten sind die Einkünfte aus Lotterien höher als die Einkommen aus der Körperschaftssteuer. Berücksichtigt man Kasinos, Rennwetten und Lotterien, so haben nur zwei Staaten keine Formen von Glücksspiel legalisiert: Hawaii und Utah.[9]

Der Aufstieg der Finanzbranche

Konsequentester Ausdruck der Entwicklung sind aber nicht Sportwetten, Spielautomaten oder Online-Kasinos, sondern der Aufstieg der Finanzbranche. In den letzten Jahren erlebten wir eine beispiellose Finanzialisierung der US-Wirtschaft.

Wie die Soziologin Greta Krippner und andere gezeigt haben, ist die Finanzbranche zu einer dominanten Erscheinung in der amerikanischen Wirtschaft geworden. In den 50er und 60er

Jahren waren dem Finanzsektor 10–15 Prozent der Gesamtgewinne in der US-Wirtschaft zuzurechnen. Mitte der 80er Jahre waren es 30 Prozent. Und 2001 stammten 40 Prozent der gesamten Profite aus dem Finanzwesen.[10]

Aber die Veränderungen gehen tiefer. In zahlreichen Konzernen tragen inzwischen Finanztransaktionen ebenso viel zum Gesamtergebnis bei wie die Herstellung und der Verkauf von Gütern. Nehmen wir die Ford Motor Company, ein Sinnbild der produzierenden Industrie in den USA. Ford verdient inzwischen mehr Geld mit dem Verkauf von Krediten zur Autofinanzierung als mit dem Verkauf von Autos. General Electric verdient mehr am Verkauf von Kreditkarten und Finanzdienstleistungen als mit dem Verkauf von Kühlschränken.[11]

Zusammen illustrieren diese Trends die Verlagerung von einer produzierenden Ökonomie zu einer Ökonomie der Spekulation. Damit will ich nicht suggerieren, dass das Finanzwesen als Ganzes von Übel sei. Gesunde Finanzmärkte sind wesentlich für eine florierende Volkswirtschaft. Doch man muss sich über die Funktion des Finanzwesens im Klaren sein: Es geht darum, Kapital für gesellschaftlich nützliche Zwecke zuzuweisen und dazu Menschen, die über Geld verfügen, mit denen zusammenzubringen, die Kapital brauchen, um Fabriken, Wohnungen, landwirtschaftliche Betriebe, Gewerbeunternehmen oder – wenn es um den Staat geht – Brücken, Schulen, Kliniken, Verkehrssysteme und dergleichen zu bauen.

Leider hat nur wenig von dem Geld, das im Finanzwesen verdient wird, etwas mit diesen produktiven Zwecken zu tun. Vielmehr ist es das Ergebnis reiner Spekulation, die nur schwer vom Glücksspiel zu unterscheiden ist.

Derivate und nackte Swaps

Nehmen wir die Derivate, die in der Finanzkrise eine herausragende Rolle gespielt haben. Die meisten Derivate sind keine Investitionen in produktive Tätigkeiten. Es sind Nebenwetten darauf, ob der Preis einer Sache, die einem anderen gehört, steigen oder fallen wird.

Manchmal ist es ökonomisch durchaus sinnvoll, auf künftige Preise zu wetten. So kann etwa ein Farmer, der Weizen anbaut, seine künftige Ernte zum heutigen Preis verkaufen wollen. Um dem Risiko zu entgehen, dass der Weizenpreis zum Erntetermin einbricht, ist er bereit, auf die Möglichkeit zu verzichten, dass der Weizenpreis dann höher ist. Wenn er seine künftige Ernte zum heutigen Preis an einen Broker verkauft, kauft er de facto eine Versicherungspolice gegen einen verheerenden Preisverfall. Eine Fluggesellschaft, die sich wegen der Kerosinpreise Sorgen macht, könnte mit gutem Grund ein ähnliches Arrangement anstreben. Um sich gegen das Risiko abzusichern, dass der Treibstoffpreis im nächsten Monat oder Jahr einen Spitzenwert erreicht, könnte sie einen langfristigen Vertrag für Treibstoff zu einem festgelegten Preis abschließen.

Preissicherungskontrakte dieser Art schließen eine Art Wette auf künftige Preise ein. Doch es sind keine nutzlosen Wetten, weil sie einem gesellschaftlich nützlichen Zweck dienen. Sie stellen eine Art Versicherung dar, die es dem Landwirt und der Fluggesellschaft ermöglicht, ihr Geschäft mit geringerem Risiko zu betreiben.

Doch stellen wir uns nun zwei Leute vor, die keinen Weizen zu verkaufen haben und auch keinen kaufen, sondern einfach den künftigen Weizenpreis ahnen und darauf wetten wollen. Wenn sie sich nicht einig sind, bei welchem Preis Weizen in einem Jahr liegen wird, könnten sie untereinander vielleicht eine Wette darüber abschließen, wessen Vorhersage eintreffen wird.

Eine solche Wette ähnelt dem Absicherungskontrakt des Landwirts, allerdings mit einem bedeutsamen Unterschied: Die Wette trägt nicht dazu bei, den Weizenanbau zu finanzieren oder dem Farmer einen festen Preis zu gewährleisten. Es ist keine Versicherung, weil keine Seite des Kontrakts eine Weizenernte zu versichern hat. Es ist schlicht eine Wette auf die Zukunft – eine Art Sportwette. Einer wird die Wette gewinnen, ein anderer wird verlieren.

Stellt man sich diese Wetten als isolierte Handlungen vor, scheinen sie recht harmlos zu sein. Warum also sollten wir uns um sie Sorgen machen? Aus mehreren Gründen: Erstens kann Spekulation, wie wir gesehen haben, in großem Maßstab systemische Risiken hervorrufen. Zweitens tragen solche Wetten nichts zur Verbesserung des allgemeinen Wohlergehens bei, sondern verringern es in den meisten Fällen. Anders als der Austausch von Gütern und Dienstleistungen steigert eine reine Wette nicht den gesellschaftlichen Reichtum. Wetten sind Nullsummenspiele. Der Profit des Gewinners wird durch den Verlust des Verlierers voll aufgewogen. Und weil solche Wetten üblicherweise Transaktionskosten mit sich bringen, stellen sie netto sogar einen Verlust dar.[12] Drittens könnte es moralisch zersetzend wirken, wenn spekulative Tätigkeiten, die weder etwas absichern noch einem anderen produktiven Zweck dienen, hoch belohnt werden.

Die Ähnlichkeit zwischen Glücksspiel und dem spekulativen Handel mit Terminkontrakten wird etwa in dem Eddie-Murphy-Film *Die Glücksritter* überdeutlich. Die blaublütigen Partner einer Investmentfirma aus Philadelphia unternehmen ein soziologisches Experiment, indem sie sich bemühen, Billy Ray Valentine, einen kleinen Trickbetrüger, in einen erfolgreichen Rohstoffhändler zu verwandeln. In gönnerhaftem Ton erklären sie Valentine, wie sie mit spekulativen Terminkontrakten für Gold und Orangensaft handeln.

RANDOLPH DUKE: Also, manche von unseren Kunden spekulieren darauf, dass der Preis von Gold in Zukunft noch weiter steigen wird, und wir haben Kunden, die darauf spekulieren, dass der Goldpreis fällt. Wir vertreten jedwede Interessen und wir kaufen und verkaufen ihr Gold, wie immer sie es wollen.

MORTIMER DUKE: Sag ihm, was dabei herausspringt.

RANDOLPH DUKE: Unser Vorteil dabei, William, ist, egal ob unsere Kunden durch unsere Spekulation verdienen oder verlieren, Duke & Duke kassieren die Provision.

MORTIMER DUKE: Nun, was halten Sie davon, Valentine?

BILLY RAY: Das hört sich an, als ob ihr zwei Buchmacher seid.

RANDOLPH DUKE *(tätschelt glucksend Billy Rays Rücken)*: Ich hab doch gesagt, er wird es verstehen.[13]

Belohnt man Spekulanten (und Buchmacher) mit riesigen Gewinnen, zersetzt das die Arbeitsethik, weil damit die Überzeugung lächerlich gemacht wird, dass produktive Arbeit der Schlüssel zum Erfolg sei. Doch es geht noch schlimmer. Manchmal entwickeln Zocker ein handfestes Interesse am Unglück anderer. Erinnern wir uns an die spektakulärsten Wetten während der Finanzkrise 2008.

In den Jahren 2005 und 2006 glaubte ein Hedgefonds-Manager namens John Paulson, der Markt für Wohnimmobilien sei überbewertet. Er war davon überzeugt, dass viele Leute, die Hypothekenkredite aufgenommen hatten, nicht in der Lage sein würden, ihren Zahlungsverpflichtungen nachzukommen, und daher ihre Häuser verlieren würden. Also platzierte er eine Wette. Da die Buchmacher in Las Vegas keine Wette auf den Zusammenbruch des Hypothekenmarktes annehmen, musste Paulson eine andere Möglichkeit finden, seine Wette unterzubringen: Mit Hilfe von Goldman Sachs (und einigen äußerst komplexen Finanzinstrumenten) wettete er gegen den Wohnungsmarkt.[14]

Als der Immobilienmarkt zusammenbrach, stieg einer von Paulsons Fonds um 590 Prozent. Paulson selbst machte in einem Jahr geschätzte 3–4 Milliarden Dollar. Laut *Wall Street Journal* war es der größte Einjahresgewinn in der Geschichte der Wall Street.[15]

Abgesehen von der Frage, ob überhaupt jemand so viel Geld machen sollte, indem er eine komplexe Reihe von Wetten platziert und gewinnt, wirft Paulsons Erfolg eine weitere Frage auf: Ist es nicht ein wenig anrüchig, dass sein Gewinn auf dem Unglück anderer beruhte – nicht nur auf dem Unglück der Investoren, die seine Wette annahmen und dabei ihr Hemd verloren, sondern auch dem der Millionen Menschen, die ihre Wohnung verloren?

Fairerweise muss gesagt werden, dass Paulson für ihr Elend nicht verantwortlich war. Er hatte niemandem eine Ramschhypothek verkauft. Er freute sich nicht an ihrem Verlust. Und doch hingen seine Gewinne vom Zusammenbruch des Immobilienmarktes ab.

Ähnliche Fragen stellten sich angesichts von Wetten, die auf den Staatsbankrott Griechenlands setzten. Wenn ich griechische Staatsanleihen halte und einen Ausfall fürchte, dann könnte ich meine Position vielleicht mit dem Kauf eines Credit Default Swap (CDS), eines Kreditausfall-Swap, absichern wollen. Solche Derivate kommen zur Auszahlung, wenn der Ausfall eintritt. Sie sind eine Art Versicherung für Inhaber von Anleihen.

Nehmen wir nun an, ich hätte zwar keine griechischen Staatsanleihen, würde aber glauben, das Land werde pleitegehen. Sollten Sie und ich auf das finanzielle Schicksal Griechenlands wetten dürfen, obwohl wir gar keine Staatsanleihen besitzen?

Finanzinstrumente, die Wetten darauf ermöglichen, ob der Immobilienmarkt zusammenbricht oder ob Griechenland zahlungsunfähig wird, werfen eine wichtige Frage auf: Sollte der Handel mit »nackten« CDS erlaubt sein? Wetten auf künftige Ereignisse, die – anders als die Absicherung des Landwirts – kein Interesse versichern oder schützen außer der Wette selbst?[16] Lautet die Antwort »Ja«, dann gibt es am Ende gar keinen so großen Unterschied zwischen Glücksspiel und dem Finanzmarkt.

Spekulation auf Leben und Tod

Ob nackte CDS in ethischer Hinsicht problematisch sind, lässt sich unter anderem dadurch ausloten, dass man sich die Entwicklung der Lebensversicherung ansieht. Herkömmliche Lebensversicherungspolicen beinhalten eine Art Wette. Wenn ich eine Police auf mein Leben abschließe, wette ich faktisch darauf, dass die Bezugsberechtigten eine Summe ausbezahlt bekommen, die größer ist als die einbezahlten Prämien. Doch es ist eine Wette, die ich zu verlieren hoffe. Denn »gewinnen« kann ich nur, wenn ich vor meiner Zeit sterbe. Wenn ich sehr alt werde, bezahle ich mehr an Prämien ein, als meine Familie am Ende herausbekommt.

Die Lebensversicherung dient einem nützlichen Zweck – im Falle eines frühen Todes bietet sie der eigenen Familie Sicherheit. In dieser Hinsicht entspricht sie dem Warenterminkontrakt des Landwirts, der dem legitimen Zweck dient, sein Risiko zu mindern und ihm zu ermöglichen, seine Feldfrucht anzubauen, zu kultivieren und zu ernten.

Doch sollten die Menschen auch Lebensversicherungen auf Fremde abschließen können, einfach nur als Wette? Nehmen wir an, Sie und ich sehen einen älteren Passanten, der hustet und schnieft, und sagen voraus, dass er innerhalb eines Monats sterben wird. Sollten wir die Möglichkeit haben, eine Versicherungspolice auf sein Leben abzuschließen und einen außerplanmäßigen Profit einzustreichen, wenn unsere Vorhersage sich als zutreffend erweist? Oder nehmen wir an, wir seien uns in unseren Vorhersagen nicht einig. Sie glauben, der kränkliche Mann werde innerhalb eines Monats sterben, ich aber sage, er werde sich erholen und noch jahrelang leben. Ist irgendetwas falsch daran, untereinander eine Wette einzugehen, wie lange er leben wird? (Abgesehen von dem merkwürdigen Problem, dass wir den Mann beobachten müssen, um herauszufinden, wie lange er lebt.)

Eine derartige Wette würde niemandes Risiko mindern und

auch kein Vermögen schützen. In dieser Hinsicht entspricht sie einem nackten CDS. Sollten solche Wetten erlaubt sein? Die Frage ist nicht rein hypothetisch. In den letzten paar Jahrzehnten ist die Lebensversicherung zu einem Paradebeispiel für die moralische Ökonomie der Spekulation geworden.[17]

Putzfrauenversicherung

Seine Familie gegen den Verlust eines Ernährers abzusichern ist nicht der einzige Zweck der traditionellen Lebensversicherung. Bei großen Unternehmen ist es seit langem üblich, Versicherungen auf das Leben ihrer CEOs und Spitzenkräfte abzuschließen, um im Todesfall die erheblichen Kosten für einen Ersatz aufzufangen. Im Jargon der Versicherungsbranche haben Unternehmen ein »versicherbares Interesse« an ihren CEOs, das gesetzlich anerkannt ist. Relativ neu ist jedoch, dass auch Lebensversicherungen für das Fußvolk abgeschlossen werden.

Als beispielsweise Michael Rice, 48, Assistance Manager einer Filiale von Wal-Mart, einer Kundin half, ein Fernsehgerät zu ihrem Wagen zu tragen, erlitt er einen Herzanfall und brach zusammen. Er starb eine Woche später. Eine Lebensversicherung bezahlte ungefähr 300 000 Dollar. Das Geld erhielt jedoch nicht seine Frau mit den beiden Kindern. Es ging an Wal-Mart – das Unternehmen hatte die Police auf ihn abgeschlossen und sich selbst als Begünstigten eingesetzt.[18]

Ein Sprecher von Wal-Mart räumte ein, dass die Firma Lebensversicherungen für Hunderttausende ihrer Angestellten abgeschlossen habe – nicht nur für Assistenten der Geschäftsleitung, sondern sogar für Wartungspersonal.[19]

Diese Versicherungen heißen in der Branche »janitor's insurance« (Putzfrauenversicherung) oder auch »dead peasants insurance« (Tote-Bauern-Versicherung). Bis vor kurzem waren sie in den meisten Staaten illegal; man ging davon aus, dass Unternehmen kein versicherbares Interesse am Leben ihrer gewöhnlichen Arbeitskräfte hätten. Während der 80er leistete die Versicherungsbranche jedoch erfolgreiche Lobbyarbeit – die meisten Bundesstaaten lockerten die Versicherungsgesetze und erlaubten es Unternehmen, Lebensversicherungen für all ihre Angestellten vom CEO bis zum Hausboten abzuschließen.[20]

Im Verlauf der 90er Jahre investierten große Unternehmen Unsummen in Policen für firmeneigene Lebensversicherungen (COLIs – Corporate-owned life insurances), es entstand eine Multimillionendollarbranche für »Death-Futures«. Unter anderem kauften AT&T, Dow Chemical, Nestlé USA, Pitney Bowes, Procter & Gamble, Wal-Mart, Walt Disney und die Supermarktkette Winn-Dixie solche Policen. Vor allem die damit verbundenen steuerlichen Vergünstigungen verlockten die Firmen zu dieser morbiden Form der Geldanlage.[21]

Nur wenigen Arbeitern war bewusst, dass ihre Firmen einen Preis auf ihren Kopf ausgesetzt hatten. Und die meisten dieser Policen blieben tatsächlich auch dann bestehen, wenn ein Arbeiter kündigte, in Rente ging oder gefeuert wurde. Dadurch waren Firmen in der Lage, Profit aus dem Tod von Angestellten zu ziehen, die erst Jahre nach ihrem Ausscheiden aus der Firma starben. In manchen Bundesstaaten konnten die Firmen sogar Lebensversicherungen auf die Kinder und Ehegatten ihrer Angestellten abschließen.[22]

Bei großen Banken war die Putzfrauenversicherung besonders beliebt – auch bei der Bank of America und JPMorgan Chase. Ende der 90er erkundeten einige Banken sogar die Möglichkeit, Lebensversicherungen auf ihre Depot-Inhaber und Kreditkartenkunden abzuschließen.[23]

Von 2000 an sicherten COLIs das Leben von Millionen Arbeitnehmern ab – sie machten 25 bis 30 Prozent aller verkauften Lebensversicherungen aus. 2006 versuchte der Kongress, die »dead peasants insurance« mit einem Gesetz einzudämmen, das die Zustimmung der Angestellten erforderlich machte und Lebensversicherungen im Besitz der Unternehmen auf das am höchsten bezahlte Drittel ihrer Beschäftigten beschränkte.

Doch die Praxis hörte nicht auf. 2008 hielten allein Banken in den USA Lebensversicherungen auf ihre Angestellten im Nennwert von 122 Milliarden Dollar. Die Ausbreitung der COLIs auf die gesamte Unternehmenslandschaft der USA hatte angefangen, Bedeutung und Zweck der Lebensversicherung zu verwandeln. Das *Wall Street Journal* kam zu dem Schluss: »All das summiert sich zu einer wenig bekannten Story darüber, wie die Lebensversicherung von einem Sicherheitsnetz für Hinterbliebene zu einer Finanzstrategie der Unternehmen umgeformt wurde.«[24]

Aber was ist an dieser Praxis denn überhaupt falsch? Ein praktischer Einwand liegt auf der Hand: Gestattet man Firmen, finanziell auf das Ableben ihrer Beschäftigten zu setzen, ist das gewiss nicht förderlich für die Sicherheit am Arbeitsplatz. Im Gegenteil, ein finanziell angeschlagenes Unternehmen, dem beim Tod seiner Arbeiter Millionen Dollar zustehen, hat einen perversen Anreiz, bei Maßnahmen zugunsten der Gesundheit und Sicherheit zu knausern.

Dann ist da noch die Frage der Zustimmung. Inzwischen verlangen einige Bundesstaaten von Unternehmen, die Zustimmung ihrer Angestellten einzuholen, ehe sie eine Versicherung auf sie abschließen.[25] Doch selbst wenn die Mitarbeiter solchen Plänen zustimmen, bleibt moralisch ein schaler Beigeschmack. Zum Teil wegen der in solchen Policen manifestierten Einstellung der Firmen gegenüber ihren Beschäftigten. Wenn man Bedingungen schafft, unter denen tote Arbeiter wertvoller sind als lebendige, macht man sie zu Objekten; man behandelt sie eher als Warenterminkontrakte anstatt als Angestellte, deren Wert für die Firma in der von ihnen geleisteten Arbeit liegt.

Außerdem lässt sich einwenden, dass solche Policen den Zweck von Lebensversicherungen pervertieren. Was einst als eine Absicherung für Familien gedacht war, wird nun zu einem Steuersparmodell für Unternehmen.[26] Dass Unternehmen inzwischen Milliarden für Wetten auf die Lebenserwartung ihrer Arbeiter statt für die Produktion von Gütern und Dienstleistungen ausgeben, ist ein eindrucksvolles Beispiel für die Verschiebung von einer Ökonomie der Produktion zu einer Ökonomie der Spekulation.

Der Zweitmarkt für Lebensversicherungen

Eine andere neuartige Verwendung von Lebensversicherungen kam in den 80ern und 90ern infolge der Aids-Epidemie auf. Es entwickelte sich ein Markt für Lebensversicherungspolicen von Aids-Kranken und anderen unheilbar kranken Menschen. Das funktionierte folgendermaßen: Sagen wir, jemand hat eine Lebensversicherung über 100 000 Dollar abgeschlossen und erfährt von seinem Arzt, dass er nur noch ein Jahr zu leben hat. Und nehmen wir weiter an, dass er Geld für die medizinische Betreuung benötigt oder in der verbleibenden Zeit einfach nur gut leben möchte. Ein Investor bietet an, dem Kranken die Police mit einem Abschlag von 50 000 Dollar abzukaufen und außerdem die Bezahlung der Prämien zu übernehmen. Wenn der ursprüngliche Inhaber der Police stirbt, kassiert der Investor die gesamten 100 000 Dollar.[27]

Das scheint ein rundum gelungenes Geschäft zu sein. Der Inhaber der Sterbepolice bekommt das benötigte Geld, der Investor streicht einen hübschen Profit ein – vorausgesetzt, der Betreffende stirbt planmäßig. Doch es gibt ein Risiko: Auch wenn die Investition im Todesfall eine bestimmte Auszahlung garantiert (in unserem Fall 100 000 Dollar), hängt die Profitrate davon ab, wie lange der Versicherte lebt. Stirbt er wie vorausgesagt innerhalb eines Jahres, landet der Investor sozusagen einen Volltreffer: Er hat 50 000 Dollar eingesetzt und erhält 100 000 Dollar – das sind 100 Prozent Rendite in nur einem Jahr (abzüglich der bezahlten Prämien und der Gebühren für den Makler, der den Handel eingefädelt hat). Lebt der Versicherte noch zwei Jahre, muss der Anleger doppelt so lange auf sein Geld warten – die jährliche Rendite sinkt auf die Hälfte (dabei sind die zusätzlichen Prämien nicht eingerechnet, die den Ertrag weiter reduzieren). Wenn dem Patienten eine wundersame Heilung widerfährt, kann es sein, dass der Investor sein Geld vorerst abschreiben muss.

Selbstverständlich sind alle Geldanlagen mit Risiken verbunden. Doch bei den hier angesprochenen Versicherungen erwächst aus dem finanziellen Risiko eine moralische Komplikation, die es bei anderen Anlageformen nicht gibt: Der Investor muss hoffen, dass die Person, deren Lebensversicherung er kauft, besser früher als später stirbt. Je länger der Versicherte durchhält, desto niedriger die Rendite.

Es versteht sich von selbst, dass die Versicherungsbranche bemüht war, diesen grässlichen Aspekt ihres Geschäfts herunterzuspielen. Makler einschlägiger Angebote erklärten, sie würden unheilbar kranken Menschen die Mittel verschaffen, ihre letzten Tage in Würde und relativem Komfort zu verbringen. Dennoch lässt sich nicht leugnen, dass der Anleger ein finanzielles Interesse am schnellen Tod des Versicherten hat. »Es gab einige phänomenale Renditen, und wir kennen einige Horrorgeschichten von Leuten, die einfach nicht gestorben sind«, erzählt William Scott Page, der Vorsitzende einer auf solche Policen spezialisierten Versicherungsgesellschaft.[28]

Einige dieser »Horrorgeschichten« führten zu Gerichtsverfahren: Verärgerte Investoren verklagten Makler, weil sie ihnen Lebensversicherungspolicen verkauft hatten, die nicht so schnell wie erwartet »fällig« geworden waren. Nachdem man in den 90er Jahren Medikamente entwickelt hatte, die das Leben von Aids-Kranken verlängerten, gerieten die Kalkulationen der einschlägigen Versicherer durcheinander. Der Sprecher eines Versicherungsunternehmens drückte es so aus: »Wenn aus einer kalkulierten Laufzeit von 12 Monaten plötzlich 24 Monate werden, geht Ihre Rendite den Bach runter.«[29]

Als die Diagnose Aids kein Todesurteil mehr war, bemühten sich die Versicherer darum, ihr Geschäft zu diversifizieren und auf Krebs und andere tödlich verlaufende Krankheiten auszuweiten. Unbeeindruckt vom Niedergang des Marktes mit

Aids-Kranken lieferte William Kelley, Leiter des Verbandes amerikanischer Versicherer auf diesem Sektor, eine optimistische Einschätzung der Geschäftslage: »Verglichen mit der Zahl der Aids-Kranken ist die Zahl der Menschen mit Krebs, schweren Erkrankungen des Herz-Kreislauf-Systems und anderen tödlich verlaufenden Leiden ungeheuer groß.«[30]

Im Gegensatz zur Putzfrauenversicherung hat das Geschäft mit den Lebensversicherungen für Kranke eindeutig einen Vorteil – es finanziert die letzten Tage von Menschen mit tödlichen Erkrankungen. Zudem ist die Einwilligung des Versicherten von Anfang an garantiert. Das moralische Problem liegt hier nicht darin, dass das Einverständnis fehlt. Vielmehr geht es darum, dass es sich um eine Wette auf den Todesfall handelt, aus der sich für Investoren ein grundlegendes Interesse am raschen Hinscheiden der Versicherten ergibt.

In dieser Hinsicht ähnelt das ethische Problem, das der Zweitmarkt für Versicherungen stellt, dem Problem, das sich aus der Spekulation auf den Zusammenbruch eines Immobilienmarkts oder auf die Zahlungsunfähigkeit Griechenlands ergibt: Ist es moralisch zweifelhaft, Geld mit Wetten auf das Unglück anderer zu verdienen, auch wenn der Spekulant nichts unternimmt, Tod, Zwangsvollstreckung oder Bankrott (wovon sein Gewinn abhängt) zu beschleunigen? Diese Praktiken scheinen verstörend zu sein, und doch ist nicht offensichtlich, welche moralischen Einwände man gegen sie vorbringen kann.

Warum sollte es mir etwas ausmachen, wenn irgendwo ein Geldanleger hofft, dass ich sterbe? Möglicherweise sollte mich das nicht stören, vorausgesetzt, er verzichtet darauf, mein Ableben aktiv herbeizuführen, oder ruft nicht zu häufig an, um sich nach meinem Befinden zu erkundigen. Vielleicht hat das moralische Problem ja nichts mit irgendwelchen greifbaren Schäden für mich zu tun, sondern mit der zersetzenden Wirkung auf den Charakter des Geldanlegers und mit den moralischen Empfindlichkeiten einer Gesellschaft, in der solche Spekulationen sich verbreiten.

Ungeachtet des Aspekts der moralischen Zersetzung durch solche Versicherungen sind es keine reinen Wetten auf den Tod. Sie bieten denen, die es brauchen, einfach zu erhaltendes Geld und erfüllen damit einen sozialen Zweck. Ob man sie erlauben sollte, hängt deshalb davon ab, dass man das von ihnen bereitgestellte Gut gegen ihre moralisch zersetzenden Wirkungen abwägt.

Wetten auf den Tod

Ein klarerer Fall von reinen Wetten auf Todesfälle zeigt sich in einem makabren Gewinnspiel, das in den 90ern im Internet populär wurde – etwa zu der Zeit, als auch die einschlägige Versicherungsbranche in Schwung kam. Es ist die Cyberspace-Version herkömmlicher Wetten auf den Ausgang von allen möglichen Spielen, nur dass die Mitspieler nicht auf Sportereignisse setzen, sondern vorhersagen, welcher Prominente innerhalb eines Jahres sterben wird.[31]

Viele Webseiten bieten Varianten dieses morbiden Spiels an – sie heißen beispielsweise Ghoul Pool, Dead Pool oder Celebrity Death Pool. Zu den beliebtesten gehört Stiffs.com, eine Seite, die bereits 1996 online ging. Für eine Startgebühr von 15 Dollar stellt jeder Teilnehmer eine Liste mit Prominenten ein, von denen er glaubt, dass sie bis zum Jahresende sterben werden. Derjenige mit den meisten korrekten Nennungen gewinnt den Jackpot mit 3000 Dollar, der zweite Platz bringt 500 Dollar. Stiffs.com lockt jährlich mehr als 1000 Teilnehmer an.[32]

Ernsthafte Spieler treffen ihre Wahl nicht unüberlegt; sie durchkämmen die Regenbogenpresse nach Neuigkeiten über kranke Stars. Die laufenden Wetten favorisieren Zsa Zsa Gabor (91), Billy Graham (93) und Fidel Castro (85). Andere beliebte Namen sind Kirk Douglas, Margaret Thatcher, Nancy Reagan, Muhammad Ali, Ruth Bader Ginsburg, Stephen Hawking, Aretha Franklin und Ariel Sharon. Da die Listen von betagten und kränkelnden Gestalten dominiert werden, werden in manchen Spielen Extrapunkte für erfolgreich gewagte Prognosen vergeben, etwa für Prinzessin Diana, John Denver oder andere, deren Tod unerwartet eintrat.[33]

Wetten auf den Todeszeitpunkt von Prominenten ist eine Freizeitbeschäftigung. Niemand bestreitet damit seinen Lebensunterhalt. Dennoch werfen solche Wetten einige der gleichen moralischen Fragen auf, die sich bei Lebensversicherungen für Todkranke und Putzfrauenversicherungen stellen. Die moralische Geschmacklosigkeit liegt meiner Ansicht nach vor allem in der Einstellung gegenüber dem Tod, die hier vorgeführt und gefördert wird.

Wie Lebensversicherungen für Todkranke erscheinen Todeswetten als moralisch beunruhigend, weil sie aus unserer Sterblichkeit ein Geschäft machen. Doch im Gegensatz zu den Versicherungen dienen sie keinem gesellschaftlich nützlichen Zweck. Sie sind nichts als eine Form des Glücksspiels, eine Quelle für Profite und Unterhaltung. Doch so geschmacklos Todeswetten auch sein mögen – sie stellen kaum das schmerzlichste moralische Problem unserer Zeit dar. In der Hierarchie der Sünden sind es lässliche Luxus-Laster. Interessant sind sie, weil sie als Grenzfall zeigen, was aus Versicherungen in einem Zeitalter der Spekulation in moralischer Hinsicht werden kann.

Lebensversicherungen haben immer zwei Aspekte in sich vereinigt: die Vergesellschaftung von Risiken zur wechselseitigen Absicherung und eine makabre Wette auf den Tod. Beide Aspekte sind in einer unbehaglichen Kombination vereint. Wo moralische Normen und gesetzliche Beschränkungen fehlen, droht der Wettcharakter den sozialen Zweck auszulöschen, der Lebensversicherungen überhaupt erst rechtfertigt.

Wenn der soziale Zweck verlorengeht oder in den Hintergrund tritt, werden die schwachen Grenzlinien zwischen Versicherung, Investment und Zocken abgebaut. Die Lebensversicherung verwandelt sich von einer Einrichtung, die den überlebenden Angehörigen Sicherheit bietet, einfach zu einem weiteren Finanzprodukt und schließlich zu einer Wette auf den Tod, die lediglich dem Spaß und Profit der Teilnehmer dient. So frivol und nebensächlich die Todeswette auch erscheinen mag: Im Grunde ist sie der finstere Zwilling der Lebensversicherung – die reine Wette ohne das ausgleichende soziale Gut.

Das Aufkommen von COLIs, Lebensversicherungen für Todkranke und Todeswetten in den 80er und 90er Jahren war ein Vorbote für das Aufkommen einer Ökonomie der Spekulation. Im ersten Jahrzehnt des neuen Jahrhunderts hat sich diese Tendenz fortgesetzt. Doch bevor wir die Geschichte in der Gegenwart weiterführen, lohnt sich ein Blick zurück; er soll uns an das moralische Unbehagen erinnern, das die Lebensversicherung von Anfang an ausgelöst hat.

Eine kurze Moralgeschichte der Lebensversicherung

Üblicherweise betrachten wir Versicherungen und Wetten als unterschiedliche Umgangsweise mit Risiken. Versicherungen sind eine Möglichkeit, Risiken zu mindern, während Wetten eine Möglichkeit darstellen, ihnen zu huldigen. Versicherungen haben mit Vorsicht zu tun, Wetten mit Spekulation. Doch die Trennlinie zwischen diesen Aktivitäten ist schon immer unscharf gewesen.[34]

Historisch betrachtet sorgte die enge Verbindung zwischen der Versicherung von Menschenleben und Wetten auf den Tod dafür, dass viele Menschen Lebensversicherungen als moralisch abstoßend empfanden. Jahrhundertelang war die Lebensversicherung in den meisten Ländern Europas verboten. Da es ihr an moralischer Legitimität fehlte, »entwickelte sich die Lebensversicherung in den meisten Ländern erst gegen Mitte oder Ende des 19. Jahrhunderts«.[35]

England bildete eine Ausnahme. Bereits gegen Ende des 17. Jahrhunderts begannen Schiffseigner, Broker und Versicherer, sich in Lloyd's Kaffeehaus in London zu treffen – dort befand sich das Zentrum für Seeversicherungen. Einige kamen, um ihre eigenen Schiffe und Ladungen zu versichern. Andere wollten bloß auf Ereignisse wetten, bei denen es für sie – abgesehen vom Wetteinsatz – um nichts ging. Viele Leute schlossen Versicherungen ab auf Schiffe, die ihnen nicht gehörten; sie hofften auf einen Profit, wenn das Schiff auf See verlorenging. Das Versicherungsgeschäft vermischte sich mit dem Glücksspiel, wobei die Versicherer als Buchmacher auftraten.[36]

Das englische Recht erlegte Versicherungen oder Wetten, die mehr oder weniger ununterscheidbar waren, keine Beschränkungen auf. Im 18. Jahrhundert wetteten Inhaber von »Versicherungspolicen« auf Wahlergebnisse, Parlamentsauflösungen, den Tod von Adligen, den Tod oder die Gefangennahme Napoleons und das Leben der Queen in den Monaten vor dem Thronjubiläum.[37]

Andere beliebte Themen spekulativer Wetten waren Ausgänge von Belagerungen und Feldzügen (der sogenannte sportliche Aspekt des Versicherungsgeschäfts), das »vielversicherte Leben« von Robert Walpole und die Frage, ob König George II. lebend aus der Schlacht zurückkehren würde. Als der französische König Ludwig XIV. im August 1715 krank wurde, wettete der englische Botschafter in Frankreich, dass der Sonnenkönig den September nicht überleben werde (und gewann). »Häufig waren Männer und Frauen des öffentlichen Lebens Gegenstand dieser Wettpolicen«, einer frühen Version der heutigen Todeswetten im Internet.[38]

Eine besonders grausige Wette betraf 800 deutsche Flüchtlinge, die 1765 nach England gebracht und dann ohne Nahrung und Unterkunft in einem Außenbezirk Londons zurückgelassen wurden. Spekulanten und Versicherer bei Lloyd's setzten darauf, wie viele der Flüchtlinge innerhalb einer Woche sterben würden.[39]

Die meisten Menschen würden eine solche Wette als moralisch widerwärtig betrachten. Aus Sicht der Marktlogik aber ist nicht klar, was daran verwerflich sein soll. Vorausgesetzt, die Zocker waren für die Notlage nicht verantwortlich – was ist falsch daran, Wetten darauf abzuschließen, wie schnell die Flüchtlinge sterben werden? Beide Parteien versprechen sich von der Wette einen Vorteil, denn sonst, so versichert uns die ökonomische Vernunft, hätten sie die Wette nicht abgeschlossen. Die Flüchtlinge, die vermutlich nichts von der Wette wussten, sind im Ergebnis nicht schlechter gestellt. So sieht es zumindest die ökonomische Logik für einen ungehinderten Markt der Lebensversicherungen.

Falls Todeswetten unzulässig sind, so aus Gründen, die außerhalb der Marktlogik liegen – in den menschenverachtenden Einstellungen, die sich in solchen Wetten ausdrücken. Was die Zocker selbst angeht, so ist eine leichtfertige Gleichgültigkeit gegenüber Tod und Leiden ein Zeichen schlechten Charakters. Für die Gesellschaft im Ganzen wirken solche Einstellungen und die sie fördernden Institutionen verrohend und korrumpierend.

Die in England um sich greifenden Wetten auf den Tod lösten jedenfalls eine wachsende öffentliche Abscheu gegenüber dieser abstoßenden Praxis aus. Und es gab noch einen weiteren Grund, sie einzuschränken. Lebensversicherungen wurden zunehmend als umsichtige und respektable Möglichkeit betrachtet, mit der Familienväter die Ihrigen vor Armut bewahren konnten. Damit die Lebensversicherung zu einem moralisch legitimen Wirtschaftszweig werden konnte, musste sie von der reinen Finanzspekulation abgelöst werden.

Mit der Inkraftsetzung des Assurance Act von 1774 (auch Gambling Act) wurde dies umfassend erreicht. Das Gesetz verbot Wetten auf das Leben von Unbekannten und beschränkte Lebensversicherungen auf diejenigen, die ein »versicherbares Interesse« an der Person hatten, deren Leben sie versicherten. Da ein ungeregelter Versicherungsmarkt zu einer »verderblichen Art des Wettens« geführt hatte, verbot das Parlament nun alle Versicherungen auf Leben und Tod »mit Ausnahme der Fälle, in denen die versichernden Personen ein Interesse an Leben oder Tod der versicherten Person haben.«[40]

In den USA ließ die moralische Legitimität der Lebensversicherung länger auf sich warten, sie etablierte sich erst gegen Ende des 19. Jahrhunderts. Im 18. Jahrhundert wurden zwar einige Versicherungsunternehmen gegründet, doch sie verkauften vorwiegend Feuer- und Seeversicherungen. Die Lebensversicherung sah sich einem »mächtigen kulturellen Widerstand« gegenüber. Viviana Zelizer schreibt dazu: »Die Vermarktung des Todes war ein Angriff auf ein Wertesystem, das von der Heiligkeit des Lebens und seiner Unvergleichlichkeit überzeugt war.«[41]

Um 1850 begann die Branche für Lebensversicherungen zu wachsen, allerdings nur, indem sie den kommerziellen Aspekt zugunsten des Vorsorgegedankens herunterspielte. Als die Branche wuchs, veränderten sich Bedeutung und Zweck der Versicherung. Einst zurückhaltend als wohltätige Einrichtung zum Schutz von Witwen und Waisen vermarktet, wurde die Lebensversicherung nun zu einer Möglichkeit, um Geld zu sparen und anzulegen – zu einem routinemäßigen Geschäft. Die Definition des »versicherbaren Interesses« weitete sich von Familienmitgliedern auf Geschäftspartner und wichtige Angestellte aus. Firmen konnten ihre Führungskräfte (nicht aber Putzfrauen und andere Beschäftigte aus dem Fußvolk) versichern.[42]

Weil ein versicherbares Interesse erforderlich war, blieb die Lebensversicherung auf diejenigen beschränkt, für die von dem zu versichernden Leben viel abhing (ob nun in familiärer oder finanzieller Hinsicht). Das trug dazu bei, die Lebensversicherung vom Wetten abzugrenzen – es fanden keine Wetten mehr auf das Leben Fremder statt, nur um Geld zu machen. Doch diese Unterscheidung war weniger klar, als es schien. Denn die Gerichte entschieden, dass jemand, der erst einmal eine (durch ein versicherbares Interesse gestützte) Versicherungspolice besaß, damit nach Belieben verfahren konnte – er durfte sie also auch an Dritte verkaufen. Diese Option der »Abtretung« lief darauf hinaus, dass eine Lebensversicherung als ganz normales Eigentum galt.[43]

1911 bestätigte der U. S. Supreme Court das Recht darauf, eine Lebensversicherungspolice zu verkaufen oder »abzutreten«. Richter Oliver Wendell Holmes Jr. räumte allerdings als Schriftführer folgendes Problem ein: Gab man den Menschen das Recht, ihre Lebensversicherungspolice an Dritte zu verkaufen, unterhöhlte man das Erfordernis eines versicherbaren Interesses. Das hieß, dass Spekulanten wieder in den Markt einsteigen konnten: »Ein Versicherungsvertrag auf ein Leben, an dem der Inhaber der Police kein Interesse hat, ist eine reine Wette, die beim Investor ein makabres Interesse am Ableben dieser Person erzeugt.«[44]

Holmes räumte ein, dass es bei der Forderung nach einem versicherbaren Interesse gerade darauf angekommen war zu verhindern, dass die Lebensversicherung zu einer Todeswette, zu »einer bösartigen Form des Glücksspiels« wurde.[45] Doch sei dies kein ausreichender Grund, einen Zweitmarkt für Lebensversicherungen zu verhindern. »Lebensversicherungen sind heutzutage zu einer der anerkanntesten Formen der Geldanlage und des selbstgewählten Sparens geworden. Soweit vernünftige Sicherheitserwägungen das zulassen, ist es daher wünschenswert, Lebensversicherungspolicen mit allen Eigenschaften von Eigentum auszustatten.«[46]

Ein Jahrhundert später hat sich das Dilemma, mit dem Holmes konfrontiert war, zugespitzt. Die Trennlinien zwischen Versicherung, Investment und Glücksspiel sind kollabiert. COLIs, Lebensversicherungen auf Todkranke und die Todeswetten der 90er Jahre waren nur der Anfang. Inzwischen haben Märkte für Leben und Tod die sozialen Zwecke und moralischen Normen transzendiert, von denen sie einst eingeschränkt worden waren.

Das Leben der anderen

Lebensverlängernde Aids-Medikamente waren ein Segen für die Menschheit, aber ein Fluch für die Firmen, die Todkranke versichern. Anleger blieben auf der Verpflichtung sitzen, Prämien für Lebensversicherungspolicen zu bezahlen, die einfach nicht so schnell »reif« wurden wie erwartet. Wollte die Branche überleben, musste sie verlässlichere Sterbefälle finden. Nachdem sie Krebspatienten und andere mit tödlich verlaufenden Krankheiten ins Visier genommen hatte, kam sie auf eine kühne Idee: Warum sollte sich das Geschäft auf Leute mit Krankheiten beschränken? Könnte man nicht alten Menschen ihre Lebensversicherungen abkaufen, die bereit waren, sie zu Bargeld zu machen?

Alan Buerger war ein Pionier des neuen Wirtschaftszweigs. Anfang der 90er hatte er COLIs an Unternehmen verkauft. Als der Kongress die Steuervorteile für diese Versicherungen kürzte, erwog Buerger, auf Lebensversicherungen für Todkranke umzusatteln. Dann aber hatte er die Eingebung, dass gesunde, wohlhabende Senioren einen größeren, verheißungsvolleren Markt boten. »Ich fühlte mich wie vom Blitz getroffen«, erklärte Buerger gegenüber dem *Wall Street Journal*.[47]

Im Jahr 2000 begann er, Lebensversicherungspolicen von Senioren von 65 Jahren an aufwärts zu kaufen und an Anleger weiterzuverkaufen. Das Geschäft funktioniert wie das mit den Lebensversicherungen für Todkranke, nur dass die Lebenserwartung höher ist und die Policen im Regelfall wertvoller sind – gewöhnlich eine Million Dollar oder mehr. Investoren kaufen die Policen von Leuten, die sie nicht behalten wollen, bezahlen die Prämien und kassieren die Versicherungssumme, wenn die Versicherten sterben. Um dem Makel zu entgehen, der aus der Nähe zur Lebensversicherung für Todkranke kam, nannte sich der neue Geschäftszweig »life settlements«. Buergers Firma Coventry First gehört zu den erfolgreichsten Unternehmen der Branche.[48]

Das Geschäftsfeld präsentiert sich als »freier Markt für Lebensversicherungen«. Zuvor war denjenigen, die ihre Lebensversicherungspolice nicht mehr behalten wollten, nichts anderes übriggeblieben, als sie verfallen oder vom Versicherer für einen kleinen Betrag auszahlen zu lassen. Jetzt können sie für ihre nicht mehr gewünschten Policen mehr Geld erzielen, indem sie sie an Anleger abtreten.

Das hört sich nach einem guten Geschäft für alle Beteiligten an. Senioren erhalten für ihre Policen einen anständigen Preis, und Investoren ernten den Profit, wenn die Policen fällig werden. Doch der Zweitmarkt für Lebensversicherungen hat für einige Kontroversen und eine Welle von Gerichtsverfahren gesorgt.

Ein strittiger Punkt ergibt sich aus den Kalkulationen der Versicherungsbranche. Die Versicherer mögen die Abtretung von Lebensversicherungen nicht. Bei der Festsetzung ihrer Prämien waren sie davon ausgegangen, dass eine gewisse Zahl von Versicherten ihre Verträge verfallen lässt, ehe sie sterben. Sobald die Kinder erwachsen sind und für die Gattin gesorgt ist, stellen die Inhaber der Police oft die Prämienzahlung ein und lassen ihre Policen verfallen. Tatsächlich kommt es bei fast 40 Prozent aller Verträge nicht zur Auszahlung. Doch wenn immer mehr Versicherte ihre Policen an Investoren verkaufen, verfallen immer weniger Verträge, und die Versicherer müssen häufiger die fälligen Versicherungssummen auszahlen (nämlich an die Anleger, die weiter die Prämien bezahlen).[49]

Eine weitere Kontroverse bezieht sich auf die moralische Problematik, gegen ein Leben zu wetten. Wie bei Versicherungen für Todkranke hängt die Rendite der Geldanlage davon ab, wann der Versicherte stirbt. 2010 berichtete das *Wall Street Journal*, dass Life Partners Holdings (die Firma handelt mit abgetretenen Versicherungen) die Lebenserwartung der Leute, deren Verträge sie an Investoren verkaufte, dramatisch unterschätzt hatte. So hatte die Firma Anlegern eine Police über zwei Millionen Dollar verkauft, die das Leben eines 79 Jahre alten Ranchers in Idaho versicherte. Die Firma behauptete, der

Mann habe nur noch zwei bis vier Jahre zu leben. Mehr als fünf Jahre später ging es dem mittlerweile 84 Jahre alten Mann blendend; er lief auf dem Laufband, stemmte Gewichte und hackte Holz. »Ich bin gesund wie ein Pferd«, ließ er wissen. »Es wird eine Menge enttäuschte Investoren geben.«[50]

Umstritten waren auch die erfinderischen Wege der Branche, an verkäufliche Policen zu kommen. Mitte der nuller Jahre war der Zweitmarkt für Lebensversicherungen zum Big Business geworden. Hedgefonds und Finanzinstitute wie die Credit Suisse und die Deutsche Bank gaben Milliarden aus, um die Lebensversicherungspolicen reicher Senioren aufzukaufen. Als die Nachfrage nach solchen Policen zunahm, fingen einige Makler an, ältere Menschen ohne jeden Versicherungsvertrag dazu zu überreden, hohe Policen auf ihr Leben abzuschließen und sie dann Spekulanten zum Weiterverkauf zu überlassen.[51]

2006 schätzte die *New York Times*, dass der Markt für solche von Spekulanten initiierten Policen fast 13 Milliarden Dollar jährlich ausmachte. Sie schilderte den frenetischen Wettlauf, neue Geschäfte an Land zu ziehen: »Die Abschlüsse sind so lukrativ, dass ältere Menschen in jeder erdenklichen Weise umworben werden. In Florida haben Investoren kostenlose Kreuzfahrten für Senioren finanziert, die bereit sind, sich ärztlichen Untersuchungen zu unterziehen und an Bord Anträge für eine Lebensversicherung zu stellen.«[52]

Die Schlacht zwischen Versicherern und Spekulanten wurde überall im Land ausgefochten. 2007 gründeten Goldman Sachs, Credit Suisse, UBS, Bear Stearns und andere Banken die Institutional Life Markets Association; sie sollte die Abtretungsbranche fördern und sie politisch gegen alle Anfechtungen verteidigen. Die Hauptaufgabe des Verbandes war die Schaffung »innovativer Kapitalmarktlösungen« für den »auf Lebenserwartung und Sterblichkeit bezogenen Markt«.[53] Das war ein Euphemismus für Todeswetten.

2009 hatten die meisten Bundesstaaten Gesetze verabschiedet, die von Spekulanten initiierte Lebensversicherungen verboten. Allerdings war es den Maklern weiterhin erlaubt, mit Lebensversicherungspolicen kranker oder alter Menschen zu handeln, die diese aus eigenem Antrieb erworben hatten. Um weitere Regulierungen abzuwehren, versuchte die Abtretungsbranche, einen prinzipiellen Unterschied zwischen »Lebensversicherungen im Besitz Außenstehender« (was sie befürwortete) und »durch Außenstehende initiierten Lebensversicherungen« (was sie nun ablehnte) herbeizureden.[54]

Moralisch gesehen gibt es da keinen großen Unterschied. Es wirkt zwar besonders schäbig, wenn Spekulanten ältere Bürger dazu bringen, Lebensversicherungen um eines schnellen Profits willen zu kaufen und weiterzureichen. Es widerspricht ganz sicher dem ursprünglichen Zweck der Lebensversicherungen – nämlich Familien und Betriebe davor zu bewahren, durch den Tod eines Ernährers oder einer Führungskraft finanziell abzustürzen. Doch schäbig sind die Abtretungen von Lebensversicherungen eigentlich immer. Es ist moralisch fragwürdig, auf den Tod Dritter zu spekulieren, egal, wer die Police abschließt.

Todesanleihen

Damit der aufstrebende Markt für Todeswetten erwachsen wurde, fehlte nur noch ein Schritt – dass die Wall Street daraus Wertpapiere machte. Wie die *New York Times* 2009 berichtete, planten die Investmentbanken, abgetretene Lebensversicherungen zu kaufen, in Anleihen zu packen und diese Papiere an Pensionsfonds und andere Großanleger zu verkaufen. Die Bonds würden ein laufendes Einkommen durch Auszahlungen erzielen, die beim Tod der ursprünglichen Inhaber fällig würden. Wall Street würde mit den Lebensversicherungen ähnlich verfahren wie während der letzten Jahrzehnte mit den Hypotheken.[55]

Laut der *New York Times* entwickelte »Goldman Sachs einen handelbaren Index für abgetretene Lebensversicherungen, mit dem Investoren darauf wetten können, ob Menschen länger als erwartet leben oder früher als geplant sterben«. Und Credit Suisse schuf »eine finanzielle Montagelinie, mit der Lebensversicherungspolicen in großer Zahl gekauft, gebündelt und wieder verkauft werden – in gleicher Weise, wie die Wall Street es mit den Subprime-Papieren gehalten hat«. Mit einem Volumen von 26 Billionen Dollar allein in den USA und einem wachsenden Handel mit abgetretenen Lebensversicherungspolicen erhoffen sich die Banken eine Möglichkeit, die nach dem Zusammenbruch des Hypothekenmarkts verlorenen Einnahmen ausgleichen zu können.[56]

Obwohl noch einige Rating-Agenturen zu überzeugen sind, erscheint es möglich, eine halbwegs sichere Anleihe auf Basis abgetretener Lebensversicherungen zu schaffen. So wie Hypotheken-Wertpapiere Kredite aus verschiedenen Teilen des Landes bündeln, könnte eine durch abgetretene Lebensversicherungen gesicherte Anleihe Policen von Menschen mit »einer breiten Spanne von Krankheiten bündeln – etwa Leukämie, Lungenkrebs, Herzleiden, Brustkrebs, Diabetes oder Alzheimer«. Ein solcherart diversifiziertes Portfolio würde Investoren ruhig schlafen lassen, weil die Entdeckung eines Heilmittels für eine der Krankheiten nicht dazu führen würde, dass der Preis des Papiers abstürzt.[57]

Der Versicherungsriese AIG, dessen komplexe Finanzgeschäfte ihren Teil zur Finanzkrise von 2008 beitrugen, hat auch bereits Interesse bekundet. Als Versicherungsgesellschaft hat sich AIG zwar gegen die Branche für Versicherungsabtretungen gestellt und sie vor Gericht bekämpft. Doch insgeheim hat die Firma von den aktuell umlaufenden abgetretenen Policen im Wert von 45 Milliarden Dollar Papiere im Wert von 18 Milliarden aufgekauft und hofft nun, sie in Wertpapiere verpacken und als Obligationen verkaufen zu können.[58]

Aber welchen moralischen Status haben die Todesanleihen eigentlich? In mancher Hinsicht sind sie mit den Todeswetten vergleichbar, die ihnen zugrunde liegen. Wenn es moralisch verwerflich ist, auf das Leben von Menschen zu wetten und von ihrem Tod zu profitieren, dann teilen Todesanleihen diesen Makel mit den verschiedenen anderen Praktiken, die wir uns angesehen haben – COLIs, Lebensversicherungen für Todkranke, Todeswetten und den rein spekulativen Handel mit Lebensversicherungen.

Man könnte argumentieren, dass Anonymität und Abstraktheit von Todesanleihen die abstumpfende Wirkung auf unser moralisches Empfinden in gewissem Maß verringern. Sobald Lebensversicherungspolicen erst in riesigen Paketen gebündelt sind und dann scheibchenweise an Pensionsfonds und Hochschulstiftungen verkauft werden, ist niemand mehr am Tod eines speziellen Menschen interessiert. Andererseits: Wenn Gesundheitspolitik, Umweltnormen, verbesserte Ernährungsgewohnheiten oder sportliche Aktivitäten für mehr Gesundheit und höhere Lebenserwartung sorgten, würden die Kurse der Anleihen fallen. Doch irgendwie scheint es weniger verstörend zu sein, wenn jemand gegen die Volksgesundheit wettet, als wenn er die Tage zählt, die einem New Yorker mit Aids oder dem Rancher aus Idaho noch bleiben, bis sie sterben. Oder vielleicht doch nicht?

Manchmal entscheiden wir uns dafür, mit einem moralisch zersetzenden Marktverhalten zu leben – wegen des damit verbundenen gesellschaftlichen Nutzens. Die Lebensversicherungen begannen als ein solcher Kompromiss. Um Familien und Betriebe gegen die Risiken eines unerwarteten Todesfalls abzusichern, kam unsere Gesellschaft im Lauf der letzten zwei Jahrhunderte widerstrebend zu dem Schluss, dass es Leuten mit einem versicherbaren Interesse erlaubt sein sollte, eine Wette auf den Tod abzuschließen. Doch wie sich zeigte, war die spekulative Versuchung zu groß.

Wie der aktuelle Massenmarkt für Leben und Tod belegt, sind alle Bemühungen, Versicherungen und Wetten voneinander zu trennen, gescheitert. Während die Wall Street beim Handel mit Todesanleihen voll aufdreht, finden wir uns in der amoralischen Welt von Lloyd's Kaffeehaus in London wieder, nur dass die spekulativen Geschäfte mittlerweile eine Größenordnung erreicht haben, die die damaligen Wetten auf den Tod und das Unglück Fremder vergleichsweise idyllisch erscheinen lässt.

Ich habe versucht, das wachsende Unbehagen an der Art der wirtschaftlichen Aktivität zu erörtern, die unsere Gesellschaft mittlerweile achtet und belohnt. Immer mehr werden die Menschen weniger dafür belohnt, dass sie Dinge herstellen, sondern dafür, dass sie Risiken verwalten und manipulieren; weniger dafür, dass sie nützliche Dinge und Dienstleistungen hervorbringen, sondern dafür, dass sie auf künftige Preise und Ereignisse spekulieren. Wenn staatliche Verwaltungen sich immer stärker auf Einkünfte aus Lotterien und Kasino-Glücksspielen stützen, wenn Finanzaktivitäten einen wachsenden Anteil am BIP ausmachen, wenn Lebensversicherungen nur noch schwer von Wetten auf den Tod anderer zu unterscheiden sind, wenn Derivate und nackte CDS das Finanzwesen in eine Form von Zocken um hohe Einsätze verwandeln, dann entfernt sich der spekulative Impuls, der unsere Wirtschaft definiert, immer weiter vom gesellschaftlichen Zweck des Finanzwesens, der darin besteht, Kapital für produktive Zwecke bereitzustellen.

Ich habe zu zeigen versucht, wie diese Einstellungen und Praktiken während der letzten Jahrzehnte immer mehr Einfluss gewonnen haben. Und ich habe Gründe genannt, warum alle, die das besorgniserregend finden, sich zu Recht Sorgen machen. Eine ökonomische Moral der Spekulation verschärft nicht nur die Ungleichheit; sie entwertet produktive Arbeit und belohnt wirtschaftliche Aktivität, die wenig Bezug zum Gemeinwohl hat. Mir ist bewusst, dass ich keinen Ausweg aus diesem Dilemma aufgezeigt habe. Ich hoffe aber, dass uns ein besseres Verständnis dieser Einstellungen und Praktiken dazu bringen kann, eine Ökonomie anzustreben, die der Spekulation weniger freundlich gesinnt ist und den standfesteren Dingen, die eine gerechte Gesellschaft benötigt, einladender gegenübertritt.

1 »U.S. Commercial Casino Industry: Facts at Your Fingertips«, S. 4, http://www.americangaming.org/sites/default/files/uploads/docs/facts_at_your_fingertips_12022010.pdf; American Gaming Association: »2013 State of the States: The AGA Survey of Casino Entertainment«, S. 2–5, http://www.americangaming.org/sites/default/files/uploads/docs/aga_sos2013_fnl.pdf.

2 American Gaming Association: »2012 State of the States: The AGA Survey of Casino Entertainment,« S. 6, http://www.americangaming.org/sites/default/files/uploads/docs/sos/aga_sos_2012_web.pdf; Daniel Denvir: »Casino Capitalism: As Gambling Spreads, Metaphor Becomes Reality«, http://www.salon.com/2012/03/09/casino_capitalism_as_gambling_spreads_metaphor_becomes_reality/.

3 Timothy Pratt: »Las Vegas Web Site is Test for Legal Online Gambling«, in: *New York Times*, 2. Mai 2013.

4 Edward Wyatt: »Ruling by Justice Dept. Opens a Door on Online Gambling«, in: *New York Times,* 24. Dezember 2011.

5 Patrick A. Pierce, Donald E. Miller: *Gambling Politics: State Government and the Business of Betting.* Boulder, CO, Lynne Rienner, 2004, S. 9–24, 55–58; North American Association of State and Provincial Lotteries (NASPL) unter http://www.naspl.org/index.cfm?fuseaction=content&menuid=11&pageid=1016.

6 Daten für 2012, North American Association of State and Provincial Lotteries, http://www.naspl.org/index.cfm?fuseaction=content&menuid=17&pageid=1025.

7 Dieser Absatz bezieht sich auf meinen Artikel »Bad Bet« in *New Republic*, 10. März 1997. Siehe Daniel Golden, David M. Halbfinger: »Lottery Becomes Mighty Engine: An Expand-at-all-costs philosophy Leads to Abuses across the State«, in: *Boston Globe*, 9. Februar 1997; James Sterngold: »Muting the Lotteries' Perfect Pitch«, in: *New York Times*, 14. Juli 1996; Dina Spector, Gus Lubin, Michael Kelley: »18 Signs that the Lottery is Preying on America's Poor«, in: *Business Insider*, 6. April 2012.

8 David M. Halbfinger, Daniel Golden: »Boom in Instant Games, Keno Widens Sales Gap Between White and Blue Collar«, in: *Boston Globe*, 12. Februar 1997.

9 David Cay Johnston: »U.S. Lotteries and the State Taxman,« *Reuters*, 15. Juli 2011, http://blogs.reuters.com/david-cay-johnston/2011/07/15/u-s-lotteries-and-the-state-taxman/; »The Allure of

Gambling Revenues«, in: *State Legislature Magazine*, Okt.-Nov. 2009.

10 Greta R. Krippner: *Capitalizing on Crisis: The Political Origins of the Rise of Finance*. Cambridge, Harvard University Press 2011, S. 1–14, 28 f.

11 Ebd., S. 3 f.

12 Dieser Einwand ist gut ausgearbeitet in Eric A. Posner, E. Glen Weyl: »An FDA for Financial Innovation: Applying the Insurable Interest Doctrine to 21st-Century Markets« (4. Juni 2012), abrufbar unter http://ssrn.com/abstract=2010606; sowie in Eric A. Posner, E. Glen Weyl: »Against Casino Finance«, in: *National Affairs*, Nr. 14, Winter 2013, S. 58–77.

13 *Die Glücksritter*, Regie John Landis (1983).

14 Gregory Zuckerman: »Trader Made Billions on Subprime«, in: *Wall Street Journal*, 15. Januar 2008.

15 Ebd.

16 Für eine Auseinandersetzung mit Derivaten und nackten CDS sowie der Frage, wie der Gesetzgeber sie behandeln sollte, siehe Uwe E. Reinhardt: »Nudity and the Financial Market«, in: *New York Times Blogs*, 28. Mai 2010; Lloyd Norris: »Naked Truth on Default Swaps«, in: *New York Times*, 21. Mai 2010; Andrew Leonard: »Credit Default Swaps: What are They Good For?«, Salon.com, 20. April 2010; Dave Mason: »The Senator Has No Clothes: Why a Ban on ›Naked‹ Credit Default Swaps Is Ill-Advised and Impractical«, in: *Heritage Foundation WebMemo* #2887, 5. Mai 2010; David Cay Johnston: »Closing Wall Street's Casino«, *Reuters*, 18. November 2011; Lynn A. Stout: »Insurance or Gambling?«, in: *Brookings Review*, Bd. 14, Winter 1996; Lynn A. Stout: »Regulate OTC Derivatives by Deregulating Them«, in: *Regulation*, Herbst 2009, S. 30–33, mit anschließenden Kommentaren und einer Erwiderung S. 34–41; Lynn A. Stout: »Risk, Speculation, and OTC Derivatives: An Inaugural Essay of Convivium«, in: *Accounting, Economics, and Law*, Bd. 1, 2011; Posner/Weyl, »An FDA for Financial Innovation«; Posner/Weyl, »Against Casino Finance«.

17 Die folgende Erörterung der Lebensversicherung ist in angepasster Form übernommen aus Michael J. Sandel: *Was man für Geld nicht kaufen kann: Die moralischen Grenzen des Marktes*. Berlin, Ullstein 2012, S. 141–149, 154–162.

18 Associated Press: »Woman Sues over Store's Insurance Policy«, 7. Dezember 2002; Sarah Schweitzer: »A Matter of Policy: Suit Hits Walmart Role as Worker Life Insurance Beneficiary«, in: *Boston Globe*, 10. Dezember 2002.

19 Ebd.

20 Ellen E. Schultz, Theo Francis: »Valued Employees: Worker Dies, Firm Profits – Why?«, in: *Wall Street Journal*, 19. April 2002.

21 Ebd.; Theo Francis, Ellen E. Schultz: »Why Secret Insurance on Employees Pays Off«, in: *Wall Street Journal*, 25. April 2002.

22 Ellen E. Schultz, Theo Francis: »Why are Workers in the Dark?«, in: *Wall Street Journal*, 24. April 2002.

23 Theo Francis, Ellen E. Schultz: »Big Banks Quietly Pile Up ›Janitors Insurance‹«, in: *Wall Street Journal*, 2. Mai 2002; Ellen E. Schulz, Theo Francis: »Death Benefit: How Corporations Built Finance Tool Out of Life Insurance«, in: *Wall Street Journal*, 30. Dezember 2002.

24 Schultz/Francis, »Death Benefit«; Ellen E. Schultz: »Banks Use Life Insurance to Fund Bonuses«, in: *Wall Street Journal*, 20. Mai 2009.

25 Schultz/Francis, »Valued Employees«.

26 Laut einer Budgetschätzung des Bundes kosten Steuernachlässe im Zusammenhang mit Lebensversicherungen im Besitz von Unternehmen den Steuerzahler jährlich 1,9 Milliarden Dollar an verlorenen Steuereinnahmen (siehe Theo Francis: »Workers' Lives: Best Tax Break?«, in: *Wall Street Journal*, 19. Februar 2003).

27 In diesem Abschnitt beziehe ich mich auf meinen Artikel »You Bet Your Life«, in: *New Republic*, 7. September 1998.

28 Die Aussage von William Scott Page findet sich in Helen Huntley: »Turning Profit, Helping the Dying«, in: *St. Petersburg Times*, 25. Januar 1998.

29 David W. Dunlap: »AIDS Drugs Alter an Industry's Math: Recalculating Death-Benefit Deals«, in: *New York Times*, 30. Juli 1996; Marcia Vickers: »For ›Death Futures‹, the Playing Field is Slippery«, in: *New York Times*, 27. April 1997.

30 William Kelley wird zitiert in »Special Bulletin: Many Viatical Settlements Exempt from Federal Tax«. Viatical Association of America, October 1997, zit. in Sandel, »You Bet Your Life«.

31 John Powers: »End Game«, in: *Boston Globe*, 8. Juli 1998; Mark Gollom: »Web ›Death Pools‹ Make a Killing«, in: *Ottawa Citizen*,

15. Februar 1998; Marianne Costantinou: »Ghoul Pools Bet on Who Goes Next«, in: *San Francisco Examiner*, 22. Februar 1998.

32 Victor Li: »Celebrity Death Pools Make a Killing«, *Columbia News Service*, 26. Februar 2010, unter http://columbianewsservice.com/2010/02/celebrity-death-pools-make-a-killing/; http://stiffs.com/blog/rules/.

33 Laura Pedersen-Pietersen: »The Ghoul Pool: Morbid, Tasteless, and Popular«, in: *New York Times*, 7. Juni 1998; Bill Ward: »Dead Pools: Dead Reckoning«, in: *Star Tribune* (Minneapolis), 3. Januar 2009. Aktualisierte Listen von Prominenten finden sich bei http://stiffs.com/stats/ und http://www.ghoulpool.us/?page_id=571. Gollom, »Web ›Death Pools‹ Make a Killing«; Costantinou, »Ghoul Pools Bet on Who Goes Next«.

34 Geoffrey Clark: *Betting on Lives: The Culture of Life Insurance in England, 1695–1775*, Manchester, Manchester University Press 1999, S. 3–10; Roy Kreitner: *Calculating Promises: The Emergence of Modern American Contract Doctrine*. Stanford, Stanford University Press 2007, S. 97–104; Lorraine J. Daston: »The Domestication of Risk: Mathematical Probability and Insurance 1650–1830«, in: Lorenz Kruger, Lorraine J. Daston, Michael Heidelberger (Hrsg.): *The Probabilistic Revolution*, Bd. 1. Cambridge, Mass., MIT Press 1987, S. 237–260.

35 Clark, *Betting on Lives*, S. 3–10; Kreitner, *Calculating Promises*, S. 97–104; Daston, »The Domestication of Risk«, S. 237–260; Viviana A. Rotman Zelizer: *Morals & Markets: The Development of Life Insurance in the United States*. New York, Columbia University Press 1979, S. 38 (sie zitiert den französischen Juristen Emerignon), S. 33.

36 Clark, *Betting on Lives*, S. 8 ff., 13–27.

37 Kreitner, *Calculating Promises*, S. 126–129.

38 Clark, *Betting on Lives*, S. 44–53.

39 Ebd., S. 50; Zelizer, *Morals & Markets*, S. 69 (Zitat aus John Francis: *Annals, Anecdotes, and Legends*. London, Longman 1853, S. 144).

40 Life Assurance Act of 1774, 14 Geo 3, chapter 48 (1774). Abrufbar bei http://www.legislation.gov.uk/apgb/Geo3/14/48/introduction. Siehe auch Clark, *Betting on Lives*, S. 9, 22, 34 f., 52 f.

41 Zelizer, *Morals & Markets*, S. 30, 43.

42 Ebd., S. 62, 91–112.

43 Ebd., S. 71 f.; Kreitner, *Calculating Promises*, S. 131–146.

44 Grigsby v. Russel, 22 U. S. 149 (1911), S. 154. Siehe Kreitner, *Calculating Promises*, S. 140 ff.

45 Grigsby v. Russel, S. 155 f. (Holmes führt den Gambling Act von 1774 an.)

46 Ebd.

47 Liam Pleven, Rachel Emma Silverman: »Cashing In: An Insurance Man Builds a Lively Business in Death«, in: *Wall Street Journal*, 26. November 2007.

48 Ebd., http://www.coventry.com/about-coventry/index.asp.

49 Siehe Susan Lorde Martin: »Betting on the Lives of Strangers: Life Settlements, STOLI, and Securitization«, in: *University of Pennsylvania Journal of Business Law*, Bd. 13, Herbst 2010, S. 190. Die Zahl verfallener Policen für 2008 betrug laut *ACLI Life Insurers Fact Book* 2009, 8. Dezember 2009, S. 69, 38 Prozent (zitiert in Martin).

50 Mark Maremont, Leslie Scism: »Odds Skew Against Investors in Bets on Strangers' Live«, in: *Wall Street Journal*, 21. Dezember 2010.

51 Charles Duhigg: »Late in Life, Finding a Bonanza in Life Insurance«, in: *New York Times*, 17. Dezember 2006.

52 Ebd.

53 Ebd. Zitate stammen von der Homepage der Institutional Life Markets Association Website, bei http://www.lifemarketsassociation.org/.

54 Martin, »Betting on the Lives of Strangers«, S. 200–206.

55 Jenny Anderson: »Wall Street Pursues Profit in Bundles of Life Insurance«, in: *New York Times*, 6. September 2009.

56 Ebd.

57 Ebd.

58 Leslie Scism: »AIG Tries to Sell Death-Bet Securities«, in: *Wall Street Journal*, 22. April 2011.

Amerikas Suche nach einer
Philosophie des Öffentlichen

Liberale Freiheit gegen
republikanische Freiheit

Der zentrale Gedanke der Philosophie des Öffentlichen, mit der wir leben, besteht in unserer Fähigkeit, unsere Ziele selbst zu wählen. Die Politik sollte demnach nicht versuchen, den Charakter ihrer Bürger zu formen oder ihre Tugend zu kultivieren, denn damit würde sie Moral gesetzlich vorschreiben. Der Staat sollte keinen bestimmten Entwurf des guten Lebens durch Politik oder Gesetzgebung vorgeben; stattdessen sollte er einen neutralen Rechtsrahmen bereitstellen, in dem die Menschen ihre eigenen Werte und Ziele wählen können.

Dieses Streben nach Neutralität drückt sich in unserer Politik und unseren Gesetzen in besonderer Weise aus. Obwohl es sich aus der liberalen Tradition des politischen Denkens herleitet, ist es nicht nur bei denen zu Hause, die man in der amerikanischen Politik eher als Liberale denn als Konservative bezeichnet – nein, es ist im gesamten politischen Spektrum anzutreffen. Liberale berufen sich auf das Ideal der Neutralität, wenn sie sich gegen das Schulgebet wenden, gegen Einschränkungen des Rechts auf Abtreibung oder gegen die Versuche christlicher Fundamentalisten, ihre moralischen Vorstellungen in der Öffentlichkeit zu verbreiten. Konservative wiederum appellieren an die Neutralität, wenn sie den Staat daran hindern wollen, das marktwirtschaftliche Geschehen durch bestimmte moralische Prinzipien – etwa zugunsten der Sicherheit von Arbeitern, des Umweltschutzes oder der Verteilungsgerechtigkeit – zu zügeln.

Das Ideal der freien Wahl spielt auch bei der Debatte über den Wohlfahrtsstaat auf beiden Seiten eine Rolle. Republikaner haben lange darüber geklagt, dass die Besteuerung der Reichen zum Zweck, Wohlfahrtsprogramme für Arme zu finanzieren, eine Form erzwungener Wohltätigkeit sei, welche die Freiheit der Menschen verletze, mit ihrem eigenen Geld zu machen, was sie wollen.

Demokraten haben darauf oft erwidert, der Staat müsse allen Bürgern ein anständiges Einkommensniveau sowie angemessene Wohnmöglichkeiten, Bildung und Gesundheitsfürsorge gewährleisten, weil diejenigen, die durch wirtschaftliche Not bedrängt seien, auf anderen Gebieten keine wirklich freien Entscheidungen treffen könnten. Trotz ihrer Uneinigkeit darüber, wie der Staat handeln sollte, um die Entscheidungen des Einzelnen zu respektieren, gehen beide Seiten davon aus, dass Freiheit in der Möglichkeit der Menschen bestehe, ihre eigenen Ziele zu wählen.

Diese Freiheitsauffassung ist so vertraut, dass man meinen könnte, sie habe die politische Tradition Amerikas immer schon geprägt. Doch als herrschende Philosophie des Öffentlichen hat sie sich erst im letzten halben Jahrhundert entwickelt. Ihre Besonderheit lässt sich am besten erkennen, wenn man sie mit einer konkurrierenden, allmählich in den Hintergrund gedrängten Philosophie des Öffentlichen vergleicht: einer Variante der republikanischen politischen Theorie.

Der zentrale Gedanke der republikanischen Theorie besagt, Freiheit beruhe auf Teilhabe an der Selbstverwaltung. Diese Vorstellung ist als solche nicht unvereinbar mit dem liberalen Freiheitskonzept. Politische Partizipation kann zu den Möglichkeiten zählen, mit denen die Menschen versuchen, ihre persönlichen Ziele zu verfolgen.

Doch der republikanischen politischen Theorie zufolge schließt die Teilhabe an der Selbstverwaltung einer Gemeinschaft noch mehr ein: Sie beinhaltet auch, dass man gemeinsam mit anderen Bürgern über das Gemeinwohl verhandelt und die politische Gemeinschaft mitgestaltet. Will man jedoch angemessen über das Gemeinwohl verhandeln, so erfordert das mehr als die Möglichkeit, eigene Ziele zu wählen und das Recht der anderen zu respektieren, dies ebenfalls zu tun. Es erfordert auch Kenntnisse über öffentliche Angelegenheiten sowie ein Gefühl der Zugehörigkeit, der Verantwortlichkeit für das Ganze und eine moralische Verbindung mit der Gemeinschaft, deren Schicksal auf dem Spiel steht. Teilhabe an der Selbstregierung erfordert deshalb, dass Bürger gewisse bürgerliche Tugenden besitzen oder erwerben.

Dies aber bedeutet, dass eine republikanische Politik gegenüber den Werten und Zielen, die ihre Bürger wählen, nicht neutral sein kann. Anders als das liberale Freiheitskonzept verlangt das republikanische eine formende Politik, eine Politik, die bei den Bürgern Charaktereigenschaften herausbildet, die für eine Selbstverwaltung erforderlich sind.

In unserer politischen Vergangenheit kamen sowohl das liberale als auch das republikanische Verständnis von Freiheit zum Zuge, wenn auch in wechselndem Umfang und mit unterschiedlich großer Bedeutung. In den letzten Jahrzehnten ist der staatsbürgerliche (oder formende) Aspekt unserer Politik von einer prozeduralen Republik verdrängt worden, die sich weniger um die Pflege von Tugenden kümmert, sondern eher die Menschen in die Lage versetzen möchte, ihre ganz eigenen Werte zu definieren.

Diese Verschiebung wirft ein Licht auf unsere derzeitige Unzufriedenheit. Denn trotz seiner Attraktivität fehlen dem liberalen Konzept von Freiheit die staatsbürgerlichen Ressourcen, um den Gedanken der Selbstverwaltung zu stärken. Die Philosophie der öffentlichen Angelegenheiten, mit der wir leben, kann die versprochene politische Freiheit nicht gewährleisten, weil sie nicht dazu imstande ist, den Gemeinsinn und das staatsbürgerliche Engagement zu wecken, die diese Freiheit erfordert.

Die politische Ökonomie des Staatsbürgerlichen

Soll die amerikanische Politik ihre staatsbürgerliche Stimme wieder zurückgewinnen, muss sie einen Weg finden, Fragen zu erörtern, die zu stellen wir vergessen haben. Schauen wir uns an, wie wir heute über wirtschaftliche Themen denken und debattieren, und zwar im Vergleich dazu, wie Amerikaner während eines großen Zeitraums ihrer Geschichte über Wirtschaftspolitik diskutierten. Heutzutage drehen sich die meisten unserer ökonomischen Auseinandersetzungen um zwei Themen: Wohlstand und Gerechtigkeit. Welche Steuerpolitik, Haushaltsvorschläge oder Regulierungspläne die Leute auch bevorzugen, gewöhnlich verteidigen sie sie mit der Begründung, sie würden den Wirtschaftskuchen vergrößern, die Stücke des Kuchens gerechter verteilen oder beides.

Diese Argumente, um eine Wirtschaftspolitik zu rechtfertigen, sind derart vertraut, dass es so aussehen mag, als würden sie allein alle Möglichkeiten ausschöpfen. Doch unsere Debatten über Wirtschaftspolitik haben sich keineswegs immer ausschließlich auf Umfang und Verteilung des Inlandsprodukts konzentriert. Während eines großen Teils der amerikanischen Geschichte haben sie auch eine andere Frage angesprochen: Welche wirtschaftlichen Regelungen sind der Selbstverwaltung am förderlichsten?

Thomas Jefferson kleidete die staatsbürgerlichen Aspekte der ökonomischen Debatte in klassische Argumente. In seinen *Betrachtungen über den Staat Virginia* (1787) sprach er sich dagegen aus, große heimische Manufakturen zu entwickeln, weil die landwirtschaftliche Lebensweise tugendhafte Bürger hervorbringe, die für eine Selbstverwaltung gut geeignet seien. »Jene, die mit dem Erdboden arbeiten, sind das erwählte Volk Gottes«, schrieb er; sie seien die Verkörperung »wahrer Tugend«. Die politischen Ökonomen Europas forderten, jedes Land solle eine eigene Produktion besitzen, doch Jefferson befürchtete, die industrielle Fertigung bringe im großen Maßstab eine besitzlose Klasse hervor, der die für eine republikanische staatsbürgerliche Haltung notwendige Unabhängigkeit fehle: »Abhängigkeit führt zu Willfährigkeit und Käuflichkeit, schnürt dem Keim der Tugend die Luft ab und schafft geeignete Werkzeuge für die Ränke des Ehrgeizes.«

Jefferson hielt es für besser, dass »unsere Werkstätten in Europa bleiben«, um die moralische Verderbnis zu vermeiden, die sie mit sich brächten; es sei besser, fertig produzierte Güter einzuführen als die Sitten und Gewohnheiten, die mit ihrer Herstellung einhergingen: »Der Mob großer Städte trägt etwa so viel zur Unterstützung sauberer Herrschaftsinstitutionen bei, wie Wunden zur Kraft des menschlichen Körpers beitragen«, schrieb er. »Die Verhaltensweisen und der Geist eines Volkes sind es, die eine Republik kraftvoll erhalten. Eine Degeneration in den Verhaltensweisen und im Geist ist ein Krebsgeschwür, das sich bald zum Kern der Gesetze und der Verfassung durchfrisst.«[1]

In den ersten Jahrzehnten der Republik wurde heftig darüber debattiert, ob inländische Manufakturen zu fördern oder der agrarische Charakter des Landes zu erhalten seien. Am Ende konnte sich Jeffersons Vorstellung von einer Agrargesellschaft nicht durchsetzen. Doch die seiner Wirtschaftslehre zugrundeliegende republikanische Annahme – dass die öffentliche Politik die Charaktereigenschaften kultivieren solle, die zur Selbstverwaltung erforderlich sind – fand breitere Unterstützung und erlebte eine längere Karriere. Von der Revolution bis zum Bürgerkrieg spielte die Ökonomie der bürgerlichen Zivilgesellschaft in der nationalen Debatte Amerikas eine herausragende Rolle. Tatsächlich reichte der staatsbürgerliche Strang dieser ökonomischen Auseinandersetzung sogar bis ins 20. Jahrhundert, als progressive Kräfte mit dem Big Business und dessen Folgen für die Selbstverwaltung rangen.

Der Fluch der Größe

Das politische Dilemma des sogenannten progressiven Zeitalters zeigt eine verblüffende Ähnlichkeit mit unserem eigenen. Damals wie heute spürten die Amerikaner die Auflösung der Gemeinschaft und fürchteten um die Aussichten auf Selbstverwaltung. Damals wie heute bestand eine Kluft (oder eine Unvereinbarkeit) zwischen den Maßstäben des Wirtschaftslebens und den Begriffen, in denen die Menschen ihre Identität konzipierten – eine Kluft, die viele als Verunsicherung und Entmachtung erlebten. Die Bedrohung der Selbstverwaltung zur Zeit der Jahrhundertwende äußerte sich in zwei Entwicklungen: Machtkonzentration auf Seiten der gigantischen Unternehmen und Erosion jener herkömmlichen Formen von Gemeinschaft und Autorität, die das Leben der meisten Amerikaner während des ersten Jahrhunderts der Republik geprägt hatten. Eine von großen Unternehmen dominierte nationale Wirtschaft verringerte die Unabhängigkeit lokaler Gemeinschaften, dem traditionellen Realisierungsbereich von Selbstverwaltung. Das Wachstum großer, unpersönlicher Städte voller Zuwanderer, Armut und Unordnung weckte indessen bei vielen die Furcht, dass es den Amerikanern an ausreichend moralischem und staatsbürgerlichem Zusammenhalt fehlen könnte, um das Land gemäß einer gemeinsamen Vision vom guten Leben zu regieren.

Trotz der Verwerfungen durch die neuen Produktions-, Verkehrs- und Kommunikationsformen schienen diese eine neue, breitere Basis für politische Gemeinschaft zu bieten. Die Amerikaner des frühen 20. Jahrhunderts waren in vieler Hinsicht enger miteinander verbunden als je zuvor. Eisenbahnen überbrückten den Kontinent. Telefon, Telegraf und Tageszeitung brachten die Menschen in Kontakt mit Ereignissen an fernen Orten. Und ein komplexes industrielles System verband die Menschen in einem weitläufigen Netz wechselseitiger Abhängigkeiten, das ihre Anstrengungen koordinierte. Manche sahen in dieser neuen technischen und industriellen Interdependenz eine ausgedehntere Form der Gemeinschaft. »Die Dampfkraft hat uns Elektrizität gegeben und aus der Nation die Nachbarschaft eines Stadtviertels gemacht«, schrieb William Allen White. »Stromleitung, Eisenrohr, Straßenbahn, Tageszeitung, Telefon, die transkontinentalen Verkehrslinien per Schiene und Wasserweg (...) haben uns alle zu Teilen eines Körpers werden lassen – gesellschaftlich, industriell, politisch (...). Es ist allen Menschen möglich, sich untereinander zu verständigen.«[3]

Nüchternere Beobachter waren sich da nicht so sicher: Dass die Amerikaner sich in einem komplexen Netz wechselseitiger Abhängigkeiten wiederfänden, garantiere nicht, dass sie sich mit diesem Netz identifizierten oder das Leben mit den anderen, auf ähnliche Weise darin verstrickten Individuen teilten. So merkte die Sozialreformerin Jane Addams an: »Theoretisch macht die ›Arbeitsteilung‹ die Menschen wechselseitig abhängiger und menschlicher, indem sie sie in einer Einheit des Zwecks zusammenschließt.« Doch ob diese Einheit des Zwecks erreicht werde, hänge davon ab, ob die Teilnehmer Stolz auf ihr gemeinsames Projekt entwickeln und es als ihr eigenes ansähen; »die bloße mechanische Tatsache wechselseitiger Abhängigkeit ist bedeutungslos.«[3]

Während der progressiven Ära bündelte die politische Debatte zwei unterschiedliche Reaktionen auf die Macht des Big Business. Manche wollten die Selbstverwaltung durch Dezentralisierung der ökonomischen Macht bewahren und diese damit einer demokratischen Kontrolle unterwerfen. Andere hielten die wirtschaftliche Konzentration für unumkehrbar und versuchten, sie durch Erweiterung der nationalen demokratischen Institutionen zu kontrollieren. Bei den Progressiven fand die Fraktion der Dezentralisierung ihren fähigsten Fürsprecher in Louis D. Brandeis, der vor seiner Berufung an den Supreme Court Anwalt der Aktivisten und vehementer Kritiker der industriellen Konzentration war. Brandeis' vorrangige Sorge betraf die zivilen Konsequenzen ökonomischer Maßnahmen. Er war nicht deswegen gegen Monopole und Konzerne, weil deren

Marktmacht zu höheren Verbraucherpreisen führe, sondern weil ihre politische Macht den demokratischen Staat unterminiere; nach Brandeis bedrohte das Big Business die Selbstverwaltung in zweifacher Weise: direkt, indem es demokratische Institutionen und deren Kontrollfunktion schwäche, und indirekt, indem es die moralischen und zivilen Fähigkeiten zersetze, die es der Arbeiterschaft ermöglichten, als Bürger zu denken und zu handeln. Brandeis führte alte republikanische Themen in die Debatten des 20. Jahrhunderts ein: Wie Jefferson betrachtete er konzentrierte Macht, gleich ob wirtschaftlicher oder politischer Art, als der Freiheit abträglich. Seine Lösung bestand nicht darin, der starken Wirtschaftsmacht einen starken Staat entgegenzustellen – dies würde den »Fluch der Größe« nur verschlimmern; vielmehr wollte er die Konzerne zerschlagen und wieder Wettbewerb einführen. Nur so sei es möglich, eine dezentrale Wirtschaft lokal verwurzelter Unternehmen zu bewahren, die einer demokratischen Kontrolle zugänglich seien.

Brandeis favorisierte die demokratisierte Industrie nicht deshalb, weil er das Einkommen der Arbeiter erhöhen wollte (so wünschenswert das auch gewesen sein mochte), sondern es ging ihm um die Stärkung ihrer staatsbürgerlichen Fähigkeiten. Für ihn war die Bildung von zur Selbstverwaltung fähigen Staatsbürgern ein höheres Ziel als Verteilungsgerechtigkeit. »Wir Amerikaner sehen uns nicht nur der sozialen Gerechtigkeit verpflichtet, die (...) eine ungerechte Verteilung des Wohlstands vermeidet; vielmehr sind wir vorrangig der Demokratie verpflichtet.« Das »Streben nach Demokratie« sei nicht von einem »Streben nach der Entwicklung der Menschen« zu trennen, sagte er. »Damit Menschen sich entwickeln, ist es absolut entscheidend, dass sie anständig ernährt werden und anständig wohnen und anständige Möglichkeiten für Bildung und Erholung erhalten. Ohne diese Dinge können wir unser Ziel nicht erreichen. Doch wir könnten vielleicht über all diese Dinge verfügen und eine Nation von Sklaven bekommen.«[4]

Der Neue Nationalismus

Die zweite Fraktion innerhalb der Progressivismus-Bewegung gab eine andere Antwort auf die Gefahr, die von der Macht der Unternehmen ausging. Statt einer Dezentralisierung der Wirtschaft schlug Theodore Roosevelt einen »Neuen Nationalismus« vor, der Big Business regulieren sollte, indem er die Befugnisse des Nationalstaates erweiterte. Wie Brandeis fürchtete auch Roosevelt die politischen Folgen konzentrierter wirtschaftlicher Macht. Was jedoch die Wiederherstellung demokratischer Autorität betraf, war Roosevelt anderer Ansicht als die Dezentralisierer. Er hielt Big Business für ein unvermeidliches Ergebnis der industriellen Entwicklung und sah wenig Sinn in dem Versuch, die dezentrale politische Wirtschaftsordnung des 19. Jahrhunderts wiederherzustellen. Da die meisten großen Unternehmen im zwischenstaatlichen oder internationalen Geschäft außerhalb der Reichweite einzelner Bundesstaaten tätig seien, eigne sich für deren Kontrolle nur die Bundesregierung. Daher müsse die Macht des Nationalstaates wachsen, um der Größenordnung der Unternehmensmacht gerecht werden zu können.

Wie die Republikaner seit Jeffersons Zeit sorgte auch Roosevelt sich um die staatsbürgerlichen Folgen ökonomischen Handelns. Er wollte nicht nur die Herrschaft der Großunternehmen über den Staat verringern, sondern auch das Selbstverständnis der Bürger Amerikas stärken und ihnen anerziehen, was er als »wahre und dauerhafte moralische Erweckung« bezeichnete, als »den Geist eines breiten und weitreichenden Nationalismus«.[5] Der Neue Nationalismus war mehr als ein Programm zur Reform von Institutionen – er war ein Bildungsprojekt, das einen neuen Sinn für nationales Staatsbürgertum schaffen sollte.

Roosevelt war der führende Sprecher des Neuen Nationalismus; Herbert Croly war sein führender Philosoph. In *The Promise of American Life* (1909) entwarf Croly die politische

Theorie, die dem nationalistischen Zweig des Progressivismus zugrundelag: Angesichts »der zunehmenden Konzentration des industriellen, politischen und sozialen Lebens in Amerika« brauche der amerikanische Staat »mehr statt weniger Zentralisierung«. Doch nach Croly ist für den Erfolg der Demokratie auch die Nationalisierung der Politik notwendig. Die grundlegende Form der politischen Gemeinschaft müsse im nationalen Maßstab neu gestaltet werden. Auf diese Weise lasse sich die in der Ära des Progressivismus so schmerzlich empfundene Kluft zwischen der Größenordnung des amerikanischen Lebens und den Begriffen der amerikanischen Identität verringern. Angesichts der nationalen Größenordnung der modernen Ökonomie erfordere die Demokratie »eine zunehmende Nationalisierung des amerikanischen Volkes in seinen Ideen, seinen Institutionen und seinem Denken«.[6]

Obwohl Croly Jeffersons Auffassung, Demokratie hänge von Gewaltenteilung ab, verneinte, teilte er dessen Überzeugung, wirtschaftliche und politische Maßnahmen seien nach den Charaktereigenschaften zu beurteilen, die sie förderten. Für ihn war das Projekt der Nationalisierung des amerikanischen Charakters »eine im Wesentlichen bildende und aufklärerische politische Umgestaltung«.[7] Die amerikanische Demokratie könne nur dann voranschreiten, wenn das Land mehr zur Nation werde, was wiederum eine staatbürgerliche Bildung erfordere, die den Amerikanern ein tieferes Gefühl für nationale Identität vermittele.

Im Wahlkampf zwischen Woodrow Wilson und Theodore Roosevelt 1912 fand die Konkurrenz zwischen der dezentralisierenden und der nationalisierenden Position innerhalb der progressiven Reformbewegung einen denkwürdigen Ausdruck. Im Rückblick liegt die größere Bedeutung dieses Wahlkampfs jedoch in den Auffassungen, die beide Kandidaten gemeinsam hatten. Brandeis und Wilson auf der einen, Croly und Roosevelt auf der anderen Seite stimmten trotz ihrer Differenzen darin überein, dass ökonomische und politische Institutionen danach beurteilt werden sollten, inwieweit sie die für die Selbstverwaltung erforderlichen moralischen Eigenschaften befördern oder schwächen. Wie vor ihnen Jefferson sahen sie mit Sorge, was die wirtschaftliche Ordnung ihrer Zeit aus den Menschen machen würde. Sie sprachen sich, in je eigener Weise, für eine politische Ökonomie des Staatsbürgertums aus.

Die heutigen ökonomischen Auseinandersetzungen haben wenig Ähnlichkeit mit den Themen, bei denen die Ansichten der progressiven Reformer auseinandergingen. Letztere befassten sich mit den Wirtschaftsstrukturen und debattierten darüber, wie der demokratische Staat angesichts konzentrierter ökonomischer Macht zu bewahren sei. Wir befassen uns heute indes mit der Gesamtheit der wirtschaftlichen Produktion und debattieren darüber, wie wirtschaftliches Wachstum zu fördern sei, und gleichzeitig ein breiter Zugang zu den Früchten des Wohlstands gewährleistet werden könne. In der Rückschau lässt sich feststellen, wann unsere ökonomischen Fragen die der progressiven Reformer ersetzten: Beginnend in der Ära des späten New Deal und insbesondere dann zu Beginn der 60er Jahre setzte sich die politische Ökonomie des Wachstums und der Verteilungsgerechtigkeit an die Stelle der politischen Ökonomie der Staatsbürgertums.

Der New Deal und die
keynesianische Revolution

Mit Beginn des New Deal spiegelte die politische Debatte weiterhin die während der Zeit des Progressivismus definierten Alternative wider. Als Franklin D. Roosevelt mitten in der Depression sein Amt antrat, boten zwei Reformtraditionen konkurrierende Ansätze für die wirtschaftliche Erholung an. Eine Reformergruppe, Erben der Philosophie von Louis Brandeis, wollte die Wirtschaft durch Antitrustgesetze bzw. durch Maßnahmen dezentralisieren, die auf eine Wiederbelebung des

Wettbewerbs zielten. Eine zweite, dem Neuen Nationalismus Teddy Roosevelts verpflichtete Gruppe strebte danach, die Wirtschaft durch eine nationale Wirtschaftsplanung zu rationalisieren.

Trotz ihrer Differenzen gingen sowohl die Trustgegner als auch die Planer davon aus, dass es zur Überwindung der Depression erforderlich war, die Struktur des Industriekapitalismus zu ändern. Außerdem stimmten sie darin überein, dass die Machtkonzentration in der Wirtschaft, wenn man diese sich selbst überlasse, eine Gefahr für den demokratischen Staat darstelle.

Die Konkurrenz zwischen beiden Ansätzen blieb die meiste Zeit des New Deal unaufgelöst. In verschiedenen politischen Strategien und auf unterschiedliche Weise experimentierte Roosevelt mit beiden Theorien, ohne eine je gänzlich zu übernehmen oder zu verwerfen. Am Ende siegten weder die Trustgegner noch die Planer. Als die Erholung der Wirtschaft einsetzte, war das keiner Strukturreform, sondern massiven Staatsausgaben zu verdanken. Der Zweite Weltkrieg bot Gelegenheit für diese Ausgaben, und die keynesianische Lehre lieferte die Begründung.

Doch besaß die keynesianische Fiskalpolitik schon ihren Reiz, bevor der Krieg ihren ökonomischen Erfolg demonstrierte. Denn im Gegensatz zu den verschiedenen Vorschlägen für eine Strukturreform – Zerschlagung der Trusts oder staatliche Wirtschaftsplanung –, bot die keynesianische Politik der Regierung eine Möglichkeit, die Wirtschaft zu kontrollieren, ohne sich zwischen gegensätzlichen Ansichten zur guten Gesellschaft entscheiden zu müssen. Wo frühere Reformer ökonomische Maßnahmen angestrebt hatten, die der Kultivierung des Staatsbürgers dienten, betrieben die Keynesianer keine Bildungsmission: Sie schlugen lediglich vor, existierende Verbrauchervorlieben zu akzeptieren und die Wirtschaft über Eingriffe in die Gesamtnachfrage zu steuern.

Am Ende des Zweiten Weltkriegs hatten die zentralen Probleme der Wirtschaftspolitik wenig mit den Debatten zu tun, welche die Amerikaner in früheren Zeiten des Jahrhunderts beschäftigt hatten. Die alte Diskussion darüber, wie der Industriekapitalismus zu reformieren sei, spielte keine Rolle mehr, und die heutzutage vertrauten makroökonomischen Fragen traten in den Vordergrund. 1960 waren sich, wie Herbert Stein schrieb, die meisten Ökonomen und politischen Entscheidungsträger darin einig, dass »die wichtigste Aufgabe des Landes sei, einen hohen und schnell ansteigenden wirtschaftlichen Gesamtausstoß zu erreichen und zu halten«.[8] Maßnahmen, um die Einkommen gleichmäßiger zu verteilen, wurden zwar als wünschenswert erachtet, aber gegenüber dem Ziel der Vollbeschäftigung und des Wirtschaftswachstums als zweitrangig angesehen.

Natürlich ging die Diskussion weiter: über das nötige Ausmaß des Wirtschaftswachstums und der Verteilungsgerechtigkeit, über die Wechselwirkungen zwischen Inflation und Arbeitslosigkeit, über Steuerpolitik und Ausgabeprioritäten. Doch all diese Debatten enthielten die Annahme, dass Wirtschaftspolitik sich vor allem mit der Höhe und Verteilung des nationalen Wohlstands zu befassen habe. Mit dem Triumph der Fiskalpolitik wurde die politische Ökonomie des Staatsbürgertums durch die politische Ökonomie des Wachstums und der Verteilungsgerechtigkeit ersetzt.

Keynesianismus und Liberalismus

Das Aufkommen der neuen politischen Ökonomie markierte einen entscheidenden Moment für das Absterben des republikanischen Strangs in der amerikanischen Politik und den Aufstieg des zeitgenössischen Liberalismus. Laut diesem Liberalismus sollte der Staat gegenüber Entwürfen des guten Lebens neutral sein, um den Einzelnen als freies und unabhängiges Selbst zu respektieren, das imstande sei, seine Ziele selbst zu wählen. Die keynesianische Fiskalpolitik spiegelte diesen Liberalismus wider und verankerte ihn immer tiefer im öffentlichen Leben Amerikas. Auch wenn diejenigen, die eine keynesianische Ökonomie betrieben, diese nicht mit exakt den folgenden Formulierungen vertraten, war die neue politische Wirtschaftslehre von zwei Eigenschaften jenes Liberalismus geprägt, der eine an formalen Verfahren orientierte (»prozedurale«) Republik definierte: Erstens bot er Politikern und gewählten Beamten eine Möglichkeit, kontroverse Ansichten zur guten Gesellschaft »auszuklammern«, und versprach damit einen Konsens, den Programme für eine Strukturreform nicht anzubieten hatten. Zweitens wurde mit dem Fallenlassen des Bildungsprojekts dem Staat abgesprochen, bei der moralischen Ausstattung seiner Bürger mitreden zu dürfen; die Vorstellung der Person als freies und unabhängiges Selbst wurde bekräftigt.

Den deutlichsten Ausdruck des Glaubens an die neue Ökonomie als neutrales Werkzeug nationaler Machtausübung lieferte Präsident John F. Kennedy. In einer Rede an der Universität Yale brachte er 1962 vor, die modernen wirtschaftlichen Probleme ließen sich am besten lösen, wenn die Menschen ihre ideologischen Überzeugungen beiseitelegten. Die zentralen aktuellen Probleme des Landes seien subtiler und nicht so einfach wie die großen moralischen und politischen Themen, welche die Aufmerksamkeit der USA früher beherrscht hätten. »Sie betreffen nicht die grundlegenden Konflikte von Philosophie oder Ideologie, sondern die Möglichkeiten und Mittel, gemeinsame Ziele zu erreichen (...). Auf dem Spiel steht nicht etwa eine Auseinandersetzung zwischen rivalisierenden Ideologien, sondern das praktische Management der modernen Wirtschaft.« Kennedy beschwor das Land, die »komplexen und technischen Fragen, die eine große Wirtschaftsmaschinerie am Laufen halten«,[9] ohne ideologische Vorurteile anzugehen.

Als die keynesianische Fiskalpolitik in den 60er Jahren Fuß fasste, verschwand der staatsbürgerliche Strang aus dem politischen Diskurs Amerikas. Angesichts einer Wirtschaft, die zu riesig war, als dass sie sich den republikanischen Hoffnungen gemäß hätte beherrschen lassen, und verführt durch die Aussicht auf Wohlstand, fanden die Amerikaner der Nachkriegsjahrzehnte zu einem neuen Verständnis von Freiheit. Danach hängt unsere Freiheit nicht von unserer Fähigkeit als Bürger ab, an der Gestaltung der Kräfte teilzuhaben, die unser kollektives Schicksal bestimmen, sondern vielmehr an unserer Fähigkeit als Person, unsere Werte und Ziele selbst zu wählen.

Vom Standpunkt der republikanischen politischen Theorie aus gesehen bedeutet diese Verschiebung eine schicksalhafte Konzession: Gibt man das Streben nach staatsbürgerlicher Bildung auf, dann verabschiedet man das Projekt der Freiheit, wie es die republikanische Tradition einst entworfen hatte. Doch die Amerikaner empfanden die neue Philosophie des Öffentlichen nicht als Entmachtung – jedenfalls nicht sofort. Im Gegenteil, die prozedurale Republik erschien als Triumph von Überlegenheit und Selbstbestimmung. Das war zum Teil dem historischen Augenblick und zum Teil dem Versprechen geschuldet, welches die liberale Konzeption der Freiheit bot.

Der Augenblick der Weltherrschaft

Die prozedurale Republik entstand in einem der seltenen Momente amerikanischer Weltherrschaft. Am Ende des Zweiten Weltkriegs waren die USA eine unangefochtene globale Macht. Diese Stellung in der Welt in Verbund mit der aufstrebenden Wirtschaft der Nachkriegsjahrzehnte sorgte dafür, dass sich in einer ganzen Generation von Amerikanern der Glaube verfestigte, sie seien die Herren über ihre Lebensumstände. John F. Kennedys Rede in Yale verlieh dieser Überzeugung, man besitze Kräfte prometheischen Ausmaßes, bewegenden Ausdruck. »Die Welt ist jetzt eine ganz andere«, verkündete Kennedy. »Denn in seinen sterblichen Händen hält der Mensch die Macht, alle Formen menschlicher Armut und alle Formen menschlichen Lebens auszulöschen.« Wir sollten »jeden Preis bezahlen, jede Bürde auf uns nehmen«, um den Erfolg der Freiheit zu sichern.[10]

Neben der amerikanischen Machtfülle wurde das Versprechen der Herrschaft in den Nachkriegsjahrzehnten aus der Philosophie des Öffentlichen gespeist, wie sie der zeitgenössische Liberalismus vertrat. Die Vorstellung der Person als freies, unabhängiges Selbst, ungebunden durch moralische oder gemeinschaftliche Verpflichtungen, die es ja nicht selbst gewählt hat, erweist sich als befreiendes, wenn nicht sogar euphorisierendes Ideal. Befreit von den Zwängen durch Sitten oder Traditionen, gilt als Souverän nunmehr das liberale Selbst, das sich einzig von Verpflichtungen einschränken lässt, die es selbst geschaffen hat.

Diese Vorstellung von Freiheit fand über das gesamte politische Spektrum hinweg ihren Ausdruck. Lyndon B. Johnson plädierte zwar für den Wohlfahrtsstaat, dies aber nicht mit Rekurs auf gemeinschaftliche Verpflichtungen, sondern mit dem Argument, die Menschen sollten in die Lage versetzt werden, ihre eigenen Ziele zu wählen: »Seit mehr als 30 Jahren haben wir von der Sozialversicherung bis zum Krieg gegen die Armut eifrig daran gearbeitet, die Freiheit des Menschen zu erweitern«, sagte er, nachdem er 1964 die Nominierung der Demokraten für die Präsidentschaftskandidatur angenommen hatte. »Und das hat dazu geführt, dass Amerikaner heute Abend freier darin sind, so zu leben, wie sie es wollen, ihren Ambitionen zu folgen, ihre Wünsche zu erfüllen (...) als zu jeder anderen Zeit unserer gesamten ruhmreichen Geschichte.«[11] Verfechter des Rechts des Einzelnen auf Leistungen des Wohlfahrtsstaates stellten sich gegen Arbeitsaufforderungen, obligatorische Förderkurse für Arbeitslose und Programme zur Familienplanung für Sozialhilfeempfänger, weil alle Menschen – einschließlich der Armen – »imstande sein sollten, frei zu entscheiden, wie sie der Bedeutung ihres Lebens Ausdruck verleihen«. Auch die konservativen Kritiker von Johnsons »Great Society« beriefen sich auf die liberale Vorstellung von Freiheit. Die einzigen legitimen Funktionen des Staates, betonte Barry Goldwater, sollten den Menschen die Möglichkeit geben, ihre Absichten in größtmöglicher Freiheit zu verfolgen. Der libertarianische Ökonom Milton Friedman war gegen Sozialversicherung und andere obligatorische Regierungsprogramme, weil diese das Recht der Menschen verletzten, ihr Leben so zu leben, wie es den eigenen Wertvorstellungen entspricht.

Und so verdeckten die besonderen Bedingungen des amerikanischen Lebens für einige Zeit den Niedergang des staatsbürgerlichen Freiheitskonzepts. Als aber der Augenblick der Weltherrschaft zu Ende ging – als im Jahr 1968 Vietnam, Aufstände in den Ghettos, Unruhen an den Unis und die Ermordung von Martin Luther King jr. und Robert Kennedy das Vertrauen in dieses Konzept erschütterten –, waren die Amerikaner ziemlich schlecht dafür gerüstet, mit diesen Verwerfungen zurechtzukommen. Die befreiende Verheißung des unabhängig wählenden Selbst konnte den als viel umfassender wahrgenommenen Verlust der Selbstverwaltung nicht ausgleichen. Zu Hause wie anderswo gerieten die Dinge außer Kontrolle, und der Staat schien darauf hilflos zu reagieren.

Reagans staatsbürgerlicher Konservativismus

Es folgte eine Periode des Protests, die immer noch anhält. Als die Desillusionierung gegenüber dem Staat wuchs, suchten Politiker tastend nach Möglichkeiten, den Enttäuschungen, die von der herrschenden politischen Agenda nicht berücksichtigt wurden, eine Stimme zu geben. Am erfolgreichsten gelang das, zumindest in Hinblick auf Wahlen, Ronald Reagan. Obwohl er letztlich die Unzufriedenheit, von der er profitierte, nicht zu verringern vermochte, ist es dennoch lehrreich, die Quelle seiner Anziehungskraft in den Blick zu nehmen und sich anzuschauen, wie sie von den vorherrschenden Begriffen des politischen Diskurses abwich.

Reagan stützte sich in unterschiedlichen Stimmungen und Momenten sowohl auf den libertarianischen als auch auf den staatsbürgerlichen Strang des amerikanischen Konservativismus. Aus Letzterem leitete sich der größte Teil seiner politischen Anziehungskraft ab – nämlich aus seinem geschickten Appell an gemeinsame Werte wie Familie und Nachbarschaft, Religion und Patriotismus. Was Reagan von den Laissez-faire-Konservativen trennte, grenzte ihn auch gegenüber der herrschenden politischen Philosophie seiner Zeit ab: Er war in der Lage, sich mit der Sehnsucht der Amerikaner nach einem Gemeinschaftsleben von größerer Bedeutung zu identifizieren, nach einem Leben in kleinerem, weniger unpersönlichem Maßstab als dem, den die »prozedurale Republik« bereitstellte.

Reagan warf dem starken Staat vor, er entmachte die Bürger, und schlug einen »Neuen Föderalismus« vor, der die Macht auf die Bundesstaaten und Regionen verlagern würde; er rief die alte republikanische Sorge vor konzentrierter Macht in Erinnerung. Reagan erweckte diese Tradition wieder zum Leben – mit einem Unterschied: Frühere Verfechter der republikanischen politischen Ökonomie hatten den starken Staat ebenso gefürchtet wie das Big Business. Für Reagan war allein der Staat mit dem Fluch der Größe behaftet. Auch wenn er das Ideal der Gemeinschaft beschwor, verlor er kaum ein Wort über die zersetzenden Auswirkungen von Kapitalflucht oder die Entmachtung des Staates infolge der in großem Maßstab organisierten Wirtschaftsmacht.

Die Demokraten der Reagan-Ära forderten Reagan auf diesem Gebiet nicht heraus und beteiligten sich auch nicht an der Debatte über Gemeinschaft und Selbstverwaltung. Gefangen in den Begriffen des rechteorientierten Liberalismus, entging ihnen die unzufriedene Stimmung in der Bevölkerung. Die Ängste dieser Ära betrafen die Erosion jener Gemeinschaften, die zwischen dem Einzelnen und der Nation angesiedelt sind:

Familien und Nachbarschaften, Städte und Gemeinden, Schulen und Religionsgemeinschaften. Doch die Demokraten, einst die Partei der Gewaltenteilung, hatten in den Jahrzehnten zuvor gelernt, solche vermittelnden Gemeinschaften mit Misstrauen zu betrachten. Allzu oft waren sie Nester von Vorurteilen gewesen, Außenposten der Intoleranz, Orte, an denen die Tyrannei der Mehrheit herrschte. Und so bestand das liberale Projekt vom New Deal über die Bürgerrechtsbewegung bis hin zur Great Society darin, die Macht des Bundes zur Begründung der Rechte des Einzelnen zu nutzen, welche die örtlichen Gemeinschaften nicht hatten schützen können.

Dieses Unbehagen hinsichtlich der mittleren Bereiche des staatsbürgerlichen Lebens war zwar ehrenhaft erworben. Es führte gleichwohl dazu, dass die Demokraten unzulänglich darauf vorbereitet waren, der Erosion der Selbstverwaltung zu begegnen.

Der staatsbürgerliche Strang in Reagans Phrasendrescherei brachte ihm dort Erfolg, wo die Demokraten scheiterten: Er konnte die Unzufriedenheit für sich nutzen. Am Ende jedoch trug Reagans Präsidentschaft wenig dazu bei, die ihr zugrunde liegenden Umstände zu verändern. Er regierte mehr als Marktkonservativer denn als staatsbürgerlich gesinnter Konservativer. Der uneingeschränkte Kapitalismus, den er begünstigte, tat nichts, um das moralische Gefüge aus Familien, Nachbarschaften und Gemeinschaften zu reparieren, aber vieles, um es noch weiter auszuhöhlen.

Die Risiken der republikanischen Politik

Jeder Versuch, den staatsbürgerlichen Strang der Freiheit wiederzubeleben, sieht sich zwei ernüchternden Einwänden gegenüber. Der erste bezweifelt, dass es möglich sei, republikanische Ideale wieder zum Leben zu erwecken, der zweite bezweifelt, dass dies überhaupt wünschenswert sei.

Der erste Einwand fußt auf der Überzeugung, dass es angesichts der Größenordnung und Komplexität der modernen Welt unrealistisch sei, eine Selbstverwaltung nach der Vorstellung der republikanischen Tradition anzustreben. Von der Polis des Aristoteles bis hin zu Jeffersons Ideal einer Agrargesellschaft fand die staatsbürgerliche Konzeption von Freiheit immer in kleinen, abgegrenzten Orten ihr Zuhause, weitgehend selbstgenügsam, bewohnt von Menschen, deren Lebensumstände Muße, Bildung und Gemeinsamkeiten gewährten, so dass sie öffentliche Angelegenheiten angemessen verhandeln konnten. Doch so leben wir heute nicht. Im Gegenteil, wir leben in einer höchst mobilen, den ganzen Kontinent umfassenden Gesellschaft voller Vielfalt. Zudem ist diese weitläufige Gesellschaft nicht selbstgenügsam, sondern in eine globale Wirtschaft eingebunden, deren reißender Strom von Geld und Gütern, Informationen und Bildern den Nationen oder gar Nachbarschaften wenig Beachtung schenkt. Wie könnte der staatsbürgerliche Aspekt der Freiheit unter solchen Bedingungen überhaupt Bestand haben?

Tatsächlich – so die Fortsetzung dieses Einwands – äußerte sich der republikanische Strang, ungeachtet seiner Beständigkeit, oft mit nostalgisch angehauchter Stimme. Schon als Jefferson den Freibauern pries, war Amerika dabei, sich zu einer Industrienation zu entwickeln. Ebenso verhielt es sich mit den Handwerker-Republikanern in den Tagen von Andrew Jackson, den Jüngern der freien Arbeiterschaft zur Zeit Abraham Lincolns und den Geschäftsinhabern und Apothekern, die Brandeis gegen den Fluch der Größe in Anschlag brachte. In jedem dieser Fälle – so wird zumindest argumentiert – fanden die republikanischen Ideale erst im letzten Augenblick Ausdruck; gerade noch rechtzeitig für eine Elegie auf eine verlorene Sache, und zu spät, als dass man noch realisierbare Alternativen hätte anbieten können. Falls die republikanische Tradition hoffnungslos nostalgisch ist, bietet sie – so gut sie auch darin sein mag, die Mängel liberaler Politik auszuleuchten – nur wenig, was uns zu einem reicheren staatsbürgerlichen Leben führen könnte.

Doch selbst wenn es möglich wäre, den republikanischen Idealen wieder Geltung zu verschaffen – so der zweite Einwand –, wäre das gar nicht wünschenswert. Denn angesichts der Schwierigkeit, staatsbürgerliche Tugend zu vermitteln, läuft republikanische Politik immer Gefahr, zum Zwang zu werden. Eine Ahnung dieser Gefahr erhält man, wenn man sich anschaut, welche Bildungsanstrengungen Jean-Jacques Rousseau zur Errichtung einer demokratischen Republik für erforderlich hielt. Aufgabe des Republikgründers oder des großen Gesetzgebers sei es, nichts weniger als »die menschliche Natur zu verändern, jedes Individuum (...) in einen Teil eines größeren Ganzen umzuwandeln, von dem dieses Individuum gewissermaßen Leben und Dasein empfängt«. Der Gesetzgeber müsse »dem Menschen die Kräfte nehmen, die ihm eigen sind«, um ihn von der Gemeinschaft insgesamt abhängig zu machen. Je eher der individuelle Wille jeder Person annähernd »absterbe (...) und sich auflöse«, desto wahrscheinlicher sei es, dass diese Person den allgemeinen Willen übernehme. »Wenn jeder Bürger nur durch alle anderen etwas ist oder vermag, (...) dann hat die Gesetzgebung den höchsten Grad der Vollkommenheit erreicht, der ihr möglich ist.«[12]

Der Aspekt des Zwangs bei der Beeinflussung der Köpfe ist unter amerikanischen Republikanern keineswegs unbekannt. Beispielsweise wollte Benjamin Rush, ein Unterzeichner der Unabhängigkeitserklärung, die Menschen in »republikanische Maschinen« verwandeln und jedem Bürger beibringen, dass er sich nicht selbst gehöre, sondern »öffentliches Eigentum« sei.

Doch staatsbürgerliche Erziehung muss nicht gleich eine so schroffe Form annehmen. In der Praxis geht erfolgreiche republikanische Seelenbearbeitung mit einer sanfteren Art von Bevormundung einher. So war die politische Ökonomie des Staatsbürgers, die das amerikanische Leben im 19. Jahrhundert durchdrang, bestrebt, nicht nur die Staatsbürgerschaft zu kultivieren, sondern auch die Unabhängigkeit und das Urteilsvermögen, um angemessen übers Gemeinwohl verhandeln zu können. Das funktioniert nicht durch Zwang, sondern durch eine komplizierte Kombination aus Überredung und Gewöhnung – Alexis de Tocqueville bezeichnete es als »die langsame und ruhige Regierung der Mitbürger durch sich selbst«.[13]

Der verstreute, differenzierte Charakter des öffentlichen Lebens in Amerika zur Zeit Tocquevilles und die durch diese Differenzierung möglichen indirekten Arten der Charakterbildung trennen Rousseaus republikanische Zwänge von den staatsbürgerlichen Praktiken, die Tocqueville beschrieb. Rousseaus republikanisches Ideal ist unfähig, Disharmonie auszuhalten, und strebt danach, die Distanz zwischen Personen in sich zusammenfallen zu lassen, so dass die Bürger einander in einer Art sprachloser Transparenz oder unmittelbarer Präsenz gegenüberstehen. Wo der allgemeine Wille herrscht, betrachten die Bürger sich »als einen einzigen Körper«, und es gibt keine Notwendigkeit für politische Auseinandersetzungen. »(D)er erste, der (neue Gesetze) vorschlägt, spricht nur aus, was alle schon bemerkt haben, und es bedarf keiner Intrigen noch der Beredsamkeit«, um ihre Verabschiedung zu gewährleisten.[14]

Genau diese Annahme – dass das Gemeinwohl einheitlich und unbestreitbar sei – und nicht der Bildungsanspruch als solcher versieht Rousseaus politische Lehre mit der Tendenz zum Zwang. Zudem ist dies eine Annahme, welche die republikanische Politik nicht benötigt. Wie Amerikas Erfahrung mit der politischen Ökonomie des Staatsbürgertums nahelegt, wird der Dissens durch die staatsbürgerliche Vorstellung von Freiheit nicht überflüssig. Diese bietet einen Weg, politische Auseinandersetzungen zu führen, und nicht, sie zu transzendieren.

Im Gegensatz zu Rousseaus Einheitsvision ist die von Tocqueville beschriebene republikanische Politik eher lautstark als konsensbestimmt. Sie verschmäht die Differenzierung nicht. Anstatt den Raum zwischen den Personen zusammenfallen zu lassen, füllt sie diesen Raum mit öffentlichen Einrichtungen, welche Menschen mit unterschiedlichen Fähigkeiten versammeln – Fähigkeiten, die sie mal voneinander trennen und mal miteinander in Beziehung setzen. Zu diesen Institutionen gehören Stadtverwaltungen, Religionen und tugendstärkende Beschäftigungen, welche jene »Seeleneigenschaften« und »Herzensgewohnheiten« formen, die eine demokratische Republik benötigt. Was auch sonst ihre spezielleren Zwecke sein mögen, diese Träger staatsbürgerlicher Erziehung verankern die Gewohnheit, an öffentlichen Angelegenheiten teilzunehmen. Dennoch bewahren sie angesichts ihrer Vielfalt das öffentliche Leben davor, sich in einem undifferenzierten Ganzen aufzulösen.

Der staatsbürgerliche Strang der Freiheit ist also nicht notwendigerweise mit Zwang verbunden. Manchmal kann er einen pluralistischen Ausdruck finden. Insofern ist der liberale Einwand gegen die republikanische politische Theorie unangebracht. Die liberale Besorgnis enthält freilich eine Einsicht, die man nicht ignorieren kann: Republikanische Politik ist riskante Politik, die keine Garantien gibt, und dieses Risiko ist dem Bildungsprojekt inhärent. Gewährt man der politischen Gemeinschaft Einfluss auf den Charakter ihrer Bürger, dann räumt man die Möglichkeit ein, dass schlechte Gemeinschaften üble Charaktere ausbilden. Gewaltenteilung und vielfältige Stätten staatsbürgerlicher Bildung können diese Gefahren verringern, sie aber nicht beseitigen.

Wo Liberale sich fürchten, Stellung zu beziehen

Gäbe es eine Möglichkeit, Freiheit zu gewährleisten, ohne Einfluss auf den Charakter der Bürger zu nehmen, und Rechte zu definieren, ohne ein Konzept vom guten Leben vorzugeben, so könnte der liberale Einwand gegen das Bildungsprojekt vielleicht ausschlaggebend sein. Doch gibt es diese Möglichkeit? Die liberale politische Theorie behauptet, es gebe sie. Die voluntaristische Vorstellung von Freiheit verspricht, die Risiken der republikanischen Politik ein für alle Mal auszuräumen. Wenn Freiheit von der Ausübung der Selbstverwaltung losgelöst und stattdessen als die Fähigkeit der Menschen gedacht werden kann, ihre eigenen Ziele zu wählen, dann kann die schwierige Aufgabe, staatsbürgerliche Tugend zu bilden, letztlich beiseitegelassen werden. Oder sie kann zumindest auf die scheinbar einfachere Aufgabe reduziert werden, Toleranz und Achtung gegenüber anderen zu kultivieren.

In der voluntaristischen Vorstellung von Freiheit bedarf die Arbeit am Staat keiner Bearbeitung des Geistes mehr, wenn man von einem begrenzten Bereich absieht. Knüpft man Freiheit an die Achtung vor den Rechten frei wählender Individuen, dann mildert man alte Streitigkeiten darüber, wie sich die Verhaltensmuster der Selbstverwaltung ausbilden lassen. Dies erspart der Politik die alten Konflikte über die Natur des guten Lebens. Sobald Freiheit vom Bildungsprojekt abgelöst ist, ist auch »das Problem der Staatserrichtung (...), selbst für ein Volk von Teufeln (wenn sie nur Verstand haben), auflösbar«, wie es Kant so schön formuliert hat. »Denn es ist nicht die moralische Besserung der Menschen«, die dazu erforderlich ist.[15]

Doch der liberale Versuch, Freiheit vom Bildungsprojekt abzukoppeln, ist seinerseits mit Problemen konfrontiert, die in der Theorie wie in der Praxis der prozeduralen Republik erkennbar sind. Philosophisch gesehen schwierig ist die liberale Vorstellung der Bürger als frei wählende, unabhängige Individuen, unbelastet durch moralische oder staatsbürgerliche Bindungen, die schon vor der Wahl vorhanden waren. Diese Vorstellung ist nicht in der Lage, ein weites Feld moralischer und politischer Verpflichtungen zu beschreiben, die wir üblicherweise anerkennen, etwa die Pflicht zu Loyalität oder Solidarität. Indem die liberale Definition darauf besteht, dass wir nur durch selbstgewählte Ziele und Rollen gebunden sind, verneint sie, dass wir je durch Ziele in Anspruch genommen werden können, die wir nicht gewählt haben – Ziele, die beispielsweise von der Natur oder von Gott gegeben sind oder durch unsere Identität als Angehörige von Familien, Völkern, Kulturen oder Traditionen.

Einige Liberale räumen zwar ein, dass wir durch Verpflichtungen dieser Art gebunden sein könnten, beharren aber darauf, dass diese nur aufs Privatleben anwendbar seien und sich nicht auf die Politik erstreckten. Doch das wirft ein weiteres Problem auf: Warum sollte man darauf bestehen, unsere Identität als Staatsbürger von unserer Identität als Individuen im weiteren Sinn zu trennen? Warum sollte politische Überlegung nicht unsere höchsten menschlichen Ziele im besten Sinn widerspiegeln? Stehen – ob wir das nun zugeben oder nicht – Auseinandersetzungen um Gerechtigkeit und Rechte nicht unausweichlich in Zusammenhang mit unseren besonderen Vorstellungen vom guten Leben?

Die Probleme in der Theorie des prozeduralen Liberalismus zeigen sich in der Praxis, der sie den Geist einhaucht. Eine Politik, die Moral und Religion vollständig ausklammert, sorgt für ihre eigene Entzauberung. Wo es dem politischen Diskurs an moralischer Resonanz mangelt, findet das Verlangen nach einem öffentlichen Leben mit höherer Bedeutung einen nicht wünschenswerten Ausdruck. So versuchen die »Christian Coalition« und ähnliche Gruppen den entblößten öffentlichen Raum mit engen, intoleranten Moralismen zu füllen. Wo Liberale sich davor fürchten, Stellung zu beziehen, eilen Fundamentalisten herbei. Die Entzauberung nimmt auch säkulare Formen an. Fehlt es an einer politischen Agenda, welche die moralische Dimension öffentlicher Fragen anspricht, so heftet sich die Aufmerksamkeit an die privaten Laster der öffentlichen Vertreter. Der politische Diskurs beschäftigt sich dann zunehmend mit dem Skandalösen, dem Sensationellen und dem Konfessionellen, wie es durch Regenbogenpresse, Talkshows und letztlich auch durch die Mainstream-Medien verbreitet wird. Man kann nicht sagen, dass die Philosophie des Öffentlichen, die vom zeitgenössischen Liberalismus vertreten wird, ausschließlich für diese Tendenzen verantwortlich ist. Doch die liberale Auffassung vom politischen Diskurs ist zu karg, als dass sie die moralischen Energien des demokratischen Lebens in sich aufnehmen könnte. Sie bringt eine leere Moral hervor, die Intoleranz und anderen fehlgeleiteten Moralismen den Weg ebnet.

Eine politische Agenda ohne substantiellen moralischen Diskurs ist eines der charakteristischen Symptome für die Philosophie des Öffentlichen in der prozeduralen Republik. Ein weiteres Symptom ist der Verlust von Herrschaft. Der Triumph der voluntaristischen Vorstellung von Freiheit ging mit einem wachsenden Gefühl von Machtlosigkeit einher. Trotz der Ausweitung von Rechten während der letzten Jahrzehnte stellen die Amerikaner frustriert fest, dass sie die Kontrolle über die Kräfte verlieren, die ihr Leben beherrschen. Das hängt zum Teil mit den unsicheren Arbeitsverhältnissen in der globalisierten Wirtschaft zusammen, spiegelt aber auch das Selbstbild wider, mit dem wir leben. Das liberale Selbstbild und die derzeitige Organisation des modernen Sozial- und Wirtschaftslebens stehen in scharfem Widerspruch zueinander. Auch wenn wir als frei wählende, unabhängige Individuen denken und handeln, sehen wir uns einer Welt gegenüber, die von unpersönlichen Machtstrukturen beherrscht wird, die sich unserem Verständnis und unserer Kontrolle entziehen. Die voluntaristische Konzeption von Freiheit überlässt uns schlecht gewappnet diesem Umstand. Mögen wir auch nicht mehr an Identitäten gefesselt sein, die wir nicht gewählt haben, und mag der Wohlfahrtsstaat uns auch mit vielerlei Rechten und Ansprüchen ausgestattet haben, so fühlen wir uns doch von der Welt überwältigt, wenn wir ihr allein mit unseren eigenen Ressourcen gegenüberstehen.

Globale Politik und partikulare Identitäten

Wenn die vom heutigen Liberalismus vertretene Philosophie des Öffentlichen das Unbehagen in der Demokratie nicht aufgreifen kann, bleibt die Frage, wie wir uns mit Hilfe einer erneuerten Betrachtung republikanischer Themen besser dafür rüsten könnten, mit unserer Situation zurechtzukommen. Ist unter heutigen Bedingungen Selbstverwaltung im republikanischen Sinn überhaupt möglich? Und selbst wenn ja, welche Charaktereigenschaften wären erforderlich, um sie zu stärken?

Eine nicht vollständig ausformulierte Antwort kann man in den wechselnden Begriffen heutiger politischer Auseinandersetzungen erkennen. Einige Konservative und auch manche Liberale haben den Wunsch nach Wiederbelebung staatsbürgerlicher Tugend, Charakterbildung und moralischen Urteilen in der öffentlichen Politik und im politischen Diskurs angedeutet. Von den 30er bis in die 80er Jahre haben die Konservativen den Wohlfahrtsstaat mit libertarianischen Begründungen kritisiert. Doch seit Mitte der 80er Jahre hat sich die konservative Argumentation auf die moralischen und staatsbürgerlichen Konsequenzen der Bundessozialpolitik konzentriert. Viele Konservative argumentieren heute, Wohlfahrt stehe nicht deswegen im Widerspruch zu Freiheit, weil sie dem Steuerzahler einen Zwang auferlege, sondern weil sie bei den Empfängern Abhängigkeit und Verantwortungslosigkeit erzeuge und sie so der Unabhängigkeit beraube, die für ein umfassendes Staatsbürgertum erforderlich sei.

Liberale begannen eher zögerlich, gegen die prozedurale Republik aufzubegehren, doch auch sie sprachen schließlich staatsbürgerliche Themen an. Als Bill Clinton im November 1993 in der Memphis Church redete, wo Martin Luther King jr. am Abend vor seiner Ermordung gepredigt hatte, wagte er sich auf moralisches und spirituelles Terrain, das Liberale zuvor gemieden hatten. Arbeit für die Menschen in den Armenghettos am Rand der Städte, erklärte Clinton, sei nicht nur wegen des damit entstehenden Einkommens von zentraler Bedeutung, sondern auch wegen der charakterbildenden Auswirkungen, der Disziplin, der Struktur und des Stolzes, welche Arbeit in das Familienleben trage.

Doch nehmen wir einmal an, die in unserer Politik vorhandenen staatsbürgerlichen Andeutungen würden lauter und schafften es, die Begriffe des politischen Diskurses neu auszurichten – wie steht es um die Aussichten, dass eine neu belebte Politik tatsächlich den Verlust der Herrschaft und die Erosion der Gemeinschaft mildern könnte, die den Kern der Unzufriedenheit in der Demokratie ausmachen? Selbst eine Politik, die einen substantiellen moralischen Diskurs eher aufnähme als vermiede und es schaffte, das Bildungsprojekt wieder aufleben zu lassen, sähe sich mit einem entmutigenden Hindernis konfrontiert. Es besteht in der ungeheuren Größenordnung, in der das moderne Wirtschaftsleben organisiert ist, und in der Schwierigkeit, die notwendige demokratische politische Autorität zustande zu bringen, um die Wirtschaft zu beherrschen.

Eigentlich schließt diese Problematik zwei miteinander zusammenhängende Herausforderungen ein. Eine besteht darin, politische Institutionen zu gestalten, die imstande sind, die globale Ökonomie zu kontrollieren. Die andere beinhaltet, die staatsbürgerlichen Identitäten zu kultivieren, die erforderlich sind, um diese Institutionen aufrechtzuerhalten und sie mit der notwendigen moralischen Autorität auszustatten. Es ist nicht klar, ob beide Herausforderungen zu meistern sind.

In einer Welt, in der Kapital und Waren, Informationen und Bilder, Umweltverschmutzung und Menschen mit beispielloser Leichtigkeit Ländergrenzen passieren, muss die Politik transnationale und sogar globale Formen annehmen, um auch nur Schritt halten zu können. Andernfalls wird wirtschaftliche Macht nicht mehr durch demokratisch legitimierte Macht kontrolliert werden können. Nationalstaaten, die traditionellen Vehikel der Selbstverwaltung, werden sich immer weniger dazu imstande sehen, die Auffassungen ihrer Bürger innerhalb der wirtschaftlichen Kräfte geltend zu machen, die ihr Schicksal lenken. Wenn aber der globale Charakter der Wirtschaft nahelegt, dass transnationale Formen der Autoritätsausübung notwendig sind, bleibt abzuwarten, ob solche politischen Einheiten für die Identifikation und das Zugehörigkeitsgefühl (die moralische und staatsbürgerliche Kultur) sorgen können, auf denen demokratische Autorität letztlich beruht.

Die Herausforderung für die Selbstverwaltung in der globalisierten Wirtschaft ähnelt auf verblüffende Weise dem Dilemma, vor dem die amerikanische Politik in den ersten Jahrzehnten des 20. Jahrhunderts stand. Damals schwappten wie heute neue Geschäfts- und Kommunikationsformen über vertraute politische Grenzen und schufen Netze wechselseitiger Abhängigkeit zwischen Menschen an entfernten Orten. Diese neue wechselseitige Abhängigkeit brachte jedoch keinen neuen Gemeinschaftssinn mit sich. Jane Addams' Einsicht, wonach »die bloße mechanische Tatsache wechselseitiger Abhängigkeit« ohne Bedeutung sei, ist heute nicht weniger zutreffend. Was zu ihrer Zeit Eisenbahnen, Telegrafendrähte und landesweite Märkte waren, sind für uns heute Satellitensysteme, CNN, Cyberspace und globale Märkte – Instrumente, welche die Menschen miteinander verbinden, ohne sie zwangsläufig zu Nachbarn, Mitbürgern oder Teilnehmern einer gemeinsamen Unternehmung zu machen.

Angesichts der Ähnlichkeit zwischen dem damaligen und dem heutigen Dilemma drängt sich der Gedanke auf, dass die Logik der von den Progressiven vorgeschlagenen Lösung auf unsere Zeit übertragen werden könnte. Wenn man auf eine nationale Wirtschaft reagieren konnte, indem man den Nationalstaat stärkte und den Sinn für ein nationales Staatsbürgertum kultivierte, dann böte es sich heute vielleicht an, auf eine globalisierte Wirtschaft zu reagieren, indem man eine globale Autoritätsausübung stärkt und einen entsprechenden Sinn für globales oder kosmopolitisches Staatsbürgertum kultiviert. International denkende Reformer haben bereits damit begonnen, diesen Gedanken zu äußern. Die Commission on Global Governance, eine Gruppe von 28 Vertretern der Öffentlichkeit aus aller Welt, brachte einen Bericht heraus, in dem größere Autorität für internationale Institutionen gefordert wurde. Außerdem rief die Kommission dazu auf, sich um »breite Akzeptanz für eine globale staatsbürgerliche Ethik« zu bemühen, um »eine auf wirtschaftlichem Austausch und verbesserter Kommunikation beruhende globale Nachbarschaft in eine umfassende moralische Gemeinschaft« zu verwandeln.

Die Analogie zwischen dem Globalisierungsimpuls unserer Zeit und dem Nationalisierungsprojekt in der Ära des Progressivismus reicht bis zu diesem Punkt: Wir können nicht darauf hoffen, die globalisierte Wirtschaft ohne länderübergreifende politische Institutionen zu beherrschen, und wir können nicht damit rechnen, solche Institutionen am Leben zu erhalten, ohne weiter gefasste staatsbürgerliche Identitäten zu kultivieren. Menschenrechtskonventionen, globale Umweltabkommen und Weltkörperschaften, die Handel, Finanzen und wirtschaftliche Entwicklung steuern, zählen zu den Unternehmungen, die auf öffentliche Unterstützung angewiesen sind, wenn sie einen stärkeren Sinn für Engagement in einem gemeinsamen globalen Schicksal vermitteln sollen.

Doch die kosmopolitische Vorstellung, wir könnten Selbstverwaltung einfach dadurch wieder einführen, dass wir Souveränität und Staatsbürgertum auf eine neue Stufe heben, ist falsch. Heute liegt die Hoffnung auf Selbstverwaltung nicht darin, dass man die Souveränität verlagert, sondern sie muss stärker aufgeteilt werden. Die Alternative zum souveränen Staat ist nicht eine auf der Solidarität der Menschheit beruhende kosmopolitische Gemeinschaft, sondern eine Vielfalt von Gemeinschaften und politischen Einheiten – einige größer als Nationen, einige kleiner –, zwischen denen die Souveränität gestreut ist. Nur eine Politik, welche die Souveränität sowohl nach oben als auch nach unten breit verteilt, kann die Macht, die erforderlich ist, um mit den globalen Marktkräften mithalten zu können, mit der Differenziertheit verbinden, die ein öffentliches Leben benötigt, welches das Zugehörigkeitsgefühl seiner Bürger zu erwecken hofft.

In manchen Gebieten könnte die breitere Verteilung der Souveränität subnationalen Einheiten – wie den Katalanen, Kurden, Schotten und den Einwohnern von Quebec – eine entsprechend größere kulturelle und politische Autonomie verschaffen, selbst wenn gleichzeitig die Europäische Union und andere länderübergreifende Strukturen gestärkt und demokratisiert werden. Solche Übereinkünfte könnten den Unmut vermeiden, der aufkommt, wenn staatliche Souveränität eine Alles-oder-nichts-Angelegenheit ist. In den USA, die nie ein Nationalstaat im europäischen Sinn gewesen sind, könnte die Vermehrung von Stätten politischen Engagements eine andere Form annehmen. Amerika ging aus der Überzeugung hervor, dass Souveränität nicht zwangsläufig an einem einzigen Ort zu Hause sein muss. Die Verfassung teilte die Macht von Anfang an auf Staatszweige und -ebenen auf. Doch im Lauf der Zeit haben auch wir Souveränität und Staatsbürgertum nach oben in Richtung Nation verschoben. Die Nationalisierung des politischen Lebens in Amerika geschah weitgehend als Reaktion auf den Industriekapitalismus. Die Konsolidierung der ökonomischen Macht rief die Konsolidierung der politischen Macht hervor. Heutige Konservative, die gegen den starken Staat wettern, übersehen diese Tatsache oft. Sie gehen fälschlich davon aus, dass ein Zurückdrängen der Macht des Nationalstaats den Einzelnen die Freiheit zurückgäbe, ihre eigenen Ziele zu verfolgen, anstatt sie der Macht der außerhalb ihrer Kontrolle liegenden wirtschaftlichen Kräfte zu überlassen.

Konservative Klagen über den starken Staat finden Widerhall im Volk – wenn auch nicht aus den Gründen, die die Konservativen äußern. Der amerikanische Wohlfahrtsstaat ist politisch verwundbar, weil er nicht auf einem Gefühl der nationalen Gemeinschaft beruht, das seinem Zweck angemessen wäre. Das Projekt der Nationalisierung, das sich von der Ära des Progressivismus über den New Deal bis hin zur Great Society entfaltete, war nur teilweise erfolgreich. Es konnte einen starken Nationalstaat schaffen, doch es gelang ihm nicht, eine von allen geteilte nationale Identität zu kultivieren. Als der Wohlfahrtsstaat entstand, bezog dieser sich weniger auf eine Ethik sozialer

Solidarität und wechselseitiger Verpflichtung als vielmehr auf eine Ethik fairer Verfahren und individueller Rechte. Doch der Liberalismus der prozeduralen Republik erwies sich als unzureichender Ersatz für das starke Gefühl des Staatsbürgertums, das der Wohlfahrtsstaat erfordert.

Wenn die Nation nicht mehr aufbringen kann als ein minimales Gemeinschaftsbewusstsein, ist es unwahrscheinlich, dass die Weltgemeinschaft es besser könnte – zumindest aus sich heraus. Eine verheißungsvollere Basis für eine über die Nationen hinausreichende demokratische Politik ist ein wiederbelebtes staatsbürgerliches Leben in den von uns bewohnten jeweiligen Gemeinschaften. Im Zeitalter von NAFTA spielt die Politik im Lebensumkreis eine größere, keine kleinere Rolle. Die Menschen werden zu keinen großen und fernen Einheiten ein Zugehörigkeitsgefühl entwickeln, so bedeutsam sie auch sein mögen, solange diese Institutionen nicht irgendwie mit politischen Einrichtungen verbunden sind, welche die Identität der Teilnehmer widerspiegeln.

Jenseits von souveränen Staaten und souveränen Individuen

Das zunehmende Streben danach, kommunale Identitäten öffentlich zum Ausdruck zu bringen, reflektiert ein Verlangen nach politischen Strukturen, die den Menschen einen Platz in einer immer stärker von großen und fernen Kräften beherrschten Welt geben. Für einige Zeit versprach der Nationalstaat, diesem Verlangen gerecht zu werden und das Bindeglied zwischen Identität und Selbstverwaltung zu liefern. Zumindest in der Theorie war jeder Staat eine mehr oder weniger sich selbst genügende politische und wirtschaftliche Einheit, welche der durch eine gemeinsame Geschichte, Sprache oder Tradition definierten kollektiven Identität eines Volkes Ausdruck verlieh. Der Nationalstaat erhob Anspruch auf die Loyalität seiner

Bürger, weil er mit der Ausübung seiner Souveränität deren kollektive Identität zum Ausdruck brachte.

In der heutigen Welt verliert dieser Anspruch jedoch an Kraft. Die nationale Souveränität erodiert von oben her – durch die Mobilität von Kapital, Waren und Informationen über Ländergrenzen hinweg, die Integration der Weltfinanzmärkte und den länderübergreifenden Charakter der Industrieproduktion. Von unten her wird die nationale Souveränität durch das rebellische Streben subnationaler Gruppen nach Autonomie und Selbstverwaltung bedroht. Da also ihre tatsächliche Souveränität schwindet, verlieren die Staaten allmählich das Zugehörigkeitsgefühl ihrer Bürger. Zurückgedrängt durch die integrierenden Tendenzen der globalen Wirtschaft und die fragmentierenden Tendenzen von Gruppenidentitäten, sind die Nationalstaaten immer weniger in der Lage, Identität und Selbstverwaltung miteinander zu verknüpfen. Selbst die mächtigsten Staaten können sich den Zwängen der globalisierten Wirtschaft nicht entziehen, und selbst die kleinsten sind zu heterogen, um die gemeinschaftliche Identität irgendeiner ethnischen oder nationalen Gruppe zum Ausdruck bringen zu können, ohne andere zu unterdrücken, die mitten unter ihnen leben.

Seit den Tagen der Polis des Aristoteles wurde Selbstverwaltung von der republikanischen Tradition als eine Aktivität betrachtet, die an einem bestimmten Ort verwurzelt war und von Bürgern getragen wurde, die gegenüber diesem Ort und der darin verkörperten Lebensweise loyal waren. Heute erfordert Selbstverwaltung jedoch eine Politik, die in einer Vielfalt von Szenerien aktiv wird – von Stadtvierteln über Nationen bis hin zur ganzen Welt. Eine solche Politik erfordert Bürger, die imstande sind, die mit geteilter Souveränität einhergehende Mehrdeutigkeit auszuhalten, und die als vielfach verortete Individuen denken und handeln können. Die für unsere Zeit charakteristische staatsbürgerliche Tugend ist die Fähigkeit, unseren Weg zwischen den sich manchmal überschneidenden, manchmal widerstreitenden Verpflichtungen auszuhandeln, die an uns gestellt werden, und mit der Spannung zu leben, die sich aus vielfältigen Loyalitäten ergeben.

Die globalen Medien und Märkte, die unser Leben gestalten, locken uns in eine Welt jenseits von Grenzen und Zugehörigkeiten. Doch die staatsbürgerlichen Ressourcen, die wir brauchen, um diese Kräfte beherrschen oder zumindest bewältigen zu können, sind immer noch an den Plätzen und in den Geschichten, Erinnerungen und Bedeutungen, in den Geschehnissen und Identitäten zu finden, die uns in der Welt verorten und unserem Leben die jeweilige Besonderheit verleihen. Aufgabe der Politik ist es nun, diese Ressourcen zu pflegen und das staatsbürgerliche Leben zu reparieren, von dem die Demokratie abhängt.

1 Thomas Jefferson, *Betrachtungen über den Staat Virginia*. Zürich, Manesse, 1989, S. 342 f.

2 William Allen White: *The Old Order Changeth. A View of American Democracy*. New York, Macmillan 1910, S. 252.

3 Jane Addams: *Democracy and Social Ethics*. New York 1911, S. 185.

4 Louis Brandeis: Aussage vor der U. S. Commission on Industrial Relations, 1915.

5 Theodore Roosevelt: Rede in Osawotomie, Kanada, 31. August 1911, www.heritage.org/initiatives/first-principles/primary-sources/teddy-roosevelts-new-nationalism.

6 Herbert Croly: *The Promise of American Life*. New York, Macmillan 1911.

7 Ebd.

8 Herbert Stein: *Presidential Economics: The Making of Economic Policy From Roosevelt to Reagan and Beyond*. New York, Simon and Schuster 1984.

9 Zitiert in Robert Reich: *Superkapitalismus*. Frankfurt, Campus, 2008, S. 71.

10 John F. Kennedy: Rede in Yale, www.yale.edu/ynhti/curriculum/units/2007/1/07.01.08.x.html.

11 Lyadon B. Johnson: Rede anlässlich seiner Inaugurierung, in: *Chicago Tribune*, 28. August 1964.

12 Jean-Jacques Rousseau: *Der Gesellschaftsvertrag*. Düsseldorf, Patmos 2001, S. 301.

13 Alexis de Tocqueville: *Über die Demokratie in Amerika*, übersetzt von F. A. Rüder, Band 2. Leipzig, Kummer 1836, S. 295.

14 Rousseau, S. 357.

15 Immanuel Kant: *Zum ewigen Frieden*. Berlin, Edition Holzinger 2013, S. 25.

TEIL II

Moralische und politische Streitpunkte

In diesem Teil werden moralische Auseinandersetzungen aufgegriffen, die durch rechtliche und politische Kontroversen ausgelöst wurden. Sie reichen vom Thema der positiven Diskriminierung (»Affirmative Action« – eine Quotenregelung zur Minderheitenförderung) über Verschmutzungsrechte bis hin zur Stammzellforschung.

Einige der Essays setzen sich auch mit den moralischen Grenzen des Marktes auseinander: Hier bringe ich vor, dass Marktmethoden und kommerzieller Druck staatsbürgerliche Einrichtungen korrumpieren und den öffentlichen Sektor abwerten können. Ein frappierendes Beispiel dafür ist die Tendenz, Ausbildung und andere öffentliche Aufgaben durch kommerzielle Werbung in Schulen zu finanzieren. Weniger offenkundig, aber ebenfalls heimtückisch ist das Vordringen von Handelsmarken, Kommerzdenken und Marktzwängen in Lebensbereiche (darunter staatliche Einrichtungen, Sport und Universitäten), die bislang traditionell (zumindest teilweise) von marktfremden Normen geleitet waren.

Das Kapitel *Sollten wir Verschmutzungsrechte kaufen?* wendet sich dagegen, dass die USA daran festhalten, in globalen Umweltabkommen handelbare Emissionsrechte vorzusehen, die es Ländern erlauben, mit Verschmutzungsrechten zu handeln. Dieser Artikel zog seinerzeit einen Sturm der Kritik von Wirtschaftswissenschaftlern nach sich – für diese gelten handelbare Verschmutzungsrechte nämlich als beliebtes Beispiel dafür, wie Marktmechanismen das Gemeinwohl fördern. Kurz nach Erscheinen des Artikels meldete sich mein Ökonomie-Professor aus dem College bei mir. Er stand meiner Argumentation zwar überraschend wohlwollend gegenüber, bat mich aber, nicht öffentlich zu verbreiten, dass ich meine Wirtschaftskenntnisse von ihm gelernt hatte.

Die Frage der moralischen Verdienste lauert – öfter, als uns bewusst ist – direkt unter der Oberfläche von Streitigkeiten über die gerechte Vergabe von Chancen, Ehrungen und Belohnungen. Manche der folgenden Kapitel sollen daher die konkurrierenden Vorstellungen über Verdienste erörtern, um die es beispielsweise in Debatten über Behindertenrechte, Quotenregelungen für Minderheiten und das Strafrecht geht. Das Kapitel mit dem Titel *Clinton und Kant über das Lügen* wiederum nutzt Präsident Clintons angeblichen Meineid im Zusammenhang mit seinem sexuellen Fehlverhalten als Gelegenheit, Immanuel Kants moralische Unterscheidung zwischen Lüge und Irreführung zu untersuchen.

Wenn Politiker, Aktivisten und politische Kommentatoren von Moral in der Politik sprechen, denken sie gewöhnlich an die moralisch und religiös aufgeladenen Fragen, die in Kulturkämpfen eine Rolle gespielt haben: Abtreibung, Schwulenrechte, Beihilfe zum Suizid und – in jüngerer Zeit – Stammzellforschung. Auch mit diesen Fragen setzen sich manche Kapitel dieses Abschnitts auseinander. Allen Aufsätzen gemeinsam ist dabei das Argument, dass liberale Tolerierung insofern fehlerhaft ist, als sie versucht, Rechte zu beurteilen, ohne die substantiellen moralischen und religiösen Behauptungen zu beachten, um die jeweils gestritten wird.

Manche Leute behaupten, es sei nicht möglich, vernunftgeleitete Auseinandersetzungen über tiefsitzende moralische und religiöse Überzeugungen zu führen, schon gar nicht über jene, die den Beginn und die Heiligkeit des menschlichen Lebens einschließen. In verschiedenen Aufsätzen stelle ich diese Behauptung in Frage. Das Kapitel *Embryonalethik* über die Ethik der Stammzellforschung ging aus Debatten hervor, an denen ich als Mitglied des Präsidenten-Beratergremiums zur Bioethik teilgenommen habe; das Gremium war von Präsident George W. Bush ernannt worden und sollte die ethischen Implikationen neuer biomedizinischer Technologien untersuchen. Die Debatten, die ich mit den Kollegen der Gruppe führte, bestärkten mein Gefühl, dass sogar solch überfrachtete Fragen wie die zum moralischen Status menschlicher Embryonen vernünftig erörtert werden können. (Das soll nicht heißen, dass vernunftgeleitete Auseinandersetzungen zwangsläufig zu einer Übereinstimmung führen; die in diesem Essay formulierten Ansichten geben ausschließlich meine Haltung wieder und stehen nicht für die Einstellungen des Gremiums.) Das letzte Kapitel dieses zweiten Teils greift die heißumstrittenen Themen Abtreibung und Schwulenrechte auf. Hier werte ich die Argumente des US Supreme Court zu diesen Themen aus – angefangen bei den Fällen über Persönlichkeitsrechte aus den 60er Jahren bis hin zu einem Fall aus dem Jahr 2003, mit dem ein Gesetz für ungültig erklärt wurde, das schwule und lesbische Sexualpraktiken verbot.

Der Bereich des Öffentlichen
als Handelsmarke

Die Idee, öffentliche Orte mit Handelsmarken zu versehen, hat zunehmend um sich gegriffen. Überall sind Unternehmen für »Gemeindemarketing« entstanden, die Städten dabei helfen, Lizenzen zur Namensgebung zu verkaufen. 2003 stellte der New Yorker Bürgermeister den ersten hauptamtlichen Marketingbeamten ein. Einer seiner ersten Abschlüsse war ein 166 Millionen Dollar schwerer Vertrag mit Snapple, das damit zum offiziellen Getränk von New York City wurde.

Es wird allmählich schwierig, den Unterschied zwischen Unternehmen und Ländern zu benennen. Earthwatch Inc. in Longmont, Colorado, ließ unlängst den ersten kommerziellen Spionagesatelliten ins All schießen. Nun kann jeder für ein paar hundert Dollar Überwachungsfotos von Raketenabschussrampen im Nahen Osten oder dem Swimmingpool im Garten eines Promis kaufen. Spionage aus dem Weltraum, einst ein Vorrecht von Staaten, ist zu einem kommerziellen Unternehmen geworden.

Selbst in Bereichen, wo Länder die Hoheit über ihre Funktionen behalten, verschränken sich Regierungshandeln und Marketing immer mehr. Bewerber um öffentliche Ämter preisen sich schon seit Jahrzehnten wie Frühstücksflocken an. Nehmen wir die Neudefinition der »Marke« Großbritannien. Vor einigen Monaten wurde Premierminister Tony Blair von seinen Beratern empfohlen, das Image seines Landes aufzufrischen. Es sei an der Zeit, die »Marke« Großbritannien neu aufzustellen – und zwar nicht mehr als »eines der Museen der Welt, sondern als einer ihrer Pioniere«. Rote Telefonzellen werden durch Zellen aus durchsichtigem Glas ersetzt. Das einer Kiste ähnelnde Londoner Taxi erhält ein schlankeres, aerodynamisches Design. Der Wahlspruch »Rule Britannia!« wird durch »Cool Britannia« ersetzt, den neuen Slogan der britischen Verkehrsbehörde, deren Logo nun einen flotten, wegen der Dynamik mit Gelb und Grün gesprenkelten Union Jack zeigt. »Das Image Britanniens«, erklärte Blair, »das sich durch Bowler und Nadelstreifenhosen auszeichnete und sehr altmodisch und spießig daherkam, ist ersetzt worden durch etwas, was weit dynamischer, offener und zukunftsorientierter ist (...). Ich bin stolz auf die Vergangenheit meines Landes, aber ich möchte nicht in ihr leben.«

Das neue Branding Britanniens ist keine vereinzelte Episode, sondern ein Zeichen der Zeit. Sie spiegelt einen neuen, imagebewussten Ansatz des Staates wider, der Gefahr läuft, nationale Identitäten in Marken zu verwandeln, Nationalhymnen in Werbejingles und Fahnen in Firmenlogos.

Im letzten Jahr gab der U.S. Postal Service eine Briefmarke mit Bugs Bunny heraus. Kritiker bemängelten, dass Briefmarken historische Gestalten und nicht kommerzielle Produkte ehren sollten. Doch die Postbehörde, die scharfer Konkurrenz durch E-Mail, Faxgeräte und Zustelldienste wie FedEx ausgesetzt ist, sieht die Vergabe von Lizenzrechten als entscheidend für ihre Zukunft an. Jede Marke mit Bugs Bunny, die nicht versandt wird, trägt mit 32 Cent zum Gewinn der Post bei. (Briefmarkensammler tragen dazu am geringsten bei.) Der Lizenzvertrag mit Warner Bros. ermöglicht es der Post, Krawatten, Hüte, Videos und andere Produkte mit den *Looney Tunes* in mehr als 500 Postfilialen im ganzen Land zu vermarkten.

Ebenfalls vermarktet wird eine neue Produktlinie namens »Postmark America«, mit der aus der Marke Post selbst Kapital geschlagen werden soll. Unter den Produkten finden sich etwa eine Pony-Express-Kappe für 2,95 Dollar, Babykleidung mit dem Aufdruck »Just Delivered«[1] und die Lederjacke der Luftpostpiloten, die für 345 Dollar zu haben ist. Eine Führungskraft der Post erklärte, die Vertriebsbemühungen folgten dem Vorbild von Unternehmen wie Warner Bros. und Walt Disney: »Sie haben ihre Marken zu Produktlinien gemacht. Das versuchen wir ebenfalls. Wir bemühen uns, von unseren Briefmarken und unserem Briefmarken-Image loszukommen.«

Manchmal stößt der Versuch, nationale Symbole in Marken umzuwandeln, jedoch auf Widerstand. 1995 verkaufte die Royal Canadian Mounted Police das Recht, das Image der Mounties weltweit zu vermarkten, an Disney. Disney zahlte der kanadischen Bundespolizei für die Markenrechte pro Jahr 2,5 Millionen Dollar plus einen Anteil an den Lizenzgebühren für T-Shirts, Kaffeebecher, Teddybären, Ahornsirup, Windelpackungen und andere Waren mit dem Zeichen der berittenen Polizei. Viele Kanadier protestierten dagegen, dass die Mounties ein geheiligtes Nationalsymbol an einen US-Firmengiganten verhökert hatten. »Es ist nicht der Preis, der einen wurmt. Es ist der Verkauf an sich«, beschwerte sich ein Leitartikler der Zeitung *Globe and Mail* aus Toronto. »Die Mounted Police hat sich in einem entscheidenden Punkt verkalkuliert: dem Stolz.«

Kanada hat inzwischen gelernt, mit der Vermarktung der Mounties zu leben, doch die Kritiker hatten etwas Wichtiges erkannt: Es gibt Grund, sich wegen der Vermischung von Regierungsangelegenheiten und Kommerz Sorgen zu machen. In einer Zeit, in der Politiker und Regierungseinrichtungen weithin unbeliebt sind, werden offizielle Vertreter unweigerlich versuchen, den Reiz von Popkultur, Werbung und Unterhaltungsbranche für sich zu nutzen. Das Problem besteht nicht darin, dass dieses geliehene Ansehen wirkungslos bleibt, sondern vielmehr darin, dass es zu erfolgreich ist. Laut Umfragen sind die Post und das Militär die beliebtesten staatlichen Einrichtungen der USA. Das ist vielleicht nicht ganz zufällig, weil beide sehr viel Fernsehwerbung betreiben. In einer mit Medien übersättigten Welt sind die Urteile der Bürger über den Staat zunehmend vom Image abhängig, das er ausstrahlt.

Gegenüber Regierungsprogrammen, die über keinen Werbeetat verfügen (wer hat je einen Werbespot für den Wohlfahrtsstaat gesehen?), ist das nicht nur unfair; es verzerrt auch die Prioritäten von Institutionen, die Geld für ihr öffentliches Image ausgeben. Nach einer gewissen Zeit ist ihre Aufgabe nicht mehr von ihrem Marketing zu unterscheiden. Einst verkaufte die Post Briefmarken und stellte die Post zu; heute verkauft sie auf Briefmarken bezogene Bilder und lizenzierte Klamotten. Der Generalpostmeister Marvin Runyon hat die Theorie hinter dem neuen kommerzialisierten Regierungsstil sehr schön formuliert: »Wir müssen uns vom Markt antreiben lassen, kundenfreundlich sein und Produkte herstellen, die die Leute wünschen.«

Doch Staatsbürger sind keine Kunden. Und in der Demokratie geht es nicht einfach darum, den Menschen zu geben, was sie wollen. Eine angemessen ausgeübte Selbstverwaltung bringt die Menschen dazu, über ihre Wünsche nachzudenken und sie im Licht konkurrierender Erwägungen zu überprüfen. Und anders als Kunden opfern Staatsbürger manchmal ihre Wünsche zugunsten des Gemeinwohls. Darin besteht der Unterschied zwischen Politik und Kommerz, zwischen Patriotismus und Markentreue.

Wenn der Staat sich zu sehr auf die geborgte Anziehungskraft von Zeichentrickfiguren und Spitzen-Werbung stützt, steigert er vielleicht seine Zustimmungsraten, verspielt jedoch die Würde und Autorität des öffentlichen Bereichs. Und ohne einen gut bestellten öffentlichen Bereich bleibt den demokratischen Staatsbürgern wenig Hoffnung, die Marktkräfte und den wirtschaftlichen Druck lenken zu können, die täglich zunehmen und unser Leben in unkalkulierbarer Weise formen.

Margaret Thatcher, der Neugestaltung der »Marke« Großbritannien eher abgeneigt, trug unfreiwillig zu dieser Entwicklung bei, als sie als Premierministerin die nationale Fluggesellschaft privatisierte. Als sie unlängst auf einer Tagung der Conservative Party an einem Stand von British Airways vorbeikam, reagierte sie bestürzt darüber, dass die Heckflosse des ausgestellten Flugzeugmodells nicht mehr den Union Jack zeigte, sondern ein multikulturelles Motiv, das die neue globale Identität der Fluglinie demonstrieren sollte. Sie zog ein Tuch aus ihrer Handtasche und bedeckte protestierend die Heckflosse. Lady Thatcher hätte eigentlich wissen sollen, dass Märkte trotz all ihrer Herrlichkeiten einen Preis verlangen – einen Preis in Form von Ehre und Stolz.

1 Wortspiel mit der Doppelbedeutung von *delivered*: »frisch geliefert« und »frisch entbunden«. (Anm. d. Ü.)

Sport und staatsbürgerliche Identität

Wenn der Kapitalismus und das Gemeinwesen kollidieren, wie es heutzutage immer häufiger geschieht, braucht Letzteres jede Hilfe, die es bekommen kann. Nehmen wir beispielsweise den Sport. In Amerika sind nur wenige andere Institutionen eine vergleichbare Quelle sozialen Zusammenhalts und kollektiven Stolzes wie Baseball, Football, Basketball und Eishockey. Vom Stadion der Yankees in New York bis zum Candlestick Park in San Francisco sind Sportstadien die Kathedralen unserer säkularen Religion – öffentliche Räume, in denen Menschen unterschiedlichster Herkunft in Ritualen von Niederlage und Hoffnung, Profanität und Gebet zusammenkommen. Die geteilten Gefühle reichen über die Sportstätten hinaus. Als sich zum Beispiel die Boston Celtics und die Los Angeles Lakers vor einigen Jahren in den Playoffs der NBA begegneten, konnte man durch die Straßen Bostons gehen und aus jedem offenen Fenster die Laute des Spiels hören.

Doch der Profisport ist nicht nur eine Quelle kollektiver Identität. Er ist auch ein Geschäft. Und das Geld verdrängt im Sport inzwischen den Gemeinschaftsgeist. Wenn die Fans ins Stadion strömen, tun sie das natürlich nicht wegen eines Gemeinschaftserlebnisses. Sie wollen sehen, wie Ken Griffey Jr. den Ball sehr weit schlägt oder ihn im Center Field glänzend fängt. Doch bei dem Spiel erleben sie auch zwei wichtige Merkmale des öffentlichen demokratischen Lebens: Das eine ist eine weitreichende Gleichheit der Verhältnisse, das andere das Gefühl, einem bestimmten Ort zugehörig zu sein. Auch wenn Logen stets teurer waren als Stehplätze, ist ein Stadion einer der wenigen öffentlichen Räume, wo Vorstandsvorsitzende neben Leuten von der Poststelle sitzen, wo alle die gleichen matschigen Hot Dogs essen, wo Reiche und Arme gleichermaßen nass werden, wenn es regnet, wo angesichts des Schicksals der Heimmannschaft alle Herzen schwach werden oder höher schlagen.

Zumindest war das bis vor kurzem so. Heute werden die Teameigner durch die Aussicht auf größere Profite dazu verleitet, ihre Spiele in einer Weise zu verändern, welche die Aufhebung der Klassenunterschiede zunichtemacht und das Gefühl für den Ort zerstört, an dem Sport und Demokratie gedeihen. Das Aufkommen von VIP-Logen trennt die Oberschicht vom gemeinen Volk auf den Rängen darunter. Gleichzeitig verlegen die Eigentümer ihre Mannschaft in andere Städte oder drohen zumindest damit, wenn die Heimatstadt nicht gewillt oder nicht in der Lage ist, die Stadien mit gewaltigen Summen aus der öffentlichen Hand zu subventionieren.

Der Trend zu den VIP-Logen setzte ein, als die Dallas Cowboys Luxussuiten im Texas Stadium einrichteten. Firmen bezahlen dort bis zu 1,5 Millionen Dollar, um Führungskräfte und Kunden in piekfeinem Ambiente über den Köpfen der Massen von den Cowboys unterhalten zu lassen. Während der 80er Jahre folgten mehr als ein Dutzend Teams diesem Vorbild; zunehmend verwöhnten sie betuchte Fans hinter Plexiglasscheiben in Himmelshöhe. Ende der 80er Jahre kürzte der Kongress die Steuervorteile, die Unternehmen bei ihren Ausgaben für Logenplätze geltend machen durften, doch das konnte die Nachfrage nach den klimatisierten Refugien nicht bremsen.

Obwohl die Einnahmen aus den Luxussuiten für die Teams ein finanzieller Segen sind, ändern sie das Verhältnis der Fans zum Spiel und untereinander. Die verschwitzte, egalitäre Intensität des Boston Garden aus den Tagen Larry Birds ist dem bequemen, aber nach Klassen sortierten Bostoner FleetCenter gewichen, in dem Gäste der Vorstandsetage Lachs im Pistazienmantel verzehren – in einem Restaurant, das so hoch liegt, dass das Spielfeld unten nicht mehr zu sehen ist.

Während die VIP-Logen die Fans nach Klassenzugehörigkeit trennen, wird der Stadt durch eine Verlegung des Teams ihre Heimmannschaft entzogen, wie der berühmt-berüchtigte Fall der Cleveland Browns beweist. Arthur Modell konnte sich in den 35 Jahren als Eigentümer der Browns nicht über die Fans in Cleveland beklagen, die die 70 000 Plätze des städtischen Stadions Spiel um Spiel füllten. 1995 kündigte er jedoch an, er werde sein Team nach Baltimore verlegen, wo ihm von Vertretern der örtlichen Behörden 65 Millionen Dollar, ein neues, mietfreies Stadion sowie Einnahmen aus Luxuslogen angeboten wurden.

Cleveland ist nicht die einzige Gemeinde, deren Loyalität gegenüber der Heimmannschaft von einem nach Profitmaximierung gierenden Eigentümer nicht erwidert wurde. In der Tat war Baltimores außergewöhnliches Angebot für die Browns durch den Wunsch ausgelöst worden, Ersatz für die eigenen, geliebten Baltimore Colts zu finden, die 1984 nach Indianapolis abgehauen waren. (»Das ist mein Team«, hatte der Eigentümer der Colts damals unumwunden erklärt. »Ich bin der Eigentümer, und ich mache damit, was ich will.«) In den letzten sechs Jahren haben acht Teams der ersten Liga ihre Heimatstädte für lukrativere Angebote an anderen Orten aufgegeben; weitere 20 Städte zahlten die Erpressungssummen, die von den Teams in Form neuer oder renovierter Stadien gefordert wurden. Viele andere Teams verlangen derzeit Subventionen als Bedingung dafür, dass sie vor Ort bleiben. So droht der Super-Bowl-Gewinner Denver Broncos damit, die Stadt zu verlassen, wenn die Steuerzahler nicht 266 Millionen Dollar für ein neues Stadion lockermachen.

Vom Standpunkt der Marktprinzipien aus ist nichts falsch daran, Teams an den Meistbietenden zu verkaufen. Städte und Staaten konkurrieren oft miteinander, um neue Unternehmen in ihre Gemeinden zu locken. Wenn es in Ordnung ist, mit Hilfe von Steuernachlässen und Subventionen dafür zu sorgen, dass eine Autofabrik verlegt wird, warum sollte man dann nicht auch für eine Sportlizenz Angebote machen dürfen? Nun, gegen alle Bietergefechte zwischen staatlichen Einrichtungen kann man einwenden, dass sie es Unternehmen erlauben, dem Staat Einnahmen zu entziehen, die für die Bildung und andere dringende öffentliche Erfordernisse verwendet werden sollten. Was den Sport angeht, so ist das gegenseitige Überbieten doppelt schädlich, weil es die Loyalität und den kollektiven Stolz verhöhnt, die Gemeinschaften gegenüber ihren Teams empfinden.

Was (wenn überhaupt) lässt sich unternehmen, damit Gemeinden weniger anfällig für die Erpressung durch Teams werden, an denen sie hängen? David Morris, Mitbegründer einer in Minneapolis sitzenden Einrichtung namens Institute for Local Self-Reliance (»Institut für lokales Selbstvertrauen«), schlägt eine vielversprechende Lösung vor: Da Teams mittlerweile Subventionen fordern, die den Wert dieser Teams übersteigen – warum sollte man den Gemeinden dann nicht erlauben, selbst deren Eigentümer zu werden? Das bislang einzige Beispiel für eine Gemeinde als Eigentümerin im Spitzensport sind die Green Bay Packers, die 1923 als Non-Profit-Organisation gegründet wurden. Trotz ihrer geringen Wirtschaftskraft haben die Packers dreimal den Super Bowl gewonnen; ihre Spiele waren für mehr als 30 aufeinanderfolgende Spielzeiten ausverkauft. Die Warteliste für Jahreskarten umfasst 36 000 Namen. Ihre 108 000 Fans und Anteilseigner wissen, dass sie keinen Gewinn machen werden. Doch sie müssen sich keine Sorgen machen, dass ihre Packers die Stadt verlassen.

Morris weist darauf hin, dass die National Football League inzwischen kommunale Eigentümer (mit Ausnahme der Packers) verbietet und dass die erste Baseball-Liga eine informelle Politik dagegen betreibt. Deshalb unterstützt er ein vom Abgeordneten Earl Blumenauer aus Oregon initiiertes Gesetzesvorhaben, das die Ligen verpflichten soll, öffentliches Eigentum an Teams zuzulassen. Ligen, die sich dem verweigern würden, verlören die wertvolle Befreiung von kartellrechtlichen Vorschriften, die es den Teams erlaubt, beim Verkauf von Senderechten zusammenzuarbeiten. Das Gesetz mit dem Namen »Give Fans a Chance Act« würde von den Teams auch verlangen, einen geplanten Umzug 180 Tage vorher anzumelden und örtlichen Gruppen die Möglichkeit einzuräumen, Angebote für einen Eigentümerwechsel abzugeben oder andere Vorschläge zu machen, wie das Team gehalten werden kann.

Egal, ob der Kongress dies nun beschließt oder nicht, die Bewegung für kommunale Eigentümer könnte zunehmend reizvoll werden für Wähler, denen es widerstrebt, millionenschwere Eigner und Spieler zu subventionieren, bloß weil die Heimmannschaft nur um diesen Preis am Ort zu halten ist. Aktivisten in Denver planen eine landesweite Initiative, wonach jede Stadionsubvention mit einer öffentlichen Beteiligung an den Broncos verknüpft werden soll. In Minnesota, wo das Baseballteam Twins an die Stadt Charlotte in North Carolina verlorenzugehen droht, schlagen einige Abgeordnete ein Gesetz vor, das den Staat ermächtigen würde, das Team zu erwerben und es an die Fans zu verkaufen. Die Forderung nach kommunalem Eigentum hat die Unterstützung sowohl von Konservativen gefunden, die gegen Subventionen für Stadien sind, als auch von Progressiven, welche die Gemeinschaft hochhalten und wollen, dass der Staat das Spielfeld zwischen privatem Reichtum und Gemeinwohl einebnet.

Geschichte zu verkaufen

Als Erinnerungsstücke von John F. Kennedy versteigert wurden, offenbarte dies zwei abstoßende Eigenschaften der amerikanischen Kultur der 90er Jahre: die Promi-Besessenheit und die Bereitschaft, alles in eine Ware zu verwandeln. Unter den verkauften Gegenständen fanden sich: ein Schaukelstuhl von JFK (300 000 Dollar), ein Blatt mit Kritzeleien des Präsidenten (12 250 Dollar), die schwarze Krokodilleder-Brieftasche, die Kennedy in Dallas bei sich hatte (700 000 Dollar), sein Harvard-Sweater (27 500 Dollar), lange Unterwäsche (3000 Dollar) sowie ein Kunststoffkamm (1100 Dollar). Die Auktion betraf vor allem Gegenstände, die Robert L. White, ein passionierter Sammler von JFK-Memorabilien, von Kennedys langjähriger Sekretärin Evelyn Lincoln geerbt hatte.

Kennedys Kinder, Caroline Kennedy und John F. Kennedy jr., waren gegen die Auktion gewesen; sie fochten die Besitzverhältnisse einiger Gegenstände an und versuchten, sie für die John-F.-Kennedy-Bibliothek in Boston zu reklamieren. »Mrs Lincoln war von den meisten Gegenständen, die Mr White von ihr erhalten hatte, nie Eigentümerin«, erklärten sie. »Sie gehörten einst unserem Vater. Inzwischen gehören sie unserer Familie, der Geschichte und dem amerikanischen Volk.« Befürworter der Auktion beschuldigten die Kennedy-Kinder der Heuchelei; sie beriefen sich auf deren eigene Versteigerung von Sachen aus dem Nachlass von Jaqueline Kennedy Onassis, die ihnen zwei Jahre zuvor 34,4 Millionen Dollar eingebracht hatte. Whites Anwalt warf ihnen vor, sie versuchten, »einzelne Dinge aus der Sammlung herauszupicken, als handle es sich um einen Katalog von L. L. Bean«[1]. Das Gefeilsche endete, als White sich bereit erklärte, zwei Tagebücher Kennedys und ein paar andere Gegenstände herauszugeben, während die Kennedy-Kinder im Gegenzug einwilligten, die Auktion nicht gerichtlich anzufechten.

Unabhängig von den juristischen Querelen spiegelte die Auktion einen geschmacklosen Trend wider, der Tag für Tag mehr in Schwung kommt: Andenken werden in Handelsware umgewandelt, Stolz und Schmerz einer Nation werden verhökert, unsere Vergangenheit wird über Versandhauskataloge und Homeshopping-Fernsehkanäle vertrieben. Im Fall der Kennedy-Erinnerungsstücke wurde der Markt nicht nur von Sentimentalität angeheizt, sondern auch von einer reißerischen Begierde, die Insignien der Tragödie zu besitzen. Gegenstände, die mit der Ermordung zu tun haben, sind bei Sammlern besonders begehrt. So verkaufte ein Auktionshaus ein Fax mit dem AP-Bericht über Kennedys Ermordung, und das Schießeisen, mit dem Jack Ruby Lee Harvey Oswald erschossen hatte, brachte 200 000 Dollar ein.

Viele überfällt bei dem Historienspektakel auf dem Auktionstisch eine gewisse moralische Übelkeit. Aber was ist eigentlich falsch daran, präsidiale Tagebücher, Dokumente und Unterwäsche an den Meistbietenden zu verkaufen? Je nach Gegenstand sprechen zwei Gründe dagegen: Zum einen wird damit privatisiert, was öffentlich sein sollte, zum anderen wird öffentlich, was privat sein sollte.

Geht es um bedeutsame historische Dokumente, dann wird der Öffentlichkeit durch deren Verkauf an private Sammler der Zugang zu Quellen der kollektiven Identität und Erinnerung (etwa in Bibliotheken, Museen und Archiven) entzogen. Verwandelt man die Vergangenheit in Handelsware, verkleinert man den öffentlichen Bereich. Deshalb sind viele Leute aus der Kunstwelt auch dagegen, dass Museen zur Geldbeschaffung Teile aus ihren Sammlungen entäußern (*deaccessioning*). Aus ebendiesem Grund ist es auch bedauerlich, dass vor einigen Jah-

ren ein kurz zuvor entdeckter Originaldruck der Unabhängigkeitserklärung (für 2,4 Millionen Dollar) an einen privaten
Sammler verkauft wurde. Einige Wissenschaftler und Vertreter
der Bürgerrechtsbewegung haben ähnliche Einwände gegen die
Bemühungen der Familie von Martin Luther King jr. vorgebracht, dessen Nachlass zu Geld zu machen. Schließlich schloss
die King-Familie einen Multimedia-Deal mit Time Warner ab,
um die Worte und das Image von Dr. King zu vermarkten: Der
Vertrag sollte den Familienbesitz um 30 bis 50 Millionen Dollar mehren. Weil das Geschäft mit Time Warner darauf hinausläuft, Bücher, Tonaufnahmen und CD-ROMs zu verkaufen,
könnte man vorbringen, in diesem Fall würde die Kommerzialisierung den Zugang der Öffentlichkeit nicht einschränken,
sondern fördern. Doch die aggressive Vermarktung von Kings
Vermächtnis ging einher mit erheblichen Einschränkungen des
wissenschaftlichen Zugangs zum Archiv des King Center. Die
Nachlasseigner gingen auch bei der Durchsetzung ihrer Lizenz-
rechte ungewöhnlich energisch vor. Sie verklagten CBS, weil der
Sender ein Videoband mit Aufnahmen von Kings Rede »I have
a dream« verkaufte, und die Zeitung *USA Today*, weil sie die
Rede veröffentlicht hatte, ohne Lizenzgebühren zu entrichten.

Natürlich hat vieles von dem, was die Sammler so begierig
haben wollen, weniger mit Geschichte als mit Prominenz zu
tun. Der Bereich des Öffentlichen wird nicht dadurch kleiner, dass jemand ein Vermögen für einen präsidialen Kamm bezahlt. Dennoch hat es etwas Geschmackloses, mit den persönlichen Dingen öffentlicher Persönlichkeiten zu handeln. Vielleicht
steht ein neugieriges, lüsternes Interesse hinter dem Wunsch,
solche Dinge zu besitzen. Vor ein paar Monaten versuchte Greer
Johnson, der frühere Agent und Freund des Baseballspielers
Mickey Mantle, eine Reihe von Mantle-Memorabilien zu verkaufen, darunter eine Haarsträhne des Yankee-Schlagmanns,
seine American-Express-Karte, Bademantel, Tiefschutz, getragene Socken, Golfschuhe und vier Fläschchen mit einem rezept-
pflichtigen Mittel zum Abschwellen der Nasenschleimhäute.

Nachdem Mantles Familie rechtliche Schritte angedroht hatte, willigte Johnson ein, einige persönliche Gegenstände vom Verkauf auszunehmen, darunter die Arzneimittel. Bei einer anderen Promi-Auktion in Tokio gaben Sammler aus aller Welt über Telefon Angebote für Beatles-Erinnerungsstücke ab. Paul McCartney erwirkte immerhin ein gerichtliches Verkaufsverbot für einen handschriftlichen Entwurf seines Songs »Penny Lane«; doch seine Geburtsurkunde (einst von seiner Stiefmutter für 14 613 Dollar verkauft) ging für 73 064 Dollar weg.

Der Kult um Berühmtheiten – Sportheroen, Rockstars, Kinoidole – ist nicht neu. Doch der fieberhafte Drang, Berühmtheit zu Ware zu machen, sie zu kaufen und zu besitzen, hat eine beispiellose Intensität erreicht. Über Generationen hinweg kamen Kinder vorzeitig zum Stadion, weil sie hofften, einen Spieler zu treffen und ein Autogramm von ihm zu ergattern. Heute ist der Markt für Autogramme eine millionenschwere Branche, in der Makler die Spieler dafür bezahlen, Tausende Gegenstände zu signieren, die dann durch Versandfirmen, Shopping-Fernsehkanäle und Fanartikelhändler überall im Land vertrieben werden. 1992 soll Mantle 2,75 Millionen Dollar für Autogramme und Auftritte eingenommen haben – mehr, als er während seiner gesamten Spielerkarriere bei den Yankees verdiente.

Ironischerweise stammen die kulturellen Ikonen, deren Bilder und Besitztümer heute mit am stärksten nachgefragt werden – JFK, Mickey Mantle, die Beatles, Martin Luther King jr. – aus den 60er Jahren, einer unschuldigeren, idealistischeren Zeit; einer Zeit, in der die persönlichen Marotten öffentlicher Figuren noch nicht unablässig ausgestellt wurden, in der Präsidenten im Fernsehen noch nicht von ihren Boxershorts redeten. Vielleicht mühen wir uns ja auf unsere marktbesessene Weise vergeblich ab, uns den Weg in eine Welt zurückzukaufen, in der noch nicht alles käuflich oder den Blicken der Öffentlichkeit ausgesetzt war.

---

1   Ein 1912 gegründetes US-Versandhaus. (Anm. d. Ü.)

Sollten wir
Verschmutzungsrechte kaufen?

Beim Umweltgipfel im japanischen Kyoto im Jahr 1997 standen die USA im Streit mit Entwicklungsländern – es ging um zwei wichtige Themen: Die USA wollten, dass diese Länder sich zur Reduktion ihrer Emissionen verpflichteten, und sie wollten außerdem, dass jedes Abkommen ein Handelssystem einschloss, das es den Ländern ermöglichen sollte, mit Verschmutzungsrechten zu handeln.

Mit dem ersten Punkt hatte die Clinton-Regierung recht, mit dem zweiten lag sie jedoch falsch. Mit der Schaffung eines internationalen Marktes für Emissionsrechte würde es uns leichter gemacht, unsere Verpflichtungen aus dem Abkommen zu erfüllen, aber es würde auch die ethischen Prinzipien aushöhlen, die wir gegenüber der Umwelt pflegen sollten.

Tatsächlich drohten China und Indien damit, die Gespräche über das Thema zu torpedieren. Sie fürchteten, ein solcher Handel würde reiche Länder in die Lage versetzen, sich von ihren Verpflichtungen zur Verringerung der Treibhausgase freizukaufen. Schließlich willigten die Entwicklungsländer ein, ein gewisses Maß an Emissionshandel zwischen entwickelten Ländern zu erlauben.

Die Clinton-Regierung machte den Emissionshandel zu einem Kernstück ihrer Umweltpolitik. Mittels eines internationalen Marktes für Emissionen, so ihr Argument, lasse sich die Umweltverschmutzung effizienter verringern als durch feste Schadstoffgrenzen für jedes Land.

Der Handel mit Treibhausgasen könnte es für die USA auch billiger und weniger schmerzhaft machen, die Regeln einzuhalten – anstatt die eigenen CO_2-Emissionen zu verringern, könnten sie dafür bezahlen, dass irgendwelche anderen Länder sie reduzieren. Beispielsweise könnte es den USA billiger (und politisch schmackhafter) erscheinen, für die Modernisierung einer alten, mit Kohle betriebenen Industrieanlage in einem Entwicklungsland zu bezahlen, anstatt spritsaufende SUVs zu Hause zu besteuern.

Wenn es darum geht, den globalen Ausstoß dieser Gase zu begrenzen, dann könnte man fragen, welchen Unterschied es letztlich mache, von wo aus nun weniger Kohlenstoff in den Himmel gelangt. Aus Sicht der himmlischen Gefilde dürfte es keinen Unterschied ausmachen. Doch politisch ergibt sich sehr wohl ein Unterschied. Ungeachtet der Effizienz des internationalen Emissionshandels ist dieses System aus drei Gründen fragwürdig.

Erstens sorgt es für Schlupflöcher, die es wohlhabenden Ländern ermöglichen könnten, sich ihren Verpflichtungen zu entziehen. Im Rahmen der Kyoto-Formel könnten die USA beispielsweise von der Tatsache profitieren, dass Russland seine Emissionen seit 1990 bereits um 30 Prozent reduziert hat, wenn auch nicht durch Energieeinsparungen, sondern durch wirtschaftlichen Niedergang. Die USA könnten von Russland überschüssige Rechte kaufen und sie mit unseren Verpflichtungen aus dem Vertrag verrechnen.

Zweitens: Wenn man Verschmutzung in eine handelbare Ware verwandelt, entfernt man das moralische Stigma, das damit zu Recht verbunden ist. Wenn ein Unternehmen oder ein Land übermäßig viel Umweltschadstoffe in die Luft bläst und dafür mit einer Geldstrafe belegt wird, drückt sich darin das Urteil der Gemeinschaft aus, dass der Verschmutzer unrecht getan hat. Eine Abgabe hingegen macht aus Umweltverschmutzung einfach nur einen weiteren Betriebskostenfaktor, so wie Löhne, Krankengeld oder Miete.

Die Unterscheidung zwischen einer Geldstrafe und einer Abgabe für die Schädigung der Umwelt ist nichts, was wir vorschnell aufgeben sollten. Nehmen wir an, es werde ein Bußgeld von 100 Dollar fällig, sobald man eine Bierdose in den Grand Canyon wirft, und ein reicher Wanderer sei der Ansicht, seine Bequemlichkeit sei ihm diese 100 Dollar wert. Wäre es dann in Ordnung, wenn er die Geldstrafe einfach nur als teure Entsorgungsgebühr betrachten würde? Oder nehmen wir Behindertenparkplätze: Wenn ein emsiger Kleinunternehmer in der Nähe seiner Baustelle parken möchte und bereit ist, ein Bußgeld zu bezahlen – was ist falsch daran, diesen Platz als teuren Parkplatz anzusehen?

Weil der Emissionshandel die Unterscheidung zwischen Geldstrafe und Abgabe verwischt, ähnelt er dem Vorschlag, Spuren für Autos mit mehreren Personen auf den Freeways von Los Angeles auch für Fahrer ohne Mitfahrer zu öffnen, wenn sie dafür eine Gebühr entrichten. Derzeit werden solche Fahrer, die sich auf diese Fahrbahnen mogeln, mit einem Bußgeld belegt; mit dem marktkonformen Vorschlag könnten sie schneller pendeln, ohne sich dafür schämen zu müssen.

Ein dritter Einwand gegen den Emissionshandel zwischen Ländern lautet, dass er das für eine zunehmende globale Zusammenarbeit erforderliche Gefühl der gemeinsamen Verantwortung untergraben würde. Nehmen wir zur Veranschaulichung das herbstliche Ritual, herabgefallenes Laub zu großen Haufen zusammenzurechen und anzuzünden. Stellen wir uns ein Wohnviertel vor, in dem jede Familie einwilligt, nur ein kleines Feuer pro Jahr abzubrennen, aber Familien mit ihrer Feuergenehmigung auch nach Belieben Handel treiben dürfen. Die Familie im Herrenhaus auf dem Hügel kauft von den Nachbarn Genehmigungen auf – sie bezahlt sie letztlich dafür, dass diese ihre eigenen Laubabfälle zum städtischen Komposthof schaffen. Der Markt funktioniert, und die Luftverschmutzung wird verringert – allerdings nicht im Geist eines gemeinsam erbrachten Opfers, der sich vielleicht ohne Eingriff des Marktes entwickelt hätte. Diejenigen, die ihre Genehmigungen verkauft haben, und diejenigen, die sie gekauft haben, betrachten die

Laubfeuer inzwischen weniger als einen Angriff auf die saubere Luft, sondern vielmehr als Luxusgut, als Statussymbol, das gehandelt werden kann. Und das Ressentiment gegenüber der Familie im Herrenhaus sorgt dafür, dass künftige, anspruchsvollere Formen der Kooperation schwieriger zu erreichen sind.

Natürlich haben viele Länder, die bei der Kyoto-Konferenz anwesend waren, die Zusammenarbeit bereits erschwert. Sie haben noch nicht einmal zugestimmt, ihre Emissionen überhaupt zu reduzieren. Ihre Weigerung untergräbt die Aussicht auf eine globale Ethik ebenso zuverlässig wie unser System des Handels mit Verschmutzungsrechten. Die USA hätten jedoch gegenüber den Entwicklungsländern mehr Überzeugungskraft, wenn diese sich nicht zu Recht darüber beschweren könnten, dass es den reichen Ländern durch den Handel mit Emissionsrechten ermöglicht wird, sich von ihren globalen Verpflichtungen freizukaufen.

Ehre und Ressentiment

In der Politik des Altertums ging es um Tugend und Ehre, während wir Menschen der Neuzeit uns mit Gerechtigkeit und Rechten befassen. In dieser Aussage liegt einiges an Wahrheit, aber nur bis zu einem bestimmten Punkt. Oberflächlich betrachtet findet Ehre in unseren politischen Debatten kaum Erwähnung; dieser scheinbar altmodische Aspekt passt besser zu einer von Standesdenken beherrschten Welt der Ritterlichkeit und der Duelle. Doch dicht unterhalb der Oberfläche offenbaren manche unserer erbittertsten Debatten über Recht und Gerechtigkeit eine tiefe Unstimmigkeit über die richtigen Grundlagen sozialer Wertschätzung.

Nehmen wir etwa den Wirbel um Callie Smartt, eine 15-jährige Cheerleaderin an einer Highschool in West Texas. Obwohl sie an Zerebraler Kinderlähmung leidet und sich per Rollstuhl fortbewegt, ist sie ein Jahr lang eine beliebte Erstsemester-Cheerleaderin. Sue Ann Pressley schreibt in der *Washington Post*: »Sie hatte sehr viel vom Gemeinschaftsgeist der Schule in sich (…). Die Fans schienen sich über sie zu freuen. Die Spieler sagten, dass sie gern ihr strahlendes Lächeln sahen.« Am Ende der Saison wird Callie jedoch aus dem Team geworfen. Zunächst wird sie auf den Rang einer Ehren-Cheerleaderin herabgestuft, später wird selbst dieser Status aufgehoben. Auf Drängen anderer Cheerleaderinnen und von deren Eltern wird Callie von Vertretern der Schule mitgeteilt, wenn sie im folgenden Jahr wieder zum Team gehören wolle, müsse sie wie alle anderen an einem straffen Gymnastikprogramm teilnehmen, das Spagat und weitere Formen des Bodenturnens einschließe.

Der Vater der Cheerleader-Anführerin ist dagegen, dass Callie wieder Teil des Teams wird. Er behauptet, er sorge sich nur um Callies Sicherheit. Stürze ein Spieler aus dem Feld, so seine Befürchtung, »können die nicht behinderten Cheerleaderinnen etwas schneller ausweichen«. Doch Callie ist beim Cheerleading nie verletzt worden. Ihre Mutter hat den Verdacht, die Gegner ihrer Teilnahme seien verärgert wegen des Beifalls, den Callie bekam.

Doch welche Art von Ärger könnte den Vater der Teamkapitänin antreiben? Die Befürchtung, Callies Aufnahme ins Team könne seine Tochter ihren Platz kosten, kann es nicht sein, denn sie gehört ja bereits dazu. Auch schlichter Neid, den er einem Mädchen gegenüber empfinden könnte, das seine Tochter bei der Gymnastik in den Schatten stellt, dürfte keine Rolle spielen – denn das kann Callie selbstverständlich nicht. Wahrscheinlicher ist, dass der Ärger die Überzeugung widerspiegelt, Callie werde eine Ehre zuteil, die ihr nicht zukomme, weil damit der Stolz, den er für das Können seiner Tochter als Cheerleaderin empfindet, in gewisser Weise ad absurdum geführt wird. Denn wenn großartiges Cheerleading auch vom Rollstuhl aus möglich ist, was wird dann aus der Ehre, die jenen zuteilwird, die glänzende Leistungen im Bodenturnen (inklusive Spagat) vollbringen?

Empörung über unangebrachte Ehre ist ein normales Ressentiment, das in unserer Politik eine herausragende Rolle spielt. Es verkompliziert Auseinandersetzungen über Gerechtigkeit und Rechte und heizt sie manchmal auf.

Sollte man Callie erlauben, im Cheerleader-Team zu bleiben? Einige werden das beantworten, indem sie das Recht auf Nichtdiskriminierung heranziehen: Vorausgesetzt, sie kann die Aufgabe gut erfüllen, sollte man Callie nicht bloß deshalb vom Cheerleading ausschließen, weil sie ohne eigenes Verschulden körperlich nicht dazu in der Lage ist, Gymnastikübungen auszuführen. Das Argument der Nichtdiskriminierung wirft jedoch die Frage auf, die den Kern der Kontroverse bildet: Was heißt es, die Aufgabe der Cheerleaderin gut zu erfüllen? Diese Frage wiederum betrifft die Tugenden und Leistungen, die beim Cheerleading geehrt und belohnt werden. Für Callie spricht: Wenn sie in ihrem Rollstuhl am Rand des Spielfelds auf und ab saust, dabei ihre Pompons schüttelt und ihr Lächeln erstrahlen lässt, tut sie genau das, was man von Cheerleaderinnen erwartet: den Gemeinschaftsgeist der Schule anfeuern. Doch falls Callie deswegen Cheerleaderin sein sollte, weil sie trotz ihrer Behinderung Tugenden zeigt, die der Aufgabe angemessen sind, stellt ihr Anspruch eine gewisse Gefahr für die Ehre dar, die den anderen Cheerleaderinnen zukommt. Deren gymnastische Fertigkeiten scheinen für exzellentes Cheerleading nicht länger entscheidend zu sein, sondern nur eine von vielen Möglichkeiten, eine Menschenmenge anzufeuern. Bei allem Kleinmut des Vaters der Cheerleader-Anführerin hat er doch richtig erfasst, was auf dem Spiel steht. Eine gesellschaftliche Praxis, die in ihrem Zweck und den damit verbundenen Ehren einst als feststehend galt, wird nun dank Callie neu definiert.

Auch anderen Kontroversen über Gerechtigkeit und Rechte liegt die Frage über die Zuteilung von Ehre zugrunde. Nehmen wir beispielsweise die Diskussion über die Minderheitenförderung bei der Zulassung zu einer Universität, die sogenannte »Affirmative Action«. Auch hier versuchen manche, das Problem zu lösen, indem sie ein allgemeines Argument gegen Diskriminierung heranziehen. Verfechtern der »Affirmative Action« zufolge ist es notwendig, die Folgen von Diskriminierung zu beseitigen, während ihre Gegner behaupten, es handele sich um positive Diskriminierung (also Diskriminierung mit umgekehrten Vorzeichen), wenn ethnische Zugehörigkeit ein Zulassungskriterium sei. Auch hier wirft das Argument der Nichtdiskriminierung ein entscheidendes Problem auf. Jede Zulassungsregelung wirkt aus dem einen oder anderen Grund diskriminierend.

Tatsächlich geht es hier um die Frage, welche Art der Diskriminierung den Zwecken, denen Universitäten dienen, angemessen ist. Diese Frage ist umstritten, nicht nur, weil die Antwort darüber entscheidet, wie Bildungschancen verteilt werden, sondern auch, weil sie bestimmt, welche Tugenden die Universitäten auszeichnen wollen. Bestünde der Zweck einer Universität allein darin, wissenschaftliche Leistung und intellektuelle Tugenden zu fördern, sollte sie Studenten zulassen, die am wahrscheinlichsten zur Erfüllung dieser Ziele beitragen können. Falls der Auftrag einer Universität aber auch darin bestehen sollte, Führungsqualitäten für eine pluralistische Gesellschaft zu vermitteln, müsste die Wahl auf Studenten fallen, die voraussichtlich staatsbürgerliche Zwecke ebenso voranbringen wie intellektuelle. Als vor Gericht über die Rechtmäßigkeit der von der University of Texas Law School in einem Fall vorgenommenen Minderheitenförderung verhandelt wurde, berief sich die Hochschule auf ihren staatsbürgerlichen Auftrag; sie brachte vor, ihr Programm zur Zulassung von Minderheiten habe dazu beigetragen, dass mittlerweile Amerikaner afrikanischer oder mexikanischer Abstammung nach ihrem Universitätsabschluss in der Legislative von Texas, an Bundesgerichten und sogar in der Ministerriege des Präsidenten arbeiteten.

Manchen Kritikern der »Affirmative Action« missfällt die Vorstellung, dass Universitäten andere als intellektuelle Eigenschaften ehren sollten, denn das schließt ein, dass die üblichen leistungsbezogenen Tugenden moralisch nicht privilegiert sind. Wenn die ethnische Zugehörigkeit für die Zulassung zur Universität relevant sein kann, was wird dann aus der Überzeugung stolzer Eltern, ihre Tochter sei allein aufgrund ihrer Noten und Testergebnisse angenommen worden? So wie der Stolz des Vaters auf die gymnastischen Fähigkeiten seiner Cheerleader-Tochter müsste sich auch diese Überzeugung relativieren lassen, indem man akzeptiert, dass Ehre von den diskutier- und revidierbaren Zwecken gesellschaftlicher Einrichtungen abhängt.

Das vielleicht stärkste Beispiel einer Politik der Ehre zeigt sich in Debatten über die Arbeit. Ein wichtiger Grund, weshalb

Wähler aus der Arbeiterklasse Wohlfahrtsmaßnahmen verachten, liegt nicht etwa darin, dass sie deren Kosten missbilligen; vielmehr stoßen sie sich an der durch Sozialleistungen vermittelten Botschaft, was honoriert und belohnt zu werden verdient. Liberalen, die Wohlfahrtsmaßnahmen mit dem Verweis auf Gerechtigkeit und Rechte verteidigen, entgeht dieser Aspekt häufig. Einkommen ist mehr als ein Anreiz, der auf gesellschaftlich nützliche Art Anstrengungen und Fertigkeiten hervorbringt – es ist ein Maßstab für die Dinge, die wir hoch schätzen. Dass Leute, die zu Hause bleiben, dafür belohnt werden, wirkt für viele, die »hart arbeiten und sich an die Regeln halten«, wie eine Verhöhnung der von ihnen erbrachten Mühen und des Stolzes, den sie für die verrichtete Arbeit empfinden. Ihr Ressentiment gegen Sozialleistungen ist kein Grund, die Bedürftigen im Stich zu lassen. Es legt aber nahe, dass Liberale überzeugender zum Ausdruck bringen müssen, welche Vorstellungen von Tugend und Ehre hinter ihren Argumenten für Recht und Gerechtigkeit stehen.

Die Debatte zur Affirmative Action

Seit den 70er Jahren ist das Minderheitenförderungspro-gramm »Affirmative Action« im Sinne der positiven Diskri-minierung immer wieder Gegenstand politischer und verfas-sungsrechtlicher Kontroversen. 1996 stimmten die Wähler in Kalifornien für eine Verfassungsänderung (Proposition 209), mit der eine Vorzugsbehandlung im staatlichen Bildungs- und Beschäftigungswesen verboten wurde. 2003 untersagte der U.S. Supreme Court ein Zulassungsverfahren für Studenten an der Universität Michigan, das Bewerber, die einer Minder-heit angehören, durch ein bestimmtes Punktesystem bevorzug-te. Es ließ jedoch eine von der Michigan Law School flexibler gehandhabte Minderheitenförderung weiterhin gelten und entschied, dass ethnische Zugehörigkeit als Zulassungskriteri-um berücksichtigt werden könne.

Manche sagen, das sei alles eine Frage der Wortwahl. Als die Wähler 1997 bei einem Referendum in Houston aufgefordert waren, Affirmative Action zu beenden, verweigerten sie ihre Zustimmung. Als die Kalifornier beim Volksentscheid »Propo-sition 209« für eine Verfassungsänderung votieren sollten, die die Vorzugsbehandlung ethnischer Minderheiten beendete, stimmten sie zu.

Der erste Schritt, eine politische Debatte zu gewinnen, be-steht darin, die Sprachhoheit zu erlangen. Im Fall von Affirma-tive Action sind die unterschiedlichen Haltungen jedoch mehr als das bloße Ergebnis politischer Manipulation; sie stehen für ein widerstreitendes Empfinden in der Öffentlichkeit. Kritiker der positiven Diskriminierung meinen, das liege daran, dass die Amerikaner nur ungern Fehler der Vergangenheit durch neue Diskriminierung behöben, während die Befürworter einen fortdauernden öffentlichen Rassismus dafür verantwortlich machen. Beide Seiten irren sich. Zwar kann man Affirmative Action schwerlich ohne einen Bezug zu ethnischer Zugehörigkeit verteidigen. Das eigentliche Problem ist aber, dass positive Diskriminierung im Idealfall den geheiligten amerikanischen Mythos in Frage stellt, wonach ein ergatterter Arbeits- oder Studienplatz eine Belohnung ist, die man sich allein durch seine Leistungen verdient hat. Nehmen wir die beiden zentralen Argumente für die Berücksichtigung der ethnischen Zugehörigkeit bei der Universitätszulassung: Das eine plädiert für Ausgleich, das andere für Vielfalt.

Das erste Argument betrachtet Minderheitenförderung als Wiedergutmachung für Fehler der Vergangenheit: Studenten, die einer Minderheit angehören, sollten bevorzugt werden, weil sie früher durch Diskriminierung einen unfairen Nachteil zu erleiden hatten. Dieses Argument behandelt die Zulassung vorwiegend als Bonus für den Empfänger und versucht, diesen so zu vergeben, dass vergangene Diskriminierung ausgeglichen wird.

Doch das Argument der Kompensation ist das schwächere der beiden. Wie Gegner der Minderheitenbevorzugung zu Recht feststellen, sind die Nutznießer nicht zwangsläufig diejenigen, die gelitten haben, und jene, die den Ausgleich bezahlen, sind selten für die zu korrigierenden Fehler verantwortlich. Viele Studenten, die von Affirmative Action profitieren, gehören zur Mittelschicht von Minderheiten, die nicht die Härten junger Afro- und Hispano-Amerikaner zu erdulden hatten. Und diejenigen, die bei den Förderungsprogrammen den Kürzeren ziehen, können ihrerseits unter bestimmten Benachteiligungen gelitten haben.

Wer die Minderheitenbevorzugung aus Gründen des Ausgleichs vertritt, muss erklären können, warum Bewerber, die an sich qualifiziert sind, die Bürde tragen sollten, die von Minderheiten erlittenen historischen Fehler wiedergutzumachen. Auch wenn man vorbringen kann, dass der Ausgleich nicht als spezifische Abhilfe für einzelne Diskriminierungsakte verstanden werden sollte, ist die kompensatorische Begründung zu eng gefasst, als dass sie die Reichweite der Programme rechtfertigen könnte, die im Namen der positiven Diskriminierung vorangetrieben werden.

Das Argument der Vielfalt wirkt überzeugender. Hier geht es nicht darum, aufzuzeigen, dass der heute bevorzugte, einer Minderheit angehörende Student früher unter Diskriminierung gelitten hat. Es sieht die Zulassung nicht so sehr als Belohnung für den Empfänger, sondern eher als Mittel, ein gesellschaftlich wertvolles Ziel voranzubringen. Das Argument der Vielfalt bezeichnet eine ethnisch gemischte Studentenschaft als wünschenswert, weil die Studenten so mehr voneinander lernen könnten, als wenn sie alle eine ähnliche Herkunft hätten. Beispielsweise würde eine lediglich aus einem Teil des Landes stammende Studentenschaft die Spannweite der intellektuellen Perspektiven einschränken, und das gelte ebenso bei ethnischer oder sozialer Homogenität. Außerdem würde es zum Gemeinwohl beitragen und dem staatsbürgerlichen Zweck der Universität dienen, wenn benachteiligte Minderheiten in die Lage versetzt würden, Führungspositionen in wichtigen staatlichen und beruflichen Bereichen zu übernehmen.

Kritiker der Affirmative Action dürften dem Ziel zustimmen, aber die Mittel in Frage stellen. Selbst wenn eine vielfältige Studentenschaft wünschenswert erscheint – ist es nicht unfair, diejenigen auszuschließen, deren Testergebnisse vielleicht gut genug sind, die aber – ohne eigenes Verschulden – nicht den ethnischen Hintergrund haben, den die Zulassungsverantwortlichen brauchen, um ihre wertvollen Zwecke zu fördern? Verdienen nicht die Studenten mit den besten akademischen Leistungen und Aussichten eine Zulassung?

Die ehrliche Antwort darauf lautet: Nein, verdienen sie nicht.

Hier gilt das, was dem Argument der Vielfalt zugunsten der Minderheitenbevorzugung zugrunde liegt: Die Zulassung ist keine Ehre, die einem als Belohnung für überlegene Tugend zuerkannt wird. Weder der Student mit hohen Punktzahlen noch der Student aus einer benachteiligten Minderheitengruppe verdient es in moralischer Hinsicht, zugelassen zu werden. Vorausgesetzt, die Zulassungskriterien stehen in einem vernünftigen Verhältnis zu einem wertvollen gesellschaftlichen Zweck, und vorausgesetzt, die Bewerber werden diesem entsprechend zugelassen, dann hat niemand das Recht, sich zu beschweren.

Die moralische Stärke des Arguments der Vielfalt liegt darin, dass es die Zulassung von individuellen Ansprüchen ablöst und sie mit Erwägungen des Gemeinwohls verknüpft. Doch daraus ergibt sich auch seine politische Verwundbarkeit. Die Überzeugung, Jobs und Chancen seien Belohnungen für diejenigen, die sie verdienen, ist tief in der amerikanischen Seele verwurzelt. Politiker erinnern uns beständig daran, dass diejenigen, die »hart arbeiten und sich an die Regeln halten«, es verdient hätten, voranzukommen, und bestehen darauf, dass diejenigen, die den amerikanischen Traum verwirklichen, ihren Erfolg als Maßstab für ihre Tugend ansehen sollten. Affirmative Action und andere Akte gesellschaftlicher Solidarität hätten es leichter, wenn dieser Mythos schwächer wäre – wenn die Amerikaner eines Tages skeptischer gegenüber dem Glauben würden, weltlicher Erfolg spiegele moralische Verdienste wider. Doch welcher Politiker hat schon das Format, zu erklären, dass selbst die besten Spielregeln letzten Endes nicht Tugend belohnen, sondern stets einfach nur an den zur Förderung des Gemeinwohls erforderlichen Eigenschaften interessiert sind?

Sollten Opfer bei der Urteilsfindung mitreden dürfen?

Bevor die Geschworenen im Prozess gegen Timothy McVeigh, den Bombenattentäter von Oklahoma City, die Todesstrafe forderten, vernahmen sie ergreifende Aussagen von Überlebenden und Familienangehörigen der Opfer. Manche meinen, für solche Aussagen, und seien sie noch so bewegend, sei kein Platz im Gerichtssaal. Ob gegen einen angeklagten Kriminellen die Todesstrafe verhängt werde, solle anhand der Fakten und des Gesetzes durch vernünftige Überlegung entschieden werden und nicht durch den Groll und die Wut, die die Angehörigen der Opfer zu Recht empfänden. Andere halten daran fest, dass Opfer eine Stimme haben sollten, wenn ein Gesetzesbrecher seine Strafe erhalte; wenn die Strafe dem Vergehen entsprechen solle, dann müssten die Geschworenen das volle Ausmaß des Leidens und des Verlusts der Opfer kennen.

Richard Matsch, der Vorsitzende Richter im Prozess gegen McVeigh, schien zwischen diesen beiden Positionen hin- und hergerissen zu sein. Während er einigen Opfern erlaubte auszusagen, untersagte er die Verwendung emotional aufgeladener Beweisstücke (wie Gedichte und Hochzeitsfotos) sowie die Aussage eines neunjährigen Jungen, dessen Mutter bei dem Bombenanschlag getötet worden war. Er gab sich Mühe, Aussagen zu verhindern, welche »Rachegefühle oder Mitleid bei den Geschworenen entflammen oder anstacheln« hätten können. Solche Gefühle seien »unangemessen, wenn ein begründetes und besonnenes Urteil darüber ergehen soll, ob der Angeklagte zum Tode verurteilt wird oder nicht«.

Die Ambivalenz des Richters steht für widerstreitende Vorstellungen über den Zweck des Strafens. Wer sich dafür ausspricht, Opfern bei der Urteilsfindung eine Stimme zu geben, stützt sich – manchmal unwissentlich – auf zwei unterschiedliche Argumente: Das eine ist therapeutischer Natur, das andere setzt auf angemessene Vergeltung.

Das erste Argument behandelt Strafe als Quell des Trostes für das Opfer, als kathartischen Ausdruck und Moment der Verarbeitung. Falls Strafe solchermaßen zum Nutzen des Opfers sei, müsse das Opfer auch bei der Festsetzung der Strafe mitreden dürfen. Ihren deutlichsten Ausdruck findet diese Auffassung von der therapeutischen Strafe in bundesstaatlichen Gesetzen, welche die Opfer nicht nur dazu auffordern, ihren Schmerz und ihr Leid zu schildern, sondern auch dazu, ihre Meinungen über den Angeklagten zu äußern, was im Gerichtssaal stets für raue Szenen sorgt, die an gewisse Talkshows erinnern. Das texanische Recht erlaubt es Opfern oder ihren Angehörigen sogar, den Angeklagten nach dem Urteilsspruch vor aller Augen zu beschimpfen.

Doch die therapeutische Begründung für Opferaussagen ist falsch. Sie verwechselt eine Wirkung von Bestrafung (Genugtuung für die Opfer und ihre Angehörigen) mit ihrer ursprünglichen Begründung, wonach der Gesetzesbrecher erhält, was er verdient.

Das überzeugendste Argument, Aussagen von Opfern über die Folgen des Vergehens (»Victim Impact Statements«) zuzulassen, ist das der angemessenen Vergeltung: Die Geschworenen sollen eine vollständige Darstellung der sittlichen Schwere des Verbrechens erhalten. Auch wenn uns bewusst sein mag, dass beim Bombenattentat von Oklahoma 168 Menschen starben, vermittele sich die vollständige Verwerflichkeit des Verbrechens erst durch die beklemmenden Geschichten verstörter Kleinkinder, die traurig nach ihren Müttern fragten.

Aus der Perspektive der angemessenen Vergeltung sind Opferaussagen über die subjektiven Folgen der Tat nicht dazu gedacht, dass die Betroffenen ihren Emotionen Luft machen können; sie sollen vielmehr dazu dienen, Recht ergehen zu lassen und zur Wahrheitsfindung beizutragen. Soweit Emotionen die Beschaffenheit des Verbrechens eher verdunkeln als erhellen, sollte der Richter ihre Rolle bei der Urteilsfindung einschränken.

Obwohl das Argument der angemessenen Vergeltung die beste Begründung für Opferaussagen liefert, ist es zwei offensichtlichen Einwänden ausgesetzt. Erstens impliziert die Verwendung von Beweismitteln mittels der Persönlichkeit eines Opfers und dessen Bedeutung für die Familie oder Gemeinschaft, dass manches Leben wertvoller sei als andere. Denn welchen moralischen Unterschied sollte es machen, ob ein Mörder die geliebten Eltern von vier Kindern oder einen unverheirateten Herumtreiber tötet, dessen Tod niemand beklagt – also etwa einen Martin Luther King Jr. oder den Gemeinde-Trunkenbold? Solange es keine Grundlage für Urteile dieser Art gibt, ist nur schwer zu erklären, inwieweit solche Aussagen über das Leben oder den Charakter bestimmter Opfer moralisch relevant sein könnten.

Zweitens: Selbst wenn gewisse Morde in moralischer Hinsicht entsetzlicher sind als andere – ist es nicht unfair, anhand von Aspekten eines Verbrechens, von denen ein Gesetzesbrecher zuvor nichts wusste, eine härtere Strafe zu verhängen? Wenn ein Angreifer einen Unbekannten tötet, sollte seine Strafe dann davon abhängen, ob sein Opfer ein Sünder oder ein Heiliger gewesen ist? Der Supreme Court stärkte diesen Einwand 1987 im Fall *Booth v. Maryland*, als er Aussagen von Opfern über die Folgen von Kapitalverbrechen als nicht verfassungsgemäß einstufte. Würde man den Geschworenen ermöglichen, Charakter oder familiäre Umstände des Opfers in ihre Erwägungen mit einzubeziehen, »könnte das zur Verhängung der Todesstrafe aufgrund von Faktoren führen, deren der Angeklagte sich nicht bewusst war und die bei der Entscheidung zu töten belanglos waren«.

Der zweite Einwand ist weniger gewichtig als der erste. Mörder bestrafen wir nicht allein wegen ihrer »Entscheidung zu töten«, sondern auch wegen des Leids, das sie verursachen. Ein Möchtegernmörder, dessen Waffe nicht losgeht, erhält eine geringere Strafe als ein erfolgreicher Mörder, auch wenn beide die »Entscheidung zu töten« getroffen hatten. Ein betrunkener Autofahrer, der einen Fußgänger tötet, wird schwerer bestraft als ein ebenso betrunkener Autofahrer, der das Glück hatte, niemanden zu töten, obwohl keiner von beiden die »Entscheidung zu töten« getroffen hatte.

Dagegen ist der erste Einwand nicht so leicht abzutun. Es ist schwer zu bestreiten, dass das Argument der angemessenen Vergeltung zugunsten der Zulässigkeit von Opferaussagen eine moralische Hierarchisierung von Mordtaten (und vielleicht auch von Opfern) impliziert. Die Vorstellung der moralischen Unterscheidung widerspricht unserem heutigen Instinkt, nicht zu werten. Doch dieses Argument sticht nicht. Wir können keine sinnvollen Urteile zu Verbrechen und Strafe abgeben, wenn wir nicht eine gewisse Vorstellung von moralischen Unterschieden haben.

Richter Matsch ist nicht der Einzige, der sich mit diesen konkurrierenden Theorien der Strafe herumschlägt. Die Verwendung von Opferaussagen zu den Folgen einer Tat hat in den letzten Jahren zugenommen. Auslöser war eine Bewegung für Opferrechte sowie eine Entscheidung des Supreme Court von 1991 im Fall *Payne v. Tennessee*, mit dem das Booth-Urteil aufgehoben und die Aussagen von Opfern in Fällen mit möglicher Todesstrafe zugelassen wurden. Die meisten Bundesstaaten räumen Opfern inzwischen das Recht ein, angehört zu werden, und der Kongress nahm im Entwurf für ein Bundesstrafgesetz im Jahr 1994 auch Opferaussagen auf. Präsident Clinton unterzeichnete ein Gesetz, das Opfern des Bombenattentats von Oklahoma erlaubte, am Prozess teilzunehmen, selbst wenn sie als Zeugen geladen waren: »Wenn jemand Opfer ist, sollte sie oder er im Mittelpunkt des Strafprozesses stehen«, erklärte Clinton, »und nicht von außen zusehen.«

Die zunehmende Sorge um die Rechte der Opfer vermittelt eine moralisch zwiespältige Botschaft. Sie spiegelt den wachsenden therapeutischen Impetus im öffentlichen Leben Amerikas wider – ein Verteidiger bezeichnete die Opferaussage als »Talkshowisierung der Strafzumessung« –, aber auch den zunehmenden Reiz, der von traditionellen Vorstellungen einer Justiz der angemessenen Vergeltung ausgeht. Während die therapeutisch orientierte Ethik für die Flucht vor moralischer Verantwortung steht, repräsentiert die Ethik der angemessenen Vergeltung die Sehnsucht nach ihrer Wiederherstellung. Die Herausforderung besteht darin, den zweiten Impuls vom ersten zu trennen. Eine angemessen kontrollierte Aussage von Opfern kann der Justiz dabei helfen, die Verwerflichkeit eines Verbrechens auszuleuchten. Doch es liegt auch eine Gefahr darin, das »Opfer in den Mittelpunkt des Strafverfahrens« zu stellen – eine Gefahr, die so alt ist wie die Praxis privater Rache: nämlich, dass die psychischen Bedürfnisse des Opfers den moralischen Imperativ überdecken, wonach die Bestrafung dem Verbrechen angemessen sein muss.

Clinton und Kant über das Lügen

Nehmen wir um der Diskussion willen an, der Präsident habe eine sexuelle Beziehung zu Monica Lewinsky gehabt. Wäre es falsch, wenn er das abstreiten würde? Offenkundig ist die Frage mit Ja zu beantworten – ein außereheliches Techtelmechtel mit einer Praktikantin im Weißen Haus ist schon schlimm genug, und Lügen macht die Sünde nur noch größer. Doch während eine öffentliche Lüge über privates Fehlverhalten moralisch nicht unbedingt bewundernswert sein muss, vermehrt eine solche Lüge nicht zwangsläufig das Unrecht des Verhaltens, das sie verbirgt. Sie könnte sogar gerechtfertigt sein.

Nehmen wir einen anderen Fall präsidialer Täuschung: die Leugnung von Plänen, das Land in einen Krieg zu führen. Während des Präsidentschaftswahlkampfs im Jahr 1964 verschwieg Lyndon B. Johnson seine Absicht, den Krieg in Vietnam auszuweiten, ähnlich wie Franklin D. Roosevelt seine Pläne verheimlicht hatte, in den Zweiten Weltkrieg einzutreten. »Ich habe das schon vorher gesagt, aber ich werde es immer und immer wieder sagen«, verkündete Roosevelt während des Wahlkampfes 1940, »eure Jungs werden nicht in irgendwelche Kriege im Ausland geschickt werden.«

Beide Präsidenten täuschten die Öffentlichkeit – Roosevelt im Interesse einer gerechten Sache, Johnson um einer ungerechten Sache willen. Der moralische Status ihrer jeweiligen Täuschung ist entsprechend verschieden. Johnsons Lüge war weniger gerechtfertigt als die Roosevelts, nicht weil sie in irgendeiner Weise weniger wahrhaftig gewesen wäre, sondern weil sie einem unwürdigen Ziel diente. Der Fall Clinton liegt insofern anders, als das fragliche Verhalten keine öffentliche Angelegenheit war, sondern eine angebliche private Missetat. Ihr fehlt zweifellos der hohe moralische Zweck des Falles Roosevelt. Doch im Namen der Privatheit und des Anstands könnte es einen guten Grund geben, dass der Präsident einen skurrilen Vorwurf abstreitet, selbst wenn er die Wahrheit trifft – vorausgesetzt, es wirkt sich nicht auf öffentliche Verpflichtungen aus. Der Talmud gestattet drei Ausnahmen von der Forderung nach Wahrhaftigkeit; sie betreffen Wissen, Gastfreundschaft und Sexualität. Auf die Frage, ob er eine bestimmte Passage des Talmud kenne, könne ein Gelehrter fälschlicherweise sagen, er kenne sie nicht, um ein unbescheidenes Herausstellen seines Wissens zu vermeiden. Er könne auch lügen, wenn man ihn nach der erfahrenen Gastfreundschaft fragt, um seinem Gastgeber einen Aufmarsch unwillkommener Gäste zu ersparen. Schließlich habe er das Recht auf Lügen, wenn man ihn nach so intimen Angelegenheiten wie der Erfüllung seiner ehelichen Pflichten fragte. (Diese letzte Ausnahme lässt sich nur begrenzt auf den Fall Clinton anwenden. Einerseits legt sie nahe, dass das Recht auf eine Lüge aus der Unangemessenheit der Frage hervorgehen kann. Andererseits erstreckt sie sich auf Fragen nach ehelichen Beziehungen und nicht auf angebliche Untreue.)

Die Moral der Täuschung wird durch die Tatsache verkompliziert, dass es möglich ist, andere in die Irre zu führen, ohne tatsächlich zu lügen. Um Clintons Neigung, peinliche Behauptungen mit sorgfältig gestalteten Formulierungen voller Schlupflöcher abzustreiten, ist viel Aufhebens gemacht worden. Als er während seines ersten Wahlkampfs um das Präsidentenamt gefragt wurde, ob er je Drogen genommen habe, erwiderte Clinton, er habe nie gegen die Antidrogengesetze seines Landes oder Bundesstaates verstoßen. Später räumte er ein, als Student in England Marihuana ausprobiert zu haben. Liest man sein berühmtes Interview in »60 Minutes« aus dem Jahr 1992 genau durch, zeigt sich, dass er nie wirklich bestritt, eine außereheliche Affäre mit Gennifer Flowers gehabt zu haben. Auf die Frage nach Flowers' (in der Boulevardpresse verbreiteter) Äußerung über eine zwölfjährige Affäre erwiderte Clinton: »Diese Behauptung ist falsch.« Diese Antwort stimmt formal gesehen mit Clintons angeblichem Zugeständnis (im Rahmen seiner unter Verschluss gehaltenen eidesstattlichen Aussage im Fall Paula Jones) überein, er habe eine sexuelle Beziehung mit Flowers gehabt.

Gibt es einen moralischen Unterschied zwischen einer kunstvollen Ausflucht und einer glatten Lüge? Nein, sagen Clintons Kritiker – ebenso wie viele Ethiker. Sie meinen, eine irreführende Wahrheit verfolge denselben Zweck und bewirke im Erfolgsfall dasselbe wie eine glatte Lüge: Der Zuhörer werde getäuscht. Einer der größten Moralisten aller Zeiten war hier jedoch anderer Meinung. Der deutsche Philosoph Immanuel Kant bestand darauf, dass zwischen einer Lüge und einer formal wahrheitsgemäßen Ausflucht ein himmelweiter Unterschied bestehe.

Kant war ein unnachgiebiger Gegner des Lügens. Selbst wenn ein Mörder an meine Tür käme und nach einer Person suchte, die sich in meinem Haus verbirgt, hält Kant daran fest, dass Lügen moralisch unzulässig sei. Die Pflicht, die Wahrheit zu sagen, bestehe ungeachtet der Folgen. Benjamin Constant, ein französischer Zeitgenosse Kants, nahm an dieser kompromisslosen Haltung Anstoß. Die Pflicht, die Wahrheit zu sagen, so Constant, gelte nur gegenüber jenen, die ein Recht auf Wahrheit hätten, was bei einem Mörder gewiss nicht der Fall sei. Kant erwiderte, es sei falsch, den Mörder zu belügen, und zwar nicht, weil es ihm schade, sondern weil es gegen das Prinzip des Rechts verstoße und die menschliche Würde der Person beleidige, die lügt. »Es ist also ein heiliges, unbedingt gebietendes, durch keine Convenienzen einzuschränkendes Vernunftgebot: in allen Erklärungen wahrhaftig zu sein.«[1]

Trotz seines kategorischen Verbots der Lüge – oder vielleicht gerade deswegen – zog Kant eine scharfe Trennung zwischen Lügen und Feststellungen, die zwar in die Irre führen, aber formal nicht unwahr sind. Einige Jahre vor seinem Meinungs austausch mit Constant befand Kant sich selbst in Schwierigkeiten mit König Friedrich Wilhelm II. Der König und seine Zensoren verlangten von Kant, von allen Vorlesungen und Schriften Abstand zu nehmen, die sie für eine Entstellung oder Herabwürdigung des Christentums hielten. Kant, der vorhatte, weiterhin über Religion zu sprechen und zu publizieren, antwortete mit einer sorgfältig formulierten Erklärung und versprach: »Als Ew. Königl. Maj. getreuester Unterthan [erkläre ich], dass ich mich fernerhin aller öffentlichen Vorträge die Religion betreffend (...) gänzlich enthalten werde.«[2] Als der König einige Jahre darauf starb, sah Kant sich von seinem Versprechen entbunden, da es ihn ja nur als »getreuesten Unterthan seiner Majestät« verpflichtete. Kant erläuterte später, er habe seine Worte »vorsichtig [gewählt], damit ich nicht der Freiheit (...) auf immer, sondern nur so lange Se. Maj. am Leben wäre, entsagte«.[3] Mit dieser schlauen Ausflucht gelang es diesem Ausbund preußischer Rechtschaffenheit, die Zensoren in die Irre zu führen, ohne sie zu belügen.

Viele meinten, Clinton habe ein ähnliches Manöver ausgeführt, als er in der Frühphase des Skandals wiederholt das Präsens verwendete, wenn er Behauptungen über vergangene Ungehörigkeiten bestritt: »Es gibt keine sexuelle Beziehung.« Als Journalisten wegen der möglichen Ausflucht nachhakten, äußerte er schließlich ein weniger unbestimmtes Dementi.

Falls der Präsident von einer irreführenden Wahrheit (wie der von Kant) zu einer tatsächlichen Lüge übergegangen wäre, könnte immer noch ein mildernder Umstand vorliegen. Selbst die Rechtschaffensten unter uns würden die neugierige, lüsterne Musterung, der öffentliche Personen ausgesetzt sind, nicht begrüßen. Nehmen wir noch einmal den Talmud. Dort wird von einem weisen Rabbi erzählt, der so vorbildlich war, dass sein Schüler sich einmal unter dessen Bett versteckte, um zu erfahren, wie das eheliche Sexualleben richtig zu gestalten sei. Als der Rabbi die Anwesenheit seines Schülers bemerkte und ihn zum Gehen aufforderte, entgegnete der Schüler: »Es ist Torah

(Unterweisung) und verdient, studiert zu werden.« Die Beliebtheit des Präsidenten war nach der Affäre ungebrochen – nicht weil das amerikanische Volk glaubte, er habe die Wahrheit gesagt, sondern weil es beschlossen hatte, dass sein Sexualleben keine Unterweisung sei und es demnach nicht verdiene, studiert zu werden.

1   Immanuel Kant: »Über ein vermeintes Recht aus Menschenliebe zu lügen«, in ders.: *Werke in zwölf Bänden*, Band 8. Frankfurt a. M., Suhrkamp/Insel 2000, S. 638.
2   Immanuel Kant: »Der Streit der Fakultäten«, in ders.: *Gesammelte Schriften*, Bd. VII, hrsg. Preußische Akademie der Wissenschaften. Berlin, 1900, S. 10.
3   Ebd.

Gibt es ein Recht auf Sterbehilfe?

Dieser Essay wurde geschrieben, als der Supreme Court über zwei Fälle zu entscheiden hatte, in denen nach bundesstaatlichen Gesetzen die ärztliche Sterbehilfe verboten worden war. Der Oberste Gerichtshof bestätigte die Gesetze einstimmig und verwarf die Auffassung von einem verfassungsmäßigen Recht auf ärztlich unterstützten Suizid.

Wenn der Supreme Court darüber entscheidet, ob unheilbar Kranke im Endstadium ein verfassungsmäßiges Recht auf ärztliche Sterbehilfe haben, wird das Gericht höchstwahrscheinlich Nein sagen. Fast alle US-Staaten verbieten die Beihilfe zum Suizid, und in vorhergehenden mündlichen Begründungen äußerte die Justiz im Vorfeld Zweifel daran, eine so große Zahl an bundesstaatlichen Gesetzen zu einer moralisch dermaßen aufwühlenden Frage für ungültig zu erklären.

Sollte das Gericht wie erwartet entscheiden, wird es nicht nur die Urteile der zwei bundesstaatlichen Gerichte aufheben, die den Suizid als verfassungsmäßiges Recht deklariert haben. Es wird auch den Rat von sechs angesehenen Moralphilosophen zurückweisen, die ein entsprechendes Schreiben bei Gericht eingereicht haben. Die Autoren bilden das »Dream Team« der liberalen politischen Philosophie: Ronald Dworkin (Oxford/New York), Thomas Nagel (New York), Robert Nozick (Harvard), John Rawls (Harvard), Thomas Scanlon (Harvard) und Judith Jarvis Thomson (MIT).[1]

Im Zentrum ihrer Argumentation steht das attraktive, aber falsch verstandene Prinzip, wonach der Staat hinsichtlich moralischer und religiöser Kontroversen neutral sein solle. Da die Menschen unterschiedliche Ansichten dazu hätten, was dem Leben Bedeutung und Wert verleihe, solle der Staat, so das Argument der Philosophen, per Gesetz keine bestimmte Antwort auf solche Fragen durchsetzen. Stattdessen solle er das Recht des Einzelnen respektieren, gemäß seinen eigenen Überzeugungen zu dem, was das Leben lebenswert macht, zu leben (und zu sterben). Im Bewusstsein, dass Richter sich nur widerwillig auf moralisch umstrittenes Terrain begeben, erklären die Philosophen, das Gericht könne ein Recht auf Sterbehilfe bejahen, ohne über den moralischen Status des Suizids an sich urteilen zu müssen. Sie schrieben: »Diese Fälle verlangen vom Gericht weder, moralische, ethische oder religiöse Urteile darüber zu fällen, wie Menschen mit dem eigenen Tod umzugehen haben oder ihm begegnen sollten, noch darüber, wann es ethisch angemessen ist, den eigenen Tod schneller herbeizuführen oder andere zu bitten, einem dabei zu helfen.« Stattdessen, so die Philosophen, solle das Gericht dem Einzelnen das Recht einräumen, diese »schwerwiegenden Entscheidungen selbst zu treffen, frei von der Zumutung irgendwelcher religiöser oder philosophischer Vorgaben seitens Justiz oder Gesetzgebung.«

Trotz ihres Anspruchs auf Neutralität verrät die Argumentation der Philosophen eine bestimmte Ansicht darüber, was das Leben lebenswert macht. Dieser Ansicht zufolge lebt und stirbt man am besten, wenn man es wohlüberlegt und selbstbestimmt tut, so dass wir unser Leben als unsere eigene Schöpfung betrachten können. Das beste Leben führen diejenigen, die sich nicht als Teilnehmer eines Dramas sehen, das größer ist als sie selbst, sondern als Autoren des Dramas selbst. »Die meisten von uns sehen den Tod (…) als den letzten Akt des Lebensdramas«, heißt es in dem Schreiben, »und wir wollen, dass dieser letzte Akt unsere eigenen Überzeugungen widerspiegelt.« Die Philosophen sprechen für diejenigen, die ihr Leben beenden würden, wenn sie zu dem Schluss gekommen seien, dass ein Weiterleben »das von ihnen geschaffene Leben eher entstellen als anreichern würde«. Die Philosophen zitieren die Worte des Supreme Court aus einem Abtreibungsfall (*Planned Parenthood v. Casey*, 1992) und betonen das Recht des Einzelnen, »für seine persönliche Würde und Selbstbestimmung zentrale Entscheidungen« zu treffen. Eine solche Freiheit schließt nichts Geringeres ein als »das Recht, sich seine eigene Auffassung vom Dasein, vom Sinn, vom Universum und vom Mysterium des menschlichen Lebens zu bilden«.

Die Betonung, welche die Philosophen auf Selbstbestimmung und freie Entscheidung legen, impliziert, dass das Leben Eigentum der Person sei, die es lebt. Diese Ethik steht im Widerspruch zu einer Vielzahl moralischer Positionen, nach denen das Leben als Geschenk anzusehen sei, welches wir hüten müssten, was mit gewissen Pflichten einhergehe. Diese Auffassungen verwerfen den Gedanken, das Leben einer Person sei uneingeschränkt verfügbar, selbst wenn es sich um das eigene Leben handele.

Die von den Philosophen beschworene Ethik der Selbstbestimmung ist alles andere als neutral; sie entfernt sich von vielen religiösen Traditionen und auch von den Ansichten der Gründer der liberalen politischen Philosophie, John Locke und Immanuel Kant. Sowohl Locke als auch Kant sprachen sich gegen ein Recht auf Selbsttötung aus, und beide verwarfen die Vorstellung, unser Leben sei ein Besitz, über den wir nach Belieben verfügen könnten.

Locke, der Philosoph der Übereinkunft, argumentierte für einen eingeschränkten Staat, weil gewisse Rechte so unlösbar zu uns gehörten, dass wir sie nicht aufgeben könnten, nicht einmal durch einen Akt der Zustimmung. Da die Rechte auf Leben und Freiheit unveräußerlich seien, könnten wir uns nicht selbst in die Sklaverei verkaufen oder Suizid begehen: »Niemand kann mehr Gewalt verleihen, als er selbst besitzt; und wer sich sein eigenes Leben nicht nehmen darf, kann keinem anderen eine Gewalt darüber verleihen.«

Für Kant erlegt der Respekt für Autonomie einem selbst wie

auch anderen Pflichten auf, insbesondere die Pflicht, die Menschheit als Zweck an sich zu behandeln. Diese Pflicht beschränkt die Möglichkeiten des Einzelnen, wie er mit sich selbst umgehen kann. Nach Kant ist Mord falsch, weil er das Opfer als Mittel benutzt, anstatt es als Zweck selbst zu achten. Doch das kann auch für den Suizid gelten: Wenn ein Mensch, »um einem beschwerlichen Zustande zu entfliehen, sich selbst zerstört, so bedient er sich einer Person, bloß als eines Mittels, zur Erhaltung eines erträglichen Zustandes bis zum Ende des Lebens. Der Mensch aber ist keine Sache, mithin nicht etwas, das *bloß* als Mittel gebraucht werden kann, sondern muss bei allen seinen Handlungen jederzeit als Zweck an sich selbst betrachtet werden.«[2] Kant kommt zu dem Schluss, dass ein Mensch so wenig das Recht hat, sich selbst zu töten, wie er das Recht hat, einen anderen zu töten.

Die vorhin genannten Philosophen gehen in ihrem Schreiben an den Supreme Court im Gegensatz zu Kant davon aus, der Wert des Lebens einer Person sei der, den sie diesem beimisst – vorausgesetzt, die Person ist kompetent und umfassend aufgeklärt. »Wenn eine kompetente Person sterben will«, schreiben die Philosophen, »ergibt es keinen Sinn, sich auf das Recht eines Patienten zu berufen, nicht getötet zu werden, und das als Grund heranzuziehen, weshalb ein Akt, der seinen Tod herbeiführen soll, als unzulässig gilt.« Damit wäre Kant nicht einverstanden gewesen. Die Tatsache, dass jemand sterben möchte, macht es nicht moralisch zulässig, denjenigen zu töten – selbst wenn sein Wunsch nicht durch Zwang und nach umfassender Aufklärung entstanden ist.

Die Philosophen könnten erwidern, dass erlaubte Sterbehilfe niemandem Schaden zufüge, der sie moralisch verwerflich findet; wer es vorziehe, das eigene Leben nicht als autonome Schöpfung, sondern als Episode in einem größeren Drama zu sehen, hätte weiterhin die Freiheit, das zu tun.

Diese Erwiderung verkennt jedoch, dass Gesetzesänderungen auch die Art und Weise verändern können, in der wir uns selbst verstehen. Die Philosophen merken zu Recht an, dass die bestehenden Gesetze gegen Tötung auf Verlangen bestimmte Auffassungen darüber, was dem Leben Sinn verleiht, widerspiegeln und verfestigen. Das würde auch gelten, wenn das Gericht im Namen der Selbstbestimmung Sterbehilfe für rechtens erklären würde. Ein Recht auf Sterbehilfe würde nicht nur die Wahlmöglichkeiten erweitern, sondern zugleich die Neigung bestärken, Leben weniger als Geschenk und mehr als Besitz zu betrachten. Sie könnte das Ansehen mehren, mit dem wir das selbstbestimmte, unabhängige Leben bedenken, und die Ansprüche derjenigen abwerten, die wir als abhängig betrachten. Es bleibt abzuwarten, wie sehr eine solche Veränderung die Politik gegenüber den Älteren, den Behinderten, den Armen und Kranken beeinflussen oder die Einstellung von Ärzten gegenüber ihren leidenden Patienten oder die von Kindern gegenüber ihren alternden Eltern umgestalten würde.

Verwirft man das Argument der Selbstbestimmung, heißt das nicht zwangsläufig, dass man in allen Fällen gegen Sterbehilfe sein muss. Selbst diejenigen, die Leben als geheiligte Gabe zu treuen Händen ansehen, können eingestehen, dass die Ansprüche des Mitgefühls manchmal stärker sein dürften als die Pflicht, Leben zu bewahren. Die Herausforderung liegt darin, einen Weg zu finden, der diese Ansprüche anerkennt, aber die moralische Bürde eines vorzeitig herbeigeführten Todes sowie die Ehrfurcht vor dem Leben erhält als etwas, das wir wertschätzen, und nicht als etwas, das wir wählen.

1   Siehe »Assisted Suicide: The Philosophers' Brief«, in: *New York Review of Books*, Bd. 44, March 27, 1997.
2   Immanuel Kant: »Grundlegung zur Metaphysik der Sitten«, in ders.: *Werke in zwölf Bänden*, Band 7. Frankfurt a. M., Suhrkamp/Insel 2000, S. 61.

Embryonalethik – die moralische
Logik der Stammzellforschung

Auf den ersten Blick scheint die Bundesfinanzierung der Stammzellforschung allzu naheliegend, als dass man sie rechtfertigen müsste. Warum sollte die Regierung sich weigern, ein Forschungsfeld zu unterstützen, das Behandlungs- und Heilungsmöglichkeiten für verheerende Erkrankungen wie Parkinson und Diabetes oder auch für Rückenmarkverletzungen verspricht?

Kritiker der Stammzellforschung bringen zwei zentrale Einwände dagegen vor: Manche halten die Stammzellforschung trotz ihrer ehrenwerten Ziele für falsch, weil sie die Vernichtung menschlicher Embryonen mit sich bringt; andere fürchten, dass die Forschung an Embryonen, selbst wenn sie an sich nicht falsch sei, den Weg für unmenschliche Praktiken eröffnen könne – etwa Embryonenfarmen, geklonte Babys, die Verwendung von Föten als Ersatzteillager oder die Kommerzialisierung menschlichen Lebens.

Überzeugend ist letztlich keiner dieser beiden Einwände, auch wenn sie Fragen aufwerfen, die von den Befürwortern der Stammzellforschung durchaus ernst genommen werden sollten. Sehen wir uns den ersten Einwand an: Wer ihn äußert, beginnt zu Recht mit dem Argument, dass nicht allein die Zwecke, sondern ebenso die Mittel unter dem Gesichtspunkt biomedizinischer Ethik zu betrachten seien. Auch Forschung, die ein großartiges Ziel anstrebt, ist nicht gerechtfertigt, wenn dieses Ziel nur um den Preis zu erreichen ist, dass fundamentale Menschenrechte verletzt werden. Beispielsweise wären grausame Experimente wie jene der Nazi-Ärzte auch dann nicht moralisch in Ordnung, wenn sie zu Entdeckungen führen würden, die menschliches Leid lindern.

Nur wenige würden bestreiten, dass die Achtung der Menschenwürde der medizinischen Forschung moralisch gewisse Beschränkungen auferlegt. Die Frage ist, ob die Vernichtung menschlicher Embryonen in der Stammzellforschung der Tötung menschlichen Lebens gleichkommt. Der »Embryo-Einwand« behauptet, dies sei der Fall. Für diejenigen, die diese Ansicht vertreten, ist die Entnahme von Stammzellen aus einer Blastozyste moralisch das Gleiche, als würde man Babys Organe entwenden, um das Leben anderer zu retten.

Manche begründen diesen Gedankengang mit dem religiösen Glauben, durch die Empfängnis werde die Eizelle beseelt. Andere vertreten diese Auffassung, ohne sich auf eine Religion zu berufen; sie argumentieren folgendermaßen: Jeder von uns hat sein Leben als Embryo begonnen. Wenn unser Leben einfach aufgrund unseres Menschseins der Achtung wert und damit unantastbar ist, wäre es falsch zu glauben, wir hätten diesen Respekt in einem früheren Alter oder zu einem früheren Zeitpunkt der Entwicklung nicht verdient. Solange wir von der Empfängnis bis zur Geburt keinen präzisen Moment ausmachen können, ab wann die Existenz der menschlichen Person beginnt, müssen wir diesem Argument zufolge davon ausgehen, dass Embryonen dieselbe Unantastbarkeit zukommt wie vollständig entwickelten Menschen.

Doch dieses Argument ist falsch. Die Tatsache, dass jeder Mensch sein Leben als Embryo begonnen hat, beweist nicht, dass Embryonen Personen sind. Nehmen wir eine Analogie: Obwohl jede Eiche einst eine Eichel war, folgt daraus nicht, dass Eicheln gleich Eichen sind, und auch nicht, dass ich den Verlust einer Eichel, die von einem Eichhörnchen in meinem Garten gefressen wird, als gleichwertig mit dem Verlust einer ganzen, vom Sturm gefällten Eiche betrachten sollte. Obwohl sich das eine kontinuierlich aus dem anderen entwickelt, sind Eicheln und Eichen doch verschiedene Dinge. Das gilt auch für menschliche Embryonen und Menschen. Empfindungsfähige Wesen konfrontieren uns mit Ansprüchen, die empfindungslose Wesen nicht stellen; Wesen, die erfahrungs- und bewusstseinsfähig sind, stellen noch höhere Ansprüche. Das menschliche Leben entwickelt sich graduell.

Diejenigen, die Embryonen als Personen ansehen, unterstellen häufig, dass es sonst nur die Alternative gäbe, sie moralisch gleichgültig zu betrachten. Doch man muss den Embryo nicht zwangsläufig als vollentwickeltes menschliches Wesen ansehen, um ihm einen gewissen Respekt zukommen zu lassen. Betrachtet man ihn als bloße Sache, mit der wir nach Belieben umgehen können, so übergeht man, wie mir scheint, seine Bedeutung als potentielles menschliches Leben. Nur wenige würden die mutwillige Vernichtung von Embryonen oder die Verwendung von Embryonen für die Entwicklung einer neuen Kosmetik gutheißen. Personalität ist nicht der einzige Garant für Achtung. Beispielsweise sehen wir es auch als respektlos an, wenn ein Wanderer seine Initialen in einen alten Mammutbaum ritzt – nicht, weil wir den Mammutbaum als Person ansehen, sondern weil wir ihn als Naturwunder betrachten, das Wertschätzung und Ehrfurcht verdient.

Respekt gegenüber dem altehrwürdigen Wald heißt nicht, dass kein Baum jemals für menschliche Zwecke gefällt oder abgeerntet werden darf. Den Wald zu achten kann damit vereinbar sein, dass wir ihn nutzen. Doch die Zwecke sollten Gewicht haben und der wunderbaren Natur des Gegenstands angemessen sein.

Die Auffassung, ein Embryo in der Petrischale besitze den gleichen Rang wie eine Person, ist noch aus weiteren Gründen angreifbar. Wie wenig plausibel sie ist, erkennt man vielleicht am besten, wenn man all ihre Implikationen herausarbeitet. Erstens: Wenn die Entnahme von Stammzellen aus einer Blastozyste tatsächlich auf der gleichen Stufe stünde wie die Organentnahme bei einem Baby, würde eine moralisch verantwortliche Politik sie verbieten und ihr nicht bloß die Finanzierung aus Bundesmitteln verweigern. Wenn manche Ärzte dazu übergingen, Kinder zu töten, um Organe für Transplantationen zu gewinnen, würde niemand dafür eintreten, dass Kindstötung im privaten Bereich erlaubt sei, obwohl sie für eine staatlich Finanzierung nicht in Frage komme. Wären wir davon überzeugt, dass die Forschung an embryonalen Stammzellen einer Kindstötung gleichkommt, würden wir sie nicht nur verbieten, sondern als grässlichen Mord behandeln und Wissenschaftler, die sie betreiben, als Verbrecher bestrafen.

Zweitens: Wenn man den Embryo als Person betrachtet, schließt man nicht nur die Stammzellforschung aus, sondern alle Verfahren der künstlichen Befruchtung, bei denen überzählige Embryonen erzeugt und verworfen werden. Um die Schwangerschaftsquoten zu erhöhen und Frauen die Torturen wiederholter Versuche zu ersparen, erzeugen die meisten Kliniken für künstliche Befruchtung mehr befruchtete Eizellen, als anschließend implantiert werden. Überzählige Embryonen werden meist auf unbestimmte Zeit eingefroren oder weggeworfen. (Eine kleine Anzahl wird für die Stammzellforschung gespendet.) Wenn es aber unmoralisch ist, Embryonen für die Behandlung oder Heilung schwerer Krankheiten zu opfern, dann ist es ebenso unmoralisch, sie zur Behandlung von Unfruchtbarkeit zu opfern.

Drittens: Verfechter der In-vitro-Fertilisation verweisen darauf, dass bei künstlicher Befruchtung weniger Embryonen vernichtet würden als bei natürlichen Schwangerschaften, wo mehr als die Hälfte aller befruchteten Eizellen sich entweder gar nicht einnisten oder auf andere Weise abgehen. Diese Tatsache beleuchtet ein weiteres Problem der Sichtweise, die Embryonen und Personen gleichsetzt: Wenn jede erfolgreiche Geburt nach natürlicher Zeugung mit dem Verlust mehrerer Embryonen einhergeht, sollten wir uns vielleicht weniger Gedanken um die Embryonen machen, die bei In-vitro-Fertilisation und Stammzellforschung vernichtet werden.

Diejenigen, die Embryonen als Personen ansehen, könnten

darauf erwidern, dass eine hohe Säuglingssterblichkeit keine Kindstötung rechtfertige. Doch die Art, in der wir auf den natürlichen Verlust von Embryonen reagieren, lässt darauf schließen, dass wir dieses Ereignis nicht als moralisches oder religiöses Äquivalent zum Tod von Säuglingen betrachten. Selbst jene religiösen Traditionen, die sich am stärksten um das werdende menschliche Leben sorgen, schreiben beim Verlust eines Embryos nicht dieselben Beerdigungsrituale und Trauerriten vor wie beim Verlust eines Kindes. Außerdem: Wenn der mit natürlicher Zeugung einhergehende Verlust von Embryonen dem Kindstod moralisch gleichwertig wäre, dann müsste Schwangerschaft als Krise des öffentlichen Gesundheitswesens von epidemischen Ausmaßen angesehen werden; die Reduzierung der natürlichen Embryo-Verluste wäre eine dringlichere moralische Angelegenheit als Abtreibung, In-vitro-Fertilisation und Stammzellforschung zusammen.

Selbst Kritikern der Stammzellforschung widerstrebt es, die gesamten Folgerungen aus dem Embryo-Einwand zu akzeptieren. Präsident George W. Bush verbot zwar eine Bundesfinanzierung der Forschung an embryonalen Stammzelllinien, die nach dem 9. August 2001 gewonnen wurden, versuchte aber nicht, diese Forschung selbst zu verbieten. Ebenso wenig forderte er Wissenschaftler dazu auf, sie zu unterlassen. Und als die Stammzelldebatte im Kongress hitziger wurde, starteten sogar ausgesprochene Gegner der Embryonenforschung keine nationale Kampagne mit der Forderung, In-vitro-Fertilisation zu verbieten oder Reproduktionskliniken die Erzeugung und Entsorgung überzähliger Embryonen zu untersagen. Das heißt nicht, dass ihre Auffassungen nicht auf Grundsätzen beruhen würden, sondern nur, dass sie nicht auf jenem Prinzip beruhen können, wonach Embryonen unantastbar seien.

Womit ließe sich eine Kürzung staatlicher Finanzierung der Stammzellforschung sonst noch rechtfertigen? Es könnte die Befürchtung sein, Embryonenforschung mache den Weg für Ausbeutung und Missbrauch frei. Dieser Einwand greift legitime Besorgnisse auf, doch eine Beschränkung der Stammzellforschung ist der falsche Ansatz, ihnen gerecht zu werden. Der Kongress kann Missbrauch verhindern, indem er vernünftige Vorschriften erlässt – angefangen mit einem schlichten Verbot, Menschen zu klonen. In Anlehnung an die Regelung in Großbritannien könnte der Kongress auch fordern, nur Embryonen, die jünger sind als 14 Tage, zu Forschungszwecken zuzulassen; er könnte die Kommerzialisierung von Keimzellen und Embryonen einschränken und eine Bank für Stammzellen einrichten, um zu verhindern, dass Eigentumsinteressen den Zugang zu Stammzelllinien monopolisieren. Regulierungen dieser Art könnten uns davor bewahren, beim Versuch, das große biomedizinische Versprechen unserer Zeit einzulösen, unversehens in eine schöne neue Welt zu geraten.

Moralische Auseinandersetzung und liberale Tolerierung – Abtreibung und Homosexualität

Die Menschen verteidigen Gesetze gegen Abtreibung und homosexuelles Verhalten auf zwei unterschiedliche Weisen: Manche bringen vor, Abtreibung und Homosexualität seien moralisch verwerflich und deshalb zu verbieten; andere versuchen ein Urteil über die Moralität dieser Praktiken zu vermeiden und meinen stattdessen, in einer Demokratie hätten Mehrheiten schlichtweg das Recht, ihre moralischen Überzeugungen in Gesetze zu fassen.

Die Argumente gegen ein Verbot von Abtreibung oder von gleichgeschlechtlichen Beziehungen treten ebenfalls in zwei Formen auf: Manche sagen, solche Gesetze seien ungerecht, weil die mit ihnen verbotenen Verhaltensweisen moralisch zulässig und manchmal sogar wünschenswert seien; andere sind gegen solche Gesetze, ohne sich auf den moralischen Rang der fraglichen Praktiken zu beziehen, und bringen stattdessen vor, der Einzelne habe ein Recht darauf, für sich zu entscheiden, ob er sich auf sie einlassen wolle.

Diese beiden Argumentationsweisen könnte man als »naiv« bzw. »reflektiert« bezeichnen. Die naive Sichtweise behauptet, die Gerechtigkeit von Gesetzen hänge ab vom moralischen Wert des durch sie verbotenen oder geschützten Verhaltens. Die reflektierte Auffassung besagt, die Gerechtigkeit solcher Gesetze hänge nicht vom substantiellen moralischen Urteil über das entsprechende Verhalten ab, sondern von einer allgemeineren Vorstellung über die jeweiligen Ansprüche der Mehrheitsnorm und der Rechte des Einzelnen – also von Demokratie einerseits und Freiheit andererseits.

Ich werde versuchen, die in der naiven Sicht steckende Wahrheit herauszuarbeiten. Meine Annahme: Die Gerechtigkeit (oder Ungerechtigkeit) von Gesetzen gegen Abtreibung und homosexuelles Verhalten hängt zumindest teilweise davon ab, wie moralisch (oder unmoralisch) diese Praktiken sind.[1]

Diese Behauptung wird von der reflektierten Position zurückgewiesen. Sowohl in ihrer an Mehrheiten orientierten als auch in ihrer liberalen Variante versucht die reflektierte Sichtweise, auf kontroverse moralische und religiöse Gerechtigkeitskonzepte zu verzichten oder sie auszuklammern. Sie beharrt darauf, dass die Rechtfertigung von Gesetzen eine neutrale Position gegenüber konkurrierenden Ansichten zum guten Leben einnehmen müsse.

In der Praxis sind diese beiden Argumentationsweisen selbstverständlich mitunter schwer voneinander zu unterscheiden. In Debatten über Fälle wie *Roe v. Wade*[2] und *Bowers v. Hardwick*[3] neigen beide Lager dazu, die naive Sichtweise im Gewand der reflektierten vorzutragen. (So groß ist das Prestige der Letzteren.) Beispielsweise argumentieren diejenigen, die Abtreibung und schwulen wie lesbischen Sex aus Abscheu verbieten würden, häufig im Namen von Demokratie und notwendiger rechtlicher Einschränkungen. Diejenigen, die permissive Gesetze wünschen, weil sie Abtreibung und Homosexualität billigen, argumentieren ihrerseits oft im Namen liberaler Toleranz.

Damit soll nicht suggeriert werden, dass alle Beispiele für reflektiertes Argumentieren ungeschickte Versuche sind, eine fixe moralische Überzeugung zu propagieren. Diejenigen, die vorbringen, das Gesetz solle gegenüber konkurrierenden Vorstellungen des guten Lebens neutral sein, bieten dafür unterschiedliche Begründungen an; die bekanntesten lauten folgendermaßen:

1. Die *voluntaristische* Sicht meint, der Staat solle gegenüber Vorstellungen des guten Lebens neutral sein, um die Fähigkeit der Menschen zu respektieren, als freie Bürger oder selbstbestimmt Handelnde ihre Vorstellungen selbst zu wählen.

2. Die *minimalistische* oder pragmatische Auffassung besagt: Weil die Menschen bezüglich Moral und Religion unvermeidlich uneins sind, soll der Staat diese umstrittenen Aspekte um der politischen Übereinkunft und sozialen Zusammenarbeit willen ausklammern.

Um den wahren Gehalt der naiven Argumentationsweise herauszuarbeiten, sehe ich mir die konkreten Argumente an, die Richter und Kommentatoren in jüngeren Fällen hinsichtlich Abtreibung und Homosexualität vorgetragen haben. Ihre stets durchdachten Begründungen illustrieren die Schwierigkeit, moralische Urteile für juristische Zwecke auszuklammern. Obwohl ein großer Teil meiner Argumentation führende Theorien der liberalen Tolerierung kritisiert, glaube ich nicht, dass ich damit dem Majoritarismus entgegenkomme. Der Liberalismus wird nicht durch solch ein Mehrheitsprinzip kuriert, sondern dadurch, dass er der Rolle substantieller moralischer Diskurse in politischen und verfassungsrechtlichen Auseinandersetzungen größere Wertschätzung entgegenbringt.

Persönlichkeitsrechte: Intimität und Selbstbestimmung

Im verfassungsmäßigen Recht auf Privatsphäre geht die Neutralität des Staates oft einher mit der voluntaristischen Auffassung von der Person. Was die Abtreibung betrifft, darf beispielsweise kein Bundesstaat »aufgrund einer bestimmten Definition des Lebens«[4] das Recht einer Frau außer Kraft setzen, selbst zu entscheiden, »ob sie ihre Schwangerschaft zum Abschluss bringen möchte oder nicht«.[5] Die Regierung darf keine spezielle moralische Ansicht dazu durchsetzen, egal, wie weit sie auch verbreitet sein mag, denn »keine Person sollte nur deshalb gezwungen werden, die Freiheit aufzugeben, diese Entscheidung für sich allein zu treffen, weil ihre ›Wertepräferenz‹ nicht von der Mehrheit geteilt wird«.[6]

Wie bei der Religionsfreiheit und der Redefreiheit spiegelt das Ideal der Neutralität auch hinsichtlich der Privatsphäre eine voluntaristische Auffassung vom menschlichen Handeln wider. Der Staat muss demnach gegenüber Vorstellungen des guten Lebens neutral sein, um die Fähigkeit von Personen zu respektieren, ihre Werte und Beziehungen selbst zu wählen. Die Verbindung zwischen Persönlichkeitsrechten und der voluntaristischen Vorstellung des Selbst ist so eng, dass Kommentatoren die Werte der Privatsphäre häufig mit Selbstbestimmung gleichsetzen: Es heißt dann, die Persönlichkeitsrechte seien »in Begriffen individueller Autonomie begründet«, weil »die durch die Verfassung geschützte menschliche Würde ernstlich eingeschränkt würde, wenn die Menschen nicht eine Lebensweise frei wählen und annehmen könnten, die ihnen den Ausdruck ihrer Einzigartigkeit und Individualität erlaubt«.[7] Indem es »ein verfassungsmäßiges Recht auf Privatsphäre anerkannt« hat, hat das Oberste Gericht die Auffassung bekräftigt, »dass Personen die Fähigkeit besitzen, selbstbestimmt zu leben, sowie das Recht, diese Fähigkeit auszuüben«.[8] Die Entscheidungen des Supreme Court, die Gesetze gegen Verhütungsmittel aufzuheben, »schützen nicht nur den Einzelnen, der beschließt, sich nicht fortzupflanzen, sondern auch die Autonomie einer Paarverbindung«.[9] Sie schützen Männer und Frauen »vor einer ungewollten Verpflichtung« gegenüber ungewollten Kindern und »vor einer erzwungenen Identifikation mit der sozialen Rolle als Eltern«.[10]

In Urteilen des Obersten Gerichtshofs wie auch in abweichenden Voten haben Richter die Persönlichkeitsrechte oft mit voluntaristischen Annahmen gekoppelt. Von Gesetzen, die den Gebrauch von Verhütungsmitteln verbieten, hat der Gerichtshof entsprechend gesagt, sie verletzten »den verfassungsmäßigen Schutz der individuellen Selbstbestimmung in Hinblick auf die Mutterschaft«.[11] Das Gericht hat das Recht auf Abtreibung mit der Begründung verteidigt, dass nur wenige Entscheidungen »stärker der Privatsphäre angehören oder grundlegender für die persönliche Würde und Selbstbestimmung sind als die

Entscheidung einer Frau (...), ob sie ihre Schwangerschaft beendet«.[12] Richter Douglas hob in einem Abtreibungsfall hervor, das Recht auf Privatsphäre schütze die Freiheit zu solchen Entscheidungen, und zwar als »selbstbestimmte Kontrolle über Entwicklung und Ausdruck des eigenen Intellekts, eigener Interessen, Vorlieben und der eigenen Persönlichkeit« sowie als »Wahlfreiheit in den grundlegenden Lebensentscheidungen in Hinblick auf Eheschließung, Scheidung, Fortpflanzung, Verhütung und die Erziehung und Aufzucht von Kindern«.[13] Vier Richter hätten den Schutz der Privatsphäre gerne auf einvernehmliche homosexuelle Aktivitäten erweitert – mit der Begründung, »ein erheblicher Teil des Reichtums einer Beziehung wird sich aus der Freiheit des Einzelnen ergeben, Form und Art dieser engen persönlichen Bindungen selbst zu *wählen*«.[14]

Obwohl die Verknüpfung von Privatsphäre und Selbstbestimmung mittlerweile so vertraut ist, dass sie als natürlich oder gar notwendig erscheint, ist eine voluntaristische Konzeption der Person nicht zwangsläufig die Voraussetzung für Persönlichkeitsrechte. Tatsächlich haben Persönlichkeitsrechte in der amerikanischen Rechtsgeschichte größtenteils weder das Ideal des neutralen Staates noch das Ideal eines Selbst eingeschlossen, das seine Ziele und Bindungen frei wählt.

Während das zeitgenössische Recht auf Privatsphäre das Recht meint, ohne staatliche Beschränkung ein bestimmtes Verhalten zu wählen, wird in der traditionellen Version darunter das Recht verstanden, bestimmte persönliche Tatsachen vor dem Blick der Öffentlichkeit zu verbergen. Die neue Privatsphäre schützt »die Unabhängigkeit [einer Person], bestimmte Arten von wesentlichen Entscheidungen zu treffen«, während die alte Privatsphäre das Interesse einer Person schützt, »die Enthüllung persönlicher Angelegenheiten zu vermeiden«.[15]

Die Tendenz, Privatsphäre mit Selbstbestimmung gleichzusetzen, verdunkelt nicht nur diesen sich wandelnden Begriff von Privatheit; sie beschneidet auch die Gründe, sie zu schützen. Obwohl die neue Privatsphäre üblicherweise auf voluntaristischen Begründungen beruht, kann sie auch anders gerechtfertigt werden. Beispielsweise kann ein Recht darauf, in Eheangelegenheiten frei von staatlicher Einmischung zu sein, nicht nur im Namen individueller Entscheidungsfreiheit vertreten werden, sondern auch im Namen des spezifischen Wertes oder der sozialen Bedeutung der von ihm geschützten Praxis.

Von der alten Privatsphäre zur neuen

Legale Anerkennung erhielten die Persönlichkeitsrechte in den Vereinigten Staaten zunächst nicht als verfassungsmäßiges Recht, sondern in Bezug aufs Schadensersatzrecht. In einem einflussreichen Artikel aus dem Jahr 1890 forderten Louis Brandeis, damals Anwalt in Boston, und sein einstiger Partner Samuel Warren, das Zivilrecht solle das »Recht auf Privatsphäre« schützen.[16] Der von Brandeis und Warren formulierte Anspruch auf Privatsphäre war weit entfernt von den Sorgen um die sexuelle Freiheit späterer Zeiten; die Privatsphäre, die sie meinten, war vergleichsweise idyllisch und betraf die Veröffentlichung von High-Society-Tratsch in der Sensationspresse oder die nicht genehmigte Verwendung von Bildern bestimmter Personen in der Werbung.[17] Zunächst nur vereinzelt, in den 30er Jahren dann immer häufiger, gewann diese Form von Persönlichkeitsrecht Anerkennung im Zivilrecht der meisten Bundesstaaten.[18] Im Verfassungsrecht fand die Privatsphäre jedoch bis in die 60er Jahre hinein wenig Aufmerksamkeit.

Der Supreme Court wandte das Recht auf Privatsphäre erstmals 1961 im Verfahren *Poe v. Ullman*[19] an, als es über die Klage eines Apothekers aus Connecticut gegen das staatliche Verbot von Verhütungsmitteln zu entscheiden hatte. Obwohl die Richter-Mehrheit die Klage aus technischen Gründen abwies,[20] brachten die Richter Douglas und Harlan in einem abweichenden Votum vor, das Gesetz verletze das Recht auf Privatsphäre. Diese verstanden sie im traditionellen Sinn: Das fragliche Recht bestand nicht im Recht auf Gebrauch von Verhütungsmitteln, sondern im Recht auf Freiheit von der Überwachung, die für eine Umsetzung des Gesetzes erforderlich wäre. »Wenn wir uns eine Regelung vorstellen, die das Gesetz umfassend anwendet«, schrieb Douglas, »würden wir an den Punkt kommen, wo Durchsuchungsbefehle ergingen und Beamte in Schlafzimmern erschienen, um herauszufinden, was passiert ist (...). Wenn [der Staat] dieses Gesetz erlassen kann, dann kann er es auch umsetzen. Und der Beweis, dass dagegen verstoßen wurde, schließt zwangsläufig ein, dass die Beziehung zwischen Mann und Frau Gegenstand der Ermittlung wird.«[21] Wie Douglas feststellte, wäre ein Verbot des Verkaufs von Verhütungsmitteln etwas anderes als ein Verbot ihres Gebrauchs. Mit einem Verkaufsverbot würde der Zugang zu Verhütungsmitteln eingeschränkt, ohne dass intime Beziehungen einer öffentlichen Untersuchung ausgesetzt würden. Eine Anwendung des Gesetzes würde die Polizei in die Apotheke führen, nicht ins Schlafzimmer, und damit bliebe die Privatsphäre im herkömmlichen Sinn unangetastet.[22]

Gegen das Gesetz führte Richter Harlan auch Gründe an, die zwischen dem alten und dem neuen Verständnis von Privatsphäre unterschieden. Sein Einwand bezog sich nicht darauf, dass das Gesetz gegen Verhütungsmittel nicht neutral gegenüber konkurrierenden Moralvorstellungen sei. Harlan sah zwar, dass das Gesetz auf der Überzeugung beruhte, Verhütungsmittel seien an sich unmoralisch und würden zu »zügellosen Handlungen« wie Unzucht und Ehebruch verleiten, weil sie deren »verhängnisvolle Folgen« minimierten.[23] Doch er fand nicht, dass dieser Mangel an Neutralität gegen die Verfassung verstoße. In einer Stellungnahme, die den Einschränkungen der Neutralität eindeutig widersprach, brachte Harlan vor, dass Moralität eine legitime Angelegenheit des Staates sei.

Die Gesellschaft ist in ihren Zielen nicht allein auf das physische Wohlergehen der Gemeinschaft beschränkt, sondern hat traditionell ebenfalls für die moralische Gesundheit ihrer Mitglieder Sorge getragen. Würde man versuchen, eine Trennlinie zu ziehen zwischen öffentlichem (ausschließlich konsensualem) oder solitärem Verhalten, entzöge man der Gemeinschaft eine Reihe von Themen, mit denen sich zu befassen in zivilisierten Zeiten jede Gesellschaft für notwendig erachtet hat.[24]

Obwohl Harlan das Ideal des neutralen Staates verwarf, schloss er daraus nicht, dass Connecticut verheirateten Paaren verbieten dürfe, Verhütungsmittel zu verwenden. Wie Douglas argumentierte er, eine Anwendung des Gesetzes würde in die Privatsphäre eindringen, die für die wertvolle Institution der Ehe wesentlich sei. Er wandte sich gegen die Verletzung der Privatsphäre im traditionellen Sinn, also dagegen, »dass die ganze Maschinerie des Strafgesetzes ins eigentliche Zentrum der ehelichen Privatsphäre eindringt und von Ehemann und -frau verlangt, vor einem Strafgericht Rechenschaft darüber abzulegen, wie sie von dieser Intimität Gebrauch machen«.[25] Laut Harlan habe der Staat das Recht, im Gesetz die Überzeugung zu konkretisieren, dass Verhütung unmoralisch sei, nicht aber, »die in anstößiger Weise zudringlichen Mittel [anzuwenden], die er zur Durchsetzung dieser Politik gewählt hat«.[26]

Vier Jahre später setzten sich im Verfahren *Griswold v. Connecticut*[27] die Abweichler durch. Der Oberste Gerichtshof setzte das Gesetz des Bundesstaates Connecticut gegen Verhütungsmittel außer Kraft und erkannte erstmals ein verfassungsmäßiges Recht auf Privatsphäre an. Obwohl das Gesetz eher der Verfassung zugeordnet war als dem Schadensersatzrecht, blieb es verbunden mit dem traditionellen Verständnis von Privatsphäre als dem Interesse, intime Angelegenheiten dem Blick der Öffentlichkeit zu entziehen. Die Verletzung der Privatsphäre bestand in der Zudringlichkeit, die zur Anwendung des Gesetzes erforderlich war, nicht in der Einschränkung der Freiheit, Verhütungsmittel zu verwenden. »Würden wir der Polizei gestatten, den heiligen Bezirk des ehelichen Schlafzimmers nach verräterischen Anzeichen für den Gebrauch von Verhütungsmitteln zu durchsuchen?«, fragte Richter Douglas im Namen des Gerichts. »Schon der Gedanke daran stößt sich an den

Vorstellungen von Privatsphäre rund um die eheliche Beziehung.«[28]

Das Recht wurde nicht voluntaristisch, sondern mit einem substantiellen moralischen Urteil begründet; bei der vom Gericht vertretenen Privatsphäre ging es nicht darum, die Menschen ihr Sexualleben nach Belieben führen zu lassen, sondern eher darum, das gesellschaftliche Institut der Ehe zu bestätigen und zu schützen.

> Die Ehe ist eine hoffentlich dauerhafte Vereinigung in Freud und Leid und in einem Maße intim, dass sie als heilig anzusehen ist. Sie ist ein Zusammenschluss, der einen Lebensstil fördert, (...) eine harmonische Lebensführung, (...) beiderseitige Loyalität. (...) [Sie] ist ein Zusammenschluss für einen Zweck, der ebenso edel ist wie jeder andere in unseren vorhergehenden Gerichtsentscheidungen.[29]

Obwohl Kommentatoren und Richter den Fall *Griswold* oft als dramatischen verfassungsrechtlichen Richtungswechsel ansehen, stand das dort proklamierte Persönlichkeitsrecht in Einklang mit traditionellen, bis zur Jahrhundertwende zurückgehenden Vorstellungen von Privatsphäre. In Hinblick auf die Veränderungen des Begriffs der Privatsphäre ereignete sich die entscheidendere Wende sieben Jahre später mit dem scheinbar ähnlich gelagerten Fall *Eisenstadt v. Baird*.[30] Wie bei *Griswold* ging es um ein bundesstaatliches Gesetz, das Verhütungsmittel beschränkte. Im Fall *Eisenstadt* jedoch beschränkte das angefochtene Gesetz die Verteilung von Verhütungsmitteln, nicht deren Verwendung. Weil es den Zugang zu Verhütungsmitteln begrenzte, konnte man nicht sagen, die Umsetzung des Gesetzes erfordere staatliche Überwachung intimer Aktivitäten; es verletzte nicht die Privatsphäre im herkömmlichen Sinn.[31] Außerdem verbot das Gesetz nur die Abgabe von Verhütungsmitteln an Unverheiratete, weshalb es – anders als das Gesetz von Connecticut – die Institution der Ehe nicht antastete.

Trotz dieser Unterschiede erklärte der Supreme Court das Gesetz mit nur einer Gegenstimme für ungültig. Sein Urteil beinhaltete zwei Neuerungen – die eine ausdrücklich, die andere uneingestandenerweise.

Die ausdrückliche Neuerung betraf die Rechtssubjekte der Privatsphäre: Sie besaßen dieses Recht nicht mehr als Personen, die an der gesellschaftlichen Institution der Ehe beteiligt sind, sondern als Individuen, ungeachtet ihrer Rollen oder Bindungen. Das Gericht erklärte: »Es trifft zu, dass das fragliche Recht auf Privatsphäre im Fall *Griswold* der ehelichen Beziehung zukam. Doch das Ehepaar ist keine unabhängige Einheit mit eigenem Denken und Herzen, sondern die Vereinigung zweier Individuen mit je eigener geistiger und emotionaler Ausstattung.«[32]

Die weniger offensichtliche, aber genau so folgenschwere Veränderung im Fall *Eisenstadt* lag in der Verschiebung von der alten Privatsphäre zur neuen. Das Gericht sah Privatheit nicht so sehr als Freiheit von Überwachung oder Veröffentlichung intimer Angelegenheiten, sondern befand, das Recht auf Privatsphäre schütze inzwischen die Freiheit, ohne staatliche Einschränkung bestimmten Aktivitäten nachzugehen. Es verhinderte im Fall *Griswold* zwar das Eindringen des Staates in den »heiligen Bezirk des ehelichen Schlafzimmers«,[33] im Fall *Eisenstadt* verhinderte es jedoch sein Eingreifen in bestimmte *Entscheidungen*. Über den Wandel in der Bedeutung von Privatsphäre hinaus änderte sich auch ihre Begründung. Das Gericht schützte die Privatsphäre im Fall *Eisenstadt* nicht wegen der gesellschaftlichen Praktiken, die sie befördere, sondern wegen der individuellen Entscheidung, die sie gewährleiste. »Wenn das Recht auf Privatsphäre überhaupt etwas bedeutet, so ist es das Recht des *Einzelnen*, ob verheiratet oder nicht, frei von ungerechtfertigter staatlicher Einmischung in Angelegenheiten zu sein, die einen Menschen dermaßen betreffen wie die Entscheidung, ein Kind zu bekommen oder zu zeugen.«[34]

Ein Jahr später, im Verfahren *Roe v. Wade*,[35] kam es in einem Urteil des Obersten Gerichts zur umstrittensten Anwendung des neuen Verständnisses von Privatsphäre: Der Supreme Court verwarf ein Gesetz des Staates Texas gegen Abtreibung und dehnte das Persönlichkeitsrecht so weit aus, dass es auch »die Entscheidung einer Frau, ob sie ihre Schwangerschaft beenden will oder nicht«,[36] umfasste. Erst die Empfängnisverhütung, dann die Abtreibung – das Recht auf Privatsphäre hatte sich zu dem Recht gewandelt, bestimmte Entscheidungen ohne Einmischung des Staates zu treffen.

Die voluntaristische Begründung der neuen Privatsphäre fand ihren expliziten Ausdruck in einem Verfahren von 1977, in dem ein New Yorker Gesetz für ungültig erklärt wurde, das den Verkauf von Verhütungsmitteln an Jugendliche unter 16 Jahren verbot.[37] Zum ersten Mal beschrieb der Oberste Gerichtshof das vom Persönlichkeitsrecht geschützte Interesse in Begriffen der Selbstbestimmung; es sprach sich offen für die Verschiebung von der alten zur neuen Privatsphäre aus. Als Berichterstatter im Verfahren *Carey v. Population Services International* räumte Richter Brennan ein, der Fall *Griswold* konzentriere sich auf die Tatsache, dass ein Gesetz, das den *Gebrauch* von Verhütungsmitteln verbiete, die Polizei in eheliche Schlafzimmer führen könne.[38] »Spätere Entscheidungen haben jedoch deutlich gemacht, dass der verfassungsmäßige Schutz individueller Selbstbestimmung in Bezug auf das Kinderkriegen nicht von diesem Aspekt abhängig ist.«[39] Unter Berücksichtigung der früheren Fälle hob er hervor, der Fall *Eisenstadt* schütze die »*Entscheidung*, ob man ein Kind bekommen oder zeugen [will]«;[40] der Fall *Roe* schütze »die *Entscheidung* einer Frau, ob sie ihre Schwangerschaft beenden will oder nicht«.[41] Er kam zu dem Schluss: »*Griswold* lehrt, dass die Verfassung individuelle Entscheidungen in Bezug auf das Kinderkriegen vor ungerechtfertigter Einmischung des Staates schützt.«[42]

In der voluntaristischen Deutung der Persönlichkeitsrechte wird die Privatsphäre durch ein Verbot des *Verkaufs* von Verhütungsmitteln ebenso stark verletzt wie durch ein Verbot ihres *Gebrauchs*; das eine schränkt die Entscheidung so gewiss ein wie das andere. Brennan bemerkt dazu: »Allerdings würde sich in der Praxis ein generelles Verkaufsverbot, da es leichter und weniger offensiv umzusetzen wäre, vielleicht noch verheerender darauf auswirken, wie frei man sich für Verhütung entscheidet.«[43] Die Tatsache, dass ein Verkaufsverbot die alte Privatsphäre *nicht* bedroht, macht es ironischerweise zu einer größeren Bedrohung für die neue.

Spätere Urteile, in denen das Recht auf Abtreibung bestätigt wurde, bedienten sich ebenfalls des Begriffs der Selbstbestimmung, um den gefährdeten Anspruch auf Privatsphäre zu beschreiben. »Wenige Entscheidungen (…) sind privater oder grundlegender für die individuelle Würde und Selbstbestimmung«, befand das Gericht in einem solchen Fall, »als die Entscheidung einer Frau (…), ob sie ihre Schwangerschaft zum Abschluss bringen will. Das Recht einer Frau, diese Entscheidung frei zu treffen, ist zweifellos fundamental.«[44] Ihren vielleicht umfassendsten Ausdruck fand die Auffassung von Privatsphäre als Selbstbestimmung in einer 1992 von der Richterin Sandra Day O'Connor und ihren Kollegen Anthony Kennedy und David Souter formulierten Urteilsbegründung in einem Abtreibungsfall. Das Recht auf Privatsphäre schütze »die intimsten und persönlichsten Entscheidungen, die eine Person in ihrem Leben treffen dürfte, Entscheidungen, die im Zentrum der persönlichen Würde und Selbstbestimmung stehen«. In der Folge stellten die Richter eine explizite Verbindung zwischen der Privatsphäre als Selbstbestimmung und der voluntaristischen Vorstellung der Person her: »Im Zentrum der Freiheit steht das Recht, sich seine eigene Auffassung von Dasein, von Sinn, vom Universum und von dem Mysterium des menschlichen Lebens zu bilden. Überzeugungen zu diesen Themen, die unter staatlichem Druck zustande kämen, könnten keine Eigenschaften des Menschseins definieren.«[45]

Wiewohl es zunehmend dahin tendierte, die Privatsphäre mit Selbstbestimmung gleichzusetzen, weigerte sich das Oberste

Gericht in einer 5:4-Entscheidung, den Schutz der Privatsphäre auf einvernehmliche homosexuelle Aktivität auszudehnen. Als Mehrheitsberichterstatter hob Richter White hervor, die früheren Gerichtsverfahren hätten zum Persönlichkeitsrecht die freie Entscheidung nur in Hinblick auf die Aufzucht und Erziehung von Kindern, familiäre Beziehungen, Fortpflanzung, Ehe, Verhütung und Abtreibung geschützt. »Wir halten es für offensichtlich«, hielt er fest, »dass keines der in diesen Fällen erklärten Rechte irgendeine Ähnlichkeit mit dem geforderten verfassungsmäßigen Recht von Homosexuellen auf gleichgeschlechtlichen sexuellen Umgang aufweist.«[46] Außerdem wies er die Behauptung zurück, wonach die Bürger Georgias ihre Überzeugung, »dass homosexueller Geschlechtsverkehr unmoralisch und inakzeptabel ist«,[47] nicht gesetzlich verankern könnten. Das Gesetz sei alles andere als neutral, sondern »gründet sich beständig auf Vorstellungen von Moral, und wenn alle Gesetze, die im Grunde moralische Entscheidungen repräsentieren, unter dem Due Process Clause[48] für ungültig erklärt werden sollten, hätten die Gerichte in der Tat sehr viel zu tun«.[49]

Richter Blackmun, der für die vier abweichenden Stimmen sprach, brachte vor, die vorherigen Urteile des Obersten Gerichtshof zur Privatsphäre seien nicht von der Tugendhaftigkeit der durch sie geschützten Praktiken abhängig gewesen, sondern vom Grundsatz der freien individuellen Entscheidung in Sachen Intimsphäre. »Wir schützen diese Rechte nicht, weil sie (...) zum allgemeinen öffentlichen Wohlergehen beitragen, sondern weil sie einen zentralen Teil im Leben des Einzelnen ausmachen. ›Das Konzept der Privatsphäre bringt die *moralische Tatsache [zum Ausdruck], dass eine Person sich selbst und weder anderen noch der Gesellschaft als Ganzes gehört.*‹«[50]

Blackmun setzte sich dafür ein, bei der Bewertung homosexueller Praktiken frühere gerichtliche Entscheidungen zum Persönlichkeitsrecht anzuwenden, und verpackte dabei das Anliegen des Gerichts, konventionelle familiäre Bande zu schützen, in individualistische Begriffe: »Wir schützen die Entscheidung,

ob jemand ein Kind bekommt, weil die Elternschaft die Selbst-
definition des Einzelnen so dramatisch verändert (...). Und wir
schützen die Familie, weil sie so stark zum Glück von Individu-
en beiträgt, und nicht, weil wir dem Stereotyp eines Hausstands
anhängen.«[51] Weil das Recht auf Privatsphäre in sexuellen Beziehungen »die Freiheit eines Individuums [schützt], Form und
Art dieser engen persönlichen Bindungen selbst zu wählen«,[52]
schütze es homosexuelle Aktivität nicht weniger als andere intime Entscheidungen.

Blackmun verteidigte das Ideal des neutralen Staates, indem
er hinzufügte, die herkömmlichen Verdammungen von Homosexualität seitens der Religion würden »dem Staat keine Lizenz
liefern, deren Werturteile der gesamten Bürgerschaft aufzuzwingen«.[53] Im Gegenteil, wenn der Staat sich auf religiöse
Lehren gegen Homosexualität beriefe, würde er seinen Anspruch untergraben, dass das Gesetz »ein rechtmäßiges säku-
lares Instrument darstellt, Zwang auszuüben«.[54]

Obwohl das Gericht zögert, die Persönlichkeitsrechte auf
Homosexuelle auszudehnen, bieten die Fälle aus den letzten
25 Jahren, in denen es um das Recht auf Privatsphäre ging,
eine Fülle von Belegen dafür, dass Annahmen aus der liberalen
Konzeption der Person herangezogen wurden. Dies wirft auch
zwei Fragen zu dem Liberalismus aus, der sich in dieser Konzeption widerspiegelt: erstens jene, ob das Ausklammern moralischer Aspekte überhaupt möglich ist; zweitens die Frage, ob
die voluntaristische Konzeption der Privatsphäre die Spannweite der Gründe für einen Schutz der Privatsphäre verringert.

Die Minimalbegründung der
Tolerierung: Abtreibung

Anders als die voluntaristischen Gründe für den neutralen
Staat strebt der minimalistische Liberalismus eine Konzeption
von Gerechtigkeit an, die politisch statt philosophisch ist und

keine besondere Vorstellung von der Person – ob nun selbstbestimmt oder andersgeartet – voraussetzt. Diese Form des Liberalismus sieht vor, umstrittene moralische und religiöse Fragen nicht etwa wegen »umfassender« liberaler Ideale wie Selbstbestimmung oder Individualität auszuklammern, sondern um trotz der Uneinigkeit über die Ziele die soziale Kooperation zu gewährleisten.[55]

Ein Einwand gegen den minimalistischen Liberalismus lautet, die Begründung für das Ausklammern einer bestimmten moralischen oder religiösen Streitfrage könne teilweise von einer impliziten Antwort auf die Streitfrage abhängen, die sie auszuklammern vorgibt. Im Fall der Abtreibung beispielsweise können wir, je mehr wir davon überzeugt sind, dass Föten im relevanten moralischen Sinn etwas anderes seien als Babys, für politische Zwecke umso überzeugter die Frage ausklammern, welchen moralischen Status Föten besitzen.

Die Begründung des Obersten Gerichtshofs im Verfahren *Roe v. Wade*[56] zeigt, wie schwierig es ist, Verfassungsfälle zu entscheiden, wenn man umstrittene moralische und religiöse Fragen ausklammert. Obwohl das Gericht behauptete, in der Frage nach dem Beginn des Lebens neutral zu sein, setzt seine Entscheidung eine bestimmte Antwort auf diese Frage voraus. Zunächst stellte das Gericht fest, das texanische Gesetz gegen Abtreibung fuße auf einer speziellen Auffassung darüber, wann das Leben beginne. »Texas drängt darauf (…), dass das Leben mit der Zeugung beginne und während der gesamten Schwangerschaft andauere, weshalb der Staat ein zwingendes Interesse daran hat, dieses Leben von der Zeugung an und danach zu schützen.«[57] Dann behauptete der Gerichtshof, er sei in dieser Frage neutral: »Wir müssen die schwierige Frage, wann das Leben beginnt, nicht beantworten. Wenn ausgebildete Mediziner, Philosophen und Theologen zu keiner Übereinstimmung gelangen, ist es nicht an der Justiz (…), über eine Antwort zu spekulieren.«[58] Anschließend sprach das Gericht von der »weitreichenden Divergenz im Denken über diese höchst sensible und schwierige Frage« in der gesamten westlichen Tradition und in den Gesetzen vieler amerikanischer Bundesstaaten.[59]

Aus diesem Überblick schloss der Supreme Court, dass »die Ungeborenen nie als Personen im umfassenden Sinn gesetzlich anerkannt waren«.[60] Entsprechend brachte das Gericht vor, Texas habe zu Unrecht eine bestimmte Definition des Lebens in ein Gesetz gefasst. Da es aber gar keine schlüssige Definition des Lebens gebe, befand es, Texas habe falsch gehandelt, indem es »eine Definition des Lebens [übernommen hat] (...), welche die Rechte der Schwangeren, um die es geht, außer Kraft setzt«.[61]

Doch im Widerspruch zu seinem Neutralitätsbekenntnis ging das Oberste Gericht bei seiner Entscheidung von einer bestimmten Antwort auf die Frage aus, die es auszuklammern behauptete.

> Hinsichtlich des wesentlichen und legitimen Interesses des Staates an potentiellem Leben besteht das »zwingende« Kriterium in der Lebensfähigkeit. Dies ist deshalb so, weil der Fötus ab diesem Stadium vermutlich das Potential besitzt, außerhalb des Bauchs der Mutter ein sinnvolles Leben zu führen. Eine staatliche Regelung zum Schutz des fötalen Lebens nach Einsetzen der Lebensfähigkeit ist somit sowohl logisch als auch biologisch gerechtfertigt.[62]

Dass die Entscheidung des Supreme Court im Fall *Roe* eine bestimmte Antwort auf die Frage voraussetzt, die er auszuklammern vorgibt, ist kein Argument gegen das Urteil, sondern nur ein Argument gegen die Behauptung des Gerichts, es habe die umstrittene Frage nach dem Beginn des Lebens ausgeklammert. Es ersetzt die texanische Definition des Lebens nicht durch eine neutrale Haltung, sondern durch eine andere, eigene Definition.

Die minimalistische Begründung für Neutralität ist einer weiteren Schwierigkeit unterworfen: Selbst wenn eine Übereinkunft besteht, kontroverse moralische und religiöse Fragen um der gesellschaftlichen Zusammenarbeit willen auszuklammern, kann umstritten sein, was als Ausklammern zu gelten hat. Für die Beilegung dieser Auseinandersetzung könnte entweder eine substantielle Bewertung der auf dem Spiel stehenden Interessen erforderlich sein oder die auf Autonomie gegründete Vorstellung von Handeln, die der minimalistische Liberalismus zu umgehen beschlossen hat. Der Abtreibungsfall *Thornburgh v. American College of Obstetricians & Gynecologists*[63] von 1986, der das Urteil im Verfahren *Roe* bestätigte, ist ein Beispiel für diese Schwierigkeit.

Richter White, der im Verfahren *Thornburgh* eine abweichende Meinung vertrat, forderte das Oberste Gericht eindringlich auf, das Urteil von *Roe v. Wade* aufzuheben und »die Frage an das Volk zurückzugeben«.[64] Er war ebenfalls der Meinung, dass Abtreibung eine umstrittene moralische Frage sei, brachte aber vor, das Gericht könne diese Kontroverse am besten dadurch ausklammern, dass es jeden Bundesstaat die Frage für sich selbst lösen lasse. Letztlich schlug er vor, die schwer aufzulösende Streitfrage zur Abtreibung in der gleichen Weise auszuklammern, in der Stephen Douglas vorgeschlagen hatte, die schwer aufzulösende Streitfrage über die Sklaverei auszuklammern – und zwar durch die Weigerung, dem ganzen Land eine einzige Antwort aufzuzwingen. »Abtreibung ist eine heftig umstrittene moralische und politische Frage«, schrieb White. »In unserer Gesellschaft müssen solche Fragen durch den Willen des Volkes entschieden werden, der seinen Ausdruck in der Gesetzgebung findet, oder durch die allgemeinen Prinzipien, die das Volk bereits in die von ihm angenommene Verfassung eingebracht hat.«[65] Falls das Gericht anderweitig entscheide, sei es nicht neutral, sondern »zwinge dem Volk die eigenen umstrittenen Wertentscheidungen auf«.[66]

Richter Stevens antwortete White, indem er sich für eine andere Art des Ausklammerns aussprach. Angesichts der Unstimmigkeit in den betreffenden moralischen Fragen drängte er darauf, dass die Frauen diese individuell für sich selbst entscheiden sollten, anstatt dies dem Gesetzgeber zu überlassen. Wenn das Gericht darauf bestehe, dass Frauen sich frei entscheiden sollten, setze es nicht die Werte des *Gerichts* durch, sondern verhindere lediglich, dass lokale Mehrheiten Individuen *ihre* Werte aufzwängen. »Keine Frau sollte dazu gezwungen werden, die Freiheit aufzugeben, diese Entscheidung für sich selbst zu treffen, nur weil ihre ›Wertepräferenzen‹ von der Mehrheit nicht geteilt werden.«[67] Für Stevens besteht die grundlegende Frage nicht darin, welche Definition des Lebens wahr ist, sondern »ob ›die Entscheidung zur Abtreibung‹ von der einzelnen Frau getroffen werden sollte oder von der Mehrheit in der uneingeschränkten Durchsetzung ihrer – nicht in der Verfassung verankerten – ›Wertepräferenzen‹«.[68]

Überraschend ist, dass beide Arten des Ausklammerns grundsätzlich mit dem minimalistischen Liberalismus übereinstimmen: Das praktische Interesse an gesellschaftlicher Zusammenarbeit unter den Bedingungen fehlender Übereinstimmung hinsichtlich dessen, was als gut erachtet wird, liefert keine Gründe dafür, eine dieser beiden Möglichkeiten zu bevorzugen. Selbst wenn Einigkeit darüber bestünde, eine schwer auflösbare moralische oder religiöse Kontroverse um der sozialen Zusammenarbeit willen auszuklammern, kann immer noch unklar sein, was als Ausklammern zu gelten hat. Eine Beantwortung dieser Frage – die Entscheidung zwischen der Position von White oder der von Stevens – erfordert zudem entweder eine substantielle Meinung zu den auf dem Spiel stehenden moralischen und religiösen Interessen oder einen Begriff der selbstbestimmten Person, wie ihn der Voluntarismus vertritt.

Doch beide Varianten würden dem minimalistischen Liberalismus seinen Minimalismus aberkennen; beide würden ihre vermeintlich politische Konzeption von Gerechtigkeit mit genau den moralischen und philosophischen Implikationen in Zusammenhang bringen, die sie eigentlich zu vermeiden suchen.

Die voluntaristische Begründung der Tolerierung: Homosexualität

Das Minderheitenvotum im Verfahren *Bowers v. Hardwick*[69] zeigt die Schwierigkeiten mit der Variante des Liberalismus, welche die Tolerierung allein an Selbstbestimmungsrechte knüpft. Die Mehrheit im Fall *Bowers* weigerte sich, das Recht auf Privatsphäre auf die Homosexualität auszuweiten, und erklärte, keines der in früheren Fällen zur Privatsphäre anerkannten Rechte gleiche den Rechten, die Homosexuelle forderten: »Zwischen Familie, Ehe oder Fortpflanzung auf der einen und homosexuellen Aktivitäten auf der anderen Seite ist kein Zusammenhang aufgezeigt worden.«[70] Jede Entgegnung auf die Position des Gerichts hätte einen Zusammenhang zwischen den bereits unter dem Schutz der Privatsphäre stehenden Praktiken und den noch nicht geschützten homosexuellen Praktiken aufzuzeigen. Worin aber besteht die Ähnlichkeit zwischen heterosexuellen Intimitäten einerseits und homosexuellen Intimitäten andererseits, so dass beiden ein verfassungsmäßiges Recht auf Privatsphäre zusteht?

Diese Frage könnte auf mindestens zwei verschiedene Arten beantwortet werden: voluntaristisch oder substantiell. Die voluntaristische Argumentation geht von der Selbstbestimmung aus, die sich in den Handlungsweisen zeigt, während die substantielle Beantwortung sich auf die menschlichen Werte beruft, die sich darin realisieren.

Die voluntaristische Antwort hält daran fest, dass Menschen frei sein sollten, ihre intimen Angelegenheiten für sich selbst zu entscheiden – ungeachtet der Tugendhaftigkeit oder Beliebtheit der gewählten Praktiken, solange diese keine anderen schädigen. Aus dieser Sicht ähneln homosexuelle Beziehungen heterosexuellen Beziehungen, die das Gericht bereits insofern geschützt hat, als sie die Entscheidungen autonomer Individuen widerspiegeln.

Im Gegensatz dazu behauptet die substantielle Antwort,

dass vieles von dem, was in der herkömmlichen Ehe wertvoll ist, auch in homosexuellen Vereinigungen vorhanden sei. Aus dieser Sicht besteht die Gemeinsamkeit zwischen heterosexuellen und homosexuellen Beziehungen nicht darin, dass beide aus einer individuellen Entscheidung hervorgehen, sondern dass beide wesentliche menschliche Werte verwirklichen.

Diese zweite Argumentationslinie verlässt sich nicht auf die Selbstbestimmung allein, sondern bringt jene Tugenden zum Ausdruck, welche die homosexuelle Intimität mit der heterosexuellen Intimität gemein haben dürfte (neben anderen spezifisch eigenen Tugenden). Diese Antwort verteidigt die homosexuelle Privatsphäre so, wie im Verfahren *Griswold* die eheliche Privatsphäre verteidigt wurde: mit dem Argument, wie die Ehe könne auch die homosexuelle Vereinigung »in dem Maße intim sein, dass sie als heilig anzusehen ist, (...) eine harmonische Lebensführung [fördert], (...) beiderseitige Loyalität [bedeutet]« – eine Verbindung für einen »edlen« Zweck.[71]

Die Vertreter der abweichenden Meinung im Fall *Bowers* stützen sich allein auf die erste dieser beiden möglichen Antworten. Anstatt homosexuelle Intimitäten wegen der menschlichen Werte zu schützen, die sie mit den (vom Gericht bereits geschützten) heterosexuellen Intimitäten teilen, fasste Richter Blackmun die früheren Fälle des Obersten Gerichts in individualistische Begriffe; er befand, ihre Interpretation lasse sich gleichermaßen auf Homosexualität anwenden, denn »ein erheblicher Teil des Reichtums einer Beziehung wird sich aus der Freiheit des Einzelnen ergeben, Form und Art dieser engen persönlichen Bindungen selbst zu wählen«.[72] Es ging nicht um die Homosexualität an sich, sondern um die Berücksichtigung der Tatsache, dass in Fragen der Lebensführung »verschiedene Individuen verschiedene Entscheidungen treffen«.[73]

In einem Sondervotum vermied auch Richter Stevens, sich auf die Werte zu beziehen, welche die homosexuelle Intimität mit der heterosexuellen Liebe gemeinsam haben mag. Stattdessen betonte er das »›Recht des Einzelnen, bestimmte besonders wesentliche Entscheidungen zu treffen‹‹, und den ‹‹›Respekt für die Würde der individuellen Entscheidung‹‹,[74] während er die Auffassung verwarf, eine solche Freiheit stehe nur Heterosexuellen zu. ›‹Aus Sicht des Einzelnen haben der Homosexuelle und der Heterosexuelle das gleiche Interesse zu entscheiden, wie sie ihr Leben leben möchten, und, enger gefasst, wie sie sich selbst in ihren persönlichen und freiwilligen Beziehungen zu ihren Partnern verhalten möchten.‹‹[75]

Die voluntaristische Begründung dominiert die abweichenden Meinungen im Fall *Bowers v. Hardwick* so sehr, dass es schwer erscheint, die substantielle Argumentation rechtlich wiederzugeben. Doch ein Funken dieser Auffassung lässt sich in der Urteilsbegründung des Bundesberufungsgerichts im selben Fall finden.[76] Der United States Court of Appeals hatte zugunsten von Hardwick entschieden und das Gesetz für ungültig erklärt, nach welchem er verurteilt worden war. Wie Blackmun und Stevens konstruierte das Berufungsgericht eine Analogie zwischen der Privatsphäre in der Ehe und der Privatsphäre in homosexuellen Beziehungen. Doch anders als die Vertreter der abweichenden Meinung am Supreme Court stützte es die Analogie nicht allein auf voluntaristische Gründe. Vielmehr brachte es vor, beide Praktiken könnten wesentliche menschliche Werte verwirklichen.

Die eheliche Beziehung sei wertvoll, schrieb das Berufungsgericht – nicht nur zum Zweck der Fortpflanzung, sondern auch, ›‹weil sie in einzigartiger Weise gegenseitige Unterstützung und Selbstverwirklichung ermöglicht‹‹.[77] Das Gericht erinnerte an die Feststellung des Supreme Court im Fall *Griswold*, wonach ›‹die Ehe eine hoffentlich dauerhafte Vereinigung in Freud und Leid und in einem Maße intim [ist], dass sie als heilig anzusehen ist‹‹.[78] Anschließend erklärte es, die vom Obersten Gericht im Fall *Griswold* so gewürdigten Eigenschaften könnten ebenso gut auf homosexuelle Verbindungen zutreffen: ›‹Für manche dient die hier in Frage stehende sexuelle Aktivität dem gleichen Zweck wie die eheliche Intimität.‹‹[79]

Ironischerweise ist diese Erweiterung der Persönlichkeits-rechte an eine »altmodische« Lesart des Falles *Griswold* ge-knüpft, wonach die in der Ehe verwirklichten menschlichen Werte zu schützen seien – eine Lesart, auf die der Supreme Court schon lange zugunsten einer individualistischen Deu-tung verzichtet hatte.[80] Mit dem Bezug auf jenen Aspekt im Fall *Griswold*, der gewisse Werte und Zwecke bekräftigt, ver-stößt die substantielle Begründung der homosexuellen Privat-sphäre gegen den Liberalismus, der auf Neutralität besteht. Sie begründet das Recht auf Privatsphäre mit dem Guten der Pra-xis, die es schützen würde – womit sie nicht mehr neutral ge-genüber Vorstellungen des Guten ist.

Der Präzedenzfall für die Rechte Homosexueller, auf den sich Gerichte häufiger bezogen, ist aber nicht *Griswold*, son-dern *Stanley v. Georgia*,[81] in dem das Recht auf den Besitz ob-szönen Materials in der Privatsphäre der eigenen Wohnung be-kräftigt wurde. Im Fall *Stanley* wurde nicht festgestellt, dass die im Schlafzimmer des Angeklagten gefundenen obszönen Filme einem »edlen Zweck« dienten, sondern lediglich, dass der Angeklagte ein Recht habe, sie sich im Privatbereich anzu-sehen. Die Tolerierung, die im Fall *Stanley* bekräftigt wurde, war völlig unabhängig vom Wert oder der Bedeutung der tole-rierten Sache.[82]

Im Verfahren *People v. Onofre* aus dem Jahr 1980[83] bekräf-tigte das Berufungsgericht von New York die Persönlichkeits-rechte für Homosexuelle aus genau diesen Gründen. Wenn es, wie das Gericht in Anlehnung an den Fall *Stanley* argumentier-te, ein Recht darauf gebe, »sexuelles Verlangen durch Zuhilfe-nahme von Material zu befriedigen, das als obszön gilt«, dann sollte es auch ein Recht darauf geben, »sexuelle Befriedigung in etwas zu suchen, was zumindest früher als ›abweichendes‹ Ver-halten angesehen wurde«, solange das privat und einvernehm-lich geschehe.[84] Das Gericht betonte seine Neutralität gegen-über dem von ihm geschützten Verhalten: »Wir bringen keinerlei Meinung in Bezug auf eine theologische, moralische oder psychologische Wertung von einvernehmlichem homosexuellem Geschlechtsverkehr zum Ausdruck. Dies sind Aspekte einer Frage, über die informierte, sachverständige Instanzen und Individuen unterschiedlicher Meinung sein können und sind.«[85] Die Rolle des Berufungsgerichts bestehe lediglich darin, sicherzustellen, dass der Staat diese konkurrierenden moralischen Meinungen ausklammere und nicht eine von ihnen in ein Gesetz fasse.[86]

Die Begründung für eine Tolerierung, welche die Moral der Homosexualität ausklammert, besitzt viel Reiz. Angesichts tiefer Uneinigkeit über Werte scheint sie noch die schwächste der widerstreitenden Parteien miteinzubeziehen. Sie ermöglicht sozialen Frieden und Achtung der Rechte ohne die Notwendigkeit moralischer Bekehrung. Diejenigen, die homosexuellen Geschlechtsverkehr für eine Sünde halten, müssen nicht überredet werden, ihre Meinung zu ändern, sondern nur, diejenigen zu respektieren, die ihn privat praktizieren. Weil sie nur darauf besteht, dass jeder die Freiheit der anderen respektiert, ihr selbstgewähltes Leben zu leben, verspricht diese Tolerierung eine Basis für politische Übereinstimmung, die keine gemeinsamen Moralvorstellungen voraussetzt.

Trotz ihres Versprechens ist die neutrale Begründung für die Tolerierung zwei miteinander verknüpften Schwierigkeiten unterworfen.

Erstens ist es in der Praxis keineswegs klar, dass gesellschaftliche Kooperation allein durch die Kraft von Selbstbestimmungsrechten gewährleistet werden kann, ohne dass ein bestimmtes Maß an Übereinstimmung über die moralische Zulässigkeit der in Frage stehenden Praktiken vorhanden ist. In den ersten Verfahren, in denen unter das Recht auf Privatsphäre fallenden Praktiken verfassungsrechtlicher Schutz zugebilligt wurde, sprach man von der Heiligkeit der Ehe und Fortpflanzung – was kein Zufall gewesen sein dürfte. Erst später abstrahierte das Oberste Gericht aus diesen Praktiken Persönlichkeitsrechte und schützte sie ohne Bezug auf die menschlichen

Güter, die diese Praktiken einst ermöglichen sollten. Das lässt darauf schließen, dass die voluntaristische Begründung von Persönlichkeitsrechten – sowohl politisch als auch philosophisch – von einem gewissen Maß an Übereinstimmung über die moralische Zulässigkeit der geschützten Praktiken abhängt.

Eine zweite Schwierigkeit der voluntaristischen Begründung für die Tolerierung betrifft die Qualität des Respekts, den jene sichert. Im New Yorker Fall wird durch die Analogisierung mit dem Fall *Stanley* Homosexualität um den Preis der Herabsetzung toleriert: Homosexualität wird mit Obszönität gleichgesetzt – eine niedere Angelegenheit, die gleichwohl toleriert werden sollte, solange sie im Privaten stattfindet. Wenn man statt *Griswold* den Fall *Stanley* als relevante Analogie heranzieht, wird das auf dem Spiel stehende Interesse unweigerlich auf »sexuelle Befriedigung« reduziert – so, wie es das New Yorker Berufungsgericht getan hat. (Die einzige intime Beziehung, die im Fall *Stanley* relevant war, war die zwischen einem Mann und seiner Pornographie.)

Im Fall *Bowers* nutzte die Mehrheit diese Annahme, um sich über die Vorstellung eines »fundamentalen Rechts auf homosexuellen Geschlechtsverkehr«[87] lustig zu machen. Die auf der Hand liegende Entgegnung lautet, dass es im Fall *Bowers* ebenso wenig um ein Recht auf homosexuellen Geschlechtsverkehr ging wie im Fall *Griswold* um ein Recht auf heterosexuellen Beischlaf. Doch mit der Weigerung, die menschlichen Werte zu benennen, welche homosexuelle Intimität vielleicht mit heterosexuellen Verbindungen gemeinsam hat, gibt die voluntaristische Begründung der Tolerierung die Analogie mit *Griswold* auf und macht es schwer, den Spott zurückzuweisen.

Das Problem des neutralen Arguments für Tolerierung ist die Kehrseite seines Reizes: Es lässt die gegnerischen Meinungen über Homosexualität vollkommen unangefochten. Solange man sich aber mit diesen Ansichten nicht glaubhaft befassen kann, erlangen Homosexuelle vermutlich auch durch eine gerichtliche Entscheidung zu ihren Gunsten kaum mehr als eine fadenscheinige und zerbrechliche Tolerierung. Für eine umfassendere Achtung wäre, wenn schon keine Bewunderung, so doch zumindest eine gewisse Wertschätzung für das von Homosexuellen geführte Leben erforderlich. Es ist jedoch unwahrscheinlich, dass eine solche Wertschätzung durch einen juristischen und politischen Diskurs zu vermitteln ist, der allein über Selbstbestimmungsrechte geführt wird.

Ein Liberaler mag erwidern, dass Argumente für die Selbstbestimmung vor Gericht ja keine substantielleren, positiveren Argumente andernorts ausschließen müssten; werde ein moralisches Argument zu verfassungsrechtlichen Zwecken ausgeklammert, bedeute das nicht, dass moralische Argumente schlechthin ausgeklammert würden. Sobald ihre Entscheidungsfreiheit in Sachen Sexualpraktiken gesichert sei, könnten Homosexuelle in Wort und Tat versuchen, von ihren Mitbürgern einen tieferen Respekt zu erlangen, als ihnen die Selbstbestimmung verschaffen könne.

Diese liberale Erwiderung unterschätzt jedoch, in welchem Ausmaß der verfassungsrechtliche Diskurs die Terminologie der politischen Debatte im öffentlichen Leben Amerikas inzwischen bestimmt. Da der zeitgenössische Liberalismus vor allem im Verfassungsrecht zu Hause ist, treten seine zentralen Motive – Rechte als Trümpfe, der neutrale Staat und das ungebundene Selbst – in unserer moralischen und politischen Kultur immer auffallender in Erscheinung. Generell bestimmen dem verfassungsrechtlichen Diskurs entnommene Prämissen zunehmend die politische Debatte.

Zugegeben, die Tendenz, substantielle moralische Fragen auszuklammern, macht es schwer, in der Sprache des philosophisch Guten für Tolerierung zu argumentieren. Die Definition von Persönlichkeitsrechten durch Verteidigung von Praktiken, die durch die Privatsphäre geschützt sind, erscheint entweder als gewagt oder als kurios; gewagt, weil eine solche Definition in solch hohem Maß auf einer moralischen Argumentation fußt, und kurios, weil sie an die traditionelle Meinung erinnert, welche die Begründung der Privatsphäre an die Vorzüge des von der Privatsphäre geschützten Verhaltens knüpft. Doch in den Fällen zur Abtreibung und zum homosexuellen Verkehr zeigt sich, dass der Versuch, moralische Fragen auszuklammern, wiederum auf Schwierigkeiten stößt. Sie lassen auf die in der »naiven« Meinung liegende Wahrheit schließen, dass die Gerechtigkeit oder Ungerechtigkeit von Gesetzen gegen Abtreibung und homosexuelles Verhalten am Ende doch vielleicht etwas mit der Moralität oder Immoralität dieser Praktiken zu tun haben könnte.

Epilog

Nachdem dieser Text verfasst wurde, hat der Oberste Gerichtshof der USA im Verfahren *Lawrence v. Texas* (2003)[88] das Urteil von *Bowers v. Hardwick* revidiert und ein Gesetz für ungültig erklärt, das den sogenannten »widernatürlichen Geschlechtsverkehr« zwischen gleichgeschlechtlichen Personen kriminalisierte. Die von Richter Anthony Kennedy verfasste Meinung des Gerichts entsprach in gewissem Umfang der von mir kritisierten, auf Selbstbestimmung fußenden, wertfreien Argumentationslinie: »Freiheit setzt eine Autonomie des Selbst voraus, welche die Freiheit des Denkens, des Glaubens, des Ausdrucks und ein bestimmtes intimes Verhalten umfasst.«[89] Dazu zitierte er zustimmend die im Fall *Casey* vorgetragene ausführliche Erklärung der voluntaristischen Konzeption der Person: »Im Zentrum der Freiheit steht das Recht, sich seine eigene Auffassung von Dasein, von Sinn, vom Universum und vom Mysterium des menschlichen Lebens zu bilden. Überzeugungen zu diesen Themen, die unter staatlichem Druck zustande kämen, könnten keine Eigenschaften des Menschseins definieren.«[90]

Doch trotz der Phrasen von Selbstbestimmung und Wahlfreiheit deutete Richter Kennedys Meinung auch auf einen anderen, substantielleren Grund hin, das Gesetz des Staates Texas aufzuheben – weil es nämlich eine moralisch legitime Lebensweise verächtlich machte. Erstens verwies die Urteilsbegründung darauf, dass es im Fall *Bowers* ebenso wenig um ein Recht auf homosexuellen Geschlechtsverkehr gehe, wie es im Fall *Griswold* um das Recht auf heterosexuellen Geschlechtsverkehr gegangen sei: »Zu sagen, Gegenstand im Fall *Bowers* sei allein das Recht gewesen, sich auf gewisse sexuelle Verhaltensweisen einzulassen, würdigt den von der Person erhobenen Anspruch in gleicher Weise herab, wie ein verheiratetes Paar herabgewürdigt würde, wenn man sagte, bei der Ehe gehe es allein um das Recht auf Geschlechtsverkehr.« Persönlichkeitsrechte sollten die sexuelle Intimität von Schwulen wie von Heteros gleichermaßen schützen, und zwar nicht, weil Sex Selbstbestimmung und Wahlfreiheit widerspiegele, sondern weil Sex einen wesentlichen menschlichen Wert ausdrücke. »Findet Sexualität im intimen Umgang mit einer anderen Person offenen Ausdruck, so kann dieser Umgang ein weiteres Element in einer persönlichen Beziehung sein, das ihr zusätzlich Dauer verleiht.«[91]

Zweitens bestand das Oberste Gericht darauf, das Urteil im Fall *Bowers* aufzuheben, obwohl es hätte gezielter entscheiden und das Gesetz aus Texas aus Gleichbehandlungsgründen für ungültig erklären können. (Anders als im Fall *Bowers* verbot das Gesetz im Fall *Lawrence* Analverkehr nur für gleichgeschlechtliche, nicht aber für heterosexuelle Paare.) »Wenn eine geschützte Verhaltensweise kriminalisiert und das Gesetz, das dies vorschreibt, nicht auf seine Gültigkeit hin überprüft wird, könnte ihre Stigmatisierung bestehen bleiben, selbst wenn es aus Gleichbehandlungsgründen nicht durchsetzbar wäre.« In seinem Bestreben, die Stigmatisierung aufzuheben, welche die sexuelle Intimität zwischen Schwulen durch Gesetze gegen gleichgeschlechtlichen Sexualverkehr erfuhr, ging der Supreme Court über die liberale Tolerierung hinaus und bestätigte die moralische Legitimität von Homosexualität. Hätte er das Urteil im Fall *Bowers* als Präzedenzfall bestehen lassen, »wäre das Leben Homosexueller [herabgewürdigt] worden«.[92]

Richter Antonin Scalia sah ganz klar, was moralisch auf dem Spiel stand. In einem scharf formulierten Minderheitenvotum geißelte er das Gericht, weil es die »von einigen homosexuellen Aktivisten verbreitete Agenda [abgesegnet hat], die darauf zielt, die moralische Schändlichkeit zu beseitigen, die homosexuellem Verhalten traditionellerweise anhaftet«, und weil es »im Kulturkrieg Partei ergriffen« habe.[93] Mit Bezug auf die moralische Logik des Falles *Lawrence* sorgte er sich, dass es, sobald das Gericht »die moralische Missbilligung homosexuellen Verhaltens« als legitimes staatliches Interesse für Zwecke des Strafrechts verwerfe, schwierig werden würde, Verbote gleichgeschlechtlicher Ehen zu begründen.[94]

Scalia argumentierte nicht offen dafür, die moralische Missbilligung der Homosexualität zu bewahren. Er behauptete, in diesem Kulturkampf nicht Partei zu ergreifen. Anstatt das Gesetz gegen homosexuellen Geschlechtsverkehr wegen seiner Vorzüge zu verteidigen, unterstützte er es im Namen des Mehrheitsprinzips. Der »Einsatz für die von der Mehrheit vertretene Sexualmoral« sei ein legitimes Interesse des Staates, und das Gericht habe »als neutraler Beobachter« lediglich zu gewährleisten, »dass die demokratischen Spielregeln eingehalten« würden.[95] Doch Scalias Vertrauen darauf, dass die Stigmatisierung homosexuellen Verhaltens ein legitimes Staatsinteresse sei, scheint sich auf mehr zu gründen als auf eine wertneutrale Verpflichtung gegenüber dem Mehrheitsprinzip. (Seine eigene moralische Haltung zeigt sich in der Analogie, die er zwischen dem texanischen Gesetz gegen Analverkehr und den Gesetzen zieht, die Unzucht mit Tieren und Inzest verbieten.) Die Argumentation dafür, homosexuelle Intimitäten durch Mehrheiten verbieten zu lassen, ist zumindest weitaus stärker, wenn Homosexualität unmoralisch ist, als wenn sie moralisch zulässig ist.

Während die Liberalen sich im Fall *Lawrence* von der Prämisse verabschiedeten, über Persönlichkeitsrechte könne ohne Bezug auf den moralischen Status der durch Rechte geschützten Praktiken entschieden werden, wurde sie von den Konservativen ironischerweise übernommen. Doch weder die liberale Tolerierung noch der Respekt für das Mehrheitsprinzip kommen um das Bedürfnis nach substantiellen moralischen Argumenten herum. Scalias abweichendes Votum im Fall *Lawrence* und Richter Blackmuns Meinung in *Roe v. Wade* haben Folgendes gemeinsam: Beide veranschaulichen die Schwierigkeit, moralische Urteile auszuklammern – egal, ob im Namen der Achtung gegenüber individuellen Entscheidungen oder aus Respekt für das Mehrheitsempfinden.

1 Ich vertrete nicht die stärkere Behauptung, wonach der einzig relevante Grund für die Entscheidung, ob es ein Gesetz gegen eine Praxis geben soll, darin besteht, wie moralisch (oder unmoralisch) das Verhalten ist.

2 410 U.S. 113 (1973).

3 478 U.S. 186 (1986).

4 *Roe v. Wade*, 410 U.S. 113, 162 (1973).

5 Ebd., 153.

6 *Thornburgh v. American College of Obstetricians & Gynecologists*, 476 U.S. 747, 777 (1986) (Stevens, J., zustimmend).

7 June Aline Eichbaum: »Towards an Autonomy-Based Theory of Constitutional Privacy. Beyond the Ideology of Familial Privacy«, in: 14 *Harv. C. R.-C. L. L.Rev.* (1979), S. 361 f., 365.

8 David A. J. Richards: »The Individual, the Family, and the Constitution: A Jurisprudential Perspective«, in: 55 *N.Y.U. L.Rev.* 1 (1980), S. 31.

9 Kenneth L. Karst: »The Freedom of Intimate Association«, in: 89 *Yale L.J.* (1980), S. 624, 641. Zur Verbindung von Persönlichkeits- und Selbstbestimmungsrechten siehe auch Louis Henkin: »Privacy and Autonomy«, in: 74 *Colum. L. Rev.* (1974), S. 1410; Roger M. Smith: »The Constitution and Autonomy«, in: 60 *Tex. L.Rev.* (1982), S. 175; Harrie Wilkinson III, G. Edward White: »Constitutional Protection for Personal Lifestyles«, in: 62 *Cornell L. Rev.* (1977), S. 563.

10 Karst, »The Freedom of Intimate Association«, S. 641.

11 *Carey v. Population Services Int'l*, 431 U.S. 678, 687 (1977).

12 *Thornburgh v. American College of Obstetricians & Gynecologists*, 476 U.S. 747, 772 (1986).

13 *Doe v. Bolton*, 410 U.S. 179, 211 (1973) (Douglas, J., zustimmend; Hervorhebung weggelassen).

14 *Bowers v. Hardwick*, 478 U.S. 186, 205 (1986) (Blackmun, J., abweichend).

15 *Whalen v. Roe*, 429 U.S. 589, 599–600 (1977).

16 Samuel D. Warren, Louis Brandeis: »The Right to Privacy«, in: 4 *Harv. L. Rev.* (1890), S. 193.

17 Ebd., S. 195 f.

18 William L. Prosser: »Privacy«, in: 48 *Calif. L. Rev.* (1960), S. 383 (Erörterung der nachfolgenden Anerkennung und Entwicklung eines Rechts auf Privatsphäre).

19 367 U.S. 497 (1961).

20 Ebd., 509.

21 Ebd., 519 ff. (Douglas, J., abweichend).

22 Ebd., 519.

23 Ebd., 545 (Harlan, J., abweichend).

24 Ebd., 545 f.

25 Ebd., 553.

26 Ebd., 554.

27 381 U.S. 479 (1965).

28 Ebd., 485 f.

29 Ebd., 486.

30 405 U.S. 438 (1972).

31 Tatsächlich ergab sich der Fall daraus, dass ein Mann verurteilt worden war, weil er während eines öffentlichen Vortrags ein Verhütungsmittel abgegeben hatte (ebd., 440).

32 Ebd., 453.

33 *Griswold*, 381 U.S. bei 485.

34 *Eisenstadt*, 405 U.S. bei 453. Die Auffassung des Gerichts im Fall *Eisenstadt* tarnt die Verschiebung vom alten zum neuen Verständnis von Privatsphäre mit einer falschen hypothetischen Voraussetzung: »Wenn die Abgabe von Verhütungsmitteln an Verheiratete wie im Fall *Griswold* nicht untersagt werden kann, wäre ein Abgabeverbot für Unverheiratete ebenfalls unzulässig« (ebd.). Doch im Fall *Griswold* ging es gar nicht darum, ob eine Abgabe an Verheiratete untersagt werden könne.

35 410 U.S. 113 (1973).

36 Ebd., 153.

37 *Carey v. Population Services Int'l*, 431 U.S. 678 (1977).

38 Ebd., 687.

39 Ebd.

40 Ebd. (mit einem Zitat aus *Eisenstadt*, 405 U.S. bei 453; Hervorhebung in *Carey* hinzugefügt).

41 Ebd. (mit einem Zitat aus Roe, 410 U.S. bei 153; Hervorhebung in *Carey* hinzugefügt).

42 Ebd.

43 Ebd., 688.

44 *Thornburgh v. American College of Obstetricians*, 476 U.S. 747, 772 (1986).

45 *Planned Parenthood v. Casey*, 505 U.S. 833, 851 (1992).

46 *Bowers v. Hardwick*, 478 U.S. 186, 190 f. (1986).

47 Ebd., 196.

48 Eine verfahrensrechtliche Vorschrift in den USA, die die formale Einhaltung aller Verfahrensregeln durch den Staat festlegt. (Anm. d.Ü.).

49 Ebd.

50 Ebd., 204 (Blackmun, J., abweichend; mit einem Zitat aus *Thornburgh v. American College of Obstetricians & Gynecologists*, 476 U.S. at 777 n.5; Stevens, J., zustimmend; mit einem Zitat aus Charles Fried: »Correspondence«, in: 6 *Phil. and Pub. Aff.* (1977), S. 288 f.).

51 Ebd., 205.

52 Ebd.

53 Ebd., 211.

54 Ebd. Als das Berufungsgericht von New York ein ähnliches Gesetz zur Homosexualität für ungültig erklärte, brachte es deutlich zum Ausdruck, dass der Staat gegenüber konkurrierenden Vorstellungen des Guten neutral zu sein habe. »Aufgabe des Strafrechts in unserer Regierungspolitik ist es nicht, ein Medium für die Äußerung oder einen Apparat zur beabsichtigten Durchsetzung moralischer oder theologischer Werte bereitzustellen.« (*People v. Onofre*, 51 N.Y.2d 476, 488 n.3, 415 N.E.2d 936, 940 n.3, 434 N.Y. S.2d 947, 951 n.3 [1980], Inkraftsetzung abgelehnt, 451 U.S. 987 [1981]).

55 John Rawls: »Justice as Fairness: Political Not Metaphysical«, in: 14 *Phil. and Pub. Aff.* (1985), S. 223, 245; Richard Rorty: »The

Priority of Democracy to Philosophy«, in: M. Peterson und R. Vaughan (Hrsg.): *The Virginia Statute for Religious Freedom*. Cambridge University Press 1988, S. 257.

56 410 U.S. 113 (1973).

57 Ebd., 159.

58 Ebd.

59 Ebd., 160 ff.

60 Ebd., 162.

61 Ebd.

62 Ebd., 163.

63 476 U.S. 747 (1986).

64 Ebd., 797 (White, J., abweichend).

65 Ebd., 796.

66 Ebd., 790. In *Poe v. Ullman*, 367 U.S. 497, 547 (1961), schlug Richter Harlan ein ähnliches Vorgehen vor, um die moralische Kontroverse über die Empfängnisverhütung auszuklammern (Harlan, J., abweichend): »Schon weil diese Fragen so umstritten sind, wären wir, glaube ich, dazu aufgefordert, lange zu zögern, eher wir beschließen, dass die Verfassung den Staat Connecticut daran hindert, unter diesen verschiedenen Meinungen die eine zu wählen, für die er sich entschieden hat.«

67 Ebd., 777 (Stevens, J., zustimmend).

68 Ebd., 777 f. (er zitiert ebd., bei 794 [White, J., abweichend]).

69 478 U.S. 186 (1986).

70 Ebd., 191.

71 Die Formulierungen stammen aus *Griswold v. Connecticut*, 381 U.S. 479, 486 (1965).

72 478 U.S. bei 205 (Blackmun, J., abweichend).

73 Ebd., 206.

74 Ebd., 217 (Stevens, J., abweichend; mit einem Zitat aus *Fitzgerald v. Porter Memorial Hospital*, 523 F.2d 716, 719 f. [7th Cir. 1975], Inkraftsetzung abgelehnt, 425 U.S. 916 [1976]).

75 Ebd., 218 f.

76 *Hardwick v. Bowers*, 760 F.2d 1202 (11th Cir. 1985), rev'd, 476 U.S. 747 (1986).

77 Ebd., 1211 f.

78 Ebd., 1212 (ein Zitat aus *Griswold v. Connecticut*, 381 U.S. 479, 486 [1965]).

79 Ebd., 1212.

80 Für individualistische Deutungen des Falles *Griswold* siehe *Eisenstadt v. Baird*, 405 U.S. 438, 453 (1972) und *Carey v. Population Services Int'l*, 431 U.S. 678, 687 (1977).

81 394 U.S. 557 (1969).

82 Ebd., 564 ff., 568 (»Dieses Recht, Informationen und Ideen *ungeachtet ihres gesellschaftlichen Wertes* zu beziehen, ist grundlegend für unsere freie Gesellschaft (…). Die Staaten sind umfassend ermächtigt, Vorschriften zur Unzüchtigkeit zu erlassen; diese Macht erstreckt sich nicht lediglich auf den bloßen individuellen Besitz von obszönem Material in der Privatsphäre der eigenen Wohnung.«) (Hervorhebung durch den Autor; Zitat weggelassen).

83 51 N.Y.2d 476, 415 N.E.2d 936, 434 N.Y.S.2d 947 (1980), Inkrafttreten abgelehnt, 451 U.S. 987 (1981).

84 Ebd., 487 f., 415 N.E.2d at 939 ff., 434 N.Y.S.2d at 950 f.

85 Ebd., 488 n.3, 415 N.E.2d at 940 n.3, 434 N.Y.S.2d at 951 n.3.

86 Ebd.

87 *Bowers v. Hardwick*, 478 U.S. 186, 191 (1986).

88 *Lawrence v. Texas*, 539 U.S. 558 (2003).

89 Ebd., 562.

90 Ebd., 574, mit einem Zitat aus *Casey*, 505 U.S. 833, 851 (1992).

91 *Lawrence v. Texas*, 567.

92 Ebd., 575.

93 Ebd., 602.

94 Ebd., 604.

95 Ebd., 602.

TEIL III

Liberalismus, Pluralismus und Gemeinschaft

Die Essays in diesem Teil des Buches erkunden die herausragenden Spielarten des Liberalismus in der aktuellen politischen Philosophie sowie die Auseinandersetzung zwischen ihm und seinen Kritikern. Diese entwickeln zwei Stränge der Kritik: Erstens biete der Liberalismus, da er die individuelle Entscheidung betone, keine angemessene Erklärung für Gemeinschaft, Solidarität und Zugehörigkeit. Und da er die Tatsache betone, dass Menschen in pluralistischen Gesellschaften oft widersprüchliche Ansichten über das gute Leben hätten, bestehe er – zweitens – zu Unrecht darauf, dass die Bürger ihre moralischen und religiösen Überzeugungen in den privaten Bereich verbannten oder sie zumindest nicht für politische Zwecke berücksichtigten.

Im Kapitel *Moral und das liberale Ideal* vertrete ich die Auffassung, dass der Liberalismus von Immanuel Kant und John Rawls überzeugender ist als der von ihnen verworfene Utilitarismus. Ihre Vorstellung von der Person als einem frei entscheidenden, unabhängigen Selbst liefert ein starkes Korrektiv für die utilitaristische Auffassung, wir seien lediglich die Summe unserer Vorlieben und Wünsche. Doch das Selbst von Kant wie auch das von Rawls werfen ihrerseits Probleme auf; als »ungebundenes Selbst« können wir uns zu Lasten jener Verbindlichkeiten und Traditionen entwerfen, die uns in der Welt situieren und unserem Leben seine moralische Besonderheit verleihen.

Andere Kapitel greifen Varianten des Liberalismus auf, die nicht an Kant orientiert sind. Das Kapitel *Gerechtigkeit als Zugehörigkeit* erörtert Michael Walzers *Sphären der Gerechtig-*

keit –, einen bedeutenden Beitrag zu dem, was später als »kommunitarische« Kritik am Liberalismus bekannt wurde. Das Kapitel *Die Gefahr der Auslöschung* antwortet auf den leidenschaftlichen Individualismus von George Kateb, der der Ansicht war, die moralische Gefahr des Nuklearkriegs liege in der Bedrohung der Individualrechte. Das Kapitel *Deweys Liberalismus und der unsere* erinnert an den Liberalismus des führenden politischen Philosophen im Amerika des frühen 20. Jahrhunderts, John Dewey. Richard Rorty hat versucht, Dewey für jene Version des Liberalismus zu vereinnahmen, die den Vorrang des Rechten vor dem Guten behauptet. Doch Dewey war kein Kantianer und auch kein aufs Recht setzender Liberaler. Im Gegenteil, sein Interesse an einer Öffentlichkeit, die sich aus den moralischen und geistigen Energien der Bürger speist, macht ihn eher zu einem natürlichen Verbündeten der heutigen Kommunitarier.

Liberale machen sich oft Gedanken über die Religion in der Politik, weil sie Religion mit Intoleranz assoziieren. Der Entschluss, Religionskriege zu verhindern, hat das liberale politische Denken stark geprägt. In den letzten Jahren haben christliche, jüdische und islamische Theologen mit den Quellen von Intoleranz gerungen, die in den Lehren und Traditionen ihrer Glaubensrichtungen zu finden sind. Das Kapitel *Herrschaft und Hybris im Judentum* setzt sich mit dem Versuch von Rabbi David Hartmann (einem der herausragenden jüdischen Denker unserer Zeit) auseinander, aus der jüdischen Tradition heraus eine pluralistische Ethik zu formulieren. Den Essay füge ich hier in der Hoffnung ein, zeigen zu können, wie religiöse und theologische Überlegungen aktuelle moralische und politische Fragen erhellen können – selbst für diejenigen, die nicht mit der Glaubensrichtung übereinstimmen, aus der diese Überlegungen abgeleitet sind.

In den 90er Jahren war die Debatte zwischen Liberalen utilitaristischer und kantischer Prägung weitgehend einer »liberal-kommunitarischen« Diskussion gewichen. 1993 veröffentlichte John Rawls das Buch *Politischer Liberalismus*, in dem er den in seinem Werk *Eine Theorie der Gerechtigkeit* (1971) vertretenen Liberalismus einer Revision unterzog. Das Kapitel *Politischer Liberalismus* befasst sich mit Rawls' revidierter Position, das anschließende Kapitel *Rawls zum Gedenken* ist dann eine Ehrung Rawls' anlässlich seines Todes im Jahr 2002. Das Kapitel *Die Grenzen des Kommunitarismus* blickt auf die liberal-kommunitarische Debatte zurück und erklärt, warum manche dieser sogenannten »Kommunitarier« (darunter auch ich) sich nur ungern so etikettieren lassen.

Moral und das liberale Ideal

Liberale sind oft stolz darauf, dass sie verteidigen, was ihnen zuwiderläuft – zum Beispiel Pornographie oder unpopuläre Ansichten. Sie sagen, der Staat solle seinen Bürgern keine bevorzugte Lebensweise aufzwingen, sondern sie ihre Werte und Ziele möglichst frei wählen lassen, soweit das mit einer ähnlichen Freiheit für andere vereinbar sei. Dieses Engagement für die Entscheidungsfreiheit verlangt von den Liberalen, ständig zwischen Zulässigkeit und Zustimmung zu unterscheiden, zwischen der Erlaubnis einer Praxis und deren Unterstützung. Ihnen zufolge ist es eine Sache, Pornographie zu erlauben, und eine andere, sie zu bejahen.

Konservative machen sich diese Unterscheidung oft zunutze, indem sie sie ignorieren. Wer Abtreibungen erlaube, der heiße sie gut, lautet ihr Vorwurf; wer sich gegen Gebete in der Schule ausspreche, sei gegen Gebete; wer die Rechte von Kommunisten verteidige, sympathisiere mit deren Sache. Die Liberalen reagieren mit einem uns aus der Politik vertrauten Argumentationsmuster und beschwören höhere Prinzipien; sie würden keineswegs Pornographie nicht missbilligen, sondern lediglich Toleranz, Wahlfreiheit oder fairen Verfahren einen höheren Wert beimessen.

Doch in der aktuellen Debatte scheint die liberale Argumentation zunehmend schwächer, ihre moralische Basis zunehmend undeutlicher zu werden. Warum sollten Toleranz und Wahlfreiheit Vorrang haben, wenn auch andere wichtige Werte auf dem Spiel stehen? Allzu oft enthält die Antwort eine Variante des moralischen Relativismus – den Gedanken nämlich, es sei falsch, »Moral gesetzlich vorzuschreiben«, weil jede Moral lediglich subjektiv sei. »An wem wäre es zu sagen, was Literatur ist und was Schmutz? Das ist ein Werturteil, und wessen Werte sollten den Ausschlag geben?«

Der Relativismus tritt weniger als Behauptung denn als Frage auf: »Wer soll urteilen?« Doch das ist eine Frage, die sich auch in Bezug auf die von den Liberalen vertretenen Werte stellen lässt. Toleranz, Freiheit und Fairness sind ebenfalls Werte, und sie können kaum durch das Argument verteidigt werden, Werte könnten nicht argumentativ vertreten werden. Demnach ist es falsch, liberale Werte mit Hilfe des Arguments zu bekräftigen, alle Werte seien rein subjektiv. Die relativistische Verteidigung des Liberalismus ist gar keine Verteidigung.

Worin kann dann die moralische Grundlage der höheren Prinzipien bestehen, auf die sich die Liberalen berufen? Zuletzt hat die politische Philosophie hauptsächlich zwei Alternativen angeboten; die eine bezieht sich auf den Utilitarismus, die andere auf Kant. Der Utilitarismus in der Nachfolge von John Stuart Mill vertritt liberale Grundsätze mit dem Ziel, das Gemeinwohl zu vergrößern. Der Staat solle seinen Bürgern keine bevorzugte Lebensweise aufzwingen, selbst wenn es zu ihrem Vorteil sei, weil dadurch die Summe menschlichen Glücks – zumindest auf lange Sicht – verringert werde; besser sei es, wenn die Menschen selbst entschieden, selbst wenn sie dabei gelegentlich falsch lägen. »Die einzige Freiheit, die des Namens wert ist«, schreibt Mill in *Über die Freiheit*, »ist das Recht, unser Wohl auf unsere Weise zu suchen, solange wir nicht Andern das Ihrige verkümmern oder ihre darauf gerichteten Bemühungen durchkreuzen.«[1] Weiter schreibt er, sein Argument stütze sich auf keine Vorstellung eines abstrakten Rechts, sondern nur auf den Grundsatz, das größtmögliche Glück für möglichst viele zu erreichen. »Ich betrachte die Nützlichkeit als die letzte Instanz in der Behandlung aller ethischen Fragen, aber freilich Nützlichkeit im umfassendsten Sinne, auf die dauernden Interessen des Menschen als eines entwicklungsfähigen Wesens gegründet.«[2]

Gegen den Utilitarismus als allgemeine Lehre der Moralphilosophie sind viele Einwände erhoben worden. Einige haben das Konzept der Nützlichkeit in Frage gestellt sowie die Annahme, alle menschlichen Werte seien grundsätzlich vergleichbar. Andere haben vorgebracht, die Utilitaristen seien unfähig zuzugeben, dass Werte qualitativ unterscheidbar seien, da sie sie alle auf Vorlieben und Wünsche reduzierten und keine Differenz zwischen edlen und niederen Wünschen machten. Doch die jüngste Debatte hat sich auf die Frage konzentriert, ob der Utilitarismus eine überzeugende Basis für liberale Prinzipien einschließlich des Respekts für Individualrechte liefert.

In einer Hinsicht könnte der Utilitarismus sich gut für liberale Zwecke eignen: Anzustreben, das allgemeine Glück zu vergrößern, verlangt nicht, die Werte der Menschen zu beurteilen, sondern lediglich, sie zu vereinen. Und die Bereitschaft, Vorlieben zu summieren, ohne sie zu bewerten, lässt auf einen liberalen oder gar demokratischen Geist schließen. Wenn die Menschen zur Wahl gehen, zählen wir allein ihre Stimmen, ohne Ansehen der Person.

Doch das utilitaristische Kalkül ist nicht immer so liberal, wie es zunächst scheint. Wenn genügend jubelnde Römer im Kolosseum zusehen, wie der Löwe Christen verschlingt, wird das kollektive Vergnügen der Römer den Schmerz des Christen, wie intensiv er auch sein mag, sicher überwiegen. Wenn eine große Mehrheit eine kleine Religion verabscheut und sie verboten sehen möchte, wird die Abwägung der Vorlieben die Unterdrückung und nicht die Tolerierung bevorzugen. Utilitaristen verteidigen die Individualrechte oft mit der Begründung, ihre momentane Beachtung diene auf lange Sicht der Nützlichkeit. Doch diese Rechnung ist anfechtbar und dem Zufall ausgeliefert. Sie bietet kaum eine Gewähr für das liberale Versprechen, keinem die Werte anderer aufzuzwingen. So, wie der Mehrheitswille ein inadäquates Mittel liberaler Politik ist – er allein kann die Rechte des Einzelnen nicht sichern –, ist auch die utilitaristische Philosophie eine inadäquate Grundlage liberaler Prinzipien.

Die stärksten Argumente gegen den Utilitarismus brachte Immanuel Kant vor. Er meinte, empirische Prinzipien wie Nützlichkeit seien keine ausreichende Grundlage für das moralische Gesetz. Eine rein instrumentelle Verteidigung von Freiheit und Rechten mache nicht nur die Rechte angreifbar, sondern sei zudem nicht in der Lage, die den Menschen innewohnende Würde zu berücksichtigen. Das utilitaristische Kalkül behandle den Menschen als Mittel zum Glück anderer und nicht als achtenswerten Zweck an sich selbst.

Heutige Liberale erweitern Kants Argumentation durch den Vorwurf, der Utilitarismus sei nicht imstande, die Unterschiede zwischen Personen ernst zu nehmen. Dadurch, dass der Utilitarist vor allem danach strebe, das Gemeinwohl zu vergrößern, behandle er die Gesellschaft als ein Ganzes, als sei sie eine einzelne Person; damit würden unsere vielen unterschiedlichen Wünsche zu einem einzigen System von Wünschen zusammengefasst. Der Utilitarismus ist so gesehen gleichgültig gegenüber der Verteilung von Zufriedenheit unter den Menschen, außer wenn dadurch die Gesamtsumme betroffen ist. Doch das wird unserer Vielfalt und Unterschiedlichkeit nicht gerecht. Einige werden so als Mittel zur Zufriedenheit aller benutzt, und der Einzelne wird daher nicht als Zweck an sich selbst geachtet.

Aus Sicht des heutigen Kantianers sind einige Rechte so grundlegend, dass sie selbst im Interesse des Gemeinwohls nicht außer Kraft gesetzt werden dürfen. So schreibt John Rawls in seinem bedeutenden Werk *Eine Theorie der Gerechtigkeit*: »Jeder Mensch besitzt eine aus der Gerechtigkeit entspringende Unverletzlichkeit, die auch im Namen des Wohles der ganzen Gesellschaft nicht aufgehoben werden kann. (...) [D]ie auf der Gerechtigkeit beruhenden Rechte sind kein Gegenstand politischer Verhandlungen oder sozialer Interessenabwägungen.«[3]

Liberale kantischer Prägung benötigen also eine Begründung der Rechte, die sich nicht auf utilitaristische Erwägungen stützt. Mehr noch, sie benötigen eine Begründung, die sich nicht auf einem bestimmten Konzept des Guten gründet und nicht die Überlegenheit einer Lebensweise gegenüber anderen voraussetzt. Nur eine gegenüber Zielen neutrale Begründung könnte den liberalen Anspruch aufrechterhalten, keine bestimmten Ziele zu bevorzugen oder den Bürgern eine präferierte Lebensweise aufzuzwingen.

Doch welche Art von Begründung könnte das sein? Wie ist es möglich, bestimmte Freiheiten und Rechte als grundlegend zu erachten, ohne irgendeine Vorstellung vom guten Leben zu vertreten und ohne gewisse Ziele für besser zu erachten als andere? Es scheint, als seien wir damit wieder beim Dilemma des Relativismus gelandet: liberale Prinzipien zu behaupten, ohne sich irgendwelche bestimmten Ziele zu eigen zu machen.

Die von Liberalen kantischer Prägung vorgeschlagene Lösung läuft darauf hinaus, eine Unterscheidung zwischen dem »Rechten« und dem »Guten« vorzunehmen – zwischen einem Rahmen an grundlegenden Rechten und Freiheiten einerseits und den Vorstellungen vom Guten, welche die Menschen innerhalb dieses Rahmens bewusst vertreten, andererseits. In ihren Augen ist es eine Sache, wenn der Staat für einen fairen Rahmen sorgt, aber eine andere, wenn er bestimmte Ziele fördert. So sei es eine Sache, das Recht auf Redefreiheit zu verteidigen, damit sich die Menschen frei ihre eigene Meinung bilden und ihre eigenen Ziele wählen könnten; eine andere sei es aber, dies mit der Begründung zu stützen, ein Leben mit politischen Diskussionen sei an sich wertvoller als ein gegenüber Politik gleichgültiges Leben, oder mit der Begründung, die freie Rede mehre das Gemeinwohl. Für die Kantianer gilt nur das erste Argument, welches das Recht auf Redefreiheit verteidigt, da es sich einzig auf das Ideal eines neutralen Rahmens stützt.

Nun kann die Verpflichtung auf einen hinsichtlich der Ziele neutralen Rahmen als eine Art Wert verstanden werden – insofern ist der Liberale kantischer Prägung kein Relativist –, doch ihr Wert besteht genau in der Weigerung, eine bevorzugte Lebensweise oder eine Vorstellung des Guten zu vertreten. Für Liberale kantischer Prägung hat das Rechte demnach Vorrang vor dem Guten, und das in doppeltem Sinn. Erstens können die Rechte des Einzelnen nicht um des allgemeinen Guten willen geopfert werden, zweitens können die Prinzipien der Gerechtigkeit, die diese Rechte spezifizieren, nicht auf irgendeine bestimmte Vorstellung vom guten Leben gegründet werden. Die Rechte werden nicht damit begründet, dass sie das Gemeinwohl vergrößern oder das Gute auf andere Weise fördern, sondern vielmehr damit, dass sie einen fairen Rahmen bilden, innerhalb dessen Individuen und Gruppen ihre je eigenen Werte und Ziele wählen können, soweit sie mit ähnlichen Freiheiten für andere vereinbar sind.

Natürlich sind Vertreter der rechtebasierten Ethik notorisch uneins darüber, welche Rechte grundlegend sind und welche politischen Absprachen das Ideal des neutralen Rahmens erfordert. Egalitäre Liberale unterstützen den Wohlfahrtsstaat und bevorzugen eine Kombination aus staatsbürgerlichen Freiheiten und bestimmten sozialen und ökonomischen Rechten – das Recht auf Wohlfahrt, Bildung, Gesundheitsversorgung und so weiter. Die Libertarianer unter den Liberalen verteidigen die Marktwirtschaft und behaupten, jede Umverteilungspolitik verletze die Rechte der Menschen; sie fordern staatsbürgerliche Freiheiten im Verein mit einer strikten Einhaltung privater Eigentumsrechte.

Doch egal, ob egalitär oder libertarianisch, rechtebasierter Liberalismus setzt mit der Behauptung an, wir seien eigenständige, individuelle Personen mit je eigenen Zielen, Interessen und Vorstellungen vom Guten. Er strebt einen Rechtsrahmen an, der uns in die Lage versetzt, unsere Fähigkeiten als moralisch frei Handelnde zu verwirklichen, soweit das mit einer ähnlichen Freiheit für andere vereinbar ist.

Innerhalb der akademischen Philosophie hat die rechtebasierte Ethik gegenüber der utilitaristischen immer mehr Gewicht gewonnen, was vor allem dem Einfluss von Rawls' *Theorie der Gerechtigkeit* zu verdanken ist. Der Rechtsphilosoph H. L. A. Hart beschrieb den Wandel vom »alten Glauben, irgendeine Form des Utilitarismus müsse das Wesen der Moral erfassen«, zum neuen Glauben, »die Wahrheit müsse in einer Lehre von grundlegenden Menschenrechten liegen, die bestimmte individuelle Grundfreiheiten und Interessen schützen. (...) Während bis vor nicht allzu langer Zeit viele Philosophen einiges an Energie und Scharfsinn darauf verwendet haben, irgendeine Form von utilitaristischer Arbeit zu betreiben, flossen Energie und Scharfsinn zuletzt in die Formulierung von Theorien grundlegender Rechte.«[4]

Doch in der Philosophie wie im Leben wird der neue Glaube binnen kurzem zur alten Orthodoxie. Auch wenn sich die rechtebasierte Ethik inzwischen gegenüber ihrem utilitaristischen Rivalen durchgesetzt hat, sah sie sich in jüngerer Zeit zunehmend einer Herausforderung aus einer anderen Richtung ausgesetzt – aus einer Perspektive, die den Forderungen nach Staatsbürgerlichkeit und Gemeinschaft stärkeren Ausdruck verleiht, als es die liberale Position zulässt. Anders als die modernen Liberalen treten ihre kommunitarischen Kritiker für eine Politik des Gemeinwohls ein. Sie rufen die Argumente Hegels gegen Kant in Erinnerung und stellen so den liberalen Anspruch in Frage, wonach das Rechte Vorrang habe vor dem Guten, sowie das darin enthaltene Bild des frei wählenden Individuums. Unter Berufung auf Aristoteles bringen sie vor, wir könnten politische Vereinbarungen nicht ohne Bezug auf gemeinschaftliche Zwecke und Ziele rechtfertigen, und ohne Bezug auf unsere Rolle als Staatsbürger, als Teilnehmer eines gemeinschaftlichen Lebens, könnten wir uns keinen Begriff von uns selbst machen.

Diese Debatte spiegelt zwei kontrastierende Bilder des Selbst wider. Die rechtebasierte Ethik und die Vorstellung von der Person, die sie enthält, wurden zum Großteil in der Auseinandersetzung mit dem Utilitarismus geformt. Wo die Utilitaristen unsere vielen Wünsche zu einem einzigen System von Wünschen zusammenfassen, bestehen die Kantianer auf der Eigenständigkeit der Person. Wo das utilitaristische Selbst einfach als Summe seiner Wünsche definiert wird, ist die kantische Person ein frei wählendes Selbst, unabhängig von den Wünschen und Zielen, die sie im Augenblick haben mag. Rawls schreibt: »Die Person ist vor ihren Zielen da; auch ein übergeordnetes Ziel muss aus vielen Möglichkeiten ausgewählt werden.«[5] Der Vorrang der Person vor ihren Zielen bedeutet, dass ich nie von meinen Zielen und Bindungen definiert werde, sondern stets fähig bin, einen Schritt zurückzutreten, um sie zu überprüfen, zu bewerten und möglicherweise zu revidieren. Genau das bedeutet es, ein freies und unabhängiges Selbst zu sein, das zu wählen imstande ist. Und genau das ist die Vorstellung vom Selbst, die ihren Ausdruck im Ideal des Staates als eines neutralen Rahmens findet. In der rechtebasierten Ethik benötigen wir eben deshalb einen neutralen Rahmen, weil wir unserem Wesen nach eigenständige, unabhängige Individuen sind – einen Rechtsrahmen, der sich gegenüber konkurrierenden Zwecken und Zielen unentschieden verhält. Wenn die Person Vorrang vor ihren Zielen hat, muss das Rechte Vorrang vor dem Guten haben.

Kommunitarische Kritiker des rechtebasierten Liberalismus sagen, wir könnten uns nicht auf diese Weise als unabhängig vorstellen, als Träger eines je eigenen Selbst, das völlig losgelöst ist von unseren Zielen und Bindungen. Ihnen zufolge sind manche unserer Rollen partiell konstitutiv für die Person, die wir sind – als Bürger eines Landes, Mitglied einer Bewegung oder Anhänger einer Idee. Wenn wir aber teilweise durch die Gemeinschaften definiert werden, in denen wir leben, dann müssten wir auch in die für diese Gemeinschaften charakteristischen Zwecke und Ziele eingebunden sein. Alasdair McIntyre schreibt in seinem Buch *Der Verlust der Tugend*: »Was also gut für mich ist, muss gut für jemanden sein, der diese Rollen innehat.«[6] Auch wenn das Ende meiner Lebensgeschichte offen ist, ist sie doch stets in die Geschichte jener Gemeinschaften eingebettet, aus denen ich meine Identität beziehe – ob Familie oder Stadt, Stamm oder Nation, Partei oder Idee. Aus kommunitarischer Sicht schaffen diese Geschichten eine moralische und nicht nur eine psychologische Differenz. Sie bestimmen unseren Ort in der Welt und verleihen unserem Leben die jeweils eigene moralische Besonderheit.

Was steht nun in der Auseinandersetzung »ungebundenes vs. situiertes Selbst« für die Politik auf dem Spiel? Welche praktischen Unterschiede bestehen zwischen einer Politik der Rechte und einer Politik des Gemeinwohls? Zu gewissen Fragen könnten die beiden Theorien für ähnliche politische Ansätze unterschiedliche Argumente hervorbringen. So dürfte die Bürgerrechtsbewegung der 60er Jahre von Liberalen mit dem Gebot der Menschenwürde und der gegenseitigen Achtung gerechtfertigt worden sein, während Kommunitarier sie mit der Forderung nach Anerkennung der vollen staatlichen Mitgliedschaft von Bürgern begründet haben dürften, die bislang zu Unrecht aus dem Leben der nationalen Gemeinschaft ausgeschlossen wurden. Und wo Liberale das öffentliche Bildungswesen vielleicht in der Hoffnung unterstützen, dass es Schüler zu autonomen Individuen macht, die in der Lage sind, ihre eigenen Ziele zu wählen und erfolgreich zu verfolgen, würden Kommunitarier das öffentliche Bildungswesen vermutlich in der Hoffnung unterstützen, dass es Schüler zu guten Staatsbürgern macht, die in der Lage sind, in sinnvoller Weise an öffentlichen Beratungen und Entscheidungen teilzuhaben.

Bei anderen Fragen könnten die beiden Ethiken zu unterschiedlichen politischen Maßnahmen führen. Kommunitarier würden wahrscheinlich eher als Liberale erlauben, dass eine Stadt Buchläden für pornographische Literatur verbietet, weil Pornographie die vorherrschende Lebensweise und die sie begründenden Werte beleidige. Doch auch wenn Liberale konservative politische Positionen vertreten, ist eine staatsbürgerliche Politik nicht immer mit ihnen einer Meinung. Kommunitarier würden beispielsweise eher als die an Rechten orientierten Liberalen damit einverstanden sein, wenn Bundesstaaten gesetzliche Regulierungen für Betriebsschließungen vornähmen, um ihre Gemeinschaften vor den verheerenden Folgen von Kapitalmobilität und plötzlichem industriellen Wandel zu schützen. Allgemeiner ausgedrückt: Wo der Liberale die Ausweitung individueller Rechte und Befugnisse als uneingeschränkten moralischen und politischen Fortschritt betrachtet, stört der Kommunitarier sich an der Tendenz liberaler Programme, Politik aus übersichtlicheren Formen des Zusammenschlusses in globalere zu überführen. Wo libertarianische Liberale die Privatwirtschaft und egalitäre Liberale den Wohlfahrtsstaat verteidigen, befürchten Kommunitarier eine Machtkonzentration in der Konzernwirtschaft wie auch in der Staatsbürokratie und die Erosion jener dazwischen angesiedelten Gemeinschaftsformen, die zuweilen für ein lebendigeres öffentliches Leben gesorgt haben.

Liberale argumentieren häufig, eine Politik des Gemeinwohls, die sich zwangsläufig auf bestimmte Zugehörigkeiten, Verpflichtungen und Traditionen stütze, öffne Vorurteil und Intoleranz Tür und Tor. Der moderne Nationalstaat sei nicht die Polis Athens – Größenordnung und Vielfalt des modernen Lebens hätten die politische Ethik des Aristoteles zu einem Entwurf gemacht, der bestenfalls mit Nostalgie, schlimmstenfalls mit großen Bedenken zu betrachten sei. Jeder Versuch, ausgehend von einer Vorstellung des Guten zu regieren, führe wahrscheinlich auf die schiefe Bahn totalitärer Versuchungen.

Kommunitarier erwidern meiner Ansicht nach zu Recht, Intoleranz gedeihe dort am besten, wo Lebensformen durcheinandergeraten, Wurzeln ausgerissen und Traditionen zerstört sind. Heutzutage entspringt der totalitäre Impuls nicht so sehr aus den Überzeugungen sicher verankerter Individuen als vielmehr aus der Verwirrung atomisierter, entwurzelter und enttäuschter Individuen, die durch eine Welt taumeln, in der gemeinsame Bedeutungen ihre Kraft verloren haben. Hannah Arendt hat dazu geschrieben: »Was die Verhältnisse in einer Massengesellschaft für alle so schwer erträglich macht, liegt nicht eigentlich, jedenfalls nicht primär, in der Massenhaftigkeit selbst, es handelt sich vielmehr darum, dass in ihr die Welt die Kraft verloren hat zu versammeln, d. h. zu trennen und zu verbinden.«[7] In dem Maße, wie unser öffentliches Leben schrumpft und unser Sinn für gemeinschaftliche Einbindung schwindet, sind wir empfänglich für die Massenpolitik totalitärer Bewegungen – so lautet die Position der Partei des Gemeinwohls gegenüber der Partei der Rechte. Wenn die Partei des Gemeinwohls recht hat, besteht unser dringlichstes moralisches und politisches Projekt darin, jene staatsbürgerlichen, republikanischen Möglichkeiten wiederzubeleben, die unserer Tradition innewohnen, aber in unserer Gegenwart verkümmern.

1   John Stuart Mill: *Gesammelte Werke*, Band 1. Leipzig, Fues's Verlag 1969, S. 12.
2   Ebd., S. 10.
3   John Rawls: *Eine Theorie der Gerechtigkeit*. Frankfurt am Main, Suhrkamp 1979, S. 19.
4   H. L. A. Hart: *Between Utility and Rights*, in: Colum. L. Rev 79 (1983).
5   Rawls, S. 607.
6   Alasdair McIntyre: *Der Verlust der Tugend*. Frankfurt a. M., Suhrkamp 1995, S. 288.
7   Hannah Arendt: *Vita activa oder Vom tätigen Leben*. München/Zürich, Piper 1981, S. 69.

Gerechtigkeit als Zugehörigkeit

Es gibt einige Dinge, die man für Geld nicht kaufen kann, und andere Dinge, die man dafür zu kaufen versucht, aber nicht kaufen sollte – zum Beispiel Wahlen oder, in früheren Zeiten, Erlösung. Doch der Verkauf von Wahlen bringt, ähnlich wie der Verkauf von Nachsicht, für gewöhnlich die Forderung nach Reformen mit sich.

Was ist falsch daran, mit so etwas zu handeln? Und wo sonst noch sollte dem Geld keine Verfügungsgewalt eingeräumt werden? Die Frage, wie die guten Dinge des Lebens verteilt werden sollten, ist Gegenstand von Michael Walzers Buch *Sphären der Gerechtigkeit* – einem phantasievollen alternativen Beitrag zur anhaltenden Debatte über Verteilungsgerechtigkeit.

Üblicherweise wird die Debatte zwischen Libertarianern auf der einen und Egalitären auf der anderen Seite ausgetragen. Libertarianer meinen, mit Geld als dem Medium des freien Austauschs solle alles käuflich sein, was sein Besitzer sich wünsche; die Menschen sollten ihr Geld nach Belieben nutzen können. Anhänger der egalitären Richtung erwidern, Geld könne nur dann ein faires Verteilungswerkzeug sein, wenn jeder über den gleichen Betrag verfüge. Solange einige mehr und andere weniger besäßen, würden manche aus einer Position der Stärke, andere hingegen aus einer Position der Schwäche handeln, weshalb der sogenannte freie Markt kaum als gerecht bezeichnet werden könne. Kritiker des egalitären Ansatzes wiederum entgegnen: Selbst wenn aller Reichtum gleich verteilt wäre, würde die Gleichheit enden, sobald Handel einsetze. Diejenigen, die durch Glück oder andere Umstände begünstigt wären, würden dabei gut abschneiden; die weniger Begünstigten wären schlechter dran. Solange die Menschen unterschiedliche Fähigkeiten und Wünsche hätten, könne das Primat vollkommener Gleichheit nie von langer Dauer sein.

Walzer rettet in seinem Plädoyer die Gleichheit sowohl vor ihren Kritikern als auch vor ihren Vertretern, indem er die Basis der libertär-egalitären Auseinandersetzung verlagert. Entscheidend bei seiner Lösung ist, dass man sich weniger um die Verteilung des Geldes kümmert als vielmehr darum, die Dinge einzuschränken, die man für Geld kaufen kann. Darauf läuft es hinaus, wenn von Sphären der Gerechtigkeit die Rede ist. Walzer behauptet, unterschiedliche Güter gehörten verschiedenen Sphären an, die entsprechend unterschiedlichen Prinzipien gehorchten: Sozialhilfe für Bedürftige; Auszeichnungen für diejenigen, die sie verdienen; politische Macht für die, die überzeugen können; Ämter für die, die qualifiziert sind; Luxusgüter für die, die in der Lage und bereit sind, dafür zu bezahlen; göttliche Gnade für die Gläubigen und so weiter.

Für Walzer liegt die Ungerechtigkeit ungleich verteilten Reichtums nicht in den Yachten und Sternemenüs, auf die der Geldadel Zugriff hat, sondern in der Macht des Geldes, in Bereichen zu dominieren, wo es nichts zu suchen hat – etwa dann, wenn man für Geld politischen Einfluss erkauft. Und auch wenn Geld der schlimmste Übeltäter sein mag, so ist es doch nicht die einzige Währung, die zu Unrecht außerhalb ihrer Sphäre Macht ausübt. Wenn beispielsweise ein Amt aufgrund von Verwandtschaftsverhältnissen anstatt von Befähigung vergeben wird, so ist das Nepotismus. Nepotismus und Bestechlichkeit sind leicht zu verurteilen, weil sie dazu führen, dass Güter gemäß Prinzipien verteilt werden, die nicht in diese beiden Sphären passen.

Doch Walzer räumt ein, dass das Konzept solcher Sphären an sich uns noch nicht erklärt, wie dieses oder jenes Gut zu verteilen sei. Die meisten unserer politischen Auseinandersetzungen ergeben sich genau aus der Frage, welche Güter welchen

Sphären angehören. Wie steht es etwa um Gesundheitsfürsorge, Wohnen und Bildung? Sollten wir sie als Grundbedürfnisse ansehen, die je nach Bedarf öffentlich bereitgestellt werden, oder als Waren und Dienstleistungen, die auf dem Markt zu handeln sind? Oder, um ein anderes Beispiel zu nennen, in welche Sphäre gehört Sex? Sollte sexuelle Lust nur auf Basis von Liebe und Hingabe oder auch im Tausch für Geld oder andere Güter »verteilt« werden?

Ganz gleich, ob wir nun über den Wohlfahrtsstaat oder aber über sexuelle Sitten debattieren: Wir brauchen eine Methode, um zu entscheiden, welche Güter zu welchen Verteilungsgrundsätzen passen. Eine Möglichkeit zu solch einer Entscheidung (vielleicht der vertrauteste Weg) besteht im Versuch, bestimmte allgemeine Natur- oder Menschenrechte herauszuarbeiten und aus ihnen abzuleiten, welche speziellen Rechte daraus folgen könnten – so zum Beispiel das Recht auf eine Wohnung, auf Gesundheitsfürsorge oder das Recht, sich auf Prostitution einzulassen.

Walzer verwirft die Berufung auf Rechte und übernimmt stattdessen das Konzept der Zugehörigkeit zu einer Gemeinschaft – eine Vorstellung, die eine starke Herausforderung für jene politischen Theorien darstellt, die Rechte an oberste Stelle setzen. Für ihn muss die Verteilungsgerechtigkeit mit solch einer Zugehörigkeit anfangen, weil wir alle, noch ehe wir Inhaber von Rechten sind, politischen Gemeinschaften angehören. Ob wir ein Recht auf ein bestimmtes Gut haben, hängt von der Rolle ab, die dieses Gut in unserem Gemeinschaftsleben spielt, und von dessen Bedeutung für uns als Mitglieder dieser Gemeinschaft.

Walzer veranschaulicht diesen Punkt mit einem Argument zugunsten einer verbesserten öffentlichen Bereitstellung medizinischer Versorgung – einem Argument, das sich nicht auf ein allgemeines »Recht auf Behandlung« beruft, sondern auf die Art und Weise des zeitgenössischen amerikanischen Lebens und die allgemeinen Übereinkünfte, die es definieren. Was die

Seelsorge für die Christen im Mittelalter bedeutete, bedeutet für uns seiner Ansicht nach die Heilung des Körpers. Für die Christen war die Unsterblichkeit ein gesellschaftlich anerkanntes Bedürfnis – »daher die zahllosen Kirchen – für jede Gemeinde eine eigene –, die regelmäßigen Gottesdienste, der Katechismus für die Jugend, die obligatorische Kommunion usw.«.[1] Für uns ist Langlebigkeit ein sozial anerkanntes Bedürfnis – es gibt »daher Ärzte und Hospitäler für jeden Distrikt, regelmäßige ärztliche Untersuchungen, eine Gesundheitserziehung für die Jugend, Zwangsimpfungen usw.«.[2] Medizinische Versorgung wird zu einer Frage der Zugehörigkeit zur Gesellschaft. Von ihr abgeschnitten zu sein ist »nicht nur gefährlich, sondern auch erniedrigend«,[3] eine Art Exkommunizierung.

In Walzers Konzept ist das Argument für Gleichheit demnach an das Argument der Zugehörigkeit geknüpft. Verschiedene Gemeinschaften setzen unterschiedliche Güter mit unterschiedlichen Bedeutungen und Werten ein, woraus wiederum ein je unterschiedliches Verständnis der Zugehörigkeit erwächst. So erinnert Walzer uns beispielsweise daran, dass zu verschiedenen Zeiten und an verschiedenen Orten »Brot nicht nur das Grundnahrungsmittel der Menschen [ist], es ist auch der Leib Christi, das Symbol des Sabbats, das Medium der Gastlichkeit und vieles andere mehr«.[4] Es komme darauf an, dass jede Gemeinschaft an die gemeinsamen Übereinkünfte glaube und offen sei für Debatten darüber, was diese Abmachungen erfordern.

Diese humane und hoffnungsvolle Vision präsentiert Walzer mit ironischer und sanfter Anmut. Sein Buch ist mit passenden Illustrationen und historischen Beispielen durchsetzt, die unser eigenes Verständnis für soziale Güter wecken sollen – für Ämter und Auszeichnungen, Sicherheit und Sozialhilfe, Arbeit und Freizeit, Ausbildung und Partnersuche, Eigentum und Macht, oft im Kontrast zu anderen Kulturen und Überlieferungen. Auch wenn Walzers Ansatz gelegentlich eher assoziativ als systematisch erscheint, wird er seiner Absicht gerecht – die darin besteht, dass wir uns dem verallgemeinernden Impuls der Philosophie widersetzen und die reiche Vielfalt unserer moralischen Lebensweisen bejahen.

Manche nehmen vielleicht Anstoß an dieser Absicht, weil sie im Grunde konservativ und unkritisch ist. Man könnte sagen, dass Gesellschaften, die an die gemeinsamen Abmachungen ihrer Mitglieder glauben, an sich noch keine gerechten, sondern nur konsistente Gesellschaften ergeben. Weiterhin kann man vorbringen, dass die Vorstellung von Gerechtigkeit, wenn ihr denn überhaupt kritische Kraft zukommen soll, auf Normen aufbauen muss, die unabhängig von einer bestimmten Gesellschaft sind; andernfalls bleibt Gerechtigkeit eine Geisel ebenjener Werte, über die sie urteilen muss. Walzer scheint manchmal anfällig für diesen Vorwurf, etwa wenn er bezweifelt, dass wir je imstande sein werden, die Bedeutung einer Gemeinschaft beurteilen zu können, der wir nicht selbst angehören.

Ich glaube jedoch nicht, dass diese Form von Pluralismus eine solche Art von Relativismus erfordert. Walzers relativistische Stimme steht in einem Spannungsverhältnis zu einer eher affirmativen Stimme, die seiner Begründung moralische Kraft verleiht. In seiner Argumentation ist ein spezielles Bild der Gemeinschaft enthalten; es fördert das gemeinsame Leben, das wir als ihre Mitglieder teilen.

Ein Beispiel für die Art der Gemeinschaft, an die Walzer denkt, ist der gesetzliche Feiertag – eine Institution, der er den modernen Freizeitbegriff gegenüberstellt. Während Freizeit eine private Angelegenheit ohne Verpflichtungen sei, eine Zeit, in der wir unseren gewöhnlichen Aufenthaltsort hinter uns ließen, seien Feiertage öffentliche Anlässe (manchmal religiös, manchmal staatsbürgerlich begründet), die wir gemeinsam begehen. Heutzutage werden solche Feiertage immer häufiger zu langen Wochenenden ausgebaut, zu privaten Ferientagen.

Walzer nutzt die Geschichte des Wortes »Vakanz« (Freizeit), um zu zeigen, wie weit wir uns vom Gemeinschaftsleben entfernt haben: »Im alten Rom wurden die Tage, an denen keine religiösen Feierlichkeiten und keine öffentlichen Spiele stattfanden, als *dies vacantes* bezeichnet, als ›leere Tage‹. Im Gegensatz dazu waren die Feiertage erfüllte Tage – erfüllt von Verpflichtungen, aber auch von Feierlichkeiten, voll von Dingen, die es zu tun gab, von Festessen und Tanz, Ritualen und Spielen. Dies war der Augenblick, da die Zeit reif war für die Entstehung jener sozialen Güter der gemeinsamen würdevollen und gemeinsamen lärmenden Festlichkeiten. Wer möchte solche Tage missen? Aber wir haben den Sinn für die Fülle und Erfülltheit verloren; die Tage, nach denen wir verlangen, sind die leeren Tage, die wir selbst nach Belieben [...] anfüllen können.«[5]

Obwohl Walzer kaum Zweifel daran lässt, welche Form der Pause für ein reicheres Gemeinschaftsleben sorgt, kommt er (mit seiner relativistischen Stimme) zu dem Schluss, dass Gerechtigkeit sich nicht zwischen Feiertagen und Freizeit entscheidet, sondern lediglich öffentliche Unterstützung für jegliche zufällig vorherrschende Form dieser Art erfordert. Doch das steht im Widerspruch zum tiefer reichenden Vorschlag, der in seiner Erklärung steckt, wonach es einer Gesellschaft, welche die Freizeit den Feiertagen vorzieht, nicht nur an einer gewissen Fülle mangelt, sondern wahrscheinlich auch an der Fähigkeit, den Sinn für Zusammengehörigkeit aufrechtzuerhalten, den eine Gemeinschaft braucht, um solche Feiertage zu ermöglichen.

Es ist eine Sache, von einer Gemeinschaft zu erwarten, dass sie die Aufwendungen für öffentliche Feiern teilt, aber eine ganz andere, wenn man von ihr verlangt, private Freizeit zu subventionieren. Die Überlagerung der Feiertage durch Freizeit lässt auf die Schwächung jener moralischen Bindungen schließen, die Voraussetzung sein müssen für jede Begründung einer öffentlichen Bereitstellung von Mitteln für diesen Zweck. Hier liegt für mich die Stärke von Walzers Anspruch. Wo Gerechtigkeit mit Zugehörigkeit beginnt, kann sie sich nicht allein mit Aufteilung befassen; sie muss auch die moralischen Voraussetzungen beachten, die eine Zugehörigkeit fördern.

1   Michael Walzer: *Sphären der Gerechtigkeit*. Frankfurt a. M., New
    York, Campus 1994, S. 139.
2   Ebd.
3   Ebd., S. 142.
4   Ebd., S. 33 f.
5   Ebd., S. 284.

Die Gefahr der Auslöschung

Es ist aus vielen Gründen unrecht, die Menschheit zu vernichten – man denke an die Toten, das Leid, den Schmerz, die zerstörte Zukunft. Doch diese Schrecken sind auch bei solchen Kriegen ein Unrecht, bei denen die Spezies als solche verschont bleibt.

Was den nuklearen Albtraum so besonders macht, ist nicht allein die Größenordnung des Leids oder die Zahl der Toten, die ein Atomkrieg verursacht, sondern dass durch ihn die Geschichte der Menschheit ein Ende finden könnte. Im Gegensatz zu anderen Zerstörungsmechanismen bringt der Atomkrieg die Möglichkeit der Auslöschung ins Spiel, und diese macht einen moralischen Unterschied aus. Doch worin genau besteht dieser moralische Unterschied zwischen dem Verlust von Menschenleben und dem Ende der Menschheit?

Diese Überlegung mag einem ebenso müßig wie trostlos vorkommen. Doch wie George Kateb zu Recht betont, muss die Politik auf die Philosophie antworten – sogar eine Politik, die so stark von militärischen und technologischen Imperativen beherrscht wird wie die Politik der nuklearen Abschreckung. Verblüffend ist nicht Katebs Vorstoß, sondern seine Antwort. Ihm zufolge liegt der moralische Kern der atomaren Bedrohung in der Tatsache, dass der Atomkrieg die Rechte des Einzelnen verletzt. Dies mag angesichts eines so schicksalsschweren Ereignisses unbedeutend erscheinen, doch Kateb behauptet dennoch, die Doktrin des Individualismus sei der für das Atomzeitalter »angemessenste Idealismus«, während sich die Moralphilosophie am besten dazu eigne, »das atomare Dilemma realistisch zu sehen, gegen seinen Fortbestand zu protestieren und sich ihm zu widersetzen«.[1]

Kateb ist davon überzeugt, individualistische Grundsätze schlössen die Anwendung »aller Arten von Nuklearwaffen« aus, »jeder Größe, für jeden Zweck, in allen Ländern«. Dies bezeichnet er als »Doktrin der Nichtanwendung«. Da eine gesetzmäßige Regierung als einziges Ziel den Schutz individueller Rechte verfolgen müsse und Nuklearwaffen diese Rechte verletzten, sei eine Anwendung von Nuklearwaffen in keiner Weise moralisch zulässig. Die Regierungen, die Atomwaffen einsetzten, verwirkten ihre Befugnis zu regieren und können zu Recht von ihren Mitbürgern (oder jemand anderem) abgesetzt werden – notfalls auch gewaltsam. Tatsächlich stehe sogar die in der Abschreckungsdoktrin implizierte Androhung, Atomwaffen anzuwenden, bereits im Widerspruch zu einer gesetzmäßigen Regierung und begründe das Recht auf Widerstand.

Katebs harte Linie gegen den Nuklearkrieg scheint in ihrer Bestimmtheit der Gefahr angemessen. Und wie er uns in Erinnerung ruft, ist es die Gefahr der Auslöschung, welche die atomare Welt »zu einer völlig anderen« macht. Doch warum *ist* die Vernichtung der Menschheit aus der Sicht des Individualismus tatsächlich ein Verlust, der über den Verlust von Menschenleben hinausgeht? Warum sollten wir uns um den Fortbestand der Welt sorgen – abgesehen von den Gründen, aus denen wir uns um das Überleben all jener zu sorgen haben, die in ihr leben? Indem Kateb versucht, seine Argumentation an eine individualistische Ethik zu binden, verschleiert er die Deutlichkeit der Gefahr, der er begegnen will; er lässt nur schwer erkennen, inwieweit die Vernichtung sozusagen ein schlimmeres Schicksal sein könnte als der Tod.

Es gibt zumindest zwei Möglichkeiten, zu erklären, was eine Auslöschung insbesondere vernichtet; keine passt so richtig zu dem von Kateb vertretenen Individualismus. Der erste Erklärungsansatz beruft sich auf die Welt, die wir als Menschen gemeinsam teilen. Hannah Arendt schreibt dazu:

[...] das weltlich Gemeinsame liegt außerhalb unserer selbst, wir treten in es ein, wenn wir geboren werden, und wir verlassen es, wenn wir sterben. [...] Die Welt haben wir nicht nur gemeinsam mit denen, die mit uns leben, sondern auch mit denen, die vor uns waren, und denen, die nach uns kommen werden.[2]

Arendt zufolge ist die Beständigkeit der gemeinsamen Welt entscheidend für die Möglichkeit bedeutsamer menschlicher Aktivität. Nur wenn sie sich auf relevantes Handeln einlassen, können Sterbliche eine »irdische Unsterblichkeit« anstreben. Um aber dem zeitlichen Verfall zu entkommen, müssen solche Handlungen in die Erinnerung eingehen – Bedeutung hängt vom Erinnern ab. Da die gemeinsame Welt Träger der Erinnerung ist, hängt von ihrem Überleben nicht weniger ab als die Möglichkeit bedeutsamer menschlicher Aktivität. Unter diesem Gesichtspunkt beschreibt Jonathan Schell das nukleare Dilemma als »eine Krise im Leben der gemeinsamen Welt«.[3]

Ein zweites Argument gegen die Vernichtung beruft sich auf jene besonderen gemeinsamen Welten, die durch Völker und Nationen, durch Kulturen und Gemeinschaften definiert sind. Die von ihnen getragenen Erinnerungen erlangen Resonanz durch lokale Bezüge und Traditionen. Die Ereignisse, die sie sich ins Gedächtnis rufen, haben selbst dann Bedeutung für ihre Mitglieder, wenn ihnen eine übergreifende Relevanz fehlt. Sich um das Schicksal einer Gemeinschaft zu kümmern heißt, sich um eine Lebensform zu kümmern, die beständiger ist als ein einzelnes Leben, aber weniger umfassend als die Menschheit insgesamt.

Das erklärt, warum Völkermord ein noch verabscheuungswürdigeres Verbrechen ist als die dabei begangenen Morde. Nicht nur einzelne Menschen, sondern ein ganzes Volk zu vernichten heißt, eine Sprache und eine Kultur auszulöschen, eine eigene Form der Existenz. Indem Völkermord eine Welt zerstört – auch wenn sie begrenzter ist als die Welt der gesamten

Menschheit –, deutet er die endgültige Auslöschung an. Der Völkermord mindert unsere Menschlichkeit, weil er ein wichtiges Mittel ihres Ausdrucks auslöscht.

Die Vorstellung, wir sollten die von uns bewohnten gemeinsamen Welten wertschätzen, wird von Kateb entschieden getadelt. »Diese Art, ein Volk zu begreifen, passt nicht zur amerikanischen Erfahrung.« Sie sei fremd, »Alte Welt«, »mystische Folklore«, ein Fall von Aberglauben. Die Überzeugung, einzelne Kulturen und Völker seien erhaltenswert, sei keineswegs ein Argument gegen die Vernichtung, sondern sie »bildet eine ergiebige Quelle für die Möglichkeit der Vernichtung«. Denn wenn wir erst einmal davon überzeugt seien, dass ein Volk seine Individuen überlebe, die es umfasse, würden wir mit größerer Wahrscheinlichkeit unsere eigene Gruppe vorziehen, für Abstraktionen kämpfen und den Weg hinunter zum massiven Verfall beschreiten. »Die Vorstellung von einem Volk ist ein gefährlicher Atavismus« – also genau das, wovon uns der moderne Individualismus eigentlich heilen solle.

Diejenigen, die gemeinsame Bindungen priesen, müssten sich laut Kateb davor hüten, dass dieser Stolz zum Chauvinismus mutiert, insbesondere dort, wo die Gemeinschaft (wie es manchmal der Fall ist) die staatliche Macht in ihren Händen halte.

Diese Ansicht, wonach Solidarität als solche ein Dammbruchargument für Etatismus, also für den übermächtigen Staat, sei, erscheint jedoch wie eine übertriebene Karikatur. Zudem sagt Kateb zu wenig über seine individualistische Alternative, um zeigen zu können, ob sie die bekannten Schwierigkeiten überwinden könnte, die bei der Aufrechterhaltung eines Rechtssystems auftreten, ohne dass man sich auf einen Gemeinschaftssinn beruft, der über den Gesellschaftsvertrag hinausgeht.

Doch auch wenn wir diese breiter angelegten Fragen der politischen Theorie beiseitelassen, bleibt die Frage, wie Kateb die Vernichtung als besondere Gefahr fassen kann, während er gleichzeitig jede Vorstellung einer erhaltenswerten gemeinsamen Welt verneint. Wenn der Individualismus uns lehrt, allen Arten der Solidarität zu entwachsen – welcher Grund bleibt uns dann noch, die Welt zu lieben? Und wenn wir keinen Grund dafür haben, warum machen wir uns dann so große Sorgen um ihre Vernichtung?

Die nukleare Gefahr ist deswegen etwas Außerordentliches, weil sie uns umfassend bedroht; sie bedroht die Kontinuitäten, die uns unseren Ort in der Welt vermitteln. Aus individualistischer Sicht kann die Vernichtung der Art nur ein weiterer, wenn auch ziemlich schwerer Mordfall sein. Kateb scheint das einzuräumen, wenn er schreibt: »Die Betonung liegt auf dem Tod von Millionen Einzelnen.« Doch damit negiert er unser Gefühl, dass der Verlust unserer Welt einer ist, der über den Verlust von Menschenleben hinausgeht. Die Sprache der individuellen Rechte hilft uns nicht, klar und deutlich zu erklären, was am Atomkrieg unrecht ist. Ohne irgendeine Art der gemeinsamen Sprache ist die Besonderheit des Nuklearzeitalters wahrscheinlich nicht in Worte zu fassen.

1 George Kateb: »Nuclear Weapons and Individual Rights«, in: *Dissent*, Frühjahr 1986.
2 Hannah Arendt: *Vita activa oder Vom tätigen Leben*. München, Zürich, Piper 1981, S. 54.
3 *The Jonathan Schell Reader. On the United States at War. The Long Crisis of the American Republic, and the Fate of the Earth*. New York, Nation Books 2004, S. 97.

Deweys Liberalismus
und der unsere

I

In der ersten Hälfte des 20. Jahrhunderts war John Dewey Amerikas berühmtester Philosoph. Doch er war mehr als das – er war ein öffentlich auftretender Intellektueller, der für ein Publikum abseits der Universitäten über Politik und Bildung, Wissenschaft und Glauben schrieb. Als Dewey 1952 starb, wurde er von Henry Commager als »geistiger Führer, Mentor und Gewissen des amerikanischen Volkes« beschrieben; es sei »kaum übertrieben, würde man behaupten, dass über den Zeitraum einer ganzen Generation kein Thema geklärt war, solange Dewey nicht dazu gesprochen hatte«.[1]

Doch in den Jahrzehnten nach Deweys Tod wurde seine Arbeit weitgehend ignoriert. Die Universitätsphilosophie wurde immer fachspezifischer und betrachtete Deweys breit angelegte Gedankengänge als verschwommen und altmodisch. Selbst Moral- und Politikphilosophen, die in Debatten über die Gegnerschaft von utilitaristischer und kantischer Ethik verwickelt waren, fanden kaum Gründe, sich mit Dewey zu befassen. Nur in Einrichtungen zur Lehrerausbildung dauerte sein Einfluss an, ansonsten aber lasen nur wenige Studenten seine Bücher. In der Zwischenzeit hatten die zentralen politischen Debatten – über den Umfang von Rechten und Ansprüchen, über die Beziehung zwischen Staat und Wirtschaft – anscheinend wenig mit Deweys politischer Lehre zu tun.

In den letzten Jahren hat Dewey ein Comeback erfahren. Warum das so ist und ob die heutige Philosophie und Politik sich von seiner Wiederentdeckung etwas versprechen können, sind zwei der Fragen, die Alan Ryan in seinem Buch *John Dewey and the High Tide of American Liberalism* (1995) stellt. Ryans Buch ist selbst Ausdruck der darin geschilderten Wiederentdeckung Deweys. Es folgte auf die ein paar Jahre ältere, ausgezeichnete Biographie *John Dewey and American Democracy* von Robert Westbrook und erschien gleichzeitig mit anderen Büchern und Artikeln über Deweys Denken.[2]

Ryan, ein politischer Theoretiker, der in Oxford lehrt, legt eine geistreiche und einfühlsame Einführung zu Deweys Leben und Denken vor. Er sagt von seinem Buch, es sei weniger eine voll ausgearbeitete Biographie als »eine freundschaftliche, aber kritische Reise durch die Gedanken, die Deweys erstaunlichen Einfluss auf das gebildete amerikanische Publikum seiner Zeit begründeten«. Das gelingt Ryan in bewundernswerter Weise.[3]

Wenn die Textqualität gelegentlich abfällt, liegt der Fehler weniger am Autor als an seinem Gegenstand. Selten ist ein so ereignisreiches Leben von einer so farblosen Gestalt geführt worden. Wie nur wenige Philosophen seiner oder unserer Zeit lebte Dewey ein Leben öffentlichen Engagements. Als führende Stimme der Reformen der Progressiven Bewegung gründete er eine experimentelle Schule in Chicago, arbeitete mit der Sozialreformerin Jane Addams im Hull House[4] zusammen und setzte sich für das Frauenwahlrecht sowie für Margaret Sangers Bewegung für Geburtenkontrolle ein. Er wurde zum führenden nationalen Vorreiter dessen, was als progressive Erziehung bezeichnet werden sollte, und zu einem Helden der Schullehrer. Er war an der Gründung der American Association of University Professors beteiligt und half dabei, die New School for Social Research und die American Civil Liberties Union aufzubauen. Er reiste nach Japan, China, in die Türkei, nach Mexiko und in die Sowjetunion, wo er mit Vorträgen und Ratschlägen für eine Erziehungsreform warb; und er wagte federführend den erfolglosen Versuch, eine neue, auf sozialdemokratischen Grundsätzen aufbauende politische Partei zu gründen. Im Alter von

78 Jahren leitete Dewey einen Untersuchungsausschuss, der Leo Trotzki vom während der Moskauer Prozesse von 1936 erhobenen Vorwurf Stalins freisprach, Trotzki habe gegenüber dem Sowjetregime Sabotage und Verrat begangen. Ungeachtet dieser beachtlichen Vielfalt an Aktivitäten fand Dewey noch die Zeit, mehr als tausend Essays und Bücher zu verfassen – viele davon für ein breites Publikum –, die in 37 Bänden seiner gesammelten Werke zusammengefasst wurden.[5]

Dewey selbst hingegen war als Person längst nicht so eindrucksvoll, wie seine Aktivitäten und sein Einfluss vielleicht vermuten ließen. Er war ein schüchterner, ruhiger Mann, ein unbeholfener Autor und ein schlechter Redner. Selbst wenn er für das allgemeine Publikum schrieb, war er nicht besonders geschickt darin, komplexe Gedanken verständlich darzulegen. Sidney Hook, einer der größten Bewunderer Deweys, gab zu, dass Amerikas größter Erziehungsphilosoph als Lehrer vor Publikum keinen Eindruck machte:

> Er unternahm keinen Versuch, seine Zuhörer zu motivieren oder ihr Interesse zu wecken, Probleme auf deren eigene Erfahrungen zu beziehen oder abstrakte und abwegige Positionen mit graphischen oder konkreten Illustrationen auf den Punkt zu bringen. Nur selten gelang es ihm, eine lebhafte Teilnahme und Reaktionen von Studenten hervorzurufen (…). Dewey redete mit heiserer Monotonie (…). Sein Vortrag war alles andere als flüssig. Es gab Pausen und manchmal lange Perioden, in denen er aus dem Fenster oder über die Köpfe seiner Zuhörer hinwegstarrte.[6]

Deweys mangelnde Präsenz als Autor, Redner oder Persönlichkeit lässt seine Popularität fast wie ein Mysterium erscheinen. Dieses Mysterium wird durch die Tatsache verstärkt, dass die von ihm übernommenen politischen Positionen oft im Widerspruch zur üblichen Meinung standen. Als nichtmarxistischer

Kritiker des Kapitalismus stimmte er 1912 nicht für Woodrow Wilson, sondern für Eugene Debs; er sprach sich gegen den New Deal aus, weil dieser eine zu zaghafte Antwort auf die Krise des Industriekapitalismus sei; und er stimmte stets für Norman Thomas statt für Franklin Roosevelt. Wie kam es also dazu, dass Dewey für mehr als ein halbes Jahrhundert ein so breites Publikum gewinnen konnte?

Wie Ryan überzeugend darlegt, liegt die Antwort darin, dass Deweys Philosophie den Amerikanern dabei half, ihren Frieden mit der modernen Welt zu finden. Das gelang ihm, indem er die scheinbar weit auseinanderliegenden Alternativen abschwächte, vor denen die Amerikaner im frühen 20. Jahrhundert standen: zwischen Wissenschaft und Glauben, zwischen Individualismus und Gemeinschaft, zwischen Demokratie und Expertentum. Deweys Philosophie verwischte diese vertrauten Unterschiede. In seinen Augen stand Wissenschaft nicht zwangsläufig im Gegensatz zum Glauben, sondern war eine andere Möglichkeit, der von uns erlebten Welt Sinn zu verleihen. Ein richtig verstandener Individualismus sei nicht die Verfolgung von Eigeninteressen, sondern die Entfaltung der charakteristischen Fähigkeiten eines jeden Menschen innerhalb eines »gemeinsamen Lebens«, das diese Fähigkeiten hervorrufe. Und in der Demokratie gehe es nicht bloß darum, die Vorlieben der Menschen zu addieren, wie irrational diese auch sein mögen, sondern sie sei eine Lebensweise, die die Bürger dazu erziehe, »intelligent handeln« zu können. Kurz gesagt brachte Dewey vor, die Amerikaner könnten die moderne Welt akzeptieren, ohne einige ihrer am meisten geschätzten Bindungen zu verraten.

Der in Vermont als Kongregationalist aufgewachsene Dewey, Mitglied der ersten Generation von Philosophie-Hochschullehrern, die nicht dem Klerus angehörten, war nicht dezidiert säkular. Er behielt das Vokabular des Glaubens und der moralischen und religiösen Erbauung bei und wandte es auf Demokratie und Erziehung an. Diese Position richtete sich, wie

Ryan schreibt, an Menschen, die nach moralischen und religiösen Idealen und entsprechenden Ausdrucksmöglichkeiten suchten, die zu den Voraussetzungen der säkularen Gesellschaft passten. In einem Jahrhundert der Kriege und des umfassenden sozialen und wirtschaftlichen Wandels – der vielen Menschen Angst einflößte – bot Dewey eine beruhigende, wenn nicht gar tröstliche Botschaft.

Deweys Neigung, Unterschiede zu verwischen – die bei seinen Kritikern auf viel Unwillen stieß –, entsprang nicht einfach dem Wunsch, die Ängste seiner Leser zu beschwichtigen. Sie spiegelte die beiden zentralen Grundsätze seiner Philosophie wider: Pragmatismus und Liberalismus. Neuere Debatten über Deweys Arbeit haben sich auf diese beiden Ansätze und ihre Beziehung zueinander konzentriert. Da die Begriffe Pragmatismus und Liberalismus oft in einer Weise benutzt werden, die im Widerspruch zu Deweys Verständnis steht, ist es wichtig zu wissen, wie er selbst sie auffasste.

Üblicherweise beschreibt Pragmatismus eine lediglich zweckmäßige Annäherung, die nicht von moralischen Grundsätzen geleitet wird. Doch so verstand ihn Dewey nicht. Für ihn stellte Pragmatismus eine Herausforderung für die Art und Weise dar, in der Philosophen die Suche nach Wahrheit verstanden. Seit der Zeit der Griechen waren Philosophen davon ausgegangen, dass die Suche nach Wahrheit eine Suche nach Erkenntnis einer letzten Wirklichkeit oder einer metaphysischen Ordnung sei – einer von unseren Wahrnehmungen und Überzeugungen unabhängigen Wahrheit. Philosophen waren uneins darüber, ob die Bedeutung dieser letzten Wirklichkeit etwas sei, was wir selbst bereitstellen, oder etwas, was wir entdecken. Uneinig waren sie sich auch darüber, wie Geist und Körper, Subjekt und Objekt sowie Ideal und Wirklichkeit zusammenhängen. Gemeinsam war ihnen jedoch die Annahme, das Kriterium für die Wahrheit sei die Übereinstimmung zwischen unseren Vorstellungen von der Welt und ihrem tatsächlichen Erscheinungsbild.

Dewey verwarf diese Annahme. Im Mittelpunkt seines Pragmatismus stand die Vorstellung, die Wahrheit einer Aussage oder Überzeugung hänge davon ab, wie geeignet sie sei, Erfahrungen einen Sinn zu geben und das Handeln zu leiten – und nicht von der Übereinstimmung mit einer letzten Wirklichkeit, die außerhalb oder jenseits unserer Erfahrung existiere. Laut Dewey sollte die Philosophie »jeglichen Anspruch aufgeben, besonders mit der letzten Wirklichkeit befasst zu sein«, und die pragmatische Vorstellung akzeptieren, dass »keine Theorie der Wirklichkeit im Allgemeinen *überhaupt* möglich ist oder benötigt wird«.[7]

Falls Dewey recht hat, hätte das für Philosophen bedeutende Konsequenzen. Wenn der Philosophie ein umschriebener Gegenstand fehlt, wenn die Gültigkeit einer Überzeugung nur durch eine experimentelle Prüfung festgestellt werden kann, dann müssen die konventionellen Unterscheidungen zwischen Denken und Handeln, zwischen Wissen und Ausführung überdacht werden. Der Erkenntnisvorgang besteht dann nicht darin, dass man etwas aus der Außenwelt präzise erfasst, sondern er schließt ein, dass man auf zweckmäßige, intelligente Weise an Ereignissen teilnimmt. Die Philosophen sollen so gesehen ihre Suche nach den allgemeinen Bedingungen von Erkenntnis aufgeben und sich an den konkreten Problemen für Denken und Handeln beteiligen, die im Alltagsleben auftreten. »Die Philosophie«, schreibt Dewey, »regeneriert sich selbst, wenn sie aufhört, ein Werkzeug für den Umgang mit den Problemen von Philosophen zu sein, und zu einer von Philosophen gepflegten Methode wird, mit den Problemen der Menschen umzugehen.«[8]

Die Vorstellung einer Philosophie, die zwangsläufig praktisch und experimentell ist, legt den Schluss nahe, dass der Philosoph auf die Ereignisse seiner Zeit nicht nur als betroffener Bürger, sondern eben auch als Philosoph reagieren muss. Deshalb schlägt Dewey eine engere Verbindung zwischen Philosophie und Demokratie vor, als die meisten Philosophen sie akzeptieren würden. Alan Ryan schreibt dazu: »Dewey kam zu der Überzeugung, dass jeder Aspekt der Philosophie ein Aspekt des Verständnisses einer modernen demokratischen Gesellschaft sei.«[9]

Eine solch enge Verknüpfung zwischen Philosophie und Demokratie steht im Widerspruch zum bekannten Kontrast zwischen der als Suche nach Wahrheit verstandenen Philosophie und der als Möglichkeit der Vertretung von Meinungen und Interessen verstandenen Demokratie. Dewey dagegen sah Philosophie als weniger abgehoben und Demokratie als erhabener an, als der bekannte Gegensatz unterstellt. Für ihn war Demokratie mehr als ein System der Mehrheitsherrschaft, nämlich eine Lebensweise, die Kommunikation und Diskussionen zwischen den Bürgern fördert – Diskussionen, die in intelligentes kollektives Handeln münden.

Obwohl er ein leidenschaftlicher Demokrat war, bestand für Dewey die Grundlage der Demokratie nicht in Zustimmung und Gemeinwillen. Er betrachtete Demokratie vielmehr als politischen Ausdruck einer experimentellen, pragmatischen Einstellung gegenüber der Welt. Sein Pragmatismus brachte ihn dazu, die Demokratie aus fast den gleichen Gründen zu preisen wie die Wissenschaft. Ryan erklärt die Parallelen zwischen Demokratie und Wissenschaft in Deweys Denken folgendermaßen:

Es gibt keine Wahrheit, welche die Beobachtungen und Experimente von Wissenschaftlern legitimieren würde, und keinen Willen, der die demokratische Entscheidungsfindung legitimieren würde ... [Dewey] vermied jede Andeutung, dass »Demokratie« allein deswegen legitimiert sei, weil sie entweder vom Gemeinwillen beherrscht werde oder weil nur sie allein fähig sei, die Wahrheit aufzudecken. Am nächsten kam er einer singulären Erklärung der demokratischen Tugenden mit der Aussage, sie ähnelten jenen der Wissenschaft: Sie schließe die wenigsten Alternativen aus, gebe allen Ideen eine faire Chance, ausprobiert zu werden, ermutige den Fortschritt und stütze sich nicht auf Autorität.[10]

Deweys Pragmatismus verlieh seinem Liberalismus eine eigenständige und manchmal ungewohnte Note. Die meisten Versionen der liberalen politischen Theorie beruhen auf moralischen und metaphysischen Annahmen, die im Widerspruch zu Deweys Pragmatismus stehen. John Locke vertrat die Ansicht, der legitime Staat sei durch natürliche, unveräußerliche Rechte eingeschränkt; Immanuel Kant brachte vor, keine Politik, wie populär oder nutzbringend sie auch sei, dürfe Grundsätze der Gerechtigkeit und des Rechts verletzen, die nicht erst aus der Erfahrung heraus abgeleitet seien, sondern schon vor ihr bestünden; selbst John Stewart Mill, der Gerechtigkeit und Rechte auf die in einem weiteren Sinn verstandene »Nützlichkeit« gründete, stützte sich auf eine klare Unterscheidung zwischen öffentlichen und privaten Sphären des Handelns.

Dewey verwarf all diese Formen des Liberalismus, weil sie auf moralischen oder metaphysischen Fundamenten ruhten, die nach allgemeiner Annahme vor jeder Politik und jeder Erfahrung existierten. Anders als diese klassischen Liberalen und auch viele Liberale unserer Zeit gründete Dewey seine politische Theorie nicht auf die Existenz fundamentaler Rechte oder auf einen Gesellschaftsvertrag. Obwohl er für staatsbürgerliche Freiheiten war, befasste er sich nicht vorrangig mit Rechten, die eine Herrschaft der Mehrheit begrenzen; er versuchte auch nicht, Gerechtigkeitsprinzipien abzuleiten, welche die Grundstruktur der Gesellschaft definieren sollten, oder eine Privatsphäre ausfindig zu machen, die frei von staatlicher Einmischung wäre.

Im Mittelpunkt von Deweys Liberalismus stand vielmehr der Gedanke, Freiheit bestehe darin, an einem Gemeinschaftsleben teilzuhaben, das es dem Einzelnen ermöglicht, seine jeweiligen Fähigkeiten zu verwirklichen. Das Problem der Freiheit bestehe nicht in der Frage, wie die Rechte des Einzelnen gegen die Ansprüche der Gemeinschaft abzuwägen seien, sondern in der »Institution einer Art gesellschaftlicher Organisation, in der es irgendeine zentrale spirituelle Autorität geben sollte«.[11] Für eine solche Gesellschaft sind staatsbürgerliche Freiheiten lebensnotwendig – nicht, weil sie es den Einzelnen ermöglichen, ihre eigenen Ziele zu verfolgen, sondern weil sie die soziale Kommunikation möglich machen – all die erlaubten Nachfragen und Debatten, die ein demokratisches Leben benötigt.

Für Dewey besteht die übergeordnete Bedeutung der Demokratie nicht darin, einen Mechanismus bereitzustellen, mit dem die Vorlieben aller gleichermaßen gegeneinander abzuwägen sind, sondern in der »Etablierung einer gesamten gesellschaftlichen Ordnung, die von einer spirituellen Autorität erfüllt ist, die sowohl das innere als auch das äußere Leben der Individuen nährt und ausrichtet.«[12] Für Dewey ist das »erste Objekt eines wiedergeborenen Liberalismus« nicht Gerechtigkeit oder Recht, sondern Bildung – also die Aufgabe, »bei der Entwicklung von mentalen und charakterlichen Eigenschaften sowie den intellektuellen und moralischen Mustern behilflich zu sein«, die die Bürger tauglich machten für die wechselseitigen Verpflichtungen eines gemeinsamen öffentlichen Lebens.[13] Eine demokratische Bildung dieser Art sei nicht nur eine Angelegenheit der Schulen, sondern ebenso die zentrale Aufgabe liberaler sozialer und politischer Institutionen. Schulen seien kleine Gemeinschaften, die Kinder darauf vorbereiteten, sich für ein demokratisches öffentliches Leben zu engagieren, welches seinerseits die Bürger dazu erziehe, das Gemeinwohl voranzubringen.

II

Ryans Bemerkung, Deweys Leben und Denken repräsentierten die »Blütezeit des amerikanischen Liberalismus«,[14] wirft die Frage nach Deweys heutiger Relevanz auf. Zeigt sich anhand des ausgeprägten Unterschieds zwischen Deweys und unserem Liberalismus in puncto Argumentation und Schwerpunktsetzung, dass sein Liberalismus überholt ist? Oder erweist sich eher der unsere als inadäquat? Ryan selbst scheint in dieser Frage gespalten zu sein. Einerseits betrachtet er Deweys Ansicht, Freiheit sei an die Mitgliedschaft in einer Gemeinschaft gebunden (sie reflektiert Deweys Verpflichtung gegenüber Hegel), mit Argwohn. Deweys »Drängen, die Lücke zu schließen zwischen dem, was wir für uns selbst begehren, und dem, was wir für andere Menschen wünschen«, schreibt Ryan, »enthält mehr Wunschdenken, als für eine philosophische Theorie angemessen ist«.[15] Andererseits schildert Ryan Deweys Liberalismus als wünschenswertes Korrektiv zur Beschäftigung mit Rechten, die heute weite Teile der liberalen politischen Theorie und Praxis kennzeichnet. »Ein von Rechten besessener Liberalismus ist nur ein Liberalismus«, schreibt Ryan, »und nicht der überzeugendste.«[16]

Am Ende, meint Ryan, liegen ein auf Rechten beruhender Liberalismus und Deweys eher kommunitarische Version des Liberalismus in der Praxis vielleicht gar nicht so weit auseinander wie in der Theorie. Obwohl Dewey beispielsweise Naturrechte verwirft, billigt er traditionelle liberale Rechte aus anderen Gründen: als notwendige Bedingung für eine demokratische Gesellschaft, welche Kommunikation, intelligentes Handeln und die umfassende Verwirklichung menschlicher Fähigkeiten begrüßt. In Deweys Liberalismus, so Ryan, »behalten die traditionellen politischen Freiheiten ihren festen Platz«, und zwar

nicht, weil es sich um »Naturrechte« handelt – es gibt keine Naturrechte – oder weil es ein chronisches Problem darstellt, in einer Demokratie jeden Einzelnen gegen den potentiell bösen Willen einer Mehrheit zu verteidigen. Sie behalten ihren Platz als Teil der Einrichtungen, die es ermöglichen, dass sich eine wahrhaft demokratische Öffentlichkeit bildet (...). Der felsenfest von Rechten besessene Liberale würde sich davon nicht überzeugen lassen, doch Dewey würde sich seinerseits nicht von diesem überzeugen lassen. Aber das ist nicht so wichtig, wie es vielleicht aussieht. Dewey war durchaus bereit anzuerkennen, dass das vollständige Arsenal der *gesetzlichen* Rechte, die der Liberale traditionell fordert, eine unerlässliche Möglichkeit darstellt, die Basisregeln einer demokratischen Gemeinschaft einzurichten.[17]

Es ist zwar richtig, dass sowohl Deweys Liberalismus als auch die heutige, mit Theoretikern wie John Rawls und Roland Dworkin verbundene Version des Liberalismus eine Reihe vertrauter Rechte vertreten. Doch die Unterschiede zwischen den beiden Sichtweisen bleiben nicht ohne Folgen für die Politik. Das wird deutlich, wenn man Richard Rortys Versuch, Deweys Pragmatismus für seine eigene Version des zeitgenössischen Liberalismus einzuspannen, näher betrachtet; diese Version besteht darauf, dass die politische Auseinandersetzung von moralischen und religiösen Debatten abgelöst werden sollte. In mehreren einflussreichen Werken hat Rorty Deweys Versuch gelobt, die Erkenntnistheorie beiseite zu lassen und die Vorstellung aufzugeben, die Philosophie könne ein Fundament für Erkenntnis liefern.[18]

In jüngerer Zeit hat Rorty in einem Artikel mit der Überschrift *The Priority of Democracy to Philosophy* zu zeigen versucht, dass Deweys Pragmatismus die von ihm bevorzugte Form des Liberalismus stützen kann. Ebenso wie die Philosophie die Suche nach der Erkenntnis einer letzten Realität jenseits aller Erfahrung aufgeben solle, solle die Politik konkurrierende Visionen von Moral und Religion beiseitestellen. Politik solle nicht auf eine bestimmte Vorstellung vom guten

Leben ausgerichtet sein, sondern sie solle sich mit einer Gesellschaft begnügen, in der die Menschen einander in der Öffentlichkeit tolerieren und ihre moralischen und religiösen Ideale im Privaten verfolgen. Eine liberale Demokratie soll laut Rorty nicht nur vermeiden, Moral in Gesetze zu fassen; sie soll auch moralische und religiöse Aussagen aus dem politischen Diskurs verbannen. »Eine solche Gesellschaft wird sich an den Gedanken gewöhnen, dass soziale Grundsätze nicht mehr Autorität erfordern als die erfolgreiche Anpassung unter Individuen.«

Wenn die Bürger ermutigt werden, ihre moralische Überzeugung für politische Zwecke außer Acht zu lassen, würden sie, wie Rorty einräumt, wahrscheinlich philosophisch »leichtfertig« werden, und es würde zu einer spirituellen »Entzauberung« des öffentlichen Lebens kommen. Die Menschen würden dann allmählich aufhören, Politik als angemessenes Mittel zum Ausdruck moralischer und spiritueller Ideale zu betrachten. Doch sei ein solches Ergebnis exakt die Weisheit des pragmatischen Liberalismus, den er und angeblich auch Dewey billigen. »Für Dewey ist die kommunale und öffentliche Entzauberung der Preis, den wir für die individuelle und private Befreiung im Spirituellen bezahlen.«[19]

Es ist Rortys philosophischem Geschick zu verdanken, dass er aus Deweys Pragmatismus eine politische Theorie ableitet, die in scharfem Gegensatz zu der von Dewey selbst vertretenen Theorie steht. Dewey verwarf nämlich die Ansicht, der Staat solle gegenüber den Vorstellungen vom guten Leben neutral sein. Die moralische und spirituelle Entzauberung des öffentlichen Lebens wurde von ihm eher beklagt als gerühmt. Er lehnte eine scharfe Unterscheidung zwischen öffentlichem und privatem Leben ab und vertrat die von Hegel und dem britischen idealistischen Philosophen T. H. Green abgeleitete Meinung, dass individuelle Freiheit nur als Teil eines gesellschaftlichen Lebens verwirklicht werden könne, welches den moralischen und staatsbürgerlichen Charakter der Bürger fördere und sie für den Einsatz für das Gemeinwohl begeistere.

Rorty lässt den gemeinschaftlichen Aspekt von Deweys Denken links liegen. Stattdessen bezieht er sich auf Deweys Pragmatismus und konstruiert so einen Liberalismus, der auf moralische oder philosophische Fundamente verzichtet. Laut Rorty lehrt uns der Pragmatismus, sich von der Vorstellung zu verabschieden, Philosophie liefere die Grundlagen der Erkenntnis; in ähnlicher Weise lehre uns der Liberalismus, die Vorstellung aufzugeben, moralische und religiöse Wertvorstellungen lieferten uns die Rechtfertigung für politische Vereinbarungen. Rortys Liberalismus behauptet, die Demokratie komme insofern vor der Philosophie, als die Begründung für die Demokratie nicht zwangsläufig eine bestimmte Sicht des guten Lebens voraussetze.

Rortys kreative Neuformulierung (manche würden es als Kaperung bezeichnen) von Deweys Liberalismus hilft uns zu klären, was bei der Gegenüberstellung von Deweys kommunitarischem Liberalismus mit dem heutzutage besser bekannten rechtebasierten Liberalismus auf dem Spiel steht.

Das vorrangige Problem der amerikanischen Demokratie seiner Zeit bestand für Dewey nicht darin, dass Gerechtigkeit und Rechte nicht genug betont wurden, sondern in der Verarmung des öffentlichen Lebens. Ursache dieser Verarmung war die Diskrepanz zwischen dem unpersönlichen und organisierten Charakter des modernen Wirtschaftslebens und der Art und Weise, in der die Amerikaner sich selbst sahen. Die Amerikaner des frühen 20. Jahrhunderts nahmen sich selbst zunehmend als frei entscheidende Individuen wahr, sogar dann noch, als die in riesigem Ausmaß von großen Unternehmen dominierte Wirtschaft ihre Fähigkeiten aushöhlte, ihr Leben selbst zu gestalten. Wie Dewey feststellte, klammerten die Menschen sich paradoxerweise genau zu der Zeit an eine individualistische Philosophie, »als das Individuum in der Lenkung der gesellschaftlichen Angelegenheiten wenig zählt, zu einer Zeit, in der mechanische Kräfte und riesige unpersönliche Organisationen die Form der Dinge bestimmten.«[20]

Im Zentrum der mechanischen Kräfte standen Dampf, Elektrizität und Eisenbahnen. Sie lösten die lokalen Formen der Gemeinschaft auf, die im amerikanischen Leben über eine weite Strecke des 19. Jahrhunderts vorgeherrscht hatten, ohne sie durch eine neue Form politischer Gemeinschaft zu ersetzen. Dewey schrieb dazu: »Das Maschinenzeitalter [ist] mit der Entwicklung der *Großen Gesellschaft* in die kleinen Gemeinschaften früherer Zeiten (...) und [hat] sie teilweise aufgelöst, ohne eine *Große Gemeinschaft* zu erzeugen.«[21] Die Erosion überlieferter Gemeinschafts- und Autoritätsformen durch Handel und Industrie wirkte zunächst wie eine Quelle individueller Befreiung. Doch die Amerikaner stellten bald fest, dass sich der Verlust der Gemeinschaft höchst unterschiedlich auswirkte. Obwohl die neuen Formen der Kommunikation und Technologie eine neue, tiefgreifendere wechselseitige Abhängigkeit mit sich brachten, erzeugten sie keinen Sinn dafür, sich für gemeinsame Zwecke und Vorhaben einzusetzen. »Ungeheure Ströme, [bringen] die Menschen [zusammen]«, schrieb Dewey, doch diese Ströme trugen nicht dazu bei, eine neue Art politischer Gemeinschaft aufzubauen. Dewey betonte: »Aber keine Summe kollektiven Handelns konstituiert von selbst eine Gemeinschaft.« Trotz der zunehmenden Nutzung von Eisenbahnen, Telegraphenleitungen und der immer komplexeren Arbeitsteilung – oder vielleicht genau deswegen – »[scheint] die Öffentlichkeit verlorengegangen zu sein«.[22] Die neue nationale Wirtschaft verfügte über »keine ihr würdigen politischen Organe«, wodurch die demokratische Öffentlichkeit atomisiert, unstrukturiert und unorganisiert blieb.[23]

Laut Dewey wartete die Erneuerung der Demokratie auf das Wiedererstehen eines von allen geteilten öffentlichen Lebens, was wiederum davon abhing, dass neue kommunitarische Institutionen geschaffen wurden, insbesondere Schulen, die den Bürgern beibrachten, innerhalb der modernen Wirtschaft effektiv zu handeln.»Solange die *Große Gesellschaft* nicht in die *Große Gemeinschaft* verwandelt ist, wird die Öffentlichkeit im Dunkeln bleiben.«[24]

Wie so viele Liberale seiner und unserer Zeit ging Dewey davon aus, dass die Great Community die Form einer nationalen Gemeinschaft annehmen werde; die amerikanische Demokratie werde dann gedeihen, wenn es ihr gelinge, ein Gefühl für wechselseitige Verantwortung und Treue gegenüber der Nation als Ganzes zu wecken. Da die Wirtschaft inzwischen eine nationale Größenordnung erreicht habe, müssten die politischen Einrichtungen ebenfalls ein nationales Ausmaß annehmen, allein schon, um mithalten zu können. Nationale Märkte zögen den starken Staat nach sich, der wiederum ein starkes Gefühl nationaler Gemeinschaft bräuchte, um aufrechterhalten werden zu können.

Von der progressiven Ära über den New Deal bis zur Great Society war der amerikanische Liberalismus bestrebt, ein tieferes Gefühl für nationale Gemeinschaft und staatsbürgerliches Engagement zu kultivieren, hatte dabei aber nur mäßigen Erfolg. Abgesehen von außerordentlichen Momenten wie etwa während des Kriegs zeigte sich, dass die Nation zu groß war, als dass sich irgendetwas wie eine Great Society hätte bilden können, und zu inhomogen, als dass sie als Forum für die von Dewey zu Recht gepriesenen öffentlichen Diskussionen hätte dienen können. Zum Teil deswegen wandten die amerikanischen Liberalen ihre Aufmerksamkeit in den Nachkriegsjahren allmählich vom Charakter des öffentlichen Lebens ab und befassten sich mehr mit der Ausweitung der Rechte gegenüber dem Staat und der staatlich unterstützten Ansprüche. Im Lauf der 80er und 90er Jahre befand sich der Liberalismus der Rechte und Ansprüche jedoch auf dem Rückzug, nachdem er einen Teil seiner moralischen Energie und seiner politischen Attraktivität verloren hatte.

Wie zu Deweys Zeit herrscht heute eine weitverbreitete

Furcht, dass die Bürger die Kontrolle über jene Kräfte verlieren, die ihr Leben beherrschen; dass die Menschen sich von öffentlicher Verantwortung abwenden; und dass Politikern wie Parteien die moralische oder staatsbürgerliche Vorstellungskraft fehlt, um darauf zu reagieren. Wieder gibt es Grund für die Sorge, die »Öffentlichkeit« im Sinne Deweys sei in der Versenkung verschwunden, während das Zusammenspiel mächtiger Interessen und der Lärm schriller Stimmen wenig Raum für einen vernünftigen öffentlichen Diskurs ließen. Heute wie damals könnte man mit Dewey sagen, dass »die politischen Elemente in der Wesensart des Menschen, jene, die mit Staatsbürgerschaft zu tun haben, auf eine Seite abgedrängt worden [sind]«.[25]

Doch mittlerweile sind es eher die Konservativen als die Liberalen, die am deutlichsten von Staatsbürgerlichkeit, Gemeinschaft und den moralischen Voraussetzungen eines gemeinschaftlichen öffentlichen Lebens sprechen. Obwohl die Vorstellung von Gemeinschaft bei den Konservativen oft eingeschränkt und provinziell ist, fehlen den Liberalen häufig die moralischen Mittel für eine überzeugende Erwiderung. Die Strömung, die Ryan den uns bekannten »von Rechten besessenen Liberalismus« nennt, beharrt darauf, der Staat müsse in Fragen des guten Lebens neutral sein und müsse vermeiden, in moralischen und religiösen Auseinandersetzungen Partei zu ergreifen. Ryans Buch erinnert uns daran – und das ist seine größte Leistung –, dass der Liberalismus die Sprache von Moral, Gemeinschaft und Religion nicht immer nur widerwillig verwendet hat. »Der Liberalismus Deweys«, so schreibt er,

ist anders. Es ist ein Liberalismus eigener Art, der sich eindeutig für den Fortschritt und die Entfaltung der Vorlieben, Bedürfnisse und Interessen der Menschen einsetzt … Nichtsdestoweniger tritt er mit einer streitbaren Weltanschauung und einer streitbaren Sicht dessen auf, was ein gutes Leben ausmacht; er ergreift Partei in Fragen zur Religion und ist nicht besessen von der Verteidigung von Rechten … Das von ihm gepriesene Individuum engagiert sich für seine Arbeit, seine Familie, die örtliche Gemeinschaft und deren Politik; es ist nicht zu diesen Interessen gezwungen, gedrängt oder in sie hineingezogen worden, sondern betrachtet sie als Bereiche für einen Ausdruck der eigenen Persönlichkeit, der durchaus damit zu vereinbaren ist, dass man in der gerade anstehenden Aufgabe aufgeht.[26]

Zu einer Zeit, in welcher sich der Liberalismus der Rechte und Ansprüche auf seinem Tiefpunkt befindet, täten wir gut daran, uns an den belastbareren staatsbürgerlichen Liberalismus zu erinnern, für den Dewey sich aussprach.

1 Henry Steele Commager: *The American Mind. An Interpretation of American Thought and Character Since the 1880s*. New Haven 1950, S. 100.

2 Robert B. Westbrook: *John Dewey and American Democracy*. Ithaca, New York, Cornell University Press 1991; Stephen Rockefeller, John Dewey: *Religious Faith and Democratic Humanism*. New York City, Columbia University Press 1991; Jennifer Welchman: *Dewey's Ethical Thought*. Ithaca, New York, Cornell University Press 1995; Debra Morris, Ian Shapiro (Hrsg.): *John Dewey: The Political Writings*. Indianapolis, Hackett 1993; Richard Rorty: *Consequences of Pragmatism*. Minneapolis, University of Minnesota Press 1982; Richard J. Bernstein: »John Dewey on Democracy«, in: *Philosophical Profiles: Essays in a Pragmatic Mode*. Philadelphia, University of Pennsylvania Press 1986, S. 260–272.

3 Alan Ryan: *John Dewey and the High Tide of American Liberalism*. New York City, W. W. Norton & Company, Inc. 1995, S. 284 ff.

4 Sitz einer Einrichtung für Stadtteilarbeit in Chicago. (Anm. d. Ü.)

5 John Dewey: *The Early Works*, 1882–1898, Bde 1–5; *The Middle Works*, 1899–1924, Bde. 1–15; *The Later Works*, 1925–1953, Bde. 1–17, hrsg. von Jo Ann Boydston. Carbondale, Southern Illinois University Press 1969–1991.

6 Sidney Hook: *John Dewey: An Intellectual Portrait*, New York 1939.

7 John Dewey: »The Need for a Recovery of Philosophy« (1917), in: *The Middle Works*, Band 10.

8 Ebd.

9 Ryan, a. a. O.

10 Ebd.

11 John Dewey: *Liberalismus und gesellschaftliches Handeln. Gesammelte Aufsätze 1888 bis 1937*. Hrsg. u. übers. v. Achim und Nora Eschenbach. Tübingen, Mohr Sibeck 2010, S. 167.

12 Ebd., S. 167.

13 Ebd., S. 186 f.

14 Ryan, a. a. O.

15 Ebd.

16 Ebd.

17 Ebd.

18 Siehe Richard Rorty: *Der Spiegel der Natur.* Frankfurt a. M., Suhrkamp, 1981, sowie Richard Rorty: *Consequences of Pragmatism*. Minneapolis, University of Minnesota Press 1982.

19 Richard Rorty: »The Priority of Democracy to Philosophy«, in: Merrill D. Peterson, Robert C. Vaughan (Hrsg.): *The Virginia Statute for Religious Freedom*. Cambridge, Cambridge University Press 1988, S. 257–282.

20 John Dewey: *Die Öffentlichkeit und ihre Probleme*. Bodenheim, Philo Verlag 1996, S. 90.

21 Ebd., S. 112.

22 Ebd., S. 98, 105, 131.

23 Ebd., S. 99.

24 Ebd., S. 124.

25 Ebd., S. 122.

26 Ryan, a. a. O.

Herrschaft und Hybris im Judentum –
was ist falsch daran, Gott zu spielen?

David Hartman, einer der führenden religiösen Denker unserer Zeit, ist auch unser wichtigster jüdischer Philosoph. In seinen Lehren und Schriften hat er eine fruchtbare Konfrontation zwischen jüdischer Tradition und moderner politischer Philosophie sowie Moralphilosophie gefördert. So, wie Maimonides Aristoteles mit Moses und Rabbi Akiva ins Gespräch kommen ließ, hat Hartman das jüdische Denken erneuert, indem er die liberale Sensibilität von Immanuel Kant und John Stuart Mill in der talmudischen Argumentation zum Tragen brachte.

In großen Teilen zeigt Hartmans Werk, dass es möglich ist, das halachische Judentum mit dem modernen Pluralismus zu versöhnen.[1] Der von ihm vertretene Pluralismus ist nicht einfach nur eine pragmatische Reaktion auf die moralische und religiöse Uneinigkeit, die in modernen Gesellschaften um sich greift, also kein Kompromiss um des lieben Friedens willen. Im Gegenteil, Hartmans Pluralismus entspringt seiner Theologie, seiner eigentümlichen Sicht des auf dem Bund mit Gott beruhenden Judentums.

Pluralismus: ethisch und deutend

Im Mittelpunkt von Hartmans Theologie steht die Vorstellung von Gott als einem sich selbst beschränkenden Wesen, das sich Grenzen setzt, um Platz für menschliche Freiheit und Verantwortung zu schaffen. Der Gedanke der göttlichen Selbstbeschränkung wird erstmals in der biblischen Schöpfungsgeschichte angedeutet: Gott erschafft die Menschen nach seinem Bild, aber als von ihm verschieden – als freie und unabhängige Geschöpfe, die fähig sind, gegen seine Gebote zu verstoßen (wie Adam zeigt, als er vom Baum der Erkenntnis isst), und imstande sind, mit ihm zu diskutieren (wie Abraham, ehe er Sodom zerstört).

Umfassendster Ausdruck der Selbstbeschränkung Gottes ist für Hartman jedoch der Bund vom Berg Sinai. Indem Gott dem jüdischen Volk dort die Thora übergibt, beteiligt er die Menschen als Partner in seinem Projekt für die Geschichte der Welt. Anstatt seine Ziele direkt über Wunder oder Prophezeiungen zu realisieren, verknüpft Gott seine Hoffnungen mit einer Gemeinschaft, die sich anschickt, gemäß seinen Geboten zu leben. Doch die Thora, die er am Sinai übergibt, ist nicht transparent und erklärt sich nicht selbst. Gott überlässt es den Menschen (Gelehrten und Rabbinern), die Bedeutung seiner Gesetze zu bestimmen – ein weiteres Beispiel dafür, wie Gott sich selbst einschränkt und Raum für menschliche Initiative schafft. »Gottes selbstbeschränkende Liebe für die Menschen drückt sich darin aus, dass Er die Ausarbeitung und Erweiterung der Thora den rabbinischen Gelehrten anvertraut.«[2] Die im Talmud und Midrasch formulierten, aufeinanderfolgenden Ausarbeitungen bilden die am Sinai offenbarte Thora. »Mit der Entwicklung der mündlichen Überlieferung wurde Israel zum Partner bei der Entwicklung der Offenbarung; die Offenbarung war nicht länger das am Sinai vollständig übermittelte Wort Gottes und wurde zu einer für die Zukunft offenen Äußerung, die von unzähligen Schülergenerationen kreativ ausgearbeitet wurde.«[3]

Hartman plädiert für zwei Formen des Pluralismus: eine deutende und eine ethische. Sein deutender Pluralismus geht unmittelbar aus seiner Theologie des Bundes hervor und spiegelt den ergebnisoffenen Charakter der talmudischen Diskussion wider, wonach verschiedene Rabbis, so gelehrt sie auch sein mögen, zu unterschiedlichen Schlüssen kommen können. Selbst

Gott kann nicht eingreifen, um einen talmudischen Disput bei-
zulegen, wie ein bekannter *Midrasch* belegt (»Es ist nicht im
Himmel.«). Minderheitsmeinungen werden nicht als ketzerisch
verdammt, sondern legitimiert und bewahrt. Der offene Charakter der Deutung schafft innerhalb des halachischen Judentums Raum für Pluralismus.

Doch Hartman vertritt auch einen weiter reichenden ethischen Pluralismus, der die ethischen Systeme anderer Glau-
benslehren und von säkularer Moral ernst nimmt. Gottes Bund
mit dem jüdischen Volk bedeutet nicht, dass das Judentum die
einzig authentische Möglichkeit ist, Gott zu verehren. Ebenso
wenig muss ein Ethiksystem auf göttlicher Offenbarung beruhen.[4] Hartman verwirft die Vorstellung, ohne Offenbarung
könne es keine rationale Begründung ethischer Normen geben.
»Die Menschheitsgeschichte hat gezeigt, dass Menschen dazu
imstande sind, nicht in der göttlichen Autorität verwurzelte,
brauchbare Ethiksysteme zu entwickeln. Gottes Offenbarung
des Ethischen soll kein Ausgleich sein für die mutmaßliche
Unfähigkeit der menschlichen Vernunft, ein Ethiksystem zu
formulieren.«[5] Anders als viele religiöse Denker hält Hartman
daran fest, dass ein »säkularer Humanismus eine brauchbare
und moralisch kohärente Haltung ist«.[6]

Hartman behauptet nicht, ein ethischer Pluralismus sei
durch das biblische und talmudische Judentum gedeckt, sondern nur, dass er eine mögliche Interpretation darstelle. Er
räumt ein, dass manche Aspekte der Tradition im Widerspruch
zum Pluralismus stünden.

Hartmans Behauptung könnte einen zu der Frage veranlassen, welche Interpretation am besten mit der als Ganzes gese-
henen jüdischen Tradition übereinstimmt: die pluralistische
oder die ausschließende Lesart? Doch Hartman nimmt diese
Frage nicht ins Visier, und auch ich werde hier nicht darauf eingehen. Stattdessen möchte ich eine andere Frage erörtern, die
Hartmans Pluralismus aufwirft: Wenn die Menschen ihren
Weg zur Moral ohne göttliche Offenbarung überdenken kön-

nen, wozu ist dann die Religion da? Oder anders gefragt: Warum stellt die Möglichkeit einer brauchbaren säkularen Moral keine Gefahr für das halachische Judentum dar, wie Hartman es versteht? Um zu untermauern, warum er bereit ist, eine säkulare Ethik als legitim anzusehen, zitiert Hartman Maimonides, der sich freimütig auf Aristoteles berief: »Maimonides zeigte, dass die halachische Spiritualität des Bundes in keiner Weise bedroht oder ausgehöhlt wird, wenn man die Gültigkeit ethischer Normen anerkennt, deren Quelle unabhängig von der Vorstellung einer Offenbarung ist.«[7]

Für viele Menschen mit starken religiösen Überzeugungen ist es wichtig, die Gleichwertigkeit säkularer Moral zu verneinen. Dass Hartman als halachischer Jude damit kein sonderliches Problem hat, spiegelt mehr als nur eine tolerante Haltung gegenüber dem Glauben anderer wider; es steht auch für die tiefe Überzeugung, dass es in der Religion um mehr geht als um die Grundlegung moralischer Prinzipien. Ungeachtet der Bedeutung der ethischen *Mitzwoth*[8] kritisiert Hartman diejenigen, die das Judentum mit bestimmten ethischen Prinzipien gleichsetzen, von denen man sagt, sie seien einzigartig oder charakteristisch für Juden. »Um einschätzen zu können, wie ernst das Judentum die ethischen Mitzwoth nimmt, ist es nicht erforderlich, von einer speziell jüdischen ethischen Empfindsamkeit auszugehen oder die moralische Begabung der hebräischen Propheten anzuführen.«[9] Eine Gleichsetzung des Judentums mit dem Ethischen übersieht nicht nur ähnliche ethische Normen in vielen anderen Überlieferungen; sie spiegelt auch ein dürftiges Verständnis der jüdischen Religion und ihres spirituellen Lebens wider.

Religiöse Anthropologie

Für Hartman geht es in der Religion um mehr als um ethische Grundsätze, um mehr als Ritus und Feierlichkeit. Sie ist auch eine Möglichkeit, unserer Beziehung zu Gott, zur Natur und zum Kosmos einen Sinn zu geben und die Art und Weise zu bestimmen, in der wir dieser Beziehung gerecht werden. Im Mittelpunkt von Hartmans Theologie des Bundes liegen fundamentale Fragen religiöser Anthropologie: Was bedeutet es für einen Menschen, in der Gegenwart Gottes zu leben? Welche Neigungen, Sensibilitäten und Einstellungen gegenüber der Welt hat ein religiöser Mensch? Ist er bescheiden und demütig oder bestimmt und wagemutig? Welche Art von religiöser Persönlichkeit wird durch das richtig verstandene halachische Judentum kultiviert und bestätigt? Welche Grenzen menschlicher Macht sollten wir, wenn überhaupt, anerkennen und beachten?

Wie diese Fragen erwarten lassen, ist religiöse Anthropologie metaphysisch und normativ zugleich. Metaphysisch ist sie insofern, als sie nach einer Erklärung des Universums und nach dem Platz der Menschen darin sucht. Normativ ist sie, da jede Erklärung unserer Beziehung zu Gott und zur Natur Hinweise darauf einschließt, wie wir zu sein haben und welche Art von Leben wir führen sollten. Diejenigen, die auf einer rein formalen und positivistischen Sicht des Gesetzes bestehen, dürften bestreiten, dass irgendeine Erklärung dieser Art normatives Gewicht besitzt; was per Gesetz verboten ist, darf nicht getan werden, und was das Gesetz nicht verbietet, ist zulässig. Wenn Hartman aber zu Recht sagt, dass halachische Vorschriften für konkurrierende Deutungen offen seien, könnte als beste Interpretation diejenige in Frage kommen, die zum umfassenderen theologischen Bild passt. Auf diese Weise durchdringt Hartmans religiöse Anthropologie sein Verständnis von Ethik und Gesetz.

Um die Bedeutung von Hartmans religiöser Anthropologie sichtbar zu machen, möchte ich einige moralische und politische Fragen erörtern, die in der öffentlichen Debatte zunehmend in Erscheinung treten und die nicht allein durch die Berufung auf vertraute moralische Prinzipien oder ethische Grundsätze zu lösen sind. Obwohl Hartman diese Fragen nicht direkt aufgegriffen hat, bietet seine religiöse Anthropologie einen nützlichen Ansatz, über sie nachzudenken, und auch die passende Terminologie dafür.

Biotechnologie: Spielen wir Gott?

Viele der überaus schwierigen Fragen, denen wir in der modernen Welt gegenüberstehen, betreffen die angemessene Nutzung unserer wachsenden technologischen Macht, die Natur – einschließlich der Natur des Menschen – neu zu schaffen. In den Debatten über Umweltpolitik spielten Aussagen über die Grenzen (sofern vorhanden) der menschlichen Herrschaft über die Natur für einige Zeit eine Rolle. Die Fortschritte der Biotechnologie haben diese Frage zugespitzt – das zeigt sich in den Diskussionen über genmanipulierte Nahrungsmittel, gentechnisch veränderte Tiere, das Klonen von Menschen, neue Reproduktionstechnologien und andere Verfahren, die es den Menschen ermöglichen, die genetischen Eigenschaften ihrer Kinder (oder ihre eigenen) zu verändern. Während kaum jemand Einwände gegen das Klonschaf Dolly hat, stören sich viele an der Aussicht, Menschen zu klonen oder Gentechnologien zu nutzen, mit denen Eltern »Designerbabys« erschaffen könnten, indem sie Geschlecht, Größe, Augenfarbe, sportliche Leistungsfähigkeit, musikalische Begabung oder den IQ ihrer Kinder im Voraus festlegen.

Auch wenn solche Szenarien verstörend wirken mögen: Es ist gar nicht so leicht zu sagen, was genau an ihnen falsch ist. Natürlich kann man den Sicherheitseinwand vorbringen: Werden solche Verfahren zu früh eingesetzt, birgt dies ein schwerwiegendes Risiko für genetische Abnormitäten und andere gesundheitliche Schäden. Doch selbst unter der Annahme, die medizinischen Risiken könnten schließlich überwunden werden, bleibt ein Unbehagen. Der Kanon ethischer Grundsätze – Nutzen, Rechte, Einwilligung nach angemessener Aufklärung – erfasst genau die Merkmale der Gentechnik nicht, die uns am tiefsten verstören. Diejenigen, die wegen solcher Verfahren besorgt sind – darunter auch alle, die ansonsten unter säkularen moralischen Prämissen argumentieren –, ertappen sich plötzlich bei der Warnung, dass der Mensch nicht »Gott spielen« solle. Damit suggerieren sie, dass gewisse Eingriffe des Menschen in die Natur für eine Art »Hybris« stehen, für einen Drang zu Herrschaft und Dominanz, der die Grenzen eines angemessenen menschlichen Strebens überschreitet. Ob der Einwand, nicht »Gott zu spielen«, nun stichhaltig ist oder nicht: Er bringt uns dazu, über das richtige Verhältnis der Menschen zu Gott und zur Natur nachzudenken. Er zwingt uns auf das Terrain der religiösen Anthropologie.

Das Judentum ist in Hinblick auf die Herrschaft des Menschen über die Natur nachsichtiger als viele andere Überlieferungen. Wie Hartman darlegt, ist der Gott der Schöpfung nicht eins mit der Natur (wie in pantheistischen Vorstellungen) und auch nicht in der Natur verkörpert (wie in heidnischen Kosmologien), sondern ein transzendentes Wesen, dessen Existenz vor aller Natur liegt. Wenn das menschliche Eingreifen in die Natur also gewissen Einschränkungen unterliegt, dann ergeben sich diese nicht aus der Annahme, die Natur sei als solche ein Zauber oder heilig, wie manche »tiefgrüne« Ökologen glauben. Die Grenzen für die Ausübung menschlicher Macht über die Natur stammen nicht aus der Natur selbst, sondern aus einem richtigen Verständnis der Beziehung zwischen Mensch und Gott. Wenn es falsch sein sollte, uns im Streben nach Unsterblichkeit selbst zu klonen oder unsere Kinder genetisch so zu verändern, dass sie unsere Ambitionen und Wünsche besser erfüllen, so liegt die Sünde hierbei nicht in der Entweihung der Natur, sondern in unserer Selbstvergöttlichung.

Doch an welchem Punkt wird die Ausübung wissenschaftlicher oder technischer Macht zur Vergöttlichung oder zu einem von Hybris geleiteten Streben, Gottes Rolle an sich zu reißen? In den Zeiten des rabbinischen Judentums sahen manche die

Ausübung der Medizin durch den Arzt als ein Versagen seines Glaubens an, als illegitime Einmischung in Gottes Rolle als Heiler der Kranken. Doch der Talmud verwirft diese Sichtweise und lehrt, dass »dem Arzt die Erlaubnis zu heilen gegeben ist« (*Berachot* – Lobsprüche – 60a). Und eine Midrasch-Geschichte erläutert die Erlaubnis zum Heilen durch einen Vergleich mit der Erlaubnis gegenüber dem Bauern, die Natur zu bearbeiten, indem er Feldfrüchte anpflanzt und kultiviert:

Rabbi Ismael und Rabbi Akiva schlenderten in Begleitung eines Dritten durch die Straßen Jerusalems. Sie trafen auf einen Kranken. Er sprach zu ihnen: »Meine Herren, sagt mir, womit ich geheilt werden könnte.« Sie erwiderten: »Tue dieses und jenes, und du wirst geheilt werden.« Er fragte sie: »Und wer hat mich krank gemacht?« Sie erwiderten: »Der Heilige Gott, Er sei gesegnet.« [Der Kranke] entgegnete: »Ihr dringt in ein Reich ein, das nicht eures ist; Er hat mich krank gemacht, und ihr heilt! Übergeht ihr nicht Seinen Willen?«
Sie fragten ihn: »Womit bist du beschäftigt?« Er erwiderte: »Ich bestelle den Boden, und hier ist die Sichel in meiner Hand.« Sie fragten ihn: »Wer schuf den Obstgarten?« Er antwortete: »Der Heilige Gott, gesegnet sei Er.« Sie sagten: »Auch du dringst in ein Reich ein, das nicht deines ist. [Gott] schuf es, und du schneidest darin die Früchte ab!« Er sagte zu ihnen: »Seht ihr nicht die Sichel in meiner Hand? Würde ich nicht pflügen, säen, düngen und jäten, würde nichts wachsen.« Sie sagten zu ihm: »O du Narr! Lehrt dich deine Arbeit nicht das, wie es in der Schrift heißt: ›Ein Mensch ist in seinem Leben wie Gras, er blüht wie eine Blume auf dem Felde‹ (Psalm 103:15). Ein Baum wird nicht wachsen ohne Jäten, Düngen und Pflügen, und selbst wenn er wächst, wird er ohne Bewässerung und Dünger nicht leben, sondern sicherlich sterben – und so ist es auch mit dem Körper. Arzneien und ärztliche Methoden sind der Dünger, und der Arzt ist es, der den Boden bestellt.«[10]

Die Erlaubnis für den Arzt, Kranke zu heilen, beantwortet nicht die Frage, ob gewisse Formen der Gentechnik zu Unrecht in das Reich Gottes eindringen. Viele Anwendungen der neuen Biotechnologie – etwa die Entscheidung, anstatt eines Mädchens lieber einen Jungen zu bekommen oder durch leistungssteigernde Mittel oder genetische Veränderungen einen Wettbewerbsvorteil im Sport zu erlangen – haben nichts mit der Behandlung von Patienten oder der Heilung von Krankheiten zu tun. Wenn ich nicht imstande bin, die Meile in drei Minuten zu laufen oder beim Baseball 70 Homeruns zu schaffen, ist das vielleicht enttäuschend, aber keine Krankheit; mein Arzt ist nicht verpflichtet, mir dafür ein Heilverfahren zu bieten. Doch auch darüber hinaus bleibt die Frage bestehen, ob etwas falsch daran ist, Wissenschaft und Technologie zu nutzen, um sich solche Kräfte anzueignen.

Der prometheische Geist

Hartmans Lehrer, Rabbi Joseph Soloveitchik, gesteht den Menschen für die Ausübung ihrer Fähigkeiten eine fast unbegrenzte Reichweite zu. Für Soloveitchik impliziert die Erschaffung des Menschen nach dem Bild Gottes, dass er ein göttliches Mandat besitzt, sich am Schöpfungsakt zu beteiligen. Er meint, Gott habe vorsätzlich ein unvollkommenes Universum geschaffen, so dass die Menschen ermächtigt seien, es zu verbessern. »Der glühendste Wunsch des halachischen Menschen ist es, die Vervollständigung der Schöpfungsmängel zu erblicken«, schreibt Soloveitchik. »Der Traum von der Schöpfung ist der zentrale Gedanke des halachischen Bewusstseins – die Vorstellung von der Bedeutung des Menschen als Partner des Allmächtigen im Schöpfungsakt, der Mensch als Weltenschöpfer.«[11]

Gemäß Soloveitchik war die Unvollkommenheit der Schöpfung ein Ausdruck von Gottes Liebe für die Menschheit. »Der Schöpfer der Welt minderte das Bild und die Statur der Schöpfung, um dem Menschen, der Arbeit seiner Hände, etwas zu überlassen, was er tun kann, um den Menschen mit der Krone des Schöpfers und des Erschaffenden zu schmücken.« Soloveitchik bezieht das Projekt der Selbsterschaffung in den Auftrag zur schöpferischen Tätigkeit mit ein. »Hierin verkörpert sich die umfassende Aufgabe der Schöpfung und die Pflicht, an der Erneuerung des Kosmos mitzuwirken. Das absolut grundlegende Prinzip von allem ist, dass der Mensch sich selbst erschaffen muss. Diesen Gedanken hat das Judentum in die Welt eingeführt.«[12]

Der prometheische Geist von Soloveitchiks religiöser Anthropologie scheint eine uneingeschränkte Herrschaft des Menschen über die Natur zu billigen. Man kann sich kaum ein wissenschaftliches Projekt vorstellen, das er als überheblich verdammen würde. Sogar für James Watsons berühmte Reaktion auf diejenigen, die modernen Wissenschaftlern vorwarfen, sie würden Gott spielen, könnte er Sympathie empfunden haben: »Wenn wir nicht Gott spielen, wer dann?«, soll Watson gesagt haben. Wie Hartman anmerkt, stützt Soloveitchiks Sicht der jüdischen Spiritualität »den gesamten technologischen Geist der Moderne, von dem man oft annahm, er gefährde das religiöse Streben«.[13]

Was aber wird dann aus der religiösen Demut? Was bewahrt einen derart mit Macht ausgestatteten und autonom agierenden Menschen davor, sich selbst fälschlicherweise für Gott zu halten? Soloveitchik beantwortet diese Frage, indem er dem halachischen Menschen ein zweites Mandat zuweist: Er soll nicht nur die Schöpferkraft Gottes imitieren, sondern auch Seinen Rückzug aus der Welt und Sein Hinnehmen der Niederlage. »Damit verlangt die jüdische Ethik vom Menschen, in gewissen Situationen zurückzuweichen. Der Mensch muss nicht immer Sieger sein.«[14]

Die Erhabenheit menschlicher Herrschaft und Dominanz wird also gezügelt durch eine Verpflichtung zum Opfer und zur Unterwerfung unter den letztlich unergründlichen Willen Gottes, wie er sich beispielhaft in Abrahams Bereitschaft zeigt, seinen Sohn zu opfern. Für Soloveitchik ist der zwischen entgegengesetzten Ausrichtungen zum Leben hin- und hergerissene religiöse Mensch daran gebunden, zwischen diesen zwei radikal unterschiedlichen spirituellen Empfindungen zu schwanken: Angesichts der Natur zeigt er ein Gespür für Herrschaft und Dominanz; angesichts Gottes tritt sein Sinn für das Handeln zurück zugunsten des unhinterfragten Opfers und der äußersten Unterwerfung unter die Bindung an Gott (hebräisch *Akedah*).

Hartman verwirft Soloveitchiks religiöse Anthropologie aus zwei Gründen. Erstens glaubt er nicht daran, dass ein schmerzliches Schwanken zwischen den Polaritäten Bestimmtheit und Unterwerfung der menschlichen Erfahrung entspricht – weder spirituell noch psychologisch. Zweitens mildert Hartmans Theologie des Bundes diese Polaritäten schon im Ansatz. Ohne die prometheische Sicht der menschlichen Herrschaft und Dominanz kann die Versuchung zur Überheblichkeit in Schranken gehalten werden, ohne dass man auf das zurückgreifen müsste, was Hartman »das letztgültige Prinzip der autoritären Religion« nennt, also die Behauptung, Gottes Wille sei unergründlich.[15]

Der enormen Hochstimmung, die [Soloveitchiks] halachischer Mensch verspürt, wenn er seine schöpferischen Kräfte in der majestätischen Geste der Naturunterwerfung ausübt, muss durch den auf der *Akedah* beruhenden Schritt opferbereiter Unterwerfung begegnet werden. Ich würde jedoch sagen, dass diese drastische Kur gar nicht notwendig ist, weil die Krankheit ja nicht zwangsläufig als Erstes auftreten muss. Das Judentum enthält seine eigenen inneren Korrekturmechanismen, die gegen jede Neigung zur Überheblichkeit schützen können.[16]

Gebändigte Hybris: Beteuerung der Endlichkeit

Ich möchte die Merkmale von Hartmans religiöser Anthropologie herausstellen, welche die Versuchung der Überheblichkeit abwehren, während sie zugleich die Gleichwertigkeit und Würde des Menschen bestätigen. Hartman räumt das Spannungsverhältnis zwischen Selbstbestimmtheit und Unterwerfung ein, das sich durch die gesamte rabbinische Tradition zieht. Da er zumindest in *A Living Covenant* primär darauf abzielt, das halachische Judentum mit der Moderne zu versöhnen, betont er zunächst die Offenheit der jüdischen Tradition für menschliche Initiative, Schöpferkraft und Freiheit. Im Visier hat er vor allem das Bild des halachischen Juden als passivem und unterwürfigem Menschen, durch das Joch des Gesetzes an die autoritären Lehren der Vergangenheit gebunden. Dagegen setzt Hartman eine Anthropologie des Bundes mit Gott, die Platz schafft für menschliche Gleichwertigkeit und Würde. Zu diesem Zwecke hebt er den kreativen, autonomen Geist des rabbinischen Judentums hervor.

Doch seine Berufung auf den Sinai-Bund als Garantie für menschliche Initiative schließt auch einige Einschränkungen des menschlichen Dranges nach Herrschaft und Dominanz ein. Wendet man diese auf aktuelle Debatten über Gentechnik an, könnten sie dazu beitragen, den »Einwand der Überheblichkeit« zu artikulieren und ein Korrektiv für den Drang zur Vergöttlichung anzubieten.

Die Quellen der Einschränkung zeigen sich anhand dreier Themen in Hartmans religiöser Anthropologie: erstens Endlichkeit des Menschen, zweitens Sabbat und drittens Götzenverehrung. Für Hartman bedeutet die Zelebrierung der menschlichen Endlichkeit, dass ein religiöses Leben die Beschränkungen und Unvollkommenheiten der Welt bestätigen und annehmen kann. Ungeachtet der messianischen Sehnsucht, welche sich durch die jüdische Tradition zieht, »setzt die Vitalität des Bundes keinen Glauben an die messianische Erlösung, die Unsterblichkeit der Seele oder die Auferstehung der Toten voraus«.[17] Hartman erkennt die Sichtweise innerhalb des Judentums an, die Tod und Leid als Bestrafung für die Sünde ansieht. Aus einer solchen Perspektive bereiten die Einhaltung der Mitzwoth und ein Leben gemäß der halachischen Lehre den Weg für die göttliche Erlösung von Leid und Bedrängnis. »Selbst die Anfälligkeit des Leibes für Krankheit wird am Ende aufgehoben werden.«[18]

Hartman schließt die Möglichkeit einer messianischen Erlösung nicht aus, meint aber, das Judentum des Bundes benötige eine solche nicht. Zudem bringt er vor, die Endlichkeit des Menschen könne als Ausdruck des unaufhebbaren Unterschieds zwischen Gott und der Welt erklärt werden. »Endliche Menschen, die ihre Geschöpflichkeit annehmen, wissen, dass sie von ihrem Schöpfer getrennt bleiben«, schreibt Hartman. Obwohl der menschliche Geist zu glauben versucht sein könnte, er könne »von der Endlichkeit befreit werden und die Gedanken Gottes denken«, sei dies eine Illusion, die bereits zu Dogmatismus und Kriegen im Namen der Wahrheit geführt habe. Unsere Körperlichkeit beschränkt diesen Impuls und ruft uns unsere Situation als Menschen in Erinnerung. »Verwurzelt in unserem Körper, werden wir stets an die begrenzte, zerbrechliche, aber ehrwürdige Eigenschaft der Endlichkeit des Menschen erinnert.«[19] Eine »religiöse Empfindsamkeit, die Endlichkeit und Geschöpflichkeit als beständige Eigenschaften des Lebens im Bund mit Gott feiert«,[20] ist eine der in Hartmans Vision enthaltenen Beschränkungen, welche die Neigung zur Überheblichkeit zügelt.

Sabbat und Schlaf

Ein zweiter Aspekt der Einschränkung in Hartmans religiöser Anthropologie ist der Sabbat. Die Pflicht, diesen einzuhalten, dient wie das Lob der menschlichen Endlichkeit dazu, unseren

Drang nach Dominanz unter Kontrolle zu halten. »Am Sabbat feiern die Juden Gott als Schöpfer (...). Ehrfurcht, Staunen und Demut werden dadurch ausgedrückt, dass wir Herrschaft und Kontrolle über die Welt für einen Tag aufgeben. Die Natur ist nicht absolut in unserem Besitz.«[21] Die Einhaltung des Sabbats schränkt die Neigung des Menschen ein, sich selbst zu vergöttlichen – er entlässt uns aus den Tätigkeiten rund um Herrschaft und Kontrolle, die während der übrigen Woche vorherrschen. »Am Sabbat darf ein Mensch nicht als prometheische Gestalt über dem und gegen das Universum stehen (...). Die halachische Vorstellung von der Heiligkeit des Sabbats zielt darauf ab, den menschlichen Impuls zur Herrschaft zu kontrollieren, indem sie der Herrschaft des Menschen über die Natur Grenzen setzt.«[22] Wenn die Sonne untergeht und der Sabbat beginnt, hört die Natur auf, ein bloßes Werkzeug für menschliche Zwecke zu sein:

Die halachischen Vorschriften verbieten mir, eine Blume aus meinem Garten zu pflücken oder damit zu machen, was mir gefällt. Bei Sonnenuntergang wird die Blume ungeachtet des instrumentellen Wertes, den sie für mich hat, zu einem »Du« mit eigenem Daseinsrecht. Ich stehe stumm vor der Natur wie vor einem Mitgeschöpf, nicht wie vor einem Objekt meiner Herrschaft. Indem der Sabbat uns zu verstehen zwingt, was es heißt, ein Geschöpf Gottes zu sein, zielt er darauf ab, die aus technologischer Arroganz hervorgehende menschliche Aufgeblasenheit zu heilen.[23]

Was impliziert der Sabbat in Hinblick auf Gentechnik und andere Spitzenleistungen der Technologie? Hartmans Erklärung kann auf zwei Arten gedeutet werden – eine ist nachgiebig, die andere restriktiv. Die nachgiebige Interpretation besagt, dass die Natur nur an einem von sieben Tagen zum »Du« wird und den Rest der Woche ein bloßes Werkzeug menschlicher Begierden bleibt. Die restriktive Deutung dagegen würde etwas vom

Sabbat in unsere alltägliche Haltung gegenüber der Natur tragen und dem Herrschaftsprojekt einige Grenzen auferlegen.

Die zweite der beiden Deutungen scheint plausibler zu sein und eher dem zu entsprechen, wie Hartman sich mit der Art, wie halachische Vorschriften den religiösen Charakter formen, beschäftigt. Da es beim Sabbat darauf ankommt, eine gewisse Demut gegenüber Gottes Schöpfung zu kultivieren, sollte diese Demut dann nicht auch unsere Sicht auf die Welt beeinflussen, wenn wir die Arbeit wieder aufnehmen? Obwohl Hartman keine Ethik der Natur und der Vorherrschaft des Menschen ausarbeitet, ist seinen Äußerungen eindeutig zu entnehmen, dass die Erfahrung des Sabbats unser Verhalten formen und die ganze Woche hindurch unsere Überheblichkeit kontrollieren sollte: »Der Sabbat entwickelt die Eigenschaft der Dankbarkeit, das Gefühl, das Leben sei ein Geschenk, und den Wunsch, das Verlangen nach absoluter Macht aufzugeben.«[24]

Auch wenn ich recht damit haben sollte, dass Hartmans Lehre eine Ethik der Beschränkung in unserem täglichen Umgang mit der Natur einschließt, ist nur schwer herauszufinden, welche Veränderungen der Welt und unserer selbst das Risiko der Selbstvergöttlichung in sich tragen. Eine Möglichkeit, darüber nachzudenken, besteht in der Frage, welche Vorhaben der Biotechnologie, wenn sie erfolgreich und in großem Maßstab durchgeführt werden, unsere Wertschätzung des Lebens als Geschenk untergraben würden.

Nehmen wir ein kleines, aber aussagekräftiges Beispiel: den Schlaf. Schlaf ist eine biologische Notwendigkeit, keine Krankheit, die Behandlung braucht. Doch nehmen wir an, wir würden eine Möglichkeit erfinden, den Schlaf zu verbannen oder zumindest unser Bedürfnis danach radikal zu verringern. Diese Möglichkeit ist nicht völlig hypothetisch. Ein neues, zur Behandlung der Narkolepsie (übersteigerte Schläfrigkeit) entwickeltes Arzneimittel wird immer beliebter bei Leuten, die für längere Zeit wach bleiben wollen. Ohne die Nebenwirkungen von Koffein oder anderen Stimulanzien versetzt es Menschen in die Lage, auch ohne Schlaf effektiv zu denken und zu arbeiten. Bei militärischen Einsätzen konnten Soldaten dank dieses Mittels 40 Stunden lang gut funktionieren und nach acht Stunden Schlaf weitere 40 Stunden ohne Pause kämpfen.[25] Nehmen wir an, eine derartige Droge sei ungefährlich, und stellen wir uns vor, eine verbesserte Variante ermögliche es dem Menschen, eine Woche, einen Monat oder gar ein ganzes Jahr lang auf Schlaf zu verzichten. Ab welchem Punkt würde uns die Verwendung dieser Droge, wenn überhaupt, in ethischer Hinsicht beunruhigen? Und aus welchen Gründen? Aus der Perspektive der Nützlichkeit würde sie sicher zu erhöhter Produktivität und größerem Wohlstand führen. Bedenken in Sachen Gerechtigkeit könnte man zumindest prinzipiell aus dem Weg räumen, indem man die Droge für alle zugänglich machen würde. Und in der Annahme, dass ihr Gebrauch freiwillig erfolgt, könnte niemand behaupten, damit würden die Rechte der Menschen verletzt. Würden wir uns dann immer noch daran stören, müsste das Gründe haben, die mit dem »Einwand der Überheblichkeit« verbunden sind. Das führt uns zurück zu Hartmans Themen hinsichtlich des Sabbats und zur Bestätigung der Tatsache, dass der Mensch endlich ist.

Hartman erklärt die Bedeutung des Sabbats und zitiert hierzu auch einen *Midrasch* über die Gefahr der menschlichen Selbstvergöttlichung: Als Gott Adam erschuf, sahen die Engel in ihm fälschlicherweise ein göttliches Wesen. »Was tat der Heilige, gesegnet sei Er? Er ließ Schlaf über ihn kommen, und alle wussten, er war ein menschliches Wesen.«[26] Hartman versteht diesen *Midrasch* als Antwort darauf, dass menschliche Macht die Kluft zwischen Gott und den Menschen zu verwischen sucht – der Schlaf liefert die Lösung für ein theologisches Problem. »Schlaf (…) zerstört die Illusion der Allmacht und zwingt uns, unsere Menschlichkeit anzuerkennen. Der Schlaf symbolisiert einen Bewusstseinszustand, in dem die Menschen Herrschaft und Kontrolle abgeben.« Hartman vergleicht Adams Schlaf im *Midrasch* mit der »ruhigen Freude des ›Sabbat-Schlafes‹«.[27]

Wie der Sabbat erinnert uns der Schlaf an die Grenzen des Menschen, indem er unser Leben einem Rhythmus gemäß reguliert, der außerhalb unserer Kontrolle liegt. Wenn wir uns mit Hilfe technischer Mittel vom Schlafbedürfnis befreien, berauben wir uns eines menschlichen Merkmals, das unseren Impuls zu Herrschaft und Dominanz kontrolliert.

Götzenanbetung

Eine dritte Quelle der Einschränkung in Hartmans religiöser Anthropologie ist die Zurückweisung der Götzenanbetung. Er zitiert Maimonides' Ansicht, zentraler Aspekt des halachischen Judentums sei es, die Götzenanbetung zu verwerfen. »Wer immer den Götzendienst zurückweist«, so Maimonides in der *Mischne Thora*, »bekennt seinen Glauben an die ganze Thora, an all die Propheten und all das, was den Propheten von Adam bis ans Ende aller Zeiten aufgetragen wurde. Und das ist das Grundprinzip aller Gebote.«[28]

Hartman weist darauf hin, dass das Verbot der Götzenhuldigung nicht nur für die alten, von den Heiden verehrten Götzen gilt; denn hätte die Götzenanbetung keine breitere Bedeutung, würde sie in der modernen Welt keine Gefahr darstellen, und ihre Bekämpfung wäre nur von historischem Interesse. Die Zurückweisung der Götzenverehrung ist jedoch normativ bedeutsam, weil ständig falsche Götter, Objekte oder Vorhaben präsent sind, die hinreichend verführerisch sind, um eine unangebrachte Verehrung und Loyalität hervorzurufen.

Welche Form nimmt Götzenverehrung in der modernen Welt an? In talmudischen Zeiten sorgten die Rabbis sich am meisten um die Anbetung von Kaisern und Königen, deren Herrschaft und Macht als größte Rivalen der religiösen Hingabe auftraten. Hartman merkt an, dass die götzendienstartige Verehrung absoluter Macht heutzutage in »der Forderung nach totaler und kritikloser Loyalität für einen politischen Staat«

fortbestehe.[29] Auf die großen Diktaturen des 20. Jahrhunderts traf das gewiss zu – etwa in den berüchtigten Fällen von Hitlers Deutschland und Stalins Sowjetunion. Doch mit dem Zusammenbruch des Kommunismus dürfte sich der Brennpunkt dieser Götzenverehrung verschoben haben. Auch wenn an manchen Orten noch immer lokale Tyrannen und charismatische Herrscher an der Macht sind, fesselt politische Herrschaft heute nicht mehr die Aufmerksamkeit, absorbiert nicht mehr die Energien und löst die Loyalität nicht mehr in einem Maß aus, durch das sie zu einem Rivalen Gottes würde. Das heißt nicht, dass die liberale Demokratie weltweit gesiegt hätte; es soll nur darauf hinweisen, dass der Sog des Politischen sowohl in liberalen wie in unfreien Gesellschaften weniger attraktiv und weniger verführerisch geworden und deshalb weniger imstande ist, leidenschaftliche Götzenanbetung hervorzurufen.

In der heutigen Welt hat sich die Versuchung der Götzenanbetung von der Politik auf andere Bereiche verlagert: auf Konsumverhalten, Entertainment und Technologie. Die Konsumbesessenheit in wohlhabenden Marktgesellschaften zersetzt das Heilige, indem sie alles zur Handelsware macht. Die Unterhaltungsbranche mit ihrer inzwischen globalen Reichweite macht Prominente zu Götzen und propagiert deren Verehrung in einem Ausmaß, auf das römische Imperatoren neidisch gewesen wären. Und schließlich verspricht die Biotechnologie im Zeitalter des Genoms nicht nur, verheerende Krankheiten zu heilen, sondern auch, uns in die Lage zu versetzen, uns unsere genetischen Merkmale (und die unserer Nachkommen) auszusuchen. Es fällt schwer, sich eine erfreulichere Aussicht oder im Gegensatz dazu einen anspruchsvolleren Test für menschliche Demut und Zurückhaltung vorzustellen. Wenn Götzenanbetung die ultimative Sünde darstellt, wenn Anmaßung und Überheblichkeit dem religiösen Wesen am deutlichsten zuwiderlaufen, dann findet der alte Kampf gegen Selbstvergöttlichung in unserer Zeit wahrscheinlich einen neuen Anlass.

1 Das halachische Judentum ist die Glaubensrichtung derjenigen, die in Übereinstimmung mit dem jüdischen Gesetz leben.

2 David Hartman: *A Living Covenant: The Innovative Spirit in Traditional Judaism*. New York, The Free Press 1985, S. 32.

3 Ebd., S. 36.

4 Ebd., S. 3.

5 Ebd., S. 98.

6 Ebd., S. 183.

7 Ebd., S. 99.

8 Mehrzahl von Mitzwa (Anm. d. Ü.).

9 Hartman, *Living Covenant*, S. 96.

10 *Midrash Terumah*, Kapitel 2, zitiert in Noam J. Zohar: *Alternatives in Jewish Bioethics*. Albany, State University of New York Press 1997, S. 20 f. Zum religiösen Naturalismus siehe Zohar, ebd., S. 19–36.

11 Rabbi Joseph B. Soloveitchik: *Halakhic Man*, übers. v. Lawrence Kaplan. Philadelphia, Jewish Publication Society of America, 1983 (ursprünglich auf Hebräisch veröffentlicht 1944), S. 99.

12 Ebd., S. 107, 109.

13 Hartman, *Living Covenant*, S. 79.

14 Rabbi Joseph B. Soloveitchik: »The Lonely Man of Faith«, in: *Tradition* 7:2 (Sommer 1965), S. 35 f., zit. in Hartman, *Living Covenant*, S. 82.

15 Hartman, *Living Covenant*, S. 84.

16 Ebd., S. 88.

17 Ebd., S. 257.

18 Ebd., S. 256.

19 Ebd., S. 260.

20 Ebd., S. 18.

21 Ebd., S. 260.

22 David Hartman: *A Heart of Many Rooms: Celebrating the Many Voices within Judaism*. Woodstock, Vt., Jewish Lights Publishing 1999, S. 77 f.

23 Ebd., S. 78.

24 Ebd., S. 201 f.

25 Carey Goldberg: »Who Needs Sleep? New Pill Hits Scene«, in: *Boston Globe*, 22. Sept. 2002, A1, A20.

26 *Midrash Rabbah, Genesis VIII*, 4,5; zit. in Hartman, *Heart of Many Rooms*, S. 77.

27 Ebd., S. 77 f.
28 *Mishneh Torah, Avodah Zarah II*, 4; zit. in Hartman, *Heart of Many Rooms*, S. 106.
29 Ebd., S. 107.

Politischer Liberalismus

Es gibt kaum Arbeiten der politischen Philosophie, die eine nachhaltige Debatte auslösen. John Rawls' *Eine Theorie der Gerechtigkeit*[1] hat nicht nur eine, sondern gleich drei Debatten angeregt – daran lässt sich ermessen, wie großartig das Buch ist.

Die erste Debatte, mittlerweile ein Ausgangspunkt für Studenten der Moral- und Politischen Philosophie, ist die Auseinandersetzung zwischen Utilitaristen und rechteorientierten Liberalen. Sollte Gerechtigkeit auf Nützlichkeit gegründet werden, wie Jeremy Bentham und John Stuart Mill meinen? Oder erfordert die Achtung vor den Rechten des Einzelnen, dass Gerechtigkeit eine Grundlage erhält, die unabhängig ist von utilitaristischen Erwägungen, wie Kant und Rawls behaupten? Vor Rawls' Gerechtigkeitstheorie war der Utilitarismus der vorherrschende Tenor innerhalb der angloamerikanischen Moralphilosophie und Politischen Philosophie. Seit *Eine Theorie der Gerechtigkeit* steht der rechteorientierte Liberalismus im Vordergrund.[2]

Zum Zweiten hat Rawls' Werk eine Debatte innerhalb des rechteorientierten Liberalismus ausgelöst. Wenn bestimmte Individualrechte so bedeutend sind, dass sie selbst angesichts des Gemeinwohls nicht aufgehoben werden können, dann bleibt zu fragen, um welche Rechte es sich dabei handelt. Libertarianische Liberale wie Robert Nozick und Friedrich Hayek vertreten die Auffassung, der Staat solle grundlegende bürgerliche und politische Freiheiten respektieren, ebenso wie das Recht auf die durch die Marktwirtschaft ermöglichten Früchte unserer Arbeit; eine Umverteilungspolitik, welche die Reichen besteuere, um den Armen zu helfen, verletze unsere Rechte.[3] Egalitäre Liberale wie Rawls sind anderer Ansicht. Sie meinen, wir könnten unsere bürgerlichen und politischen Freiheiten nicht sinnvoll ausüben, solange nicht für grundlegende soziale und wirtschaftliche Belange gesorgt sei; als Rechtsanspruch solle der Staat daher jeder Person in angemessenem Umfang Güter wie Bildung, Einkommen, Wohnung, Gesundheitsversorgung und dergleichen zusichern.

Die Auseinandersetzung zwischen der libertarianischen und der egalitären Richtung des rechteorientierten Liberalismus, die in den 70er Jahren die akademischen Kreise beschäftigte, entspricht in etwa der seit dem New Deal in der amerikanischen Politik existierenden Kontroverse zwischen den Verfechtern der Marktwirtschaft und denen des Wohlfahrtsstaates.

Die dritte Debatte, die Rawls' Werk anregte, kreist um eine Annahme, die von libertarianischen wie von egalitären Liberalen geteilt wird. Es geht um die Auffassung, der Staat solle gegenüber konkurrierenden Konzepten des guten Lebens neutral sein. Trotz ihrer unterschiedlichen Annahmen darüber, welche Rechte uns zustehen, sind sich rechteorientierte Liberale darin einig, dass die Prinzipien der Gerechtigkeit, die sich in unseren Rechten ausdrücken, nicht mit einer bestimmten Vorstellung vom guten Leben begründet werden sollten.[4] Diese für den Liberalismus von Kant, Rawls und viele heutige Liberale zentrale Idee ist in der Behauptung zusammengefasst, das Rechte habe Vorrang vor dem Guten.[5]

Widerspruch gegen den Vorrang
des Rechten vor dem Guten

Für Rawls wie für Kant hat das Recht in zwei Hinsichten Vorrang vor dem Guten, und es ist wichtig, beides voneinander zu unterscheiden. Erstens hat das Recht insofern Vorrang, als bestimmte Individualrechte die Erwägungen des Gemeinwohls

»übertrumpfen«, also schwerer wiegen. Zweitens genießt das Rechte insofern Priorität, als die Prinzipien der Gerechtigkeit, die sich in unseren Rechten ausdrücken, bei ihrer Begründung nicht von einer bestimmten Vorstellung vom guten Leben abhängen. Dieses zweite Argument für den Vorrang des Rechten hat jene Welle in der Auseinandersetzung um Rawls' Liberalismus angestoßen, die unter der etwas irreführenden Bezeichnung »liberal-kommunitarische Debatte« diverse Blüten trieb.

Manche politischen Philosophen, die in den 80er Jahren schrieben, störten sich an der Vorstellung, Gerechtigkeit könne von Erwägungen des Guten losgelöst werden. Die in den Schriften von Alasdair MacIntyre[6], Charles Taylor[7], Michael Walzer[8] und auch in meinen eigenen Arbeiten[9] enthaltenen Anfechtungen gegen den rechteorientierten Liberalismus werden manchmal als »kommunitarische« Kritik des Liberalismus bezeichnet. Der Terminus »kommunitarisch« ist jedoch insofern irreführend, als er impliziert, dass Rechte auf den Werten oder Vorlieben gründen, die in einer gegebenen Zeit in einer gegebenen Gemeinschaft vorherrschen. In diesem Sinn sind von jenen Philosophen, die den Vorrang des Rechten in Frage gestellt haben, nur wenige Kommunitarier (wenn überhaupt).[10]

Die Frage lautet nicht, ob Rechte respektiert werden sollten, sondern ob Rechte auf eine Weise bestimmt und begründet werden können, die keine spezielle Vorstellung vom Guten voraussetzt. Es ist nicht das relative Gewicht individueller und gemeinschaftlicher Ansprüche, das in der dritten Welle der Auseinandersetzung um Rawls' Liberalismus in Frage steht, sondern das Verhältnis zwischen dem Rechten und dem Guten.[11] Diejenigen, die den Vorrang des Rechten bestreiten, meinen, Gerechtigkeit sei nicht unabhängig vom Guten, sondern stehe in Beziehung zu ihm. Als Gegenstand der Philosophie könnten unsere Überlegungen zur Gerechtigkeit vernünftigerweise nicht von unseren Überlegungen zur Natur des guten Lebens und zu den höchsten menschlichen Zielen abgekoppelt werden. Als Gegenstand der Politik könnten unsere Beratungen über

Gerechtigkeit und Rechte nicht vorankommen, ohne Bezug auf die Vorstellungen vom Guten zu nehmen, die ihren Ausdruck in den vielen Kulturen und Traditionen finden, im Rahmen derer diese Beratungen stattfinden.

Ein beträchtlicher Teil der Debatte über den Vorrang des Rechten hat sich auf konkurrierende Konzepte der Person konzentriert und darauf, wie wir unser Verhältnis zu unseren Zielen verstehen sollten. Sind wir als moralisch Handelnde allein durch die Ziele und Rollen gebunden, die wir für uns selbst gewählt haben? Oder können wir manchmal verpflichtet sein, bestimmte Ziele zu erfüllen, die wir nicht gewählt haben – Ziele, die beispielsweise von der Natur oder von Gott vorgegeben sind oder durch unsere Identität als Mitglieder von Familien, Völkern, Kulturen oder Traditionen? Diejenigen, die den Vorrang des Rechten kritisiert haben, haben der Auffassung widersprochen, wir könnten unseren moralischen und politischen Verpflichtungen allein in voluntaristischen oder vertraglichen Begriffen einen Sinn geben.

In *Eine Theorie der Gerechtigkeit* knüpfte Rawls den Vorrang des Rechten an eine voluntaristische oder, im weiteren Sinn, kantische Konzeption der Person. Dieser zufolge sind wir nicht einfach nur als Summe unserer Wünsche definiert (wie die Utilitaristen annehmen), noch sind wir Wesen, deren Vollkommenheit darin besteht, dass sie gewisse naturgegebene Zwecke oder Ziele verwirklichen (wie Aristoteles behauptete). Vielmehr seien wir freie, unabhängige Individuen, die nicht durch vorgängige moralische Bindungen eingeschränkt seien und ihre Ziele selbst wählen könnten. Diese Vorstellung von der Person findet ihren Ausdruck im Ideal des Staates als eines neutralen Rahmens: Eben weil wir freie und unabhängige Individuen seien und unsere Ziele selbst wählen könnten, bräuchten wir einen Rechte-Rahmen, der in Hinblick auf unsere Ziele neutral sei. Gründete man Rechte auf irgendeine Vorstellung vom Guten, würde man einigen die Werte anderer aufzwingen und so die Fähigkeit jedes Einzelnen missachten, seine je eigenen Ziele zu wählen.

Diese Konzeption der Person, verbunden mit der Begründung für den Vorrang des Rechten, durchzieht die ganze *Theorie der Gerechtigkeit*. Ihre deutlichste Formulierung findet sich gegen Ende des Buches, wo Rawls »das Gut der Gerechtigkeit« thematisiert. Dort erklärt er Kant folgend, dass teleologische Lehren radikal falsch verstanden worden seien, weil sie das Rechte und das Gute auf falsche Weise miteinander in Beziehung setzten:

> Man sollte nicht versuchen, unserem Leben dadurch Form zu verleihen, dass man sich zuerst nach dem unabhängig definierten Wohl umsieht. Nicht unsere Ziele drücken in erster Linie unsere Natur aus, sondern die Grundsätze, die wir als maßgebend für die Rahmenbedingungen anerkennen würden, unter denen sich diese Ziele bilden und verfolgt werden sollten. Denn die Person ist vor ihren Zielen da; auch ein übergeordnetes Ziel muss aus vielen Möglichkeiten ausgewählt werden (...). Man sollte daher die in den teleologischen Theorien bestehende Beziehung zwischen dem Rechten und dem Guten umkehren und das Rechte als das Primäre ansehen.[12]

In *Eine Theorie der Gerechtigkeit* stützt der Vorrang der Person vor ihren Zielen den Vorrang des Rechten vor dem Guten. »Das moralische Subjekt hat (...) seine Ziele selbst gewählt und strebt grundsätzlich nach Verhältnissen, die ihm die Entwicklung einer Lebensform ermöglichen, in der es seine Eigenart als freies und gleiches Vernunftwesen den Umständen entsprechend möglichst vollständig ausdrücken kann.«[13] Die Vorstellung, wir seien freie und unabhängige Personen, die nicht durch vorrangige moralische Bindungen beansprucht werden, gewährleistet, dass Gerechtigkeitserwägungen stets mehr Gewicht haben als andere, speziellere Ziele. In einer eloquenten Ausführung des kantischen Liberalismus erklärt Rawls die moralische Bedeutung, die dem Vorrang des Rechten zukommt:

Doch der Wunsch, seine Natur als freies und gleiches Vernunftwesen auszudrücken, lässt sich nur erfüllen, wenn man gemäß den mit höchstem Vorrang versehenen Grundsätzen des Rechten und der Gerechtigkeit handelt (...). Das Handeln gemäß diesem Vorrang drückt unsere Freiheit von Zufälligkeiten aus. Um also unsere Natur zu verwirklichen, haben wir keine andere Möglichkeit als den Plan, unseren Gerechtigkeitssinn als maßgebend für alle unsere Ziele zu bewahren. Dieses Bedürfnis lässt sich nicht befriedigen, wenn es lediglich als eines unter anderen genommen wird und mit diesen Kompromisse eingehen muss (...). Wie weit man bei der Verwirklichung seiner Natur Erfolg hat, hängt davon ab, wie konsequent man gemäß seinem Gerechtigkeitssinn als dem letztlich Maßgebenden handelt. Es ist nicht möglich, seine Natur zu verwirklichen, indem man einem Plan folgt, der den Gerechtigkeitssinn nur als ein Bedürfnis unter anderen sieht, das gegen diese abgewogen werden muss. Denn diese Gesinnung zeigt, wer einer ist, und wenn man ihr um anderer Dinge willen Abbruch tut, so bringt das der Persönlichkeit keine Freiheit ein, sondern lässt den Zufällen des Weltlaufs freie Bahn.[14]

Diejenigen, die den Vorrang des Rechten bestritten, nahmen Anstoß an Rawls' Konzept der Person als freies und unabhängiges Selbst, das nicht von vorgängigen moralischen Bindungen eingeschränkt ist.[15] Sie argumentierten, eine Konzeption des Selbst, das vor seinen Zielen und Bindungen existiere, lasse wichtige Aspekte unserer moralischen und politischen Erfahrung sinnlos erscheinen. Gewisse moralische und politische Verpflichtungen, die wir gemeinhin anerkennen – etwa Pflichten der Solidarität oder religiöse Pflichten –, können uns aus Gründen fordern, die mit keiner Wahl zusammenhängen. Solche Verpflichtungen ließen sich schwerlich als bloß verworren abtun und wären auch kaum zu erklären, wenn wir uns als freie, unabhängige Personen begreifen würden, die von keinen nicht selbst gewählten moralischen Bindungen bestimmt wären.[16]

Verteidigung des Vorrangs des Rechten vor dem Guten

In *Politischer Liberalismus* verteidigt Rawls den Vorrang des Rechten vor dem Guten. Themen, die in den ersten beiden Auseinandersetzungen um seine *Theorie der Gerechtigkeit* aufgeworfen wurden – Nützlichkeit vs. Rechte, libertarianische vs. egalitäre Vorstellungen zur Verteilungsgerechtigkeit –, lässt er hier größtenteils außer Acht. Stattdessen nimmt *Politischer Liberalismus* die Fragen ins Visier, die in der dritten Debatte gestellt wurden, die sich um den Vorrang des Rechten drehte.

Angesichts der Kontroverse über die kantische Konzeption der Person, welche den Vorrang des Rechten stützt, sind zumindest zwei Antworten möglich. Eine besteht darin, den Liberalismus zu verteidigen, indem man die kantische Vorstellung von der Person verteidigt; die andere läuft darauf hinaus, den Liberalismus zu verteidigen, indem man ihn von der kantischen Konzeption löst. In *Politischer Liberalismus* wählt Rawls die zweite Möglichkeit. Anstatt die kantische Vorstellung von der Person als moralisches Ideal zu vertreten, argumentiert er, der von ihm vorgestellte Liberalismus stütze sich keineswegs darauf. Der Vorrang des Rechten vor dem Guten setze keine bestimmte Konzeption der Person voraus, nicht einmal jene, die in Teil III von *Eine Theorie der Gerechtigkeit* entwickelt worden sei.

Politischer versus umfassender Liberalismus

Wie Rawls nun vorbringt, ist der Liberalismus nicht philosophisch oder metaphysisch, sondern politisch zu begründen und hängt damit nicht von umstrittenen Behauptungen über die Natur der Person ab.[17] Die Vorstellung vom Vorrang des Rechten vor dem Guten sei keine Anwendung der kantischen Moralphilosophie auf die Politik, sondern eine praktische Antwort auf die vertraute Tatsache, dass die Menschen in modernen Gesellschaften in der Regel uneins darüber seien, was das Gute sei. Weil es unwahrscheinlich sei, dass sich die moralischen und religiösen Überzeugungen der Menschen einander annähern lassen, sei es vernünftiger, Einigung über Prinzipien der Gerechtigkeit anzustreben, die im Hinblick auf diese Kontroversen neutral seien.[18] Im Zentrum von Rawls' revidierter Sichtweise steht die Unterscheidung zwischen politischem Liberalismus und Liberalismus als Teil einer umfassenden Morallehre.[19] Ein umfassender Liberalismus bejaht liberale politische Arrangements im Namen bestimmter moralischer Ideale wie etwa Selbstbestimmung, Individualität oder Eigenständigkeit. Beispiele für einen Liberalismus als umfassende Morallehre sind die liberalen Auffassungen von Kant und John Stuart Mill.[20] Wie Rawls einräumt, ist die in *Eine Theorie der Gerechtigkeit* dargestellte Form des Liberalismus ebenfalls ein Beispiel für umfassenden Liberalismus. »Es ist ein wesentliches Merkmal der mit der Konzeption der Gerechtigkeit als Fairness verbundenen Idee einer wohlgeordneten Gesellschaft, dass alle Bürger in ihr dieser Konzeption auf der Grundlage einer – wie ich jetzt sage – umfassenden philosophischen Lehre zustimmen.«[21] Es ist dieses Merkmal, das Rawls nun revidiert, indem er seine Theorie als eine »politische Konzeption von Gerechtigkeit« umformuliert.[22]

Anders als der umfassende Liberalismus weigert sich der politische Liberalismus, in jenen moralischen und religiösen Streitfragen Partei zu ergreifen, die aus umfassenden Lehren entspringen, einschließlich der Kontroversen über die Konzeption der Person. »Welche Urteile alles in allem wahr sind, ist für den politischen Liberalismus ohne Bedeutung.«[23] »Um gegenüber umfassenden Lehren unparteiisch zu bleiben, beschäftigt er sich nicht im Einzelnen mit den moralischen Themen, über die diese Lehren streiten.«[24]

Angesichts der Schwierigkeit, Einigkeit über irgendeine umfassende Vorstellung zu erzielen, kann man auch in einer wohlgeordneten Gesellschaft vernünftigerweise nicht erwarten, dass alle Menschen die liberalen Institutionen aus jeweils denselben Gründen unterstützen (etwa, um den Vorrang des Selbst vor seinen Zielen zum Ausdruck zu bringen). Der politische Liberalismus gibt diese Hoffnung auf; sie sei unrealistisch und laufe dem Ziel zuwider, Gerechtigkeit auf Prinzipien zu gründen, die Anhänger unterschiedlicher moralischer und religiöser Vorstellungen annehmen können. Anstatt eine philosophische Begründung für Prinzipien der Gerechtigkeit zu suchen, zielt der politische Liberalismus auf einen »übergreifenden Konsens«.[25] Das heißt, dass verschiedene Menschen davon überzeugt werden können, liberale politische Arrangements – wie etwa gleiche Grundfreiheiten – mitzutragen, aus unterschiedlichen, ihren je eigenen moralischen und religiösen Vorstellungen entsprechenden Gründen. Weil der politische Liberalismus für seine Rechtfertigung nicht von einer dieser moralischen oder religiösen Vorstellungen abhängt, wird er als »freistehende Ansicht«[26] vorgestellt; er »wendet das Toleranzprinzip auf die Philosophie selbst an«.[27]

Obwohl der politische Liberalismus sich nicht auf die kantische Konzeption der Person verlässt, kommt er doch nicht ohne eine Konzeption der Person aus. Wie Rawls einräumt, ist für die Idee des Urzustands – den hypothetischen Gesellschaftsvertrag, aus dem die Gerechtigkeitsprinzipien hervorgehen – irgendeine Konzeption dieser Art erforderlich. Über Gerechtigkeit nachzudenken, erklärt Rawls in *Eine Theorie der Gerechtigkeit*, laufe auf die Frage hinaus, welchen Grundsätzen Menschen zustimmen würden, die sich zusammen in einem Urzustand der Gleichheit und der einstweiligen Unkenntnis über ihre Rasse und Klasse, ihre Religion und ihr Geschlecht, ihre Ziele und Bindungen befänden.[28] Doch wenn diese Art des Nachdenkens über Gerechtigkeit Gewicht erhalten soll, muss der hypothetische Urzustand in gewissem Maß etwas davon widerspiegeln, welche Art von Person wir gegenwärtig sind oder in einer gerechten Gesellschaft wären.

Eine Möglichkeit, das Gedankenmodell des Urzustands zu rechtfertigen, würde darin bestehen, sich auf die kantische Konzeption der Person zu berufen, der sich Rawls in Teil III von *Eine Theorie der Gerechtigkeit* annähert. Wenn unsere Fähigkeit, unsere Ziele selbst zu wählen, für unsere Natur als moralische Person grundlegender ist als die von uns gewählten speziellen Ziele selbst, wenn also »nicht unsere Ziele (...) in erster Linie unsere Natur [ausdrücken], sondern die Grundsätze, die wir als maßgebend für die Rahmenbedingungen anerkennen würden, unter denen sich diese Ziele bilden«,[29] wenn »die Person (...) vor ihren Zielen da [ist]«,[30] dann ist es sinnvoll, über Gerechtigkeit aus der Sicht von Personen nachzudenken, die sich beraten, ehe sie wissen, welche Ziele sie verfolgen werden. Wenn das »moralische Subjekt (...) also seine Ziele selbst gewählt [hat] und (...) grundsätzlich nach Verhältnissen [strebt], die ihm die Entwicklung einer Lebensform ermöglichen, in der es seine Eigenart als freies und gleiches Vernunftwesen den Umständen entsprechend möglichst vollständig ausdrücken kann«,[31] dann kann der Urzustand als Ausdruck unserer moralischen Persönlichkeit und der aus ihr hervorgehenden »grundsätzlichen Präferenz« gerechtfertigt werden.

Sobald Rawls allerdings von der kantischen Konzeption der Person abrückt, ist diese Möglichkeit, den Urzustand zu rechtfertigen, nicht mehr gegeben. Das wirft eine schwierige Frage auf: Mit welcher Begründung können wir dann noch daran festhalten, dass unser Nachdenken über Gerechtigkeit ohne Bezug auf unsere Zwecke und Ziele auskommen sollte? Warum müssen wir unsere moralischen und religiösen Überzeugungen, unsere Vorstellungen vom guten Leben »ausklammern« oder auf sie verzichten? Warum sollten wir die Prinzipien von Gerechtigkeit, welche für die Grundstruktur einer Gesellschaft maßgeblich sind, nicht auf unser bewährtes Verständnis der höchsten menschlichen Ziele gründen?

Die politische Konzeption der Person

Der politische Liberalismus antwortet folgendermaßen: Über Gerechtigkeit aus Sicht von Personen, die von ihren Zielen absehen, sollten wir nicht mit der Begründung nachdenken, dass sich in solch einer Verfahrensweise unsere Natur als freie und unabhängige Person ausdrücke, die vor unseren Zielen da sei. In solcher Weise über Gerechtigkeit nachzudenken sei vielmehr durch die Tatsache gerechtfertigt, dass wir uns für *politische* Zwecke (jedoch nicht unbedingt für alle moralischen Zwecke) als freie, unabhängige Bürger sehen, die nicht durch vorhergehende Pflichten oder Verpflichtungen gebunden sind.[32] Was das Gedankenmodell des Urzustands aus Sicht des politischen Liberalismus rechtfertigt, ist eine »politische Konzeption der Person«.[33]

Die im Urzustand enthaltene politische Konzeption der Person entspricht weitgehend der kantischen Konzeption der Person – mit dem wichtigen Unterschied, dass ihre Reichweite auf unsere öffentliche Identität, unsere Identität als Bürger, beschränkt ist. So bedeutet unsere Freiheit als Bürger beispielsweise, dass unsere öffentliche Identität nicht durch die Ziele beansprucht oder bestimmt wird, die wir gerade verfolgen. Als freie Personen betrachten Bürger sich »als unabhängig von jeder derartigen Konzeption und dem zugehörigen System letzter Ziele«.[34] Unsere öffentliche Identität wird durch Veränderungen, denen unsere Vorstellungen vom Guten im Lauf der Zeit unterliegen, nicht beeinträchtigt.

In unserer persönlichen – oder nichtöffentlichen – Identität können wir, das immerhin gestattet Rawls, unsere »Ziele und Bindungen ganz anders sehen, als von der politischen Konzeption unterstellt wird«.[35] Dort können die Menschen durch Loyalitätsforderungen und Verpflichtungen in Anspruch genommen sein, »von denen sie glauben, dass sie sich niemals von ihnen distanzieren könnten und auch niemals von ihnen distanzieren sollten, um sie objektiv zu beurteilen. Sie mögen es schlicht für unvorstellbar halten, sich selbst ohne bestimmte religiöse, philosophische oder moralische Überzeugungen oder bestimmte Bindungen und Loyalitäten zu betrachten«.[36] Doch wie stark wir auch in unseren privaten Identitäten gebunden, wie sehr wir auch durch moralische oder religiöse Überzeugungen in Anspruch genommen sein mögen – in der Öffentlichkeit müssen wir unsere Gebundenheiten ausklammern und uns als öffentliche Person als unabhängig von allen speziellen Loyalitäten, Bindungen oder Vorstellungen des Guten betrachten.[37]

Ein damit zusammenhängendes Merkmal der politischen Konzeption der Person ist, dass wir »selbstbeglaubigende Quellen gültiger Ansprüche« sind.[38] Die Ansprüche, die wir als Bürger stellen, haben ungeachtet ihres Inhalts Gewicht, einfach weil wir sie vorbringen (vorausgesetzt, sie sind nicht ungerecht). Dass manche dieser Ansprüche vielleicht hohe moralische oder religiöse Ideale oder Vorstellungen von Patriotismus oder Gemeinwohl widerspiegeln, während andere bloße Interessen oder Vorlieben ausdrücken, ist vom Standpunkt des politischen Liberalismus aus irrelevant. Aus einer politischen Perspektive sind Ansprüche, die auf Pflichten und Verpflichtungen der Staatsbürgerschaft, der Solidarität oder des religiösen Glaubens beruhen, einfach nur Dinge, die die Menschen wollen – nicht mehr und nicht weniger. Ihr Wert als politischer Anspruch hat nichts zu tun mit der moralischen Bedeutung der in ihnen ausgedrückten Güter, sondern besteht lediglich in der Tatsache, dass jemand sie überhaupt geltend macht. Selbst göttliche Gebote und Gewissensimperative gelten politisch gesprochen als »selbstbeglaubigende« Forderungen.[39] Das stellt sicher, dass sogar diejenigen, die sich selbst als von moralischen, religiösen oder gemeinschaftlichen Verpflichtungen beansprucht sehen, für politische Zwecke ungebundene Personen sind.

Diese politische Konzeption der Person erklärt, warum wir dem politischen Liberalismus zufolge über Gerechtigkeit auf jene Weise nachdenken sollten, zu welcher der Urzustand uns einlädt: indem wir von unseren Zielen absehen. Doch das wirft eine weitere Frage auf: Warum sollten wir den Standpunkt einer politischen Konzeption der Person überhaupt übernehmen? Warum sollten unsere politischen Identitäten nicht die moralischen, religiösen und gemeinschaftlichen Überzeugungen ausdrücken, die wir in unserem Privatleben vertreten? Warum sollten wir auf der Trennung zwischen unserer Identität als Staatsbürger und unserer Identität als moralische Person (im weiteren Sinne) bestehen? Warum sollten wir, wenn wir über Gerechtigkeit beraten, von den moralischen Urteilen absehen, die unser übriges Leben bestimmen?

Rawls antwortet, diese Trennung (oder dieser »Dualismus«) zwischen unserer Identität als Staatsbürger und unserer Identität als Person liege »in den Eigenarten (...) der demokratischen politischen Kultur begründet«.[40] In traditionellen Gesellschaften seien die Menschen bestrebt, das politische Leben nach dem Bild ihrer umfassenden moralischen und religiösen Ideen zu formen. Doch in einer modernen demokratischen Gesellschaft wie der unseren, die durch eine Vielfalt moralischer und religiöser Ansichten gekennzeichnet sei, würden wir üblicherweise zwischen unserer öffentlichen und privaten Identität unterscheiden. Auch wenn ich mir der Wahrheit der von mir vertretenen moralischen und religiösen Ideale sicher bin, bestehe ich nicht darauf, dass diese Ideale sich in der Grundstruktur der Gesellschaft wiederfinden. Wie andere Aspekte des politischen Liberalismus wird die politische Konzeption der Person als freies und unabhängiges Selbst »als Bestandteil der öffentlichen politischen Kultur einer demokratischen Gesellschaft« angesehen.[41]

Doch nehmen wir an, Rawls habe recht und das liberale Selbstbild, das er uns zuschreibt, sei ein impliziter Bestandteil unserer politischen Kultur. Würde dies hinreichende Gründe dafür liefern, es zu bejahen und die dadurch untermauerte Vorstellung von Gerechtigkeit zu übernehmen? Einige haben aus Rawls' späteren Schriften die Auffassung herausgelesen, Gerechtigkeit als Fairness erfordere, da sie eine politische Konzeption der Gerechtigkeit sei, keine moralische oder philosophische Rechtfertigung außer einer Berufung auf die gemeinsamen, in unserer politischen Kultur enthaltenen Vereinbarungen. Rawls schien zu dieser Interpretation aufzufordern; in einem Aufsatz, der nach *Eine Theorie der Gerechtigkeit*, aber vor *Politischer Liberalismus* veröffentlich wurde, schrieb er:

> Was eine Gerechtigkeitskonzeption rechtfertigt, ist nicht ihr Wahrsein bezüglich einer vorgängigen, uns vorgegebenen Ordnung, sondern ihre Übereinstimmung mit einem tieferen Verständnis unserer selbst und unserer Bestrebungen sowie unsere Einsicht, dass diese Lehre in Anbetracht unserer Geschichte und der in unser Leben eingebetteten Traditionen die vernünftigste für uns ist.[42]

In einem aufschlussreichen Text interpretiert (und begrüßt) Richard Rorty Rawls' revidierte Auffassung als »durch und durch historisierend und antiunversalistisch«.[43] Obwohl *Eine Theorie der Gerechtigkeit* die Gerechtigkeit auf eine kantische Konzeption der Person zu gründen schien, stütze sich Rawls' Liberalismus nun offenbar, so Rorty, »nicht mehr auf eine philosophische Erklärung des menschlichen Selbst, sondern nur noch auf eine historisch-soziologische Beschreibung der Art und Weise, in der wir jetzt leben«.[44] So gesehen liefere Rawls »keinen philosophischen Unterbau für demokratische Institutionen, sondern versuch[e] lediglich, die für amerikanische Liberale typischen Prinzipien und Einsichten zu systematisieren«.[45] Rorty pflichtet dem bei, was er für Rawls' pragmatische Wende hält: eine Abwendung von der Vorstellung, liberale politische Arrangements bedürften einer philosophischen Rechtfertigung oder »einer außerpolitischen Fundierung« in einer Theorie des menschlichen Subjekts. »Soweit Gerechtigkeit zur ersten Tugend einer Gesellschaft wird«, schreibt Rorty, »kann es sein, dass das Bedürfnis nach einer solchen Legitimation allmählich immer weniger zu spüren ist. Eine solche Gesellschaft wird sich an den Gedanken gewöhnen, dass soziale Politik nicht mehr Autorität benötigt als die erfolgreiche Verständigung zwischen Individuen – Individuen, die sich als Erben derselben historischen Traditionen sehen und mit denselben Problemen konfrontiert sind.«[46]

In *Politischer Liberalismus* zieht Rawls diese rein pragmatische Erklärung zurück. Obwohl Gerechtigkeit als Fairness damit anfange, dass man einen Blick werfe »auf die öffentliche Kultur selbst, die wir als Fundus implizit anerkannter grundlegender Ideen und Grundsätze betrachten«,[47] behaupte sie diese Prinzipien nicht einfach nur deswegen, weil sie weithin geteilt würden. Auch wenn Rawls meint, dass seine Gerechtigkeitsprinzipien Unterstützung durch einen übergreifenden Konsens finden könnten, ist der von ihm angestrebte übergreifende Konsens »kein bloßer ›Modus Vivendi‹« oder ein Kompromiss zwischen widerstreitenden Ansichten. Die Anhänger unterschiedlicher moralischer und religiöser Vorstellungen beginnen, den Prinzipien von Gerechtigkeit aus Gründen beizupflichten, welche sie aus ihren eigenen Vorstellungen beziehen. Doch wenn alles gutgeht, gelangen sie dahin, diese Prinzipien zu unterstützen, weil sie bedeutsame politische Werte zum Ausdruck bringen. Wenn die Menschen lernen, in einer von liberalen Institutionen regierten pluralistischen Gesellschaft zu leben, dann erwerben sie Tugenden, die ihr Engagement für liberale Grundsätze stärken.

> Die Tugenden der politischen Kooperation, die eine konstitutionelle Ordnung ermöglichen, sind (...) sehr große Tugenden. Ich meine zum Beispiel die Tugenden der Toleranz und der Bereitschaft, anderen auf halbem Weg entgegenzukommen, sowie die Tugenden der Vernünftigkeit und des Sinnes für Fairness. Wenn diese Tugenden in der Gesellschaft weit verbreitet sind und deren politische Gerechtigkeitskonzeption unterstützen, bilden sie ein sehr großes öffentliches Gut.[48]

Wenn man liberale Tugenden als großes öffentliches Gut hervorhebt und dazu aufruft, sie zu kultivieren, ist das, wie Rawls betont, nicht das Gleiche wie die Befürwortung eines perfektionistischen Staates, der sich auf eine umfassende Vorstellung von Moral stützt. Man steht damit nicht im Widerspruch zum Vorrang des Rechten vor dem Guten. Das liegt daran, dass der politische Liberalismus liberale Tugenden allein für politische Zwecke bejaht – dafür, dass sie einer verfassungsmäßigen Ordnung Rückhalt bieten, welche die Rechte der Menschen schützt. Ob und in welchem Umfang diese Tugenden im moralischen Leben der Menschen allgemein eine Rolle spielen sollten, ist eine Frage, die der politische Liberalismus nicht zu beantworten beansprucht.[49]

Eine Bewertung des politischen Liberalismus

Wie überzeugend ist es, wenn Rawls in *Politischer Liberalismus* den Vorrang des Rechten dadurch verteidigt, dass er ihn von der kantischen Konzeption der Person löst? Wie ich im Folgenden darlegen möchte, hält Rawls den Vorrang des Rechten aus den Kontroversen über die Natur des Selbst nur um den Preis heraus, dass es ihn aus anderen Gründen angreifbar macht. Insbesondere versuche ich zu zeigen, dass der als politische Konzeption von Gerechtigkeit konzipierte Liberalismus drei Einwände möglich macht.

Erstens ist es ungeachtet der Bedeutung der »politischen Tugenden«, an die Rawls appelliert, nicht immer vernünftig, Forderungen, die aus einer umfassenden Moral und religiösen Lehren hervorgehen, auszuklammern oder zugunsten politischer Zwecke von ihnen abzusehen. Ob es vernünftig ist, um der politischen Übereinstimmung willen moralische und religiöse Meinungsverschiedenheiten auszuklammern, hängt bei schwerwiegenden moralischen Fragen zum Teil davon ab, welche der verfochtenen moralischen oder religiösen Lehren wahr ist.

Zweitens: Für den politischen Liberalismus stützt sich das Argument für den Vorrang des Rechten vor dem Guten auf die Behauptung, dass moderne demokratische Gesellschaften sich durch einen »faktisch gegebenen, vernünftigen Pluralismus« hinsichtlich des Guten auszeichnen.[50] Auch wenn es sicherlich zutrifft, dass die Menschen in modernen demokratischen Gesellschaften eine Vielzahl an widerstreitenden moralischen und religiösen Ansichten vertreten, kann man nicht sagen, dass es einen »faktisch gegebenen, vernünftigen Pluralismus« hinsichtlich Moral und Religion gebe, der nicht auch auf Fragen der Gerechtigkeit anwendbar wäre.

Drittens: Gemäß dem vom politischen Liberalismus vorgetragenen Ideal der öffentlichen Vernunft dürften Staatsbürger legitimerweise keine grundlegenden politischen und verfassungsrechtlichen Fragen diskutieren und sich dabei auf ihre moralischen und religiösen Vorstellungen beziehen. Doch ist dies eine unangemessen strenge Einschränkung, die den politischen Diskurs verarmen ließe und wichtige Dimensionen öffentlicher Beratung ausschlösse.

Das Ausklammern schwerwiegender moralischer Fragen

Der politische Liberalismus hält daran fest, unsere umfassenden moralischen und religiösen Ideale für politische Zwecke auszuklammern und unsere politische Identität von unserer privaten zu trennen. Die Begründung dafür: In modernen demokratischen Gesellschaften wie der unsrigen, in denen die Menschen üblicherweise hinsichtlich des guten Lebens uneins sind, ist es notwendig, unsere moralischen und religiösen Überzeugungen auszuklammern, wenn wir soziale Kooperation auf der Basis wechselseitigen Respekts gewährleisten wollen. Doch das wirft eine Frage auf, die der politische Liberalismus aus sich selbst heraus nicht beantworten kann. Denn selbst wenn soziale Kooperation auf der Basis wechselseitigen Respekts gewährleistet ist: Wodurch ist garantiert, dass dieses Interesse stets wichtig genug ist, jedwedes andere konkurrierende Interesse zu überwiegen, das aus einer umfassenden moralischen oder religiösen Auffassung erwachsen könnte?

Eine Möglichkeit, den Vorrang der politischen Konzeption von Gerechtigkeit (und damit den Vorrang des Rechten) zu gewährleisten, besteht darin zu verneinen, dass irgendeine der von ihm ausgeklammerten moralischen oder religiösen Vorstellungen wahr sein könnte.[51] Doch das würde den politischen Liberalismus mit ebender Art von philosophischem Anspruch in Verbindung bringen, den er zu vermeiden sucht. Immer wieder betont Rawls, der politische Liberalismus gründe sich nicht auf Skeptizismus gegenüber den Ansprüchen umfassender moralischer und religiöser Lehren. Wenn der politische Liberalismus also eingesteht, dass manche dieser Lehren wahr sein könnten, was könnte dann noch gewährleisten, dass keine von ihnen Werte hervorbringt, die ausreichend überzeugend sind, um sozusagen die Klammern zu sprengen und die auf gegenseitigem Respekt beruhenden politischen Werte von Toleranz, Fairness und sozialer Kooperation aufzuwiegen?

Man könnte erwidern, die aus umfassenden moralischen und religiösen Lehren hervorgehenden Werte beträfen andere Themen als politische Werte. Man könnte sagen, politische Werte seien auf die Grundstrukturen der Gesellschaft und auf wesentliche Verfassungsinhalte anwendbar, während moralische und religiöse Werte die persönliche Lebensführung und freiwillige Zusammenschlüsse beträfen. Doch ginge es einfach nur um unterschiedliche Gegenstandsbereiche, käme nie ein Konflikt zwischen politischen Werten einerseits und moralischen wie religiösen Werten andererseits auf; man müsste dann nicht (wie Rawls) wiederholt beteuern, dass in einer vom politischen Liberalismus gelenkten, demokratisch verfassten Gesellschaft »die politischen Werte normalerweise gegenüber allen nichtpolitischen Werten, die ihnen entgegenstehen mögen, den Ausschlag geben«.[52]

Die Schwierigkeit, den Vorrang »politischer Werte« ohne Bezug auf die Ansprüche von Moral und Religion zu behaupten, wird sichtbar, wenn man zwei politische Auseinandersetzungen betrachtet, die schwerwiegende moralische und religiöse Fragen betreffen. Eine ist die Debatte über das Recht auf Abtreibung, die andere die berühmte Diskussion zwischen Abraham Lincoln und Stephen Douglas über Volkssouveränität und Sklaverei.

Da über die moralische Zulässigkeit von Abtreibung tiefe Uneinigkeit herrscht, würden die Argumente dafür, diesbezüglich nach einer politischen Lösung zu suchen, welche die widerstreitenden moralischen und religiösen Fragen ausklammert – also ihnen gegenüber neutral wäre –, besonders stark erscheinen. Doch ob es vernünftig ist, für politische Zwecke die auf dem Spiel stehenden umfassenden moralischen und religiösen Lehren auszuklammern, hängt weitgehend davon ab, welche dieser Lehren wahr ist. Falls die Lehre der katholischen Kirche wahr ist – falls also das menschliche Leben im moralisch relevanten Sinn mit der Empfängnis beginnt –, dann ist es weit weniger vernünftig, die moralisch-theologische Frage nach dem Beginn des menschlichen Lebens auszuklammern, als es der Fall wäre, wenn es um rivalisierende moralische und religiöse Annahmen ginge. Je mehr wir davon überzeugt sind, dass Föten im relevanten moralischen Sinn etwas anderes sind als Babys, desto überzeugter können wir eine politische Konzeption von Gerechtigkeit vertreten, welche die Streitfrage über den moralischen Status von Föten außer Acht lässt.

Vertreter des politischen Liberalismus könnten erwidern, die Werte Toleranz und gleichberechtigte Staatsbürgerschaft für Frauen würden hinreichend begründen, dass Frauen sich frei für eine Abtreibung entscheiden könnten; der Staat solle in der moralischen und religiösen Auseinandersetzung über den Beginn des menschlichen Lebens nicht Partei ergreifen.[53] Wenn aber die katholische Kirche in Hinblick auf den moralischen Status des Fötus recht hat, wenn Abtreibung moralisch auf

Mord hinausläuft, dann ist nicht klar, warum die politischen Werte Toleranz und Gleichberechtigung für Frauen, so wichtig sie auch sein mögen, mehr Gewicht haben sollten. Wenn die katholische Lehre wahr ist, wird die Argumentation des politischen Liberalen für den Vorrang politischer Werte zwangsläufig zu einem Beispiel für die Theorie des gerechten Krieges: Er hätte dann zu zeigen, warum diese Werte auch dann vorrangig sein sollten, wenn dafür der Tod von ungefähr 1,5 Millionen Zivilpersonen in Kauf zu nehmen wäre.

Wenn man vorbringt, es sei unmöglich, die moralisch-theologische Frage nach dem Beginn des menschlichen Lebens auszuklammern, argumentiert man selbstverständlich nicht gegen ein Recht auf Abtreibung. Es soll damit einfach gezeigt werden, dass das Plädoyer für ein Recht auf Abtreibung nicht neutral bezüglich dieser moralischen und religiösen Streitfrage sein kann. Anstatt diese umfassenden moralischen und religiösen Lehren zu umgehen, muss es diese vielmehr mit einbeziehen. Dagegen wehren sich Liberale häufig, weil damit der Vorrang des Rechten vor dem Guten missachtet werde. Die Abtreibungsdebatte zeigt jedoch, dass dieser Vorrang nicht aufrechterhalten werden kann. Will man begründen, weshalb das Recht der Frau zu respektieren ist, selbst über eine Abtreibung zu entscheiden, muss man zeigen – und meiner Ansicht nach ist das möglich –, dass zwischen der Abtreibung eines Fötus in einem relativ frühen Stadium der Schwangerschaft und der Tötung eines Kindes ein relevanter moralischer Unterschied besteht.

Ein zweites Beispiel für die Problematik einer politischen Konzeption von Gerechtigkeit, die umstrittene moralische Fragen auszuklammern sucht, liefert die Auseinandersetzung zwischen Abraham Lincoln und Stephen Douglas im Jahr 1858. Douglas' Argumentation für die Lehre von der Volkssouveränität ist in der amerikanischen Geschichte möglicherweise der berühmteste Fall von Ausklammerung einer umstrittenen moralischen Frage zum Ziel der politischen Übereinkunft. Weil die Menschen zwangsläufig uneinig über die moralische Berechtigung der Sklaverei seien, solle laut Douglas die nationale Politik in dieser Frage neutral sein. Nach der von ihm vertretenen Doktrin der Volkssouveränität sei die Sklaverei nicht als richtig oder falsch zu beurteilen, sondern es müsse der Bevölkerung jedes Territoriums freigestellt sein, ihr jeweils eigenes Urteil zu fällen. »Würde man die Macht des Bundes in die Waagschale werfen, ob zugunsten der freien oder der Sklavenstaaten«, so würde das gegen das Grundprinzip der Verfassung verstoßen und die Gefahr eines Bürgerkriegs mit sich bringen. Die einzige Hoffnung, das Land zusammenzuhalten, sah Douglas darin, die moralische Auseinandersetzung über die Sklaverei auszuklammern und »das Recht jedes Bundesstaates und jedes Territoriums [zu respektieren], diese Fragen selbst zu entscheiden«.[54]

Lincoln wandte sich gegen Douglas' Plädoyer für eine politische Konzeption von Gerechtigkeit. Die Politik solle ein überzeugendes moralisches Urteil über die Sklaverei zum Ausdruck bringen, statt ihm aus dem Weg zu gehen. Auch wenn Lincoln kein Abolitionist war, glaubte er, der Staat solle Sklaverei als das moralische Unrecht ansehen, das sie ist, und ihre Ausbreitung in den Territorien[55] verbieten. »Das eigentliche Thema dieser Auseinandersetzung – das allen auf der Seele liegt – ist das Gefühl seitens einer Gruppe, welche die Institution der Sklaverei *als Unrecht* ansieht, und seitens einer anderen Gruppe, die sie *nicht* als Unrecht betrachtet.«[56] Lincoln und die Republikanische Partei hielten die Sklaverei für ein Unrecht und bestanden darauf, dass sie »als Unrecht *zu behandeln ist,* und eine der Maßnahmen, sie als Unrecht zu behandeln, bestehe darin, *Vorkehrungen zu ergreifen, dass sie sich nicht weiter ausbreitet*«.[57]

Unabhängig von seinen persönlichen moralischen Ansichten, behauptete Douglas, sei er wenigstens zu politischen Zwecken in der Frage der Sklaverei Agnostiker; es sei ihm gleichgültig, ob für oder gegen die Sklaverei gestimmt werde.[58] Lincoln entgegnete, die Frage nach der moralischen Legitimität von Sklaverei sei vernünftigerweise nur unter der Annahme auszuklammern, dass sie nicht das moralische Übel sei, als das er sie ansehe. Jeder könne politische Neutralität vertreten,

> der in der Sklaverei nichts Unrechtes sieht, doch von denen, die in ihr ein Übel sehen, kann das logischerweise keiner; denn logischerweise kann kein Mensch sagen, es sei ihm gleichgültig, ob einem Unrecht per Wahl zugestimmt oder ob es abgeschafft wird. Er könnte sagen, es sei ihm egal, ob per Wahl für oder gegen eine gleichgültige Sache gestimmt werde, doch aus Gründen der Logik muss er eine Wahl zwischen einer richtigen Sache und einer falschen Sache haben. Er behauptet, dass eine Gemeinschaft, die Sklaven halten möchte, ein Recht hat, sie zu halten. Das hat sie, wenn es kein Übel ist. Wenn es aber ein Übel ist, kann er nicht sagen, die Menschen hätten ein Recht, unrecht zu tun.[59]

In der Debatte zwischen Lincoln und Douglas ging es nicht primär um die Moralität von Sklaverei, sondern darum, ob eine moralische Streitfrage um der politischen Übereinkunft willen auszuklammern sei. In dieser Hinsicht verläuft die Diskussion über Volkssouveränität analog zur heutigen Debatte über das Recht auf Abtreibung. So wie manche Liberale unserer Zeit meinen, der Staat solle hinsichtlich der moralischen Bewertung von Abtreibung keine Stellung beziehen, war auch Douglas der Ansicht, die nationale Politik solle hinsichtlich der moralischen Bewertung der Sklaverei keine Stellung beziehen, sondern jedes Territorium selbst entscheiden lassen. Der Unterschied ist natürlich, dass im Fall der Abtreibungsrechte diejenigen, welche die moralische Frage ausklammern möchten, die Entscheidung üblicherweise den betroffenen Individuen überlassen, während Douglas' Ausklammern im Fall der Sklaverei darin bestand, dass er die Entscheidung den Territorien überließ.

Doch Lincolns Argumentation gegen Douglas richtete sich gegen das Ausklammern an sich, zumindest dort, wo schwerwiegende moralische Fragen auf dem Spiel stehen. Lincoln warf

Douglas vor, die Plausibilität der von ihm vertretenen Konzeption von Gerechtigkeit hänge davon ab, dass die moralische
Frage, die sie auszuklammern behauptete, in bestimmter Weise
beantwortet werde. Dieser Einwand lässt sich mit gleichem
Recht auch auf jene Argumentation für das Recht auf Abtreibung übertragen, die vorgibt, in der Streitfrage über den moralischen Status des Fötus keine Stellung zu beziehen. Selbst angesichts einer so immensen Gefahr für den gesellschaftlichen
Zusammenhalt wie einem drohenden Bürgerkrieg meinte Lincoln, es sei weder moralisch noch politisch sinnvoll, die moralische Streitfrage der Stunde auszuklammern, welche die Gesellschaft zutiefst spalte.

> Ich sage, wo ist die Philosophie oder Staatskunst, die sich auf
> die Anschauung gründet, dass wir das Reden darüber beenden
> sollten (...) und dass die öffentliche Meinung sofort aufhören
> sollte, sich darüber zu erregen? Doch genau das ist die Politik,
> für die Douglas sich einsetzt – dass wir uns nicht darum küm-
> mern sollten! Ich frage Sie, ist das nicht eine falsche Philoso-
> phie? Ist das nicht eine falsche Staatskunst, die ein politisches
> System darauf aufbauen will, dass man sich um genau die An-
> gelegenheit nicht kümmert, *um die sich jedermann am meisten*
> *sorgt?*[60]

Heutige Liberale werden Douglas sicher nicht zustimmen und
vielmehr fordern, die nationale Politik solle gegen Sklaverei eintreten, vermutlich aus dem Grund, weil sie gegen die Menschenrechte verstoße. Die Frage ist, ob der als politische Konzeption
von Gerechtigkeit gedachte Liberalismus diesen Anspruch mit
den eigenen Einwänden gegen eine Berufung auf umfassende
moralische Ideale in Einklang bringen kann. Ein Liberaler kantischer Prägung beispielsweise kann sich gegen Sklaverei aussprechen, weil diese den Menschen nicht als Zweck an sich
selbst behandelt, der Respekt verdient. Doch dieses Argument,
das ja eben auf einer kantischen Konzeption der Person beruht,

steht dem politischen Liberalismus nicht zur Verfügung. Aus ähnlichen Gründen kann der politische Liberalismus auch andere historisch bedeutsame Argumente gegen die Sklaverei nicht verwenden. So begründeten amerikanische Abolitionisten der 1830er und 1840er Jahre ihre Argumente üblicherweise religiös – eine Argumentationsweise, die für den politischen Liberalismus nicht in Frage kommt.

Wie aber kann der politische Liberalismus der Nähe zu Douglas entgehen und sich gleichzeitig gegen Sklaverei aussprechen, ohne irgendeine umfassende moralische Auffassung vorauszusetzen? Man könnte entgegnen, dass Douglas darin irrte, sozialen Frieden um jeden Preis anzustreben; nicht jede politische Einigung wird dies erreichen. Selbst als politische Konzeption verstanden, ist Gerechtigkeit als Fairness nicht bloß ein *Modus Vivendi*. Angesichts der Grundsätze innerhalb unserer politischen Kultur und ihres impliziten Selbstverständnisses kann allein eine Übereinkunft, welche die Menschen in fairer Weise als freie und gleiche Staatsbürger behandelt, eine vernünftige Basis für gesellschaftliche Zusammenarbeit bieten. Zumindest für uns Amerikaner der Gegenwart ist die Ablehnung von Sklaverei eine beschlossene Sache. Der historische Niedergang von Douglas' Position ist mittlerweile eine Tatsache unserer politischen Tradition, die jede politische Übereinkunft als gegeben hinnehmen muss.

Dieser in unserer politischen Kultur enthaltene Rekurs auf das Konzept der Staatsbürgerlichkeit könnte erklären, wie der politische Liberalismus heute seine Opposition gegen Sklaverei begründen könnte; wesentlich geprägt wurde unsere gegenwärtige politische Kultur schließlich durch den Bürgerkrieg, den Wiederaufbau, die Verabschiedung des 13., 14. und 15. Zusatzartikels zur amerikanische Verfassung,[61] die Entscheidung des Supreme Court im Fall *Brown v. Board of Education,*[62] die Bürgerrechtsbewegung, den Voting Rights Act[63] (Wahlrechtsgesetz) und so weiter. Diese Erfahrungen und das durch sie geformte gemeinsame Verständnis von Rassengleichheit und gleichen staatsbürgerlichen Rechten bilden eine breite Grundlage für die Auffassung, dass Sklaverei im Widerspruch zu der politischen und verfassungsmäßigen Praxis steht, wie sie sich im Verlauf des vergangenen Jahrhunderts in Amerika entwickelt hat.

Doch das erklärt nicht, wie der politische Liberalismus sich im Jahr 1858 gegen die Sklaverei stellen konnte. Die zur Mitte des 19. Jahrhunderts in der politischen Kultur Amerikas verankerten Vorstellungen von gleichen staatsbürgerlichen Rechten dürften mit der Institution der Sklaverei kompatibel gewesen sein. Die Unabhängigkeitserklärung verkündete zwar, dass alle Menschen gleich geschaffen und von ihrem Schöpfer mit gewissen unveräußerlichen Rechten ausgestattet worden seien. Douglas aber brachte mit einiger Plausibilität vor, dass die Unterzeichner der Erklärung das Recht der Kolonisten deklarierten, frei von britischer Herrschaft zu sein, nicht aber das Recht ihrer schwarzen Sklaven auf gleiche staatsbürgerliche Rechte.[64] Die Verfassung selbst verbot die Sklaverei nicht und kam ihr im Gegenteil sogar entgegen, weil sie den Staaten erlaubte, zu Steuerzwecken und zur Sitzverteilung im Repräsentantenhaus bei der Volkszählung drei Fünftel ihres Sklavenbestandes anzugeben,[65] was dafür sorgte, dass der Kongress den Sklavenhandel[66] und die Möglichkeit für Sklavenhalter, die Rückkehr von entflohenen Sklaven zu erwirken,[67] erst 1808 verbieten konnte. Und im berüchtigten Fall *Dred Scott*[68] bestätigte der Supreme Court die Eigentumsrechte von Sklavenhaltern an ihren Sklaven und entschied, dass Afroamerikaner keine Staatsbürger der Vereinigten Staaten seien.[69]

Insoweit der politische Liberalismus es ablehnt, umfassende moralische Ideale mit in den Blick zu nehmen, und sich stattdessen auf Begriffe von Staatsbürgerschaft stützt, hat er ein Problem damit, zu erklären, warum Lincoln recht und Douglas unrecht hatte.

304

Das Faktum eines vernünftigen Pluralismus

Die Abtreibungsdebatte heute und die Debatte Lincoln-Douglas von 1858 zeigen, inwiefern eine politische Konzeption von Gerechtigkeit eine Antwort auf die moralischen Fragen voraussetzen muss, die sie auszuklammern vorgibt – zumindest dort, wo es um schwerwiegende moralische Fragen geht. In solchen Fällen kann der Vorrang des Rechten vor dem Guten nicht aufrechterhalten werden. Eine weitere Schwierigkeit des politischen Liberalismus betrifft die Gründe, die er für den Vorrang des Rechten vor dem Guten anführt. Für den kantischen Liberalismus erwächst die Asymmetrie zwischen dem Rechten und dem Guten aus einer bestimmten Konzeption der Person. Weil wir uns selbst als moralische Subjekte vorstellen müssen, die vor unseren Zielen und Bindungen vorhanden sind, müssen wir das Rechte als Regulativ in Hinblick auf die von uns bejahten speziellen Ziele betrachten; das Rechte hat Vorrang vor dem Guten, weil die Person Vorrang vor ihren Zielen hat.

Für den politischen Liberalismus beruht die Asymmetrie zwischen dem Rechten und dem Guten nicht auf einer kantischen Konzeption der Person, sondern vielmehr auf einem bestimmten Merkmal moderner demokratischer Gesellschaften. Rawls beschreibt dieses Merkmal als »das Faktum eines vernünftigen Pluralismus«.[70] »Eine moderne demokratische Gesellschaft ist nicht einfach durch einen Pluralismus umfassender religiöser, philosophischer und moralischer Lehren gekennzeichnet, sondern durch einen Pluralismus zwar einander ausschließender, aber gleichwohl vernünftiger umfassender Lehren. Keine dieser Lehren wird von den Bürgern allgemein bejaht.«[71] Auch ist es nicht wahrscheinlich, dass dieser Pluralismus in absehbarer Zukunft seine Geltung verlieren wird. Uneinigkeit über moralische und religiöse Fragen ist kein zeitweiliger Umstand, sondern »das natürliche Ergebnis des Gebrauchs der menschlichen Vernunft« unter freien Institutionen.[72]

Angesichts des »Faktums eines vernünftigen Pluralismus«

besteht das Problem darin, Gerechtigkeitsprinzipien zu finden, die freie und gleiche Bürger ungeachtet ihrer moralischen, philosophischen und religiösen Differenzen bejahen können. »Dies ist ein Problem der politischen Gerechtigkeit und kein Problem in Hinblick auf das höchste Gut.«[73] Welche Prinzipien dabei auch herauskommen mögen – jede Lösung des Problems muss den Vorrang des Rechten vor dem Guten berücksichtigen. Andernfalls kann sie keine Grundlage für die soziale Kooperation unter Anhängern unvereinbarer, aber vernünftiger moralischer und religiöser Überzeugungen liefern.

Hier ergibt sich aber eine Schwierigkeit. Denn selbst wenn das Faktum eines vernünftigen Pluralismus wahr ist, hängt die Asymmetrie zwischen dem Rechten und dem Guten von einer weiteren Annahme ab. Es ist dies die Annahme, dass trotz aller Uneinigkeit über Moral und Religion unter uns keine vergleichbare Uneinigkeit über Gerechtigkeit besteht oder nach reiflicher Überlegung bestehen würde. Der politische Liberalismus muss nicht nur davon ausgehen, dass die Ausübung menschlicher Vernunft unter freiheitlichen Bedingungen Uneinigkeit über das gute Leben hervorbringt, sondern auch davon, dass die Ausübung menschlicher Vernunft unter freiheitlichen Bedingungen *keine* Uneinigkeit über Gerechtigkeit erzeugt. Das »Faktum eines vernünftigen Pluralismus« hinsichtlich Moral und Religion schafft nur dann eine Asymmetrie zwischen dem Rechten und dem Guten, wenn es mit der zusätzlichen Annahme verknüpft wird, dass es kein vergleichbares »Faktum eines vernünftigen Pluralismus« gegenüber Gerechtigkeit gibt.

Es ist jedoch nicht klar, ob diese zusätzliche Annahme gerechtfertigt ist. Wir müssen uns nur umsehen, um zu erkennen, dass es in modernen demokratischen Gesellschaften eine Menge Meinungsverschiedenheiten zur Frage von Gerechtigkeit gibt. Nehmen wir zum Beispiel aktuelle Debatten über Quotenregelungen für benachteiligte Minderheiten, über Einkommensverteilung und Steuergerechtigkeit, über Gesundheitsversorgung, Einwanderung, Homosexuellenrechte, über

Redefreiheit vs. Hasspredigten und über die Todesstrafe, um nur einige Themen zu nennen. Oder nehmen wir die abweichenden und widerstreitenden Meinungen von Richtern des Supreme Court in Fällen, welche Religionsfreiheit, Redefreiheit, das Recht auf Privatsphäre, Stimmrechte, Rechte von Angeklagten und so weiter betreffen. Belegen diese Debatten nicht das »Faktum eines vernünftigen Pluralismus« gegenüber Gerechtigkeit? Und wenn das so ist: Wie unterscheidet sich der in modernen Gesellschaften vorherrschende Pluralismus gegenüber Gerechtigkeit vom Pluralismus in Sachen Moral und Religion? Gibt es einen Grund für die Annahme, irgendwann in absehbarer Zukunft würden sich unsere Meinungsverschiedenheiten bezüglich der Gerechtigkeit auflösen, auch wenn unsere Uneinigkeit über Moral und Religion fortbesteht?

Der Vertreter eines politischen Liberalismus könnte mit der Unterscheidung zwischen zwei verschiedenen Arten von Uneinigkeit über Gerechtigkeit antworten. Es gibt Uneinigkeit darüber, welche Gerechtigkeitsprinzipien herrschen sollten, und es gibt Uneinigkeit darüber, wie diese Prinzipien angewandt werden sollten. Man könnte vorbringen, dass ein großer Teil der Uneinigkeit über Gerechtigkeit der zweiten Kategorie angehört. Obwohl wir zum Beispiel in der Regel darin übereinstimmen, dass Redefreiheit zu den grundlegenden Rechten und Freiheiten gehört, sind wir uneins darüber, ob das Recht auf freie Rede auch rassistische Ausdrücke, brutale pornographische Schilderungen und kommerzielle oder politische Werbung mit einschließt. Solche möglicherweise heftigen und unauflösbaren Meinungsverschiedenheiten sind vereinbar mit unserer grundsätzlichen Einigkeit darüber, dass eine gerechte Gesellschaft ein Grundrecht auf Redefreiheit zuerkennen muss.

Unsere Meinungsverschiedenheiten über Moral und Religion dürften dagegen als grundsätzlicher angesehen werden. Sie offenbaren, könnte man vorbringen, unvereinbare Vorstellungen vom guten Leben, aber keine Uneinigkeit darüber, wie eine Vorstellung vom guten Leben in die Praxis umzusetzen sei – darüber besteht oder würde nach reiflicher Überlegung weitgehende Übereinstimmung bestehen. Wenn unsere Auseinandersetzungen über Gerechtigkeit die Anwendung von Prinzipien beträfe, die wir teilen oder nach reiflicher Überlegung teilen würden, während unsere Kontroversen über Moral und Religion tiefer gingen, dann wäre die vom politischen Liberalismus vorgetragene Asymmetrie zwischen dem Rechten und dem Guten gerechtfertigt.

Doch wie stichhaltig ist dieser behauptete Gegensatz? Geht es in all unseren Meinungsverschiedenheiten über Gerechtigkeit nicht eher um die Anwendung von Prinzipien, die wir teilen – oder nach reiflicher Überlegung teilen würden – anstatt um die Prinzipien selbst? Was ist mit unseren Debatten über Verteilungsgerechtigkeit? Hier scheinen unsere Meinungsverschiedenheiten doch grundsätzlicher Art zu sein und nicht nur die Anwendung zu betreffen. In Einklang mit Rawls' Differenzprinzip behaupten manche, gerecht seien nur solche sozialen und wirtschaftlichen Ungleichheiten, welche die Bedingungen der am stärksten benachteiligten Mitglieder einer Gesellschaft verbesserten. Sie sind beispielsweise der Auffassung, der Staat müsse gewisse Grundbedürfnisse wie Einkommen, Bildung, Gesundheitsfürsorge, Wohnung und so weiter sichern, so dass alle Bürger imstande seien, ihre Grundfreiheiten in angemessener Weise auszuüben. Andere lehnen das Differenzprinzip ab. So meinen Libertarianer, es sei vielleicht gut, wenn Bürger diejenigen unterstützten, die nicht so gut gestellt seien wie sie selbst, doch dies solle auf Wohltätigkeit und nicht auf einem Anrecht beruhen. Der Staat solle seine Durchsetzungsmacht nicht dazu nutzen, Einkommen und Wohlstand umzuverteilen, sondern das Recht der Menschen achten, ihre Talente nach eigenem Ermessen einzusetzen und ihre durch die Marktwirtschaft definierten Vergütungen zu erlangen.[74]

Die Debatte zwischen egalitären Liberalen wie Rawls und Libertarianern wie Robert Nozick und Milton Friedman weist ein typisches Merkmal politischer Argumentation in modernen demokratischen Gesellschaften auf. Die Debatte zeigt Uneinigkeit über das richtige Prinzip von Verteilungsgerechtigkeit, nicht aber Uneinigkeit darüber, wie das Differenzprinzip anzuwenden ist. Das aber würde nahelegen, dass es in demokratischen Gesellschaften das »Faktum eines vernünftigen Pluralismus« sowohl hinsichtlich von Gerechtigkeit als auch von Moral und Religion gibt. Und wenn das der Fall ist, dann kann die Asymmetrie zwischen dem Rechten und dem Guten nicht standhalten.

Der politische Liberalismus hat zwar eine Antwort auf diesen Einwand, doch die Erwiderung, die er geben muss, weicht von dem Geist der Toleranz ab, den er anderweitig beschwört. Rawls' Antwort muss lauten, dass es zwar das Faktum eines Pluralismus gegenüber der Verteilungsgerechtigkeit gibt, nicht aber das Faktum eines *vernünftigen* Pluralismus.[75] Im Gegensatz zu Meinungsverschiedenheiten über Moral und Religion sind Meinungsverschiedenheiten über die Gültigkeit des Differenzprinzips nicht vernünftig; libertarianische Theorien der Verteilungsgerechtigkeit würden reiflicher Überlegung nicht standhalten. Anders als unsere Differenzen über Moral und Religion sind Differenzen über Verteilungsgerechtigkeit nicht das natürliche Ergebnis der unter freiheitlichen Bedingungen ausgeübten menschlichen Vernunft.

Auf den ersten Blick mag die Behauptung, Meinungsverschiedenheiten über Verteilungsgerechtigkeit seien nicht vernünftig, willkürlich oder gar barsch erscheinen, als Widerspruch zu dem Versprechen des politischen Liberalismus, »das Toleranzprinzip auf die Philosophie selbst« anzuwenden.[76] Sie steht in scharfem Kontrast zu Rawls' offensichtlicher Großzügigkeit gegenüber Differenzen hinsichtlich Moral und Religion. Diese Differenzen seien, wie Rawls wiederholt schreibt, ein normales und tatsächlich wünschenswertes Merkmal des modernen Lebens, ein Ausdruck menschlicher Vielfalt, der nur durch repressiven Gebrauch der Staatsgewalt beseitigt werden könne.[77] Wo es um umfassende Moralvorstellungen gehe, sei,

»auch wenn eine freie Diskussion möglich war, nicht [zu] erwarten, dass alle gewissenhaften und völlig vernünftigen Personen zu denselben Ergebnissen gelangen werden«.[78] Da die Ausübung menschlicher Vernunft eine Vielzahl vernünftiger moralischer und religiöser Lehren hervorbringe, »ist es unvernünftig (oder Schlimmeres), die Sanktion der Staatsgewalt benutzen zu wollen, um diejenigen, die unsere Meinungen nicht teilen, zu erziehen oder zu bestrafen«.[79] Doch dieser Geist der Toleranz erstreckt sich nicht auf unsere Uneinigkeit über Gerechtigkeit. Weil Meinungsverschiedenheiten zwischen, sagen wir, Libertarianern und Verfechtern des Differenzprinzips keinen vernünftigen Pluralismus widerspiegeln, kann man nichts dagegen einwenden, die Staatsgewalt zu benutzen, um das Differenzprinzip durchzusetzen.

Auch wenn sie auf den ersten Blick intolerant erscheinen mag, die Auffassung, im Widerspruch zum Differenzprinzip stehende Theorien der Verteilungsgerechtigkeit seien nicht vernünftig oder die libertarianische Theorie der Gerechtigkeit würde reiflicher Überlegung nicht standhalten, ist keine willkürliche Behauptung. Im Gegenteil, in *Eine Theorie der Gerechtigkeit* liefert Rawls eine ganze Reihe überzeugender Argumente für das Differenzprinzip und gegen libertarianische Konzepte: Die Verteilung von Talenten und Besitztümern, die es in der Marktwirtschaft möglich macht, dass manche mehr, manche weniger verdienen, ist aus moralischer Sicht willkürlich; das gilt auch für die Tatsache, dass der Markt die Talente, über die Sie oder ich verfügen, zu jeder Zeit nach dem Zufallsprinzip ehrt und belohnt; Libertarianer würden einräumen, dass die Verteilung von Gütern nicht vom sozialen Status oder der zufälligen Herkunft (wie in Adels- oder Kastengesellschaften) abhängen sollte, doch die Verteilung naturgegebener Talente ist nicht weniger willkürlich; die Vorstellung von Freiheit, auf die Libertarianer sich berufen, kann nur dann sinnvoll verwirklicht werden, wenn die gesellschaftlichen und ökonomischen Grundbedürfnisse der Menschen abgedeckt sind; wenn die Menschen über Verteilungsgerechtigkeit beraten würden, ohne sich auf ihre eigenen Interessen zu beziehen oder a priori nichts von ihren Talenten und dem Wert dieser Talente in der Marktwirtschaft wüssten, so würden sie darin übereinstimmen, dass die natürliche Verteilung von Talenten nicht die Grundlage der Verteilung von Gütern sein sollte und so weiter.[80]

Ich will hier nicht Rawls' Argumente für das Differenzprinzip aufzählen, sondern nur in Erinnerung rufen, welche Art von Begründungen er anbietet. Rawls sieht die Rechtfertigung als einen Vorgang wechselseitiger Abstimmung zwischen Grundsätzen und wohlerwogenen Urteilen, der auf ein »Überlegungs-Gleichgewicht«[81] zielt, und versucht zu zeigen, dass das Differenzprinzip vernünftiger ist als die von den Libertarianern gebotene Alternative. Sofern seine Argumente überzeugend sind – was ich glaube – und sofern sie für Bürger einer demokratischen Gesellschaft überzeugend sein können, werden die durch sie gestützten Prinzipien in Politik und Gesetzgebung einen angemessenen Ausdruck finden. Zweifellos werden Meinungsverschiedenheiten bleiben. Die Libertarianer werden nicht verstummen oder verschwinden. Doch ihre Ablehnung muss nicht als »Faktum eines vernünftigen Pluralismus« betrachtet werden, vor dem der Staat neutral zu sein hätte.

Das aber führt zu einer Frage, die auf den Kern der Forderung des politischen Liberalismus nach dem Vorrang des Rechten vor dem Guten zielt: Falls moralische Auseinandersetzungen oder Überlegungen der von Rawls vorgetragenen Art uns den Schluss erlauben, dass manche Gerechtigkeitsprinzipien ungeachtet widerstreitender Ansichten vernünftiger sind als andere – was garantiert dann, dass Überlegungen ähnlicher Art nicht auch im Fall moralischer und religiöser Kontroversen möglich sind? Wenn wir über widerstreitende Grundsätze der Verteilungsgerechtigkeit nachdenken können, indem wir ein Überlegungs-Gleichgewicht anstreben – warum können wir dann nicht in gleicher Weise über Vorstellungen des Guten nachdenken? Wenn gezeigt werden kann, dass manche Vorstellungen des Guten vernünftiger sind als andere, dann würde fortbestehende Uneinigkeit nicht zwangsläufig auf das »Faktum eines vernünftigen Pluralismus« hinauslaufen, das vom Staat Neutralität verlangt.

Nehmen wir zum Beispiel die in der Öffentlichkeit ausgetragene Auseinandersetzung über den moralischen Status von Homosexualität, eine auf umfassende moralische und religiöse Lehren gegründete Kontroverse. Manche behaupten, Homosexualität sei sündig oder zumindest moralisch unzulässig; andere meinen, Homosexualität sei moralisch zulässig und in manchen Fällen Ausdruck wesentlicher menschlicher Werte. Der politische Liberalismus beharrt darauf, dass in öffentlichen Debatten über Gerechtigkeit oder Rechte keine dieser Auffassungen über den moralischen Status von Homosexualität eine Rolle spielen sollte. Der Staat müsse ihnen gegenüber neutral sein. Das heißt, diejenigen, welche Homosexualität verabscheuen, dürfen nicht die Absicht verfolgen, ihre Meinung in Gesetze zu fassen; es heißt auch, dass Befürworter von Homosexuellenrechten sich mit ihren Argumenten nicht auf die Auffassung stützen dürfen, Homosexualität sei moralisch vertretbar. Aus der Perspektive des politischen Liberalismus würde in beiden Fällen das Recht fälschlicherweise auf einer bestimmten Vorstellung des Guten fußen; beide Male würde das »Faktum eines vernünftigen Pluralismus« in Hinblick auf umfassende Moralvorstellungen missachtet werden.

Doch hat denn überhaupt die Uneinigkeit in unserer Gesellschaft über den moralischen Status von Homosexualität mehr von einem »Faktum eines vernünftigen Pluralismus« als die Uneinigkeit über Verteilungsgerechtigkeit? Dem politischen Liberalismus zufolge stellt der libertarianische Einwand gegen das Differenzprinzip kein »Faktum eines vernünftigen Pluralismus« dar, weil es gute Gründe dafür gebe, nach reiflicher Überlegung zu dem Schluss zu kommen, die Argumente für das Differenzprinzip seien überzeugender als diejenigen, welche den

Libertarianismus stützen. Doch kann man nicht mit gleicher oder größerer Überzeugung zu dem Schluss kommen, die Argumente für die moralische Zulässigkeit von Homosexualität seien nach reiflicher Überlegung überzeugender als die Argumente dagegen? Ein mit dem Trachten nach einem Überlegungs-Gleichgewicht zwischen Grundsätzen und wohlerwogenen Urteilen vereinbartes Nachdenken könnte etwa so aussehen, dass man die Gründe bewertet, welche diejenigen vorbringen, die eine moralische Minderwertigkeit homosexueller gegenüber heterosexuellen Beziehungen behaupten.

So argumentieren diejenigen, die Homosexualität für unmoralisch halten, häufig damit, Homosexualität könne den obersten Zweck menschlicher Sexualität, das Gut der Fortpflanzung, nicht erfüllen.[82] Darauf könnte man erwidern, dass auch viele heterosexuelle Beziehungen diesen Zweck nicht erfüllen, etwa im Fall von Verhütung oder Sex zwischen unfruchtbaren bzw. Partnern jenseits des Fortpflanzungsalters. Daraus dürfte zu schließen sein, dass das Gut der Fortpflanzung, auch wenn es bedeutsam sein mag, für den moralischen Wert sexueller Beziehungen nicht notwendig ist; der moralische Wert von Sexualität könnte auch in der Liebe und Verantwortung bestehen, die durch sie zum Ausdruck kommen, und diese Güter sind in homosexuellen Beziehungen ebenso möglich wie in heterosexuellen. Gegner könnten erwidern, dass Homosexuelle oft promiskuitiv lebten und die Werte der Liebe und Verantwortung daher mit geringerer Wahrscheinlichkeit verwirklichen würden. Die Antwort auf diese Behauptung könnte in einem empirischen Beleg des Gegenteils liegen oder in der Beobachtung, dass vorhandene Promiskuität kein Argument gegen den moralischen Wert von Homosexualität an sich sei, sondern nur gegen bestimmte Ausprägungen.[83] Auch Heterosexuelle sind promiskuitiv und betreiben andere Praktiken, die im Widerspruch zu Werten stehen, welche die moralische Qualität von Sexualität ausmachen, doch diese Tatsache führt nicht dazu, dass wir Sexualität als solche verabscheuen. Und so weiter.

Ich möchte hier keine umfassende Begründung für die moralische Zulässigkeit von Homosexualität vorlegen, sondern lediglich skizzieren, wie eine solche Begründung aussehen könnte. Wie Rawls' Argumentation für das Differenzprinzip würde sie ein Überlegungs-Gleichgewicht zwischen unseren Grundsätzen und wohlerwogenen Urteilen anstreben, die sich je einzeln im Licht der anderen bewähren müssten. Dass die Begründung für die Moralität von Homosexualität im Gegensatz zur Begründung des Differenzprinzips sich ausdrücklich mit Behauptungen über menschliche Ziele und Vorstellungen des Guten befasst, heißt nicht, dass ebendiese Methode des moralischen Argumentierens nicht angewandt werden kann. Natürlich ist es nicht wahrscheinlich, dass solches moralisches Argumentieren schlüssige oder unwiderlegbare Antworten auf moralische und religiöse Kontroversen liefern würde. Doch, wie Rawls einräumt, liefert solches Argumentieren auch keine unwiderlegbaren Antworten auf Fragen der Gerechtigkeit; hier ist eine bescheidenere Vorstellung von Rechtfertigung angemessen. »[I]n der Philosophie [werden] die tiefsten Probleme gewöhnlich nicht durch beweiskräftige Argumente beigelegt«, schreibt Rawls in Bezug auf Auseinandersetzungen über Gerechtigkeit. »Was für einige Personen offenkundig ist und von ihnen als grundlegende Idee akzeptiert wird, ist anderen unverständlich. Wir lösen diese Probleme, indem wir überprüfen, welche Sichtweise – wenn sie völlig ausgearbeitet ist – nach gebührendem Überlegen die kohärenteste und überzeugendste Erklärung bietet.«[84] Dasselbe ließe sich auch von Auseinandersetzungen über umfassende Moralvorstellungen sagen.

Wenn es möglich ist, sowohl über das Gute als auch über das Rechte nachzudenken, dann wird die vom politischen Liberalismus behauptete Asymmetrie zwischen dem Rechten und dem Guten untergraben. Für den politischen Liberalismus beruht diese Asymmetrie auf der Annahme, dass unsere moralischen und religiösen Meinungsverschiedenheiten das »Faktum eines vernünftigen Pluralismus« widerspiegelten, während das bei unseren Meinungsverschiedenheiten über Gerechtigkeit nicht der Fall sei. Rawls kann darauf bestehen, dass unsere Meinungsverschiedenheiten über Verteilungsgerechtigkeit nicht auf das »Faktum eines vernünftigen Pluralismus« hinauslaufen, weil die von ihm vorgebrachten Argumente für das Differenzprinzip und gegen die libertarianische Lehre so stark sind.

Doch dasselbe ließe sich ebenso von anderen, möglicherweise auch moralischen und religiösen Auseinandersetzungen sagen. Zur öffentlichen Kultur demokratischer Gesellschaften gehören gleichermaßen Kontroversen über Gerechtigkeit wie über umfassende Moralvorstellungen. Wenn der Staat die Gerechtigkeit von Umverteilungspolitik selbst angesichts der Ablehnung seitens der Libertarianer verteidigen kann – warum kann der Staat dann zum Beispiel nicht auch die moralische Legitimität von Homosexualität gesetzlich anerkennen, selbst angesichts der Ablehnung seitens derjenigen, die Homosexualität als Sünde betrachten?[85] Ist Milton Friedmans Einwand gegen Umverteilungspolitik ein weniger »vernünftiger Pluralismus« als Pat Robertsons Einwand gegen Homosexuellenrechte?

Weder bei Moral noch bei Gerechtigkeit ist die bloße Tatsache einer Meinungsverschiedenheit ein Beleg für den »vernünftigen Pluralismus«, der die Forderung nach dem neutralen Staat zur Folge hat. Es gibt prinzipiell keinen Grund, warum wir nicht in jedem beliebigen Fall nach reiflicher Überlegung zu dem Schluss kommen könnten, dass bestimmte moralische oder religiöse Lehren plausibler sind als andere. In solchen Fällen würden wir nicht erwarten, dass sich alle Uneinigkeit auflöst, und wir würden auch die Möglichkeit nicht ausschließen, dass weitere Beratung uns eines Tages dazu bringen könnte, unsere Meinung zu revidieren. Doch ebenso wenig könnten wir begründet darauf bestehen, dass unsere Beratungen über Gerechtigkeit und Rechte sich nicht auf moralische oder religiöse Ideale beziehen dürfen.

Die Grenzen des liberalen
öffentlichen Vernunftgebrauchs

Ob es möglich ist, in einer gegebenen moralischen oder politischen Auseinandersetzung vernünftig zu erörtern, wie zu einer Übereinstimmung zu gelangen ist, können wir erst wissen, wenn wir es versuchen. Deshalb kann man nicht im Vorhinein sagen, Auseinandersetzungen über umfassende Moralvorstellungen spiegelten ein »Faktum eines vernünftigen Pluralismus« wider, was in Kontroversen über Gerechtigkeit nicht der Fall sei. Ob eine moralische oder politische Auseinandersetzung vernünftige, aber unvereinbare Konzeptionen des Guten widerspiegelt oder ob sie durch reifliche Überlegung und Beratung aufgelöst werden kann, lässt sich nur durch Überlegung und Beratung feststellen. Doch das wirft eine weitere Schwierigkeit des politischen Liberalismus auf. Denn das politische Leben, das er beschreibt, lässt wenig Raum für die Art von öffentlicher Beratung, die erforderlich ist, wenn man die Plausibilität widerstreitender umfassender Moralvorstellungen testen will – hinsichtlich dessen, andere von den Vorzügen der eigenen moralischen Ideale zu überzeugen und sich durch andere von den Vorzügen der ihren überzeugen zu lassen.

Obwohl der politische Liberalismus das Recht auf Redefreiheit stützt, schränkt er die Art von Argumentation, die als legitimer Beitrag zur politischen Debatte gelten kann, erheblich ein; das betrifft besonders Auseinandersetzungen über Grundlagen der Verfassung und grundlegende Gerechtigkeit.[86] Diese Begrenzung spiegelt den Vorrang des Rechten vor dem Guten wider. Nicht nur dem Staat ist es nicht gestattet, die eine oder andere Konzeption des Guten zu unterstützen, sondern die Bürger dürfen ihre umfassende Moral oder ihre religiösen Überzeugungen noch nicht einmal in den politischen Diskurs einbringen, zumindest dann nicht, wenn sie über Themen debattieren, bei denen es um Gerechtigkeit und Rechte geht.[87] Rawls behauptet, dass diese Begrenzung vom »Ideal des öffentlichen

Vernunftgebrauchs«[88] gefordert werde. Gemäß diesem Ideal sollte der politische Diskurs ausschließlich in Begriffen »politischer Werte« geführt werden, bei denen zu erwarten sei, dass alle Bürger sie akzeptierten. Weil Bürger demokratischer Gesellschaften keine umfassenden moralischen und religiösen Vorstellungen gemeinsam hätten, sollte der öffentliche Vernunftgebrauch sich nicht auf solche Vorstellungen beziehen.[89]

Die Grenzen des öffentlichen Vernunftgebrauchs gelten nicht, das gestattet Rawls, für unsere privaten Beratungen über politische Fragen oder für Diskussionen, die wir vielleicht als Mitglieder von Vereinigungen wie etwa Kirchen und Universitäten führen, wo »religiöse, philosophische und moralische Überlegungen«[90] sehr wohl eine Rolle spielen können.

Doch das Ideal des öffentlichen Vernunftgebrauchs gilt dagegen für alle Bürger, wenn sie vor dem Forum der Öffentlichkeit politisch Stellung beziehen, und deshalb auch für die Mitglieder politischer Parteien, für ihre Kandidaten in Wahlkämpfen und für die sie unterstützenden Gruppen. Es gilt auch dafür, wie Bürger in Wahlen abstimmen, wenn es um wesentliche Verfassungsinhalte oder Fragen grundlegender Gerechtigkeit geht. Das Ideal des öffentlichen Vernunftgebrauchs reguliert demnach nicht nur die öffentlichen Diskussionen vor Wahlen, wenn die Wahlkampfthemen grundlegende Fragen betreffen, sondern auch das Abstimmungsverhalten der Bürger in diesen Fragen.[91]

Wie können wir wissen, ob unsere politischen Argumente den Erfordernissen der öffentlichen Vernunft gerecht werden und in angemessener Weise von jeglichem Bezug auf moralische oder religiöse Überzeugungen gelöst worden sind? Rawls schlägt einen neuartigen Test vor: »Als Probe aufs Exempel, ob wir der öffentlichen Vernunft folgen oder nicht, mögen wir uns von Fall zu Fall fragen, wie uns unsere Argumente erscheinen würden, wenn sie in einem Verfassungsurteil stünden.«[92] Zuzulassen, dass ihr politischer Diskurs über grundlegende Fragen durch moralische und religiöse Ideale beeinflusst wird, sei für Bürger einer Demokratie, meint Rawls, ebenso wenig legitim wie der Versuch eines Richters, die eigenen moralischen und religiösen Überzeugungen in die Verfassung hineinzulesen.

Der restriktive Charakter dieser Vorstellung von öffentlichem Vernunftgebrauch wird erkennbar, wenn man sich die Art der politischen Argumente ansieht, die er ausschließen würde. In der Debatte über das Recht auf Abtreibung könnten diejenigen, die den Fötus vom Augenblick der Zeugung an als eine Person betrachten, weshalb Abtreibung Mord sei, nicht versuchen, ihre Mitbürger in offener politischer Diskussion von dieser Auffassung zu überzeugen. Zudem könnten sie nicht für ein Gesetz stimmen, das Abtreibung aufgrund dieser moralischen oder religiösen Überzeugung einschränken würde. Obwohl Anhänger der katholischen Abtreibungslehre das Thema Abtreibung innerhalb ihrer Kirche im Rahmen religiöser Vorstellungen diskutieren könnten, wäre ihnen das auf einer politischen Veranstaltung, auf den Fluren der staatlichen Gesetzgebung oder in den Hallen des Kongresses verwehrt. Auch könnten Gegner der katholischen Abtreibungslehre auf der politischen Bühne nicht für ihre Position argumentieren. Obwohl die katholische Morallehre für die Frage der Abtreibungsrechte eindeutig von Belang ist, darf auf der politischen Bühne, wie der politische Liberalismus sie definiert, nicht über sie diskutiert werden.

Der restriktive Charakter eines liberalen politischen Vernunftgebrauchs lässt sich auch in der Debatte über Homosexuellenrechte erkennen. Auf den ersten Blick mag es so scheinen, als stünde diese Begrenzung im Dienst einer Tolerierung. Diejenigen, welche Homosexualität für unmoralisch halten und deshalb glauben, dass sie nicht durch die gleichen Persönlichkeitsrechte geschützt werden dürfe wie heterosexuelle Intimität, wären nicht berechtigt, ihre Meinung in der öffentlichen Debatte zu äußern. Ebenso wenig dürften sie ihren Vorstellungen gemäß handeln und gegen Gesetze stimmen, die Schwule und Lesben vor Diskriminierung schützen würden. Diese Vorstellungen spiegeln umfassende moralische und religiöse Überzeugungen wider, weshalb sie im politischen Diskurs über Fragen der Gerechtigkeit keine Rolle spielen dürften.

Doch begrenzen die Forderungen der politischen Vernunft auch die Argumente, die zur Unterstützung von Homosexuellenrechten vorgebracht werden könnten, und damit die Spanne von Gründen, die zugunsten einer Tolerierung herangezogen werden könnten. Diejenigen, die gegen Anti-Sodomie-Gesetze von der Art sind, wie sie im Fall *Bowers v. Handwick*[93] verhandelt wurden, könnten nicht vorbringen, dass die in diesen Gesetzen enthaltenen moralischen Urteile falsch seien, sondern nur, dass das Gesetz unrechtmäßigerweise überhaupt irgendwelche moralischen Urteile zum Ausdruck bringe.[94] Verfechter von Homosexuellenrechten könnten das den Anti-Sodomie-Gesetzen zugrunde liegende substantielle moralische Urteil nicht anfechten oder versuchen, ihre Mitbürger in einer offenen politischen Debatte davon zu überzeugen, dass Homosexualität moralisch zulässig sei, denn jedes derartige Argument würde gegen die Regeln eines liberalen öffentlichen Vernunftgebrauchs verstoßen.

Der restriktive Charakter eines liberalen Vernunftgebrauchs zeigt sich auch in den Argumenten, die amerikanische Abolitionisten in den 1830er und 1840er Jahren anführten. Die im evangelikalen Protestantismus verwurzelte Abolitionistenbewegung setzte sich für die sofortige Freilassung der Sklaven mit der Begründung ein, dass Sklaverei eine verabscheuungswürdige Sünde sei.[95] Wie die Argumentation mancher heutiger Katholiken gegen Abtreibungsrechte beruhte auch das Plädoyer der Abolitionisten gegen Sklaverei auf einer umfassenden moralischen und religiösen Lehre.

In einer rätselhaften Passage versucht Rawls zu begründen, weshalb das abolitionistische Plädoyer gegen Sklaverei, obwohl religiös unterlegt, nicht gegen das Ideal des liberalen öffentlichen Vernunftgebrauchs verstößt. Wenn eine Gesellschaft nicht wohlgeordnet sei, so könne es, wie er erklärt, notwendig sein, auf umfassende Moralvorstellungen zurückzugreifen, um eine Gesellschaft hervorzubringen, in der die öffentliche Diskussion allein in Begriffen »politischer Werte« geführt werde.[96] Die religiösen Argumente der Abolitionisten seien zu rechtfertigen, weil sie schneller den Tag herbeiführten, an dem religiöse Argumente im öffentlichen Diskurs keine legitime Rolle mehr spielten. Die Verfechter der Sklavenbefreiung stünden »nicht im Widerspruch zum Ideal des öffentlichen Vernunftgebrauchs«, so Rawls' Folgerung, »jedenfalls dann nicht, wenn wir voraussetzen, dass sie geglaubt haben oder nach hinreichender Überlegung geglaubt hätten (und zweifellos hätten glauben können), dass die umfassenden Argumente, auf die sie sich beriefen, notwendig waren, um der politischen Konzeption, die sie verwirklichen wollten, die nötige Stärke zu verleihen«.[97]

Es ist schwer zu erkennen, was man mit diesem Argument anfangen soll. Es gibt wenig Grund für die Annahme, und ich glaube, Rawls will auch nicht sagen, dass die Abolitionisten aus säkularen politischen Gründen gegen die Sklaverei waren und religiöse Argumente einfach deshalb verwendeten, weil sie Unterstützung durch das Volk erlangen wollten. Es gibt auch keinen Grund zu glauben, dass die Abolitionisten das Ziel verfolgten, durch ihr Wirken eine für den säkularen politischen Diskurs sichere Welt zu schaffen. Ebenso kann man selbst rückblickend nicht davon ausgehen, dass die Abolitionisten stolz darauf gewesen wären, mit ihren religiösen Argumenten gegen die Sklaverei zur Entstehung einer Gesellschaft beigetragen zu haben, die gegen religiöse Argumente in der politischen Debatte eingestellt ist. Im Gegenteil – die Evangelikalen, welche die Abolitionistenbewegung inspirierten, verbanden mit den gegen eine so eklatante Ungerechtigkeit wie die Sklaverei vorgebrachten religiösen Argumenten eher die Hoffnung, sie würden die Amerikaner dazu ermutigen, auch andere politische Fragen in moralischer und religiöser Hinsicht zu betrachten. Jedenfalls ist vernünftigerweise davon auszugehen, dass die Abolitionisten meinten, was sie sagten – Sklaverei sei Unrecht und eine schändliche Sünde, weil sie gegen das Gesetz Gottes verstoße, und sie müsse aus diesem Grund beendet werden. Ohne einige außergewöhnliche Annahmen ist es schwierig, ihre Argumentation so zu deuten, dass sie vereinbar sei mit dem Vorrang des Rechten vor dem Guten oder auch mit dem vom politischen Liberalismus vorgetragenen Ideal des politischen Vernunftgebrauchs.

Die Beispiele Abtreibung, Homosexuellenrechte und Abolitionismus verdeutlichen, welche schwerwiegenden Einschränkungen der politischen Debatte durch die liberale öffentliche Vernunft auferlegt würden. Rawls hält diese Einschränkungen für gerechtfertigt, weil sie unerlässlich seien für die Aufrechterhaltung einer gerechten Gesellschaft, in der die Bürger durch Grundsätze regiert würden, von denen man vernünftigerweise erwarten dürfte, dass sie sie billigen – selbst im Lichte ihrer widerstreitenden umfassenden Moralvorstellungen. Obwohl der öffentliche Vernunftgebrauch erfordere, dass die Bürger fundamentale politische Fragen ohne Bezug auf »die ganze Wahrheit, so wie sie sich ihnen darstellt«,[98] entscheiden, sei diese Einschränkung durch die politischen Werte wie etwa staatsbürgerliche Verantwortung und wechselseitigen Respekt gerechtfertigt, die sie ermögliche. »[D]ie in einem wohlgeordneten Verfassungsstaat verwirklichten politischen Werte [haben] großes Gewicht. Sie werden von anderen Werten nicht ohne weiteres überwogen, und die Ideale, die in ihnen zum Ausdruck kommen, werden nicht leichthin aufgegeben.«[99] Rawls vergleicht seine Begründung eines restriktiven politischen Vernunftgebrauchs mit den Argumenten für restriktive Beweisregeln in Strafverfahren. Auch hier stimmen wir zu, dass anderer Güter wegen ohne Bezug auf die ganze Wahrheit, wie wir sie kennen – etwa aufgrund illegal erlangter Beweise –, geurteilt wird.[100]

Die Analogie zwischen einem liberalen öffentlichen Vernunftgebrauch und restriktiven Beweisregeln ist lehrreich. Sowohl für Strafprozesse als auch für den öffentlichen Vernunftgebrauch ist es mit moralischen und politischen Kosten verbunden, wenn wir von der ganzen uns bekannten Wahrheit absehen. Ob es sich lohnt, diese Kosten in Kauf zu nehmen, hängt davon ab, wie bedeutend sie im Vergleich zu den durch sie ermöglichten Gütern sind und ob diese Güter auch auf andere Weise zu erlangen wären. Um beispielsweise restriktive Beweisregeln bewerten zu können, müssten wir wissen, wie viele Kriminelle dadurch ungestraft davonkämen und ob Unschuldige, die eines Verbrechens verdächtigt werden, durch weniger restriktive Regeln übermäßig belastet würden. Wir müssten wissen, ob weniger restriktive Regeln zu unerwünschten Praktiken bei der Strafverfolgung führen oder bedeutsame Ideale wie die Achtung der Privatsphäre (ausschließende Regel) und eheliche Intimität (Ehe-Privileg) verletzen würden und so weiter. Wir gelangen zu Beweisregeln, indem wir gegeneinander abwägen, wie wichtig das Urteilen im Licht der ganzen Wahrheit ist und wie wichtig die Ideale sind, die geopfert würden, wenn alle Beweise zulässig wären.

Ähnliches gilt, wenn wir restriktive Regeln des öffentlichen Vernunftgebrauchs bewerten: Wir müssen ihre moralischen und politischen Kosten gegen die politischen Werte abwägen, die sie angeblich ermöglichen; wir müssen außerdem fragen, ob diese politischen Werte – Toleranz, Anstand und wechselseitiger Respekt – auch unter weniger restriktiven Regeln des öffentlichen Vernunftgebrauchs erreichbar wären. Auch wenn der politische Liberalismus es ablehnt, die von ihm bejahten politischen Werte gegen konkurrierende Werte abzuwägen, die aus umfassenden Moralvorstellungen hervorgehen könnten, muss ein Plädoyer für restriktive Regeln des öffentlichen Vernunftgebrauchs einen solchen Vergleich voraussetzen.

Es gibt zwei Arten von Kosten durch einen liberalen öffentlichen Vernunftgebrauch. Die rein moralischen Kosten hängen von der Gültigkeit und dem Gewicht der moralischen und religiösen Lehren ab, von denen abzusehen ein liberaler politischer Vernunftgebrauch bei Entscheidungen über Fragen der Gerechtigkeit verlangt. Diese Kosten variieren zwangsläufig von Fall zu Fall. Am höchsten werden sie sein, wenn eine politische Konzeption von Gerechtigkeit die Tolerierung eines schwerwiegenden moralischen Übels billigt – wie die Sklaverei im Fall von Douglas' Begründung der Volkssouveränität. In der Abtreibungsfrage sind die Kosten des Ausklammerns dann hoch, wenn die katholische Lehre wahr ist, ansonsten aber niedriger. Das legt nahe, dass selbst in Anbetracht der moralischen wie der politischen Bedeutung von Toleranz die Argumentation für die Tolerierung einer bestimmten Praxis dem moralischen Status dieser Praxis irgendwie Rechnung tragen muss, und zwar im gleichen Maß wie dem Anspruch, soziale Konflikte zu vermeiden, die Menschen selbst entscheiden zu lassen oder Ähnliches.

Diese Art, über die moralischen Kosten eines liberalen politischen Vernunftgebrauchs nachzudenken, steht zugegebenermaßen im Widerspruch zum politischen Liberalismus selbst. Obwohl Rawls wiederholt erklärt, eine politische Konzeption von Gerechtigkeit drücke Werte aus, die normalerweise mehr Gewicht hätten als alle möglichen mit ihnen in Widerstreit stehenden anderen Werte,[101] besteht er auch darauf, dies beinhalte keinen substantiellen Vergleich der politischen Werte mit den von ihnen außer Kraft gesetzten moralischen und religiösen Werten.

Wir brauchen die Ansprüche der politischen Gerechtigkeit nicht gegen die Ansprüche dieser oder jener umfassenden Lehre abzuwägen; und wir brauchen auch nicht zu sagen, dass politische Werte um ihrer selbst willen wichtiger sind als andere Werte und sie aus diesem Grund den Ausschlag geben. Ebendies sagen zu müssen, hoffen wir zu vermeiden.[102]

Weil der politische Liberalismus aber zulässt, dass umfassende moralische und religiöse Lehren wahr sein können, kann ein solcher Vergleich vernünftigerweise nicht vermieden werden.

Abgesehen von den moralischen Kosten eines liberalen politischen Vernunftgebrauchs gibt es noch gewisse politische Kosten. Zunehmend sichtbar werden diese in der Politik jener Länder und besonders der USA, deren politischer Diskurs dem vom politischen Liberalismus vorgetragenen Ideal des öffentlichen Vernunftgebrauchs am nächsten kommt. Mit ein paar bedeutenden Ausnahmen wie etwa der Bürgerrechtsbewegung spiegelt der politische Diskurs in Amerika in den letzten Jahrzehnten immer mehr die liberale Position wider, dass der Staat in moralischen und religiösen Fragen neutral zu sein habe und dass fundamentale Fragen der öffentlichen Politik ohne Bezug auf irgendeine bestimmte Vorstellung des Guten zu debattieren und zu entscheiden seien.[103] Doch demokratische Politik kann ein öffentliches Leben, das so abstrakt und schicklich, so losgelöst von moralischen Absichten ist, wie man das den Urteilen des Supreme Court unterstellt, nicht lange aushalten. Eine Politik, die Moral und Religion allzu umfassend ausklammert, sorgt bald für ihre eigene Entzauberung. Wo es dem politischen Diskurs an moralischem Widerhall fehlt, findet die Sehnsucht nach einem bedeudungsvolleren öffentlichen Leben unerwünschten Ausdruck. Gruppierungen wie Moral Majority (»Moralische Mehrheit«) versuchen den nackten öffentlichen Raum mit engem, intolerantem Moralismus auszukleiden. Wo Liberale Angst davor haben, Stellung zu beziehen, eilen Fundamentalisten herbei. Fehlt eine politische Agenda, welche die moralische Dimension öffentlicher Fragen aufgreift, wird die öffentliche Aufmerksamkeit durch die privaten Laster von Amtsträgern gefesselt. Der öffentliche Diskurs befasst sich zunehmend mit dem Skandalösen, dem Sensationellen, dem Geständnishaften, wie es Regenbogenpresse, Talkshows und letztlich auch die Mainstream-Medien unablässig liefern.

Man kann nicht sagen, dass die Philosophie des Öffentlichen, die der politische Liberalismus vertritt, allein für diese Tendenzen verantwortlich sei. Doch die mit ihr verbundene Vorstellung der politischen Vernunft ist zu karg, als dass sie die moralischen Energien eines vitalen demokratischen Lebens enthalten könnte. Dadurch schafft sie eine moralische Leere, die Raum bietet für Intoleranz, Triviales und irrige Moralvorstellungen.

Wenn die liberale politische Vernunft zu restriktiv ist, bleibt zu fragen, ob eine geräumigere öffentliche Vernunft die Ideale opfern würde, welche der politische Liberalismus zu fördern sucht, insbesondere den wechselseitigen Respekt unter Bürgern, die widerstreitende moralische und religiöse Ansichten vertreten. Hier muss zwischen zwei Vorstellungen von wechselseitigem Respekt unterschieden werden. Nach der liberalen Vorstellung respektieren wir die moralischen und religiösen Überzeugungen unserer Mitbürger, indem wir sie (im Zusammenhang mit Politik) ignorieren, unangetastet lassen oder politische Debatten ohne Bezug auf sie führen. Nach diesem Verständnis würde man den wechselseitigen Respekt unterlaufen, wenn man in politischen Debatten über Gerechtigkeit moralische und religiöse Ideale zuließe.

Doch das ist nicht die einzige und vielleicht nicht einmal die plausibelste Möglichkeit, den wechselseitigen Respekt zu begreifen, auf dem sich ein demokratisches Staatsbürgertum gründet. Nach einer anderen Vorstellung von Respekt – nennen wir sie abwägende Vorstellung – achten wir die moralischen und religiösen Überzeugungen unserer Mitbürger, indem wir uns mit ihnen befassen oder uns ihnen widmen: manchmal, indem wir sie in Frage stellen und bestreiten, manchmal, indem wir sie anhören und von ihnen lernen – besonders dann, wenn diese Überzeugungen sich auf wichtige politische Fragen beziehen. Es gibt keine Garantie, dass eine abwägende Form von Respekt in irgendeinem Fall dazu führt, dass wir den moralischen und religiösen Überzeugungen anderer zustimmen oder sie gar schätzen. Es ist stets möglich, dass wir eine moralische oder religiöse

Lehre, wenn wir mehr über sie erfahren, weniger schätzen. Doch der Respekt für Beratung und Verbindlichkeit sorgt für einen geräumigeren öffentlichen Vernunftgebrauch, als es der Liberalismus zulässt. Außerdem ist er ein Ideal, das besser zu einer pluralistischen Gesellschaft passt. In dem Maß, in dem unsere moralischen und religiösen Meinungsverschiedenheiten letztlich die Vielfalt menschlicher Werte widerspiegeln, wird uns eine abwägende Form von Respekt besser in die Lage versetzen, die unverwechselbaren Werte zu schätzen, die sich in unseren unterschiedlichen Lebensweisen ausdrücken.

1 John Rawls: *A Theory of Justice.* Harvard, Harvard University Press 1971; dt.: *Eine Theorie der Gerechtigkeit.* Frankfurt a. M., Suhrkamp 1994.

2 Siehe z. B. H. L. A. Hart: »Between Utility and Rights«, in: *The Idea of Freedom.* Hrsg. v. Alan Ryan, Oxford, Oxford University Press 1979.

3 Siehe Friedrich A. Hayek: *The Constitution of Liberty.* Chicago, University of Chicago Press 1960 (dt.: *Die Verfassung der Freiheit.* Tübingen, Mohr 1971); Robert Nozick: *Anarchy, State, and Utopia.* New York, Basic Books 1974 (dt.: *Anarchie, Staat, Utopia.* München, Olzog 2006).

4 Siehe Bruce A. Ackerman: *Social Justice in the Liberal State.* New Haven, CT, Yale University Press 1980, S. 349–378; Ronald Dworkin: *Bürgerrechte ernstgenommen.* Frankfurt a. M., Suhrkamp 1984, S. 143–156, 266–280; Charles Fried: *Right and Wrong.* Harvard, Harvard University Press 1978, S. 114–119; Charles E. Larmore: *Patterns of Moral Complexity.* Cambridge, Cambridge University Press 1978, S. 42–68; Nozick, *Anarchie, Staat, Utopia,* S. 54 f.; Rawls, *Eine Theorie der Gerechtigkeit,* S. 34–39, 486–492, 594; Ronald Dworkin: »Liberalism«, in: Stuart Hampshire, Hrsg.: *Public and Private Morality.* Cambridge, Cambridge University Press 1978, S. 113, 127–136; Thomas Nagel: »Moral Conflict and Political Legitimacy«, in: *Phil. and Pub. Aff.,* 16 (1987), S. 215, 227–237.

5 Siehe Immanuel Kant: *Kritik der reinen Vernunft.* Frankfurt a. M., Suhrkamp 1974 (1788); Immanuel Kant: »Grundlegung zur Me-

taphysik der Sitten«, in: *Werke in zwölf Bänden*, Band 7. Frankfurt a.M., Suhrkamp/Insel 2000 (1785); Immanuel Kant: »Über den Gemeinspruch; Das mag in der Theorie richtig sein, taugt aber nicht für die Praxis«, in: *Werke in zwölf Bänden*, Band 11. Frankfurt a.M., Suhrkamp/Insel 2000, S.145; Rawls, *Eine Theorie der Gerechtigkeit*, S.34–39, 486–492, 594.

6 Siehe Alasdair MacIntyre: *Der Verlust der Tugend. Zur moralischen Krise der Gegenwart*. Frankfurt a.M., Suhrkamp 1995; Alasdair MacIntyre: *Is Patriotism a Virtue? The Lindley Lecture* (1984); Alasdair MacIntyre: *Whose Justice? Which Rationality?* Notre Dame, IN, University of Notre Dame Press 1988.

7 Siehe Charles Taylor: »The Nature and Scope of Distributive Justice«, in: *Philosophy and the Human Sciences Philosophical Papers*, 2 (1985), S.289; Charles Taylor: *Sources of the Self. The Making of the Modern Identity*. Cambridge, Cambridge University Press 1989.

8 Siehe Michael Walzer: *Sphären der Gerechtigkeit*. Frankfurt a.M., Campus 1992.

9 Siehe Michael J. Sandel: *Liberalism and the Limits of Justice*. Cambridge, Cambridge University Press 1982; Michael J. Sandel: »The Procedural Republic and the Unencumbered Self«, in: *Pol. Theory* (1984), S.81.

10 Michael Walzer kommt dieser Auffassung sehr nahe, wenn er schreibt: »Gerechtigkeit ist (...) relativ zu (...) bestimmten sozialen (...) Sinngehalten (...). Eine bestehende Gesellschaft ist dann eine gerechte Gesellschaft, wenn ihr konkretes Leben in einer bestimmten Weise lebt (...), in einer Weise, die den gemeinsamen Vorstellungen ihrer Mitglieder entspricht.« (Walzer, *Sphären der Gerechtigkeit*, S.440 f.) Walzer gesteht jedoch zu, dass vorherrschende Rechtspraktiken vom Standpunkt alternativer Deutungen über die gemeinsamen Vorstellungen einer Gesellschaft kritisiert werden können (Ebd., S.98–113).

11 Die Debatte über liberale politische Philosophie in den 80er Jahren hat sich zum Großteil auf die »kommunitarische« Kritik des Liberalismus oder, im weiteren Sinn, auf den Vorrang des Rechten vor dem Guten konzentriert. Die beste Gesamtübersicht zu dieser Auseinandersetzung findet sich in Stephen Mulhall, Adam Swift: *Liberals and Communitarians*. Oxford, Blackwell 1992. Unter den Sammelbänden zu diesem Thema findet man Shlomo Avineri,

Avner de-Shalit (Hrsg.): *Communitarians and Individualism.* Oxford, Oxford University Press 1992; Michael J. Sandel (Hrsg.): *Liberalism and Its Critics.* New York, New York University Press 1984; R. Bruce Douglass, Gerald M. Mara, Henry S. Richardson (Hrsg.): *Liberalism and the Good.* New York, Routledge 1990; Nancy L. Rosenblum (Hrsg.): *Liberalism and the Moral Life.* Harvard, Harvard University Press 1989; David Rasmussen (Hrsg.): *Universalism vs. Communitarianism.* Cambridge, MA, MIT Press 1990. Zu den beachtenswerten Abhandlungen in Buchlänge zählen Daniel Bell: *Communitarianism and Its Critics.* New York, Clarendon 1993; Will Kymlicka: *Liberalism, Community, and Culture.* Oxford, Oxford University Press 1989; Charles E. Larmore: *Patterns of Moral Complexity.* Cambridge, Cambridge University Press 1987; Stephen Macedo: *Liberal Virtues. Citizenship, Virtue, and Community in Liberal Constitutionalism.* Oxford, Clarendon Press 1990. Die umfangreiche Literatur zum Thema beinhaltet außerdem: Jeremy Waldron: »Particular Values and Critical Morality«, in: *Liberal Rights,* 168 (1993); C. Edwin Baker: »Sandel on Rawls«, in: *U. Pa. L. Rev.,* 133 (1985), S. 895; Sheyla Benhabib: »Autonomy, Modernity and Community: Communitarianism and Critical Social Theory in Dialogue«, in: Axel Honneth, Thomas McCarthy, Claus Offe, Albrecht Welmer (Hrsg.): *Zwischenbetrachtungen im Prozess der Aufklärung.* Frankfurt a. M., Suhrkamp 1989, S. 373; Allen E. Buchanan: »Assessing the Communitarian Critique of Liberalism«, in: *Ethics,* 99 (1989), S. 852; Gerald Doppelt: »Is Rawls's Kantian Liberalism Coherent and Defensible?«, in: *Ethics,* 99 (1989), S. 815; Stephen A. Gardbaum: »Law, Politics, and the Claims of Community«, in: *Mich. L. Rev.* 90 (1992), S. 685; Emily R. Gill: »Goods, Virtues, and the Constitution of the Self«, in: Alfonso J. Damico (Hrsg.): *Liberals on Liberalism.* Lanham, ML, Rowman & Littlefield Pub Incorporated 1986, S. 111; Amy Gutmann: »Communitarian Critics of Liberalism«, in: *Phil. and Pub. Aff.,* 14 (1985), S. 308; H. N. Hirsch: »The Threnody of Liberalism«, in: *Pol. Theory,* 14 (1986), S. 423; Will Kymlicka: »Liberalism and Communitarianism«, in: *Can. J. Phil.,* 18 (1988), S. 181; Will Kymlicka: »Rawls on Teleology and Deontology«, in: *Phil. and Pub. Aff.,* 17 (1988), S. 173; Christopher Lasch: »The Communitarian Critique of Liberalism«, in: *Soundings,* 69 (1986), S. 60; David Miller: »In What

Sense Must Socialism Be Communitarian?«, in: *Soc. Phil. and Pol.*, 6 (1989), S. 57; Chantal Mouffe: »American Liberalism and Its Critics: Rawls, Taylor, Sandel, and Walzer«, in: *Praxis Int'l*, 8 (1988), S. 193; Patrick Neal: »A Liberal Theory of the Good?«, in: *Can. J. Phil.*, 17 (1987), S. 567; Jeffrey Paul, Fred D. Miller, Jr.: »Communitarian and Liberal Theories of the Good«, in: *Rev. Metaphysics*, 43 (1990), S. 803; Milton C. Regan, Jr.: »Community and Justice in Constitutional Theory«, in: *Wis. L. Rev.*, 1985, S. 1073; Richard Rorty: »The Priority of Democracy to Philosophy«, in: Merrill D. Peterson, Robert C. Vaughan (Hrsg.): *The Virginia Statute of Religious Freedom*, Cambridge, Cambridge University Press 1988, S. 257–282; George Sher: »Three Grades of Social Involvement«, in: *Phil. and Pub. Aff.*, 18 (1989), S 133; Tom Sorell: »Self, Society, and Kantian Impersonality«, in: *Monist*, 74 (1991), S. 30; Symposium »Law, Community, and Moral Reasoning«, in: *Cal. L. Rev.*, 77 (1989), S. 475; Charles Taylor: »Cross-Purposes: The Liberal-Communitarian Debate«, in: Nancy L. Rosenblum (Hrsg.): *Liberalism and the Moral Life*. Harvard, Harvard University Press 2013; Robert B. Thigpen, Lyle A. Downing: »Liberalism and the Communitarian Critique«, in: *Am. J. Pol. Sci.*, 31 (1987), S. 637; John Tomasi: »Individual Rights and Community Virtues«, in: *Ethics*, 101 (1991), S. 521; John R. Wallach: »Liberals, Communitarians, and the Tasks of Political Theory«, in: *Pol. Theory*, 15 (1987), S. 581; Michael Walzer: »The Communitarian Critique of Liberalism«, in: *Pol. Theory*, 18 (1990), S. 6; Iris M. Young: »The Ideal of Community and the Politics of Difference«, in: *Soc. Theory and Prac.*, 12 (1986), S. 1; Joel Feinberg: »Liberalism, Community and Tradition«, in: *Tikkun*, May – June 1988, S. 38. Vor seinem Buch *Politischer Liberalismus* griff Rawls diese Themen in einer Reihe von Essays auf, darunter in »The Idea of an Overlapping Consensus«, in: *Oxford J. Legal Stud.*, 7 (1987), S. 1; »Justice as Fairness: Political Not Metaphysical«, in: *Phil. and Pub. Aff.*, 14 (1985), S. 223 sowie »The Priority of Right and Ideas of the Good«, in: *Phil. and Pub. Aff.*, 17 (1987), S. 251. In *Politischer Liberalismus* stellt er fest: »Es wird gelegentlich gesagt, dass die Veränderungen in den späteren Aufsätzen eine Reaktion auf die Kritik der Kommunitarier und anderer seien. Ich glaube nicht, dass dies zutrifft.« (S. 14, FN 6)

12 Rawls, *Eine Theorie der Gerechtigkeit*, S. 607.

13 Ebd., S. 608.

14 Ebd., S. 623.

15 Der Einwand gegen die in *Eine Theorie der Gerechtigkeit* enthaltene Konzeption der Person beruht nicht darauf, dass sich der Urzustand nicht als Darstellungsmodell sehen lässt. Er kann gänzlich gemäß der Konzeption der Person erklärt werden, wie sie in Teil III von *Eine Theorie der Gerechtigkeit* dargestellt ist, die Rawls nun zur politischen Konzeption umformt. Nicht nur Kritiker, sondern auch Verfechter von Rawls' Liberalismus deuteten *Eine Theorie der Gerechtigkeit* als Bestätigung einer kantischen Konzeption der Person (siehe z. B. Larmore, *Patterns of Moral Complexity*, a. a. O., S. 118–130).

16 Siehe MacIntyre, *Der Verlust der Tugend*, S. 274–300; MacIntyre, *Is Patriotism a Virtue?*, S. 8, passim; Sandel, *Liberalism and the Limits of Justice*, S. 175–183; Taylor, *Sources of the Self*, S. 508.

17 Rawls, *Politischer Liberalismus*, S. 97–104.

18 Ebd., S. 12 f.

19 Ebd., S. 244, 249.

20 Zeitgenössische Beispiele für einen umfassenden Liberalismus finden sich bei George Kateb: *The Inner Ocean: Individualism and Democratic Culture.* Ithaca, NY, Cornell University Press 1992, und Joseph Raz: *The Morality of Freedom.* Oxford, Oxford University Press 1986. Ronald Dworkin beschreibt seine Position als eine Variante des umfassenden Liberalismus in »Foundations of Liberal Equality«, in: Grethe B. Peterson (Hrsg.): *The Tanner Lectures on Human Values*, Bd. 11. Salt Lake City, Univ. of Utah Press 1990, S. 1.

21 Rawls, *Politischer Liberalismus*, S. 12.

22 Ebd.

23 Ebd., S. 17.

24 Ebd., S. 25.

25 Ebd., S. 240.

26 Ebd., S. 75.

27 Ebd., S. 74.

28 Siehe Rawls, *Eine Theorie der Gerechtigkeit*, S. 27 f.

29 Ebd., S. 607.

30 Ebd.

31 Ebd., S. 608.

32 Ebd., S. 97, 104.

33 Ebd., S. 97.

34 Ebd., S. 98 f.

35 Ebd., S. 100.

36 Ebd.

37 Ebd.

38 Ebd., S. 102.

39 Die Vorstellung, wir sollten unsere moralischen und religiösen Pflichten »aus politischer Perspektive als sich selbstbeglaubigend« ansehen (S. 33), steht in Einklang mit Rawls' folgender Aussage: »Vom Standpunkt der Gerechtigkeit als Fairness aus sind diese Verpflichtungen natürlich selbstauferlegt.« (*Eine Theorie der Gerechtigkeit*, S. 234.) Es ist jedoch nicht klar, mit welcher Berechtigung eine solche Sichtweise religiösen Postulaten oder Gewissensforderungen einen besonderen Respekt einräumen sollte, den sie anderen Vorlieben, die von manchen Menschen vielleicht mit gleicher oder größerer Intensität vertreten werden, nicht gewährt. (Siehe ebd., S. 234–240.).

40 Ebd., S. 18.

41 Ebd., S. 79.

42 John Rawls: »Kantischer Konstruktivismus in der Moraltheorie« (1980), in: John Rawls (Hrsg.): *Die Idee des politischen Liberalismus*. Frankfurt a. M., Suhrkamp 1992, S. 85.

43 Rorty, »The Priority of Democracy to Philosophy«, S. 257, 262.

44 Ebd., S. 265.

45 Ebd., S. 268.

46 Ebd., S. 264.

47 Rawls, *Politischer Liberalismus*, S. 73.

48 Ebd., S. 248.

49 Ebd., S. 290 f.

50 Ebd., S. 15.

51 Thomas Hobbes, aus dessen *Leviathan* sich eine politische Konzeption von Gerechtigkeit herauslesen lässt, sicherte den Vorrang einer solchen Konzeption gegenüber Ansprüchen aus widerstreitenden moralischen und religiösen Vorstellungen, indem er die Wahrheit solcher Meinungen bestritt (siehe Thomas Hobbes: *Leviathan*. Hamburg, Meiner, 2004, S. 168–177).

52 Ebd.

53 Rawls scheint diese Auffassung in einer Fußnote zur Abtreibungsfrage zu vertreten. Doch er erklärt nicht, warum politische Werte

selbst dann Vorrang haben sollten, wenn die katholische Lehre wahr wäre (S. 349, FN 32).

54 Paul M. Angle (Hrsg.): *Created Equal? The Complete Lincoln-Douglas Debates of 1858*. Chicago, University of Chicago Press 1958, S. 369, 374.

55 Bereiche innerhalb der Vereinigten Staaten, die keine Bundesstaaten waren. (Anm. d. Ü.)

56 Angle, S. 390.

57 Ebd.

58 Ebd., S. 392.

59 Ebd.

60 Ebd., S. 388 f.

61 Diese Zusatzartikel wurden nach Ende des Bürgerkriegs in die Verfassung aufgenommen. Sie verbieten Sklaverei und rechtliche Ungleichbehandlung ehemaliger Sklaven. (Anm. d. Ü.)

62 347 U. S. 483 (1954). Mit der Entscheidung des Obersten Gerichtshofs wurde die rechtlich verankerte Rassentrennung an staatlichen Schulen in den USA beendet. (Anm. d. Ü.)

63 Voting Rights Act of 1965, 42 U. S. C. §§ 1971, 1973 (1988). Das 1965 verabschiedete Bundesgesetz soll die gleiche Beteiligung von Minderheiten, besonders Afroamerikanern, an US-Wahlen sicherstellen. (Anm. d. Ü.)

64 Siehe *Created Equal?*, S. 374.

65 Siehe U. S. Constitution, art. I, § 2, cl. 3.

66 Siehe ebd., art I, § 9, cl. 1.

67 Siehe ebd., art IV, § 2, cl. 3.

68 *Scott v. Sandford*, 60 U. S. (19 How.) 393 (1857).

69 Siehe ebd., S. 404 f.

70 Rawls, *Politischer Liberalismus.*, S. 13.

71 Ebd., S. 12.

72 Ebd., S. 13.

73 Ebd., S. 23.

74 Siehe Milton Friedman: *Kapitalismus und Freiheit*. Frankfurt a. M., Eichborn, 1962, S. 240; Milton Friedman, Rose Friedman: *Chancen, die ich meine*. Berlin/Frankfurt a. M./Wien, Ullstein 1980, S. 151 ff.; Hayek, *Die Verfassung der Freiheit*, S. 86 f., 102 f.; Nozick, *Anarchie, Staat, Utopia*, S. 202, 227–233.

75 Auch wenn Rawls diese Auffassung nicht explizit äußert, ist sie doch notwendig, damit das »Faktum eines vernünftigen Pluralis-

mus« und die Rolle, die es bei der Begründung des Vorrangs des Rechten spielt, einen Sinn ergeben. Rawls erklärt, dass sich vernünftige Meinungsverschiedenheiten daraus ergeben könnten, mit welcher Politik das Differenzprinzip umzusetzen sei, fügt aber hinzu, es sei keine Differenz in Hinblick darauf, welches die korrekten Prinzipien sind, sondern einfach nur eine Differenz bezüglich der Schwierigkeit, mit der zu erkennen ist, ob die Prinzipien durchgesetzt wurden.

76 Rawls, *Politischer Liberalismus*, S. 74.

77 Ebd., S. 410 f.

78 Ebd., S. 132.

79 Ebd., S. 224.

80 Siehe Rawls, *Eine Theorie der Gerechtigkeit*, S. 92–95, 121–130, 159–165, 344–350.

81 Siehe ebd., S. 38 f., 68–71, 142, 626–638.

82 In diesem Abschnitt beziehe ich mich auf einige der Argumente für und gegen die moralische Zulässigkeit von Homosexualität, die in folgenden Artikeln genannt werden: John Finnis, Martha Nussbaum: »Is Homosexual Conduct Wrong? A Philosophical Exchange«, in: *New Republic*, 15. Nov. 1993, S. 12 f.; Stephen Macedo: »The New Natural Lawyers«, in: *Harvard Crimson*, 29. Okt. 1993, S. 2; Harvey C. Mansfield: »Saving Liberalism From Liberals«, in: *Harvard Crimson*, 8. Nov. 1993, S. 2.

83 Eine alternative Antwortstrategie bestünde darin, zu versuchen, Promiskuität zu verteidigen und zu bestreiten, dass Liebe und Verantwortung für den moralischen Wert der Sexualität notwendig seien. Von diesem Standpunkt aus versucht die von mir vorgeschlagene Argumentation fälschlicherweise, die moralische Legitimität von Homosexualität mittels einer Analogie zur Heterosexualität zu begründen. Siehe dazu Bonnie Honig: *Political Theory and the Displacement of Politics*. Ithaca, NY, Cornell University Press 1993, S. 186–195.

84 Ebd. S. 126.

85 Für bestimmte Homosexuellenrechte kann man auch Argumente vorbringen, welche die Moralität von Homosexualität weder bejahen noch verneinen. Die Frage ist hier, ob der Staat berechtigt ist, Gesetze oder politische Maßnahmen (etwa die Schwulenehe) aus Gründen zu unterstützen, welche die moralische Legitimität von Homosexualität bejahen.

86 Rawls erklärt, die Grenzen des öffentlichen Vernunftgebrauchs beträfen alle Diskussionen, in denen es um Grundlagen der Verfassung und grundlegende Gerechtigkeit gehe. Ansonsten sei es »normalerweise überaus wünschenswert, politische Fragen im Rückgriff auf die Werte des öffentlichen Vernunftgebrauchs zu lösen« (ebd., S. 315).

87 Ebd., S. 81. Diese Idee wird an mehreren anderen Stellen wiederholt (S. 315, 326, 363).

88 Ebd., S. 319.

89 Ebd., S. 316, 320.

90 Ebd., S. 315.

91 Ebd., S. 315 f.

92 Ebd., S. 362.

93 478 U.S. 186 (1986).

94 Siehe Michael J. Sandel: »Moral Argument and Liberal Toleration: Abortion and Homosexuality«, *Cal. L. Rev.*, 77 (1989), S. 521, 534–538.

95 Siehe Eric Foner: *Politics and Ideology in the Age of the Civil War.* Oxford, Oxford University Press 1980, S. 72; Aileen S. Kraditor: *Means and Ends in American Abolitionism.* New York, Pantheon Books 1967, S. 78, 91 f.; James M. McPherson: *Battle Cry of Freedom. The Civil War Era.* Oxford: Oxford University Press 1988, S. 7 f.

96 Rawls, *Politischer Liberalismus*, S. 359, Anm. 41.

97 Ebd., S. 359.

98 Ebd., S. 316.

99 Ebd., S. 318.

100 Ebd., S. 319.

101 Ebd., S. 224, 233, 247, 318.

102 Ebd., S. 248.

103 Diese Behauptung erörtere ich ausführlich in meinem Buch *Democracy's Discontent.* Harvard, Harvard University Press 1996.

Rawls zum Gedenken

John Rawls, Amerikas größter politischer Philosoph, ist am 24. November 2002 im Alter von 81 Jahren gestorben. Rawls lehrte von 1962 bis 1994 Philosophie in Harvard. Bekannt geworden ist er vor allem durch sein Buch *Eine Theorie der Gerechtigkeit* (1971), das die überzeugendste Darstellung liberaler politischer Grundsätze seit John Stuart Mill liefert. In den 50er und 60er Jahren blickte die angloamerikanische politische Theorie praktisch dem Untergang entgegen; durch linguistische Analyse und moralischen Relativismus hatte sie sich in die Belanglosigkeit verabschiedet. Rawls erweckte die politische Theorie wieder zum Leben, indem er zeigte, dass es möglich war, rational über Gerechtigkeit, Rechte und politische Verpflichtung zu streiten. Er regte eine neue Generation an, klassische Fragen der Moral und der Politik aufzugreifen.

Eine Theorie der Gerechtigkeit ist keine leichte Lektüre. Ihr charakteristischer Beitrag zeigt sich in der Art, wie sie drei zentrale Ideen entwickelt: die Rechte des Einzelnen, den Gesellschaftsvertrag und die Gleichheit.

In der englischsprachigen Welt war die herrschende Vorstellung von Gerechtigkeit vor Rawls' Schriften utilitaristisch geprägt: Gesetze und öffentliche Regelungen sollten den größten Nutzen für die größte Zahl an Menschen anstreben. Rawls verwarf diese Ansicht, weil sie die Rechte des Einzelnen nicht respektierte. Nehmen wir etwa an, eine große Mehrheit verachtet eine Minderheitsreligion und möchte, dass sie verboten wird. Nach utilitaristischen Grundsätzen könnte das Verbot unterstützt werden. Rawls hingegen meinte, gewisse Rechte seien so bedeutsam, dass sie nicht durch die Wünsche der Mehrheit außer Kraft gesetzt werden sollten.

Wenn Rechte nicht auf utilitaristischen Prinzipien basieren, wie sind sie ansonsten zu rechtfertigen? Rawls beantwortete diese Frage mit einer Version der Theorie des Gesellschaftsvertrags, die auf einem neuartigen Gedankenexperiment beruhte: Nehmen wir an, wir würden einen Gesellschaftsvertrag abschließen, ohne zu wissen, ob wir reich oder arm, stark oder schwach, gesund oder krank sein werden, und ohne Kenntnis von Rasse, Religion, Geschlecht oder Klasse. Die Grundsätze, die wir hinter diesem »Schleier des Nichtwissens« wählen würden, wären gerecht, meinte Rawls, weil sie nicht durch unfaire Verhandlungsvoraussetzungen beeinträchtigt wären. Wenn wir uns vorstellten, selbst hinter dem Schleier des Nichtwissens zu stehen, würden wir laut Rawls bei der Steuerung der Gesellschaft zwei Grundsätze verfolgen: Das erste Prinzip würde für alle Bürger gleiche Grundfreiheiten (Rede-, Vereinigungs- und Religionsfreiheit) erfordern. Dem zweiten Grundsatz nach wären nur solche Ungleichheiten in der Verteilung von Einkommen und Reichtum erlaubt, die den am meisten benachteiligten Mitgliedern der Gesellschaft Vorteile gewährten. Demnach könnte es gerecht sein, wenn beispielsweise Ärzte mehr verdienen als Reinigungskräfte, allerdings nur, solange solche Unterschiede in der Bezahlung notwendig sind, um begabte Menschen zur Medizin zu bringen – und dies auch nur, wenn damit den am meisten benachteiligten Mitgliedern der Gesellschaft geholfen wird. Das ist Rawls' berühmtes »Unterschiedsprinzip«.

Einige Kritiker des Rawls'schen Egalitarismus entgegnen, Menschen hinter dem Schleier des Nichtwissens könnten auf Ungleichheit setzen und ein Prinzip vertreten, das Menschen das Recht verschafft, allen Reichtum zu behalten, den sie anhäufen können. Rawls' stichhaltigste Antwort auf diese Erwiderung verlässt das Feld der Verträge und bezieht sich auf den moralischen Impuls hinter seiner Theorie: Die Vorteile, die sich durch die Ausübung unserer Talente ergeben, erhalten wir nicht zu Recht, denn wir können uns diese Talente nicht als eigenes Verdienst anrechnen. Dass eine Marktgesellschaft Fertigkeiten schätzt, die einige Menschen zufällig besitzen, ist deren Glück und kein Zeichen ihrer moralischen Verdienste. Den Reichtum und das Prestige, das der Markt Sportlern und Fernsehmoderatoren, Unternehmern und Börsenmaklern, Akademikern und hochqualifizierten Fachkräften zubilligt, sollten wir daher nicht als Belohnung für eine überlegene Tugend ansehen. Stattdessen sollten wir unser Steuer- und Bildungssystem so gestalten, dass die Zufälle der Natur und der sozialen Umstände sich zum Nutzen aller auswirken.

Ein tief im amerikanischen Leben verwurzelter meritokratischer Grundsatz stellt dies in Frage: Demnach gehören Erfolg und Tugend zusammen, und die USA sind wohlhabend, weil dort das moralisch Gute herrscht. Wenn Rawls recht hat, dann sollte der meritokratische Grundsatz verdrängt werden durch eine großzügigere Einstellung gegenüber denjenigen, die vom Glück und den Umständen weniger begünstigt wurden.

Kurz nach seiner Emeritierung nahmen Rawls und ich an einer Diskussion mit Studenten meines Seminars über Gerechtigkeit teil. Ich befragte ihn zu Immanuel Kant, seinem philosophischen Helden. Irrte Kant, ungeachtet der Ähnlichkeiten in ihren jeweiligen philosophischen Ansätzen, als er zu dem Schluss kam, die Gleichheit der Menschen sei »vollkommen vereinbar mit der äußersten Ungleichheit« materieller Besitztümer? Rawls antwortete mit einer ironischen Ausflucht: »Ich möchte sagen, Kant ist wirklich und wahrhaftig ein sehr großer Mann. Man denkt nicht einmal daran, ihn zu kritisieren, ohne sich dessen bewusst zu sein. Nein, ich würde nicht sagen, dass Kant sich irrte ... Er war seiner Zeit voraus. Dass man aus dem Ostpreußen des 18. Jahrhunderts überhaupt etwas bekommt, ist wundervoll. Und dass man Immanuel Kant bekommt, ist ein wahres Wunder.«

Eine Art Wunder oder zumindest eine Überraschung ist es

auch, einen amerikanischen Philosophen zu finden, der in einem Atemzug mit Thomas Hobbes, John Locke, Jean-Jacques Rousseau, Karl Marx und John Stuart Mill genannt wird. Die Politische Philosophie ist eines der wenigen Geistesgebiete, zu denen Amerika nur einen mageren Beitrag geleistet hat. Manche schreiben diesen Mangel dem Erfolg der amerikanischen Demokratie zu – Religionskriege, zerfallende Reiche, gescheiterte Staaten und Klassenkämpfe bieten der Philosophie reichhaltigere Kost als stabile Institutionen. Vielleicht stammen die beachtenswertesten Äußerungen des politischen Denkens der USA deshalb nicht von Philosophen, sondern von Leuten, die am öffentlichen Leben Amerikas teilgenommen haben: Thomas Jefferson, James Madison, Alexander Hamilton, John C. Calhoun, Abraham Lincoln, Frederick Douglass, Jane Addams, Oliver Wendell Holmes und Louis D. Brandeis. Rawls ist einer der wenigen, die ohne politische Praxis im amerikanischen politischen Denken eine große Rolle spielen.

Als Alexis de Tocqueville in den 1830er Jahren die Vereinigten Staaten besuchte, stellte er fest, kein Land in der zivilisierten Welt schenke der Philosophie weniger Aufmerksamkeit als die Vereinigten Staaten. Tocquevilles Beobachtung wurde 170 Jahre später durch die öffentliche Wahrnehmung von Rawls' Tod bestätigt. Große europäische Tageszeitungen – darunter *Le Monde* in Frankreich, *The Times*, *The Guardian*, *The Independent* und *The Daily Telegraph* in England – würdigten ihn mit ausführlicheren Nachrufen, als es die *New York Times* oder die *Washington Post* getan hatten. Das könnte den Schluss nahelegen, dass Rawls' Egalitarismus in den Wohlfahrtsstaaten Europas mehr Widerhall fand als in der marktorientierten amerikanischen Gesellschaft. Doch es spiegelt auch die Tatsache wider, dass die Philosophie im öffentlichen Diskurs der Alten Welt eine bedeutendere Rolle spielt als in der Neuen Welt.

Rawls' Bescheidenheit war ebenso legendär wie seine Freundlichkeit gegenüber Studenten und jüngeren Kollegen. *Eine Theorie der Gerechtigkeit* las ich erstmals im Jahr 1975 als Doktorand in Oxford; ich machte das Werk zum Thema meiner Dissertation. Als ich als junger wissenschaftlicher Assistent nach Harvard an die Fakultät für Staatswissenschaften kam, hatte ich die Persönlichkeit, deren große Arbeit zum Liberalismus ich studiert hatte, noch nie getroffen. Kurz nach meiner Ankunft klingelte mein Telefon. Eine zaghafte Stimme am anderen Ende sagte: »Hier ist John Rawls, R-A-W-L-S.« Es war, als habe Gott persönlich angerufen, um mich zum Essen einzuladen – und seinen Namen für den Fall buchstabiert, dass ich nicht wüsste, wer er sei.

Die Grenzen des Kommunitarismus

Die Irrtümer des Kommunitarismus

Zusammen mit den Arbeiten anderer zeitgenössischer Kritiker der liberalen politischen Theorie, besonders denen von Alasdair MacIntyre,[1] Charles Taylor[2] und Michael Walzer,[3] ist mein Buch *Liberalism and the Limits of Justice* als Inbegriff der »kommunitarischen« Kritik des rechteorientierten Liberalismus bezeichnet worden. Da meine Argumentation einschließt, dass der zeitgenössische Liberalismus eine unzulängliche Darstellung der Gemeinschaft vorlegt, ist der Ausdruck in gewissem Maße zutreffend. In vielerlei Hinsicht ist das Etikett jedoch irreführend. Die in den letzten Jahren unter politischen Philosophen tobende »liberal-kommunitarische« Debatte bildet ein weites Themenspektrum ab, und ich befinde mich selbst nicht immer auf der Seite der Kommunitarier.

Die Debatte wird gelegentlich als Auseinandersetzung zwischen zwei Positionen dargestellt: zwischen denjenigen, welche die Freiheit des Einzelnen preisen, und denjenigen, die glauben, die Werte der Gemeinschaft oder der Mehrheitswille sollten stets Vorrang haben; oder auch zwischen denjenigen, die an universelle Menschenrechte glauben, und denjenigen, die darauf bestehen, es sei unmöglich, die Werte, die den unterschiedlichen Kulturen und Traditionen zugrunde liegen, kritisch zu betrachten oder zu beurteilen. Soweit »Kommunitarismus« eine andere Bezeichnung für die Vorherrschaft der Mehrheit oder für die Vorstellung ist, Rechte sollten auf den Werten beruhen, die in einer bestimmten Gemeinschaft zu einer bestimmten Zeit vorherrschen, ist das keine Ansicht, die ich vertreten würde.

In der Debatte zwischen dem Rawls'schen Liberalismus und der von mir in *Liberalism and the Limits of Justice* vorgebrachten Sicht geht es nicht darum, ob Rechte wichtig sind, sondern darum, ob Rechte auf eine Art und Weise bestimmt und gerechtfertigt werden können, die keinerlei spezielle Vorstellung des guten Lebens voraussetzt. Es steht nicht zur Debatte, ob individuelle oder aber gemeinschaftliche Forderungen gewichtiger sein sollten, sondern ob die Gerechtigkeitsprinzipien, welche die Grundstrukturen der Gesellschaft formen, in Hinblick auf die konkurrierenden moralischen und religiösen Vorstellungen ihrer Bürger neutral sein können. Anders gesagt: Die grundlegende Frage lautet, ob das Recht Vorrang vor dem Guten hat.

Bei Rawls steht – wie auch bei Kant – der Vorrang des Rechten vor dem Guten für zwei Forderungen, und es ist wichtig, diese zu unterscheiden. Der ersten Forderung zufolge sind gewisse individuelle Rechte so bedeutsam, dass sie selbst durch das Gemeinwohl nicht außer Kraft gesetzt werden können. Gemäß der zweiten Forderung hängt die Rechtfertigung der Gerechtigkeitsprinzipien, die unsere Rechte bestimmen, nicht von irgendeiner bestimmten Vorstellung vom guten Leben ab – oder, wie Rawls es formuliert hat, von keiner »umfassenden« moralischen oder religiösen Vorstellung. *Liberalism and the Limits of Justice* versucht nicht die erste, sondern die zweite Forderung zugunsten des Vorrangs des Rechten in Frage zu stellen.

Die Vorstellung, dass Gerechtigkeit nicht unabhängig vom Guten ist, sondern dazu in Beziehung steht, verknüpft mein Buch mit den Schriften anderer, die gemeinhin als »kommunitarische Kritiker« des Liberalismus gelten. Doch es gibt zwei Versionen der Aussage, Gerechtigkeit stehe in Relation zum Guten, und nur eine davon ist im üblichen Sinn »kommunitarisch«. Ein erheblicher Anteil der Verwirrung, der die liberal-kommunitarische Debatte anheimgefallen ist, ergibt sich daraus, dass man die beiden Versionen nicht unterschieden hat.

In der einen Variante wird behauptet, Gerechtigkeitsprinzipien würden ihre moralische Stärke aus Werten ableiten, die in einer bestimmten Gemeinschaft oder Tradition allgemein übernommen oder weithin geteilt würden. Diese Art, Gerechtigkeit mit dem Guten zu verknüpfen, ist insofern kommunitarisch, als die Werte der Gemeinschaft festlegen, was als gerecht oder ungerecht gilt. In diesem Sinne hängt die Begründung für die Anerkennung eines Rechts vom Nachweis ab, dass ein solches Recht in den von allen geteilten Abmachungen enthalten ist, die die betreffende Tradition oder Gemeinschaft prägen. Natürlich kann es Meinungsverschiedenheiten darüber geben, welche Rechte durch die allseits geteilten Auffassungen einer bestimmten Tradition tatsächlich gestützt werden; Gesellschaftskritiker und politische Reformer können Traditionen interpretieren, indem sie vorherrschende Praktiken in Frage stellen. Diese Argumente erfolgen jedoch stets in Form eines Aufrufs zur Rückbesinnung auf die Gemeinschaft, in Form einer Berufung auf Ideale, die in einem gemeinsamen Projekt oder einer gemeinsamen Tradition enthalten, aber nie realisiert worden sind.

Eine zweite Möglichkeit, Gerechtigkeit mit Vorstellungen des Guten zu verknüpfen, besteht darin, dass die Rechtfertigung von Gerechtigkeitsprinzipien vom moralischen Wert oder dem intrinsisch Guten der Ziele abhängt, denen sie dienen. Aus dieser Sicht hängt die Begründung für die Anerkennung eines Rechts vom Nachweis ab, dass ein solches Recht ein bedeutendes menschliches Gut würdigt oder fördert. Ob dieses Gut nur zufällig weithin geschätzt wird oder aber in den Traditionen der Gesellschaft verankert ist, wäre nicht entscheidend. Diese zweite Möglichkeit, Gerechtigkeit an Vorstellungen des Guten zu binden, ist deshalb streng genommen nicht kommunitarisch. Da sie das Plädoyer für Rechte mit der moralischen Bedeutung der von den Rechten geförderten Zwecke und Ziele begründet, ist sie eher als teleologisch zu bezeichnen – oder (im Jargon der zeitgenössischen Philosophie) als perfektionistisch. Die politische Philosophie des Aristoteles ist hierfür ein Beispiel: Ehe wir die Rechte der Menschen definieren oder »über die beste Staatsverfassung« eine Untersuchung anstellen könnten, schreibt er, sei »zunächst genau zu bestimmen, welches Leben das wählenswerteste ist. Ist dies nämlich unklar, muss auch die beste Staatsverfassung unklar sein.«[4]

Von den zwei Ansätzen, Gerechtigkeit mit Vorstellungen des Guten zu verknüpfen, ist der erste unzulänglich. Die bloße Tatsache, dass einzelne Handlungsweisen durch die Traditionen einer bestimmten Gemeinschaft sanktioniert sind, lässt sie noch nicht gerecht sein. Wird Gerechtigkeit zum Ergebnis einer Konvention gemacht, beraubt man sie ihres kritischen Charakters, selbst wenn man konkurrierende Interpretationen dessen zulässt, was diese Tradition fordert. Auseinandersetzungen über Gerechtigkeit und Recht haben zwangsläufig einen urteilenden Charakter. Liberale, denen zufolge das Plädoyer für Rechte gegenüber substantiellen moralischen und religiösen Lehren neutral zu sein hat, und Kommunitarier, die finden, Rechte sollten auf vorherrschenden sozialen Werten beruhen, begehen einen vergleichbaren Fehler: Beide sind bemüht, ein Urteil über den Inhalt der Ziele zu fällen, die durch Rechte befördert werden. Doch das sind nicht die einzigen Alternativen. Eine dritte, meiner Ansicht nach plausiblere Möglichkeit besteht darin, dass die Rechtfertigung von Rechten von der moralischen Bedeutung der Ziele abhängt, denen sie dienen.

Das Recht auf Religionsfreiheit

Nehmen wir den Fall der Religionsfreiheit. Warum sollte die freie Ausübung einer Religion speziellen Schutz durch die Verfassung genießen? Der Liberale könnte entgegnen, Religionsfreiheit sei aus dem gleichen Grund wichtig wie die Freiheit des Einzelnen ganz allgemein: damit die Menschen frei und selbstbestimmt leben und ihre Werte eigenständig wählen und verfolgen können. Gemäß dieser Ansicht sollte der Staat die Religionsfreiheit bewahren, um Menschen als freie, unabhängige Persönlichkeiten zu respektieren, die imstande sind, ihre religiösen Überzeugungen selbstbestimmt zu wählen. Der Respekt, auf den der Liberale sich beruft, ist genau genommen nicht die Achtung vor der Religion, sondern der Respekt für die Person, um deren Religion es geht, oder der Respekt für die Würde, die in der Fähigkeit liegt, die eigene Religion frei zu wählen. Aus liberaler Sicht haben religiöse Überzeugungen nicht wegen ihres Inhalts Respekt verdient, sondern weil sie »das Ergebnis einer freien und willentlichen Entscheidung sind«.[5]

Indem man die Religionsfreiheit auf diese Weise verteidigt, wird dem Rechten Vorrang vor dem Guten eingeräumt; man versucht, das Recht auf Religionsfreiheit zu gewährleisten, ohne ein Urteil über den Inhalt der Überzeugungen anderer Menschen oder über die moralische Bedeutung der Religion an sich zu fällen. Doch man versteht das Recht auf Religionsfreiheit nicht richtig, wenn man es als Spezialfall eines allgemeineren Rechts auf individuelle Selbstbestimmung sieht. Lässt man die Religionsfreiheit in einem allgemeinen Recht auf die Wahl eigener Werte aufgehen, stellt man die Natur religiöser Überzeugungen falsch dar und verschleiert die Gründe, aus denen der freien Religionsausübung ein besonderer verfassungsmäßiger Schutz zugebilligt wird. Würden alle religiösen Überzeugungen als Ergebnis einer Wahl aufgefasst, könnte das die Rolle außer Acht lassen, welche die Religion im Leben derjenigen spielt, für die die Einhaltung religiöser Pflichten ein zentrales Ziel ist – wesentlich für ihr Wohl und unabdingbar für ihre Identität. Manche mögen ihre religiösen Überzeugungen als ein Ergebnis ihrer eigenen Entscheidung ansehen, andere dagegen nicht. Eine religiöse Überzeugung wird nicht aufgrund der Art ihres Erwerbs – ob bewusste Wahl, Offenbarung, Überredung oder Gewohnheit – achtenswert, sondern durch ihren Stellenwert in einem guten Leben, durch die mit ihr propagierten Charaktereigenschaften oder (aus einer politischen Perspektive) dadurch, dass sie Verhaltensweisen und Begabungen fördert, die gute Staatsbürger auszeichnen.

Setzt man religiöse Überzeugungen mit den unterschiedlichen Interessen und Zielen gleich, die eine unabhängige Persönlichkeit wählen könnte, wird es schwierig, zwischen Forderungen des Gewissens auf der einen und reinen Vorlieben auf der anderen Seite zu unterscheiden. Sobald diese Unterscheidung entfällt, hat das Recht, vom Staat eine besondere Rechtfertigung für Gesetze zu fordern, welche die freie Religionsausübung erschweren, zwangsläufig nicht mehr Gewicht als »ein persönliches Recht, allgemein anwendbare Gesetze zu ignorieren«.[6] Wenn man einem orthodoxen Juden das Recht einräumt, während des Dienstes in einer Klinik der Air Force eine Kippa zu tragen – was ist dann mit Soldaten, die andere durch militärische Bekleidungsvorschriften untersagte Kopfbedeckungen tragen möchten?[7] Wenn amerikanische Ureinwohner ein Recht auf den Gebrauch von Peyote haben – was sagt man dann denjenigen, die zum reinen Vergnügen gegen bundesstaatliche Drogengesetze verstoßen?[8] Wenn Menschen, die den Sabbat einhalten, das Recht erhalten, dementsprechend an diesem Tag nicht zur Arbeit zu gehen – muss man dieses Recht dann nicht auch denen zubilligen, die einen bestimmten Tag frei haben wollen, um ein Fußballspiel zu sehen?[9]

Die Einbindung der Religionsfreiheit in die allgemeine Freiheit spiegelt das liberale Streben nach Neutralität wider. Doch diese Tendenz zur Verallgemeinerung leistet der Religionsfreiheit nicht immer gute Dienste. Sie verwechselt das Verfolgen von Vorlieben mit der Erfüllung von Pflichten. Damit verkennt sie die besondere Bedeutung der Religionsfreiheit für das Dilemma der durch ihr Gewissen eingeschränkten Persönlichkeiten – sie sind Pflichten unterworfen, auf die sie nicht willentlich verzichten können, selbst angesichts ziviler Verpflichtungen, die dazu im Widerspruch stehen könnten.

Doch es stellt sich die Frage, warum der Staat den durch ihr Gewissen eingeschränkten Persönlichkeiten besonderen Respekt zollen sollte. Zum Teil ist das damit zu begründen, dass ein Staat, der es seinen Bürgern schwer macht, Handlungen vorzunehmen, die für ihr Selbstverständnis äußerst wichtig sind, diese Bürger stärker frustriert, als wenn er ihnen Interessen verbietet, die weniger entscheidend für das Unterfangen sind, dem eigenen Leben Sinn zu verleihen.

Doch die Einschränkung an sich ist keine hinreichende Basis für besonderen Respekt. Absichten und Verpflichtungen, die den Einzelnen definieren, können das Bewundernswerte und Heroische ebenso einschließen wie das Besessene und Dämonische. Gefestigte Persönlichkeiten können Solidarität und Charakterstärke zeigen, aber auch Voreingenommenheit und Engstirnigkeit.

Die Begründung dafür, der freien Religionsausübung besonderen Schutz zu gewähren, setzt voraus, dass ein religiöser Glaube, wie er normalerweise in einer bestimmten Gesellschaft ausgeübt wird, Lebens- und Verhaltensweisen hervorbringt, die Würdigung und Wertschätzung verdienen – entweder, weil sie an sich schätzenswert sind oder weil sie Charaktereigenschaften fördern, welche einen guten Bürger ausmachen. Gäbe es keinen Grund für die Annahme, dass religiöse Überzeugungen und Verhaltensweisen einen Beitrag zu moralisch anerkennenswerten Lebensweisen stiften, wäre die Begründung eines Rechts auf Religionsfreiheit geschwächt. Natürlich blieben auch dann pragmatische Überlegungen erhalten; Religionsfreiheit könnte immer noch als Möglichkeit gerechtfertigt werden, innere Unruhen zu vermeiden, die sich ergeben können, wenn Kirche und Staat allzu eng miteinander verflochten sind. Doch die moralische Rechtfertigung für ein Recht auf Religionsfreiheit ist zwangsläufig voreingenommen; die Begründung dieses Rechts kann nicht vollständig vom Urteil über den moralischen Wert der von diesem Recht geschützten Praxis abgelöst werden.

Das Recht auf Redefreiheit

Die Verknüpfung zwischen Rechten und Werten, die durch Rechte geschützt werden, zeigt sich auch in den Debatten über freie Rede und Hasspredigten. Sollten Neonazis das Recht haben, in Skokie, Illinois, aufzumarschieren – einer Gemeinde mit vielen Holocaust-Überlebenden?[10] Sollte man Gruppen, die eine Überlegenheit der weißen Rasse propagieren, gestatten, ihre rassistischen Ansichten zu verbreiten?[11] Nach Meinung der Liberalen muss der Staat neutral bleiben gegenüber den Meinungen, die seine Bürger vertreten. Eine Regierung könne Zeit, Ort und Redeweise regeln – also etwa eine lautstarke Kundgebung mitten in der Nacht untersagen –, den Inhalt der Reden dürfe sie jedoch nicht regeln. Verbiete man anstößige oder unbequeme Reden, zwinge man einigen die Werte anderer auf und missachte damit die Fähigkeit jedes einzelnen Bürgers, seine Meinung selbst zu wählen oder zum Ausdruck zu bringen.

Ohne mit ihrer eigenen Ansicht in Konflikt zu geraten, können Liberale Reden verbieten, von denen auszugehen ist, dass sie erheblichen Schaden (etwa Gewalttaten) nach sich ziehen. Doch im Hinblick auf Hasspredigten ist das, was als Schaden gilt, durch die liberale Vorstellung der Person eingeschränkt. Gemäß dieser Vorstellung liegt meine Würde nicht in irgendeiner sozialen Rolle, die ich einnehme, sondern vielmehr in meiner Fähigkeit, meine Rollen und Identitäten eigenständig zu wählen. Das aber heißt, dass meine Würde niemals durch eine Beleidigung angegriffen werden könnte, die sich gegen eine Gruppe richtet, mit der ich mich identifiziere. Keine Hasspredigt könnte für sich allein Schaden anrichten, denn aus liberaler Perspektive ist die höchste Achtung die Selbstachtung einer Person – ungeachtet ihrer Ziele und Bindungen. Für das unbelastete Selbst existieren die Grundlagen der Selbstachtung vor allen speziellen Bindungen und Zugehörigkeiten und damit außerhalb der Reichweite einer Beleidigung, die sich »an meine Leute« richtet. Demnach würde der Liberale sich dagegen aussprechen, Hasspredigten einzuschränken, wenn nicht wahrscheinlich ist, dass sie einen physischen Schaden verursachen – einen Schaden, der von der Rede selbst unabhängig ist.

Der Kommunitarier dürfte erwidern, die liberale Vorstellung des Schadens sei zu eng gefasst. Für Menschen, die sich durch die ethnische oder religiöse Gruppe definiert sehen, der sie angehören, kann eine Beleidigung dieser Gruppe einen Schmerz erzeugen, der so real und schädigend ist wie manch physische Verletzung. Für Holocaust-Überlebende etwa zielte der Marsch der Neonazis darauf ab, Ängste und Erinnerungen an unsägliche Schrecken hervorzurufen, die bis ins Innerste ihrer Identitäten und Lebensgeschichten reichten.

Doch auch wenn man die Verletzungen anerkennt, die Hasspredigten verursachen können, heißt das aus der Perspektive des Liberalen nicht, dass die Redefreiheit eingeschränkt werden sollte. Das durch solche Reden ausgelöste Leid müsse gegen das Gut der freien Rede abgewogen werden. Weder bei der Rede- noch bei der Religionsfreiheit reiche es aus, sich einfach auf die Forderungen von stark durch Traditionen und Bindungen geprägten Persönlichkeiten zu berufen. Es komme auf die moralische Bedeutung der Rede im Verhältnis zum moralischen Status derjenigen an, welche durch die Rede gestört oder beleidigt würden. Wenn Skokie die Nazis draußen halten konnte – warum konnten dann die Gemeinden des Südens, in denen in den 50ern und 60ern noch Rassentrennung herrschte, damals nicht auch die Märsche der Bürgerrechtler verhindern? Die Anhänger der Rassentrennung in den Südstaaten wollten nicht, dass Martin Luther King Jr. durch ihre Gemeinden marschierte, genau wie die Einwohner von Skokie nicht wollten, dass die Neonazis durch ihre Orte marschierten. Wie die Holocaust-Überlebenden konnten die Anhänger der Rassentrennung behaupten, sie seien stark von Traditionen und Bindungen geprägt und durch gemeinsame Erinnerungen verbunden, die durch die Marschierer und deren Botschaft zutiefst beleidigt würden.

Gibt es grundsätzlich eine Möglichkeit, diese beiden Fälle auseinanderzuhalten? Für Liberale, die darauf bestehen, in Hinblick auf die Inhalte der Rede neutral zu sein, und für Kommunitarier, die Rechte entsprechend den vorherrschenden Werten der jeweiligen Gemeinschaften definieren, muss die Frage verneint werden. Der Liberale würde die freie Rede in beiden Fällen beibehalten, der Kommunitarier würde sie außer Kraft setzen. Doch die Notwendigkeit, beide Fälle auf die gleiche Art zu entscheiden, zeigt, wie närrisch der von Liberalen und Kommunitariern geteilte Impuls ist, kein Urteil zu fällen.

Der offensichtliche Grund für eine Unterscheidung der Fälle ist die Tatsache, dass die Neonazis Völkermord und Hass propagieren, während Martin Luther King Jr. Bürgerrechte für Schwarze anstrebte. Der Unterschied liegt im Inhalt der Rede, in der Natur der Sache. Zudem besteht ein Unterschied im moralischen Wert der Gemeinschaften, um deren Integrität es ging. Die gemeinsamen Erinnerungen der Holocaust-Überlebenden verdienen moralischen Respekt, welcher den Befürwortern von Rassentrennung nicht zukommt. Moralische Unterscheidungen dieser Art entsprechen dem gesunden Menschenverstand, stehen aber freilich im Widerspruch zu der Version des Liberalismus, die den Vorrang des Rechten vor dem Guten behauptet, aber auch zu der Version des Kommunitarismus, der die Begründung für Rechte allein mit gemeinschaftlichen Werten unterlegt.

Wenn eine Rechtfertigung des Rechts auf Redefreiheit davon abhängt, dass ein substantielles moralisches Urteil über die Bedeutung der freien Rede in Bezug auf die mit ihr verbundenen Gefahren gefällt wird, so folgt daraus nicht, dass Richter in jedem Einzelfall die Verdienste der jeweiligen Rede selbst bewerten. Ebenso wenig sollten Richter in jedem die Religionsfreiheit betreffenden Fall die moralische Bedeutung der fraglichen religiösen Praxis abschätzen. In jeder Rechtstheorie sind gewisse allgemeine Regeln und Lehren erwünscht, die es Richtern ersparen, in jedem ihnen vorgelegten Fall auf grundlegende Prinzipien zurückgreifen zu müssen. Doch manchmal können Richter in schwierigen Fällen solche allgemeinen Regeln nicht anwenden, ohne sich direkt auf die moralischen Zwecke zu berufen, durch welche die Rechte überhaupt erst gerechtfertigt sind.

Ein überzeugendes Beispiel dafür ist die 1965 formulierte Urteilsbegründung von Richter Frank Johnson, mit der Martin Luther Kings historischer Marsch von Selma nach Montgomery erlaubt wurde. George Wallace, der Gouverneur von Alabama, versuchte den Marsch zu verhindern. Richter Johnson räumte ein, dass die Staaten das Recht hätten, die Nutzung ihrer Highways zu regeln, und ein Massenaufmarsch auf einem öffentlichen Highway bis an die »Grenzen dessen geht, was durch die Verfassung erlaubt ist«. Dessen ungeachtet wies er den Staat an, den Marsch zu genehmigen, weil sein Anliegen gerecht sei: »Der Umfang des Rechts, sich zu versammeln, zu demonstrieren und friedlich auf einem Highway zu marschieren, sollte dem enormen Umfang der Missstände angemessen sein, gegen die protestiert und Klage erhoben wird. In diesem Fall sind die Missstände enorm. Der Umfang des Rechts, gegen diese Missstände zu demonstrieren, sollte entsprechend bemessen werden.«[12]

Der Beschluss von Richter Johnson war dem Inhalt gegenüber nicht neutral; er hätte den Neonazis in Skokie nicht geholfen. Doch er zeigt den Unterschied zwischen dem liberalen Rechtsansatz und dem Ansatz, der Rechte auf ein substantielles Urteil über die Ziele stützt, die von diesen Rechten gefördert werden.

1 Siehe Alasdair MacIntyre: *Der Verlust der Tugend*. Frankfurt a. M., Suhrkamp 1995.
2 Siehe Charles Taylor: *Philosophical Papers*, Bd. I: *Human Agency and Language*; und Bd. II: *Philosophy and the Human Sciences*. Cambridge, Cambridge University Press 1985; und Taylor: *Sources of the Self. The Making of Modern Identity*. Cambridge, Mass., Harvard University Press 1989.

3 Siehe Michael Walzer: *Sphären der Gerechtigkeit*. Frankfurt a. M., Campus 1992.

4 Aristoteles: *Politik*. Stuttgart, Reclam 1998, S. 320 [1323a14].

5 Die Formulierung stammt aus *Wallace v. Jaffree*, 472 U.S. 38 (1985), 52 f.: »Achtenswerte religiöse Überzeugungen sind das Ergebnis freier und willentlicher Entscheidung durch den Gläubigen.«

6 Die Formulierung stammt aus *Employment Division v. Smith*, 494 U.S. 872, 886 (1990).

7 Siehe *Goldman v. Weinberger*, 475 U.S. 503 (1986).

8 Siehe *Employment Division v. Smith*, 494 U.S. 872 (1990).

9 Siehe *Thornton v. Caldor, Inc.*, 474 U.S. 703 (1985).

10 Siehe *Collin v. Smith*, 447 F. Supp. 676 (1978); *Collin v. Smith*, 578 F. 2d 1198 (1978).

11 Siehe *Beauharnais v. Illinois*, 343 U.S. 250 (1952).

12 *Williams v. Wallace*, 240 F. Supp. 100, 108, 106 (1965).

Michael J. Sandel

GERECHTIGKEIT

Wie wir das Richtige tun

ISBN 978-3-548-37537-3

Anhand von Beispielen aus dem realen Leben, aber auch aus Literatur und Weltgeschichte diskutiert Michael J. Sandel die für jede Gesellschaft entscheidende Frage: Gibt es ein allgemeines Kriterium für gerechtes Handeln? Er prüft die Tauglichkeit moralischer Normen und stellt bedeutende Philosophen wie Aristoteles, Kant und Rawls einander gegenüber. Zudem erläutert er sein eigenes Konzept, in dem das Gemeinwohl und der konkrete Nutzen für den Menschen im Zentrum allen Tuns stehen.

Auch als ebook erhältlich
e-book

www.ullstein-buchverlage.de

US426

ullstein